김여진　SSEM학원
김진주　JB어학원
남재호　제니스 학원
박정희　학림학원
박지우　라딕스어학원
손복건　대신종로학원, 화명종로학원
이민지　수풀림 영어학원
이신영　장선생영어 연구소학원
이지현　Serena 영어
황여송　모전중학교

서울

Krysha Kim　The Princeton Review
강채민　플랜에이학원
권순상　사과나무학원
김라영　목동올리비아
김륜아　중계청담에이프릴
김병준　성북 메가스터디
김상겸　물푸레스쿨
김수진　리더스영어학원
김한빛　1등급 퍼스트학원
문정혁　모멘텀아스트라학원
문지선　키맨학원
박기철　한진연 입시연구소
서준선　펜타곤수학영어학원
손민지　위드맴버스
신유철　마포 하이스트
신호현　아로새김
심나현　성북 메가스터디
안민경　예일어학원
안부성　PIF 영어
엄태열　대치 차오름학원
유경미　천광학원
유연이　이바인입시학원
윤덕필　필강학원
이명순　Top Class English
이석호　교원더퍼스트캠퍼스

이성택　엠아이씨영어학원
이정혜　서초고려학원
이지연　석률학원
이지연　텐브릿지영어학원
이헌승　스탠다드학원
이화연　써니사이드학원
임 별　러셀 중계학원
임서은　H&J 형설학원
임주희　에듀라인 영어학원
장우석　서울기독학교 대안학교
장재원　영어충전소
장지원　목동사과나무학원
정재욱　백년대계 선화학위
진주현　EMC 영어학원
하대운　JS 지승학원
한문진　영본어학원
한옥남　한스 영어학원
함규민　Clare English
허동녕　피큐브 아카데미
홍대균　선덕고 스카이반 특강

세종

안성주　The L.Reader English
안초롱　21세기학원

울산

김한중　스마트영어전문학원
윤연서　최강학원
이동호　고려어학원
최길우　락웰학원

인천

김윤경　엠베스트SE학원
김지연　인천 송도 탑영어학원
문지현　송도 드림메이트
엄지희　정상어학원
오희정　엠베스트SE 논현캐슬
정지웅　종로학원 하늘교육
정춘기　Y2K 학원

전남

류성준　타임영어학원
조소을　수잉글리쉬
황상윤　K&H 영어 전문 학원

전북

김병종　카이스트학원
서명원　군산한림학원
신원섭　리좀영어학원
양희영　확인영어자기주도 모현학원
이창우　EM 영어학원

제주

고상남　GS 잉글리쉬
박시연　에임하이학원

충남

김창현　타임학원
이현도　공부다학원

충북

박강로　이천비상에듀
성기성　서진잉글매쓰 전문학원
양병찬　강남영수학원

Word ∞ master

EBS 파이널 1200

STAFF

발행인 정선욱
퍼블리싱 총괄 남형주
개발 김태원 김한길 박하영 유희선
기획 · 디자인 · 마케팅 조비호 김정인 에딩크
유통 · 제작 서준성 김경수

검토에 도움을 주신 분

전광훈

워드마스터 EBS 파이널 1200 202011 제5판 1쇄 202504 제5판 11쇄
펴낸곳 이투스에듀㈜ 서울시 서초구 남부순환로 2547
고객센터 1599-3225
등록번호 제2007-000035호
ISBN 979-11-6598-120-4 [53740]

왜 EBS 어휘를
주제별로 공부해야 할까요?

매년 쏟아지는 수천 개의 지문, 돌고 도는 주제로 길을 찾다.

● **EBS 지문의 주제는 반복된다는 사실을 아시나요?**

　▶ 매년 쏟아지는 수천 개의 EBS 지문의 주제는 반복됩니다.

　▶ 반복되는 주제와 어휘를 Word Master EBS 파이널 1200에서 철저히 분석했습니다.

　▶ 분석한 어휘를 수능 빈출도에 따라 DAY 30으로 재구성했습니다.

● **주제별 어휘 학습은 가장 자연스럽고 효율적인 어휘 확장 학습법입니다.**

　▶ 기계적인 암기보다 의미와 쓰임이 유사한 단어끼리 연결 고리로 묶어서 외우면 단어를 더 빨리 흡수하고 오래 기억할 수 있습니다.

　▶ 주제별 어휘 학습은 억지 연상이 아닌 비슷한 맥락에서 쓰이는 단어들의 연상 지도를 스스로 그릴 수 있도록 도와줍니다.

　▶ Word Master EBS 파이널 1200은 하나의 주제와 관련된 40개의 단어와 주제 어휘 이해에 도움이 되는 관련어를 제공해 더욱 촘촘하고 유기적인 주제별 어휘 학습의 지표를 제시합니다.

Word Master EBS 파이널 1200은 이렇게 만들어졌습니다.

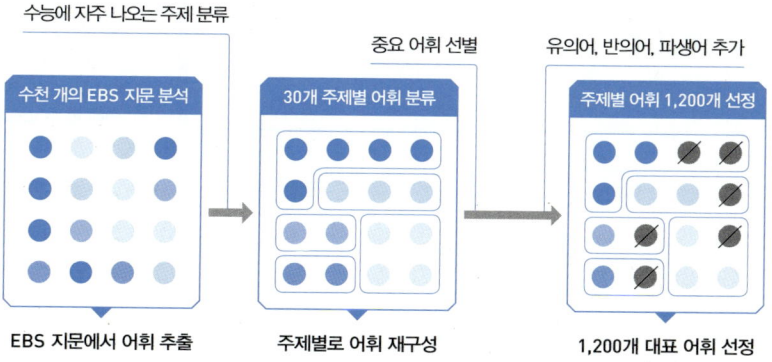

수능에 자주 나오는 주제 분류　　중요 어휘 선별　　유의어, 반의어, 파생어 추가

수천 개의 EBS 지문 분석　　30개 주제별 어휘 분류　　주제별 어휘 1,200개 선정

EBS 지문에서 어휘 추출　　주제별로 어휘 재구성　　1,200개 대표 어휘 선정

Features

❶ 중요도

어휘의 중요도를 별 개수로 표시했습니다.

❷ 표제어, 뜻

단어를 보며 발음 기호대로 소리 내어 읽어 보세요. 한글 뜻은 그 단어를 대표할 수 있는 뜻만 제시하여 효율성을 높였습니다.

❸ EBS 변형 예문

EBS 지문을 활용하여 예문을 제공했습니다. 문장 속 어휘의 쓰임을 익히고 수능 실전에 가장 가까운 문장에 대한 감각도 익히세요.

❹ +Plus

표제어와 관련된 유의어, 반의어, 파생어 등으로 어휘 지식을 확장하세요.

❺ Related Words

주제와 관련해 더 알아두면 좋은 어휘를 쉬운 영영 풀이로 익혀 보세요.

❻ 예문 해석

한글 해석을 따로 모아 두어 예문을 직접 해석해 본 후에 표제어의 쓰임을 확인해 볼 수 있도록 하였습니다.

Review Test

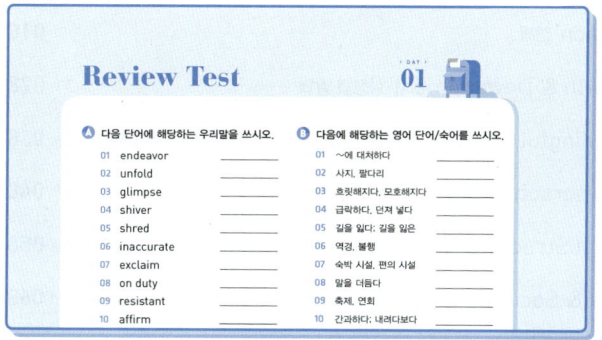

DAY 01

Review Test

학습한 어휘를 확인하고 응용해 볼 수 있는 연습 문제로 어휘를 점검해 보세요.

Ⓐ 다음 단어에 해당하는 우리말을 쓰시오.

01 endeavor
02 unfold
03 glimpse
04 shiver
05 shred
06 inaccurate
07 exclaim
08 on duty
09 resistant
10 affirm

Ⓑ 다음에 해당하는 영어 단어/숙어를 쓰시오.

01 ~에 대처하다
02 사지, 팔다리
03 흐릿해지다, 모호해지다
04 급락하다, 던져 넣다
05 길을 잃다; 길을 잃은
06 역경, 불행
07 숙박 시설, 편의 시설
08 말을 더듬다
09 축제, 연회
10 간과하다; 내려다보다

INDEX

수록된 표제어를 제시하여 단어를 편하게 찾아볼 수 있습니다.

일러두기

해당 표제어의 품사 변화 형태 혹은 함께 외우면 도움이 되는 단어와 관련어를 제시함으로써 확장 학습이 가능합니다.

ⓝ 명사　ⓥ 동사　ⓐ 형용사　ⓐⓓ 부사　ⓟ 전치사　ⓒ 접속사　＝ 유의어　↔ 반의어

Contents

| DAY |

Personal Experience

개인적 경험

📑 Previous Check

- ☐ accommodation
- ☐ procedural
- ☐ resistant
- ☐ endeavor
- ☐ on duty
- ☐ shiver
- ☐ plead
- ☐ adore
- ☐ stray
- ☐ plunge
- ☐ agonizing
- ☐ feast
- ☐ stutter
- ☐ shred

- ☐ overlook
- ☐ vitality
- ☐ displace
- ☐ unfold
- ☐ cowardly
- ☐ applause
- ☐ exclaim
- ☐ enroll
- ☐ glimpse
- ☐ hue
- ☐ awkward
- ☐ blur
- ☐ suspend
- ☐ awful

- ☐ flip
- ☐ erect
- ☐ adversity
- ☐ pledge
- ☐ inaccurate
- ☐ disregard
- ☐ cope with
- ☐ chase away
- ☐ affirm
- ☐ celebrated
- ☐ objectionable
- ☐ limb

0001 ★★☆ ☐☐

accommodation
[əkàmədéiʃən]

ⓝ 숙박 시설, 편의 시설

- One night's **accommodation** for one person in a dormitory room in the youth hostel will be offered. EBS 지문 변형
- You will find the perfection of **accommodation**, service and cuisine at the hotel.

➕ **Plus** accommodate ⓥ 수용하다, 공간을 제공하다

0002 ★☆☆ ☐☐

procedural
[prəsíːdʒərəl]

ⓐ 절차의, 과정상의

- **procedural** rules
- The only details left to negotiate are **procedural**, not substantive.

➕ **Plus** procedure ⓝ 절차, 방법

0003 ★★★ ☐☐

resistant
[rizístənt]

ⓐ 저항하는, 견디어 내는; 방해하는

- plants that are **resistant** to disease EBS 지문 변형
- This building is completely fire **resistant**.

➕ **Plus** resist ⓥ 저항하다; 견디다

0004 ★★☆ ☐☐

endeavor
[indévər]

ⓝ 노력, 노력 행위 ⓥ 애쓰다, 노력하다

- We dislike failing in our regular **endeavors**. EBS 지문 변형
- He **endeavored** further to direct his son's attention. EBS 지문 변형

0005 ★★☆ ☐☐

on duty

근무 중인, 당번인

- an operator **on duty**
- A traffic cop is **on duty** and looking for driving offenders. EBS 지문 변형

➕ **Plus** ↔ off duty 근무 중이 아닌, 비번인

예문 해석

0001 유스호스텔 공동 침실에서 1인 1박의 숙박이 제공될 것입니다. / 당신은 그 호텔에서 완벽한 숙박 시설, 서비스, 그리고 요리를 경험할 수 있을 것입니다. 0002 절차상의 규칙들 / 아직 협의하지 않은 유일한 세부 사항은 실체적인 것이 아니라 절차적인 것이다. 0003 질병에 잘 견디는 식물들 / 이 건물은 화재에 강하다. 0004 우리는 평소에 노력하는 일에 실패하는 것을 싫어한다. / 그는 자기 아들의 관심을 돌리려고 한층 더 애썼다. 0005 담당자 / 교통경찰은 근무 중으로, 법을 위반하는 운전자를 적발하고 있다.

0006 ✱✱✱ ☐☐ --

shiver
[ʃívər]

Ⓥ (몸을) 떨다 Ⓝ 전율, 오한

- The boy **shivered** again under the thin blanket.
- A **shiver** of amusement ran down his spine. EBS 지문 변형

➕ **Plus** = shake, shudder, tremble

0007 ✱✱✧ ☐☐ --

plead
[pliːd]

Ⓥ 애원하다; 변호하다

- **plead** for the accused
- John's boss and his fellow workers **pleaded** with him again and again, but to no avail. EBS 지문 변형

➕ **Plus** plea Ⓝ 애원, 간청; 항변

0008 ✱✱✧ ☐☐ --

adore
[ədɔ́ːr]

Ⓥ 숭배하다, 흠모하다, 매우 좋아하다

- **Adore** God with all your heart.
- My friend and her family **adore** Justin. EBS 지문 변형

➕ **Plus** adoration Ⓝ 숭배, 흠모, 동경

0009 ✱✱✧ ☐☐ --

stray
[strei]

Ⓥ 길을 잃다, 방황하다 ⓐ 길을 잃은, 빗나간

- The airplane **strayed** off course.
- When encountering an oncoming **stray** dog, follow the old rules: no direct eye contact. EBS 지문 변형

0010 ✱✱✧ ☐☐ --

plunge
[plʌndʒ]

Ⓥ 급락하다, 추락하다; 던져 넣다

- The unemployment rate **plunged** sharply.
- The train derailed and **plunged** into the river. EBS 지문 변형

➕ **Plus** ↔ soar Ⓥ 급등하다, 치솟다

Related Words | 개인적 경험

눈엣가시	something that is ugly or unpleasant to look at, especially a building	eyesore
엉망진창	a situation in which a place is dirty or not neat	mess
떠들썩한	noisy and excited	tumultuous
답답한	too warm and unpleasant because the air is not fresh	stuffy

▶ 예문 해석

0006 그 소년은 얇은 담요 아래에서 다시 떨었다. / 그의 등줄기에 기쁨의 전율이 흘러내렸다. 0007 피고를 변호하다 / John의 상사와 동료들은 그에게 몇 번이고 간청했으나 아무 소용이 없었다. 0008 온 마음을 다하여 신을 숭배하라. / 내 친구와 그녀의 가족은 Justin을 매우 좋아한다. 0009 그 비행기는 항로를 이탈해 길을 잃었다. / 다가오는 떠돌이 개와 마주치면, 오래된 법칙을 따르라: 직접적으로 눈을 마주치지 마라. 0010 실업률은 급격히 떨어졌다. / 그 기차는 탈선하여 강물 속으로 추락했다.

0011 ✳︎◇◇ ☐☐

agonizing
[ǽgənàiziŋ]

ⓐ 고통스러운
- suffer from an **agonizing** indecision
- He has **agonizing** recollections of his first time being in love.

➕ Plus agonize Ⓥ 고민하다, 고뇌하다
　　　　agony Ⓝ 극도의 고통

0012 ✳︎✳︎◇ ☐☐

feast
[fiːst]

Ⓝ 축제, 연회 Ⓥ 마음껏 즐기다, 축연을 베풀다
- The **feast** gained added significance. EBS 지문 변형
- **Feast** on savory seafood fare and enjoy a variety of live music! EBS 지문 변형

➕ Plus = banquet
　　　　festal ⓐ 축제의, 즐거운

0013 ✳︎✳︎◇ ☐☐

stutter
[stʌ́tər]

Ⓥ 말을 더듬다 Ⓝ 말 더듬기
- an excuse for one's **stuttering** EBS 지문 변형
- I used to **stutter** when I was a child.

➕ Plus = stammer
　　　　stutterer Ⓝ 말더듬이

0014 ✳︎◇◇ ☐☐

shred
[ʃred]

Ⓥ 조각조각 찢다 Ⓝ (가늘고 작은) 조각
- **shred** litter on the surface EBS 지문 변형
- Mice **shredded** all of the curtains, screens, and cushions.
　　　　　　　　　　　　　　　　　　　　　　　　　EBS 지문 변형

➕ Plus shredded ⓐ 잘게 조각난

0015 ✳︎✳︎✳︎ ☐☐

overlook
[òuvərlúk]

Ⓥ 1. 간과하다, 못 보고 넘어가다, 눈감아주다 2. 내려다보다
- They almost always **overlook** their natural gifts because they are simply too close to them to see objective reality. EBS 지문 변형
- My room **overlooks** a flower-filled garden.

➕ Plus 1. = ignore, disregard
　　　　overlooker Ⓝ 감독자

예문 해석

0011 고통스러운 우유부단함에 시달리다 / 그는 처음 사랑에 빠졌을 때의 고통스러운 기억이 있다. 0012 그 축제는 부가적인 의의를 얻었다. / 맛있는 해산물 요리를 마음껏 드시고, 다양한 라이브 음악을 즐기세요! 0013 말 더듬는 것에 대한 해명 / 나는 어렸을 때 말을 더듬곤 했다. 0014 표면의 찌꺼기들을 조각조각 찢다 / 쥐들은 커튼, 가리개, 쿠션을 다 찢어 놓았다. 0015 그들은 자신들의 재능이 너무 가까이 있어서 객관적인 사실을 볼 수 없기 때문에, 거의 항상 타고난 재능을 간과하게 된다. / 내 방은 꽃이 가득한 정원이 내려다보인다.

0016 ★★★ ☐☐

vitality
[vaitǽləti]

🔵 활력, 생명력; 활기, 생기
- the **vitality** of seeds
- The comfort zone is a place where **vitality** goes to die.

EBS 지문 변형

➕ **Plus** vital 🅐 생명의, 활기 있는, 필수적인

0017 ★★★ ☐☐

displace
[displéis]

🔵 1. 대신하다, 대체하다 2. 옮겨 놓다
- **displace** the burden onto oneself EBS 지문 변형
- Coal has been **displaced** by natural gas as a major source of energy.

➕ **Plus** displacement 🔵 이동
displaceable 🅐 대신할 수 있는; 옮길 수 있는

0018 ★★☆ ☐☐

unfold
[ʌnfóuld]

🔵 펼쳐지다, 펼치다
- **unfold** the mind
- His career **unfolded**. EBS 지문 변형

➕ **Plus** = open out, reveal

0019 ★★★ ☐☐

cowardly
[káuərdli]

🅐 겁 많은, 비겁한, 비열한
- They were weak and **cowardly**.
- Rachel filled him in on Zac's **cowardly** deeds of the day.

EBS 지문 변형

➕ **Plus** coward 🔵 겁쟁이, 비겁한 자

0020 ★★☆ ☐☐

applause
[əplɔ́ːz]

🔵 박수갈채
- respond with deafening **applause** EBS 지문 변형
- The announcement was greeted with **applause** and cheers.

➕ **Plus** = clapping
applaud 🔵 박수를 치다
applausive 🅐 박수갈채의, 칭찬의

예문 해석

0016 씨앗의 생명력 / 안락한 지대는 활력이 죽으러 가는 곳이다. 0017 부담을 자신에게로 옮기다 / 주요 에너지원으로서 석탄은 천연가스로 대체되었다 0018 마음을 털어놓다 / 그의 사회 생활이 펼쳐졌다. 0019 그들은 약하고 겁이 많았다. / Rachel은 그날 Zac이 한 비겁한 행동에 대해 그에게 알려줬다. 0020 귀청이 터질 듯한 박수로 응답하다 / 그 발표는 박수갈채와 환호로 환영을 받았다.

0021 ★★☆ ☐☐

exclaim
[ikskléim]

v 외치다, 소리치다
- **exclaim** with delight
- The children **exclaimed** with wonder when they saw the elephant.
  - **➕ Plus** = cry out, burst out, shout
    exclamation **n** 외침, 절규
    exclamatory **a** 감탄을 자아내는

0022 ★★☆ ☐☐

enroll
[inróul]

v 입학하다, 등록하다
- **enroll** in college
- Students can **enroll** in up to two courses. EBS 지문 변형
  - **➕ Plus** = register, join, enter

0023 ★★☆ ☐☐

glimpse
[glimps]

n 힐끗[얼핏] 보기, 일견 **v** 힐끗[얼핏] 보다
- David caught a **glimpse** of a table with a shadow of someone on it. EBS 지문 변형
- She **glimpsed** a man running down the path.

0024 ★★☆ ☐☐

hue
[hju:]

n 빛깔, 색조
- a mild brown **hue** EBS 지문 변형
- We decorated the room in **hues** of blue and green.
  - **➕ Plus** hueless **a** 무색의; 창백한

0025 ★★★ ☐☐

awkward
[ɔ́:kwərd]

a 어색한; 서투른
- **awkward** things to talk about EBS 지문 변형
- There was an **awkward** pause in the conversation.
  - **➕ Plus** = clumsy

예문 해석

0021 기뻐서 외치다 / 그 아이들은 코끼리를 보았을 때 놀라움에 함성을 질렀다. 0022 대학에 입학하다 / 학생들은 두 강좌까지 등록할 수 있다.
0023 David는 누군가의 그림자가 드리워진 탁자를 힐끗 보았다. / 그녀는 한 남자가 오솔길 아래로 달려가는 것을 얼핏 보았다. 0024 연한 갈색
빛깔 / 우리는 파란색과 녹색 빛깔로 방을 장식했다. 0025 말하기 어색한 것 / 대화 중에 어색한 정적이 있었다.

0026 ★★☆☆ ☐☐

blur
[bləːr]

Ⓥ 흐릿해지다, 모호해지다
- My eyes **blurred**.
- One reason why the definitions of words have **blurred** or changed over time is because of their misuse. EBS 지문 변형
  ➕ **Plus** blurry ⓐ 흐릿한, 모호한

0027 ★★★ ☐☐

suspend
[səspénd]

Ⓥ 1. 매달다, 걸다 2. 중지하다, 보류하다
- A lamp was **suspended** from the ceiling.
- Sales of the drug will be **suspended** until more tests are completed.
  ➕ **Plus** suspension ⓝ 정학; 정지; 연기
  suspense ⓝ 서스펜스, 긴장감

0028 ★★★ ☐☐

awful
[ɔ́ːfəl]

ⓐ 끔찍한, 무서운
- Challenge the notion that giving up is so **awful**. EBS 지문 변형
- I feel pain when I hear about these **awful** crimes.

0029 ★☆☆ ☐☐

flip
[flip]

Ⓥ (손가락으로) 튀기다; 홱 뒤집다
- **Flipping** coins is not so random. EBS 지문 변형
  ➕ **Plus** on the flip side 반면에

0030 ★★☆ ☐☐

erect
[irékt]

ⓐ 똑바로 선, 직립한 Ⓥ 건립하다, 세우다
- tend to have more **erect** postures EBS 지문 변형
- Police have **erected** barriers across the main roads into the town.

Related Words	개인적 경험	
부추기다	to persuade someone to do something bad or violent	instigate
(소유권 · 권리 등을) 포기하다	to give up or surrender your position, power, or rights, especially unwillingly	relinquish
(평판을) 더럽히다	to spoil the way in which people think of someone so that they do not respect them	tarnish

예문 해석

0026 나의 두 눈이 흐려졌다. / 단어의 정의가 시간이 지나면서 모호해지거나 변화하는 이유 중의 하나는 단어의 오용 때문이다. 0027 천장에 램프 하나가 매달려 있었다. / 그 약물의 판매는 추가적인 테스트가 완료될 때까지 보류될 것이다. 0028 포기하는 것이 너무 끔찍하다는 생각에 이의를 제기하라. / 나는 이런 무서운 범죄에 대해 들으면 고통을 느낀다. 0029 동전 던지기는 그렇게 무작위적이지 않다. 0030 더 직립한 자세를 취하는 경향이 있다 / 경찰은 마을로 들어가는 주요 도로에 장벽을 세웠다.

Personal Experience

0031 ✱✱✱ ☐☐

adversity
[ædvə́:rsəti]

🇳 역경, 불행
- overcome many personal **adversities**
- The respondents report they derived benefits from their **adversity**. EBS 지문 변형

➕ **Plus** adverse 🇦 불리한, 부정적인

0032 ✱✱☆ ☐☐

pledge
[pledʒ]

🇳 약속, 맹세 🇻 약속하다, 맹세하다
- refuse to take a **pledge**
- The comedian **pledged** $4,000 to help him finish medical school. EBS 지문 변형

➕ **Plus** = promise, vow

0033 ✱✱✱ ☐☐

inaccurate
[inǽkjərit]

🇦 부정확한; 잘못된
- make **inaccurate** judgments relating to the causes of disease EBS 지문 변형
- My first negative impression of them was **inaccurate**. EBS 지문 변형

0034 ✱✱✱ ☐☐

disregard
[dìsrigáːrd]

🇻 무시하다, 경시하다 🇳 무시, 경시
- We should not **disregard** information that contradicts them. EBS 지문 변형

➕ **Plus** = neglect
    in disregard of ~을 무시하여

0035 ✱✱✱ ☐☐

cope with

~에 대처하다, ~을 처리하다
- **cope with** the unexpected
- The child may become able to **cope with** problems in a step-by-step process. EBS 지문 변형

➕ **Plus** = deal with, manage, handle

◤ 예문 해석 ◢

0031 많은 개인적인 불행[역경]을 극복하다 / 응답자들은 자신이 겪은 역경에서 이익을 얻었다고 보고한다. 0032 맹세하기를 거부하다 / 그 코미디언은 그가 의과 대학을 마치는 것을 돕기 위해 4천 달러를 약속했다. 0033 질병의 원인과 관련하여 부정확한 판단을 내리다 / 그들에 대한 나의 부정적인 첫인상은 잘못된 것이었다. 0034 우리는 그것들과 상충하는 정보를 무시해서는 안 된다. 0035 예기치 못한 일들에 대처하다 / 아이는 점진적인 과정을 통해 문제들에 대처할 수 있게 될지도 모른다.

0036 ★★☆ □□

chase away

쫓아 버리다
- Cats are supposed to be afraid of dogs, but our cat **chases away** any dog that comes into the garden.

0037 ★★★ □□

affirm
[əfə́:rm]

v 단언하다, 확인하다
- **affirm** the statement to be true
- I have **affirmed** that I am prosperous until I am tired. EBS 지문 변형
  + Plus = confirm, assert
  affirmative **a** 긍정의; 단정적인

0038 ★★☆ □□

celebrated
[séləbrèitid]

a 유명한, 저명한
- the **celebrated** Mexican artist EBS 지문 변형
- He was a **celebrated** philosopher and historian.
  + Plus the celebrated 명사(名士)들

0039 ★★☆ □□

objectionable
[əbdʒékʃənəbl]

a 불쾌한, 무례한
- an **objectionable** manner
- If these rules are observed, the barnyard will be free from an **objectionable** smell.
  + Plus objection **n** 이의, 반대

0040 ★★☆ □□

limb
[lim]

n 사지, 팔다리; 나뭇가지
- The loss of a **limb** would horrify us. EBS 지문 변형
- He crawled out onto the **limb** of a tree. EBS 지문 변형

▶ 예문 해석

0036 고양이는 개를 무서워한다고 하지만, 우리 집 고양이는 정원에 들어오는 어떤 개도 다 쫓아 버린다. 0037 그 진술이 사실인지를 확인하다 / 나는 내 기운이 소진될 때까지 번창하고 있음을 단언해 왔다. 0038 유명한 멕시코 화가 / 그는 유명한 철학자이자 역사가였다. 0039 무례한 태도 / 만약 이러한 규칙들이 지켜진다면, 농장 마당은 불쾌한 냄새로부터 벗어날 것이다. 0040 사지 중 하나를 잃는 것은 우리를 몸서리치게 할 것이다. / 그는 나뭇가지 위로 기어 올라갔다.

Review Test

A 다음 단어에 해당하는 우리말을 쓰시오.

01 endeavor _____

02 unfold _____

03 glimpse _____

04 shiver _____

05 shred _____

06 inaccurate _____

07 exclaim _____

08 on duty _____

09 resistant _____

10 affirm _____

B 다음에 해당하는 영어 단어/숙어를 쓰시오.

01 ~에 대처하다 _____

02 사지, 팔다리 _____

03 흐릿해지다, 모호해지다 _____

04 급락하다, 던져 넣다 _____

05 길을 잃다; 길을 잃은 _____

06 역경, 불행 _____

07 숙박 시설, 편의 시설 _____

08 말을 더듬다 _____

09 축제, 연회 _____

10 간과하다; 내려다보다 _____

C 다음 괄호 안에서 문맥에 적절한 것을 고르시오.

01 He begged and [placed/pleaded], but she would not change her mind.

02 Personally, I think four letter words used in an offensive way are all [appropriate/objectionable].

03 Many people may be surprised that safety glass was the result of an [aspired/awkward] mistake.

04 Oil for power generation was [disposed/displaced] in particular by growth in nuclear electricity generation.

05 The audience responded with deafening [applause/appliance], in recognition of this master musician who could pay so gracious a compliment.

D 다음 문장에서 주어진 우리말에 해당하는 영어 단어에 밑줄 치시오.

01 중지하다 The news reporter said that the city suspended bus service due to the severe storm, but nobody knew when the city would restart the service.

02 무시하다, 경시하다 He disregarded his father's advice and left school.

03 고통스러운 I spent some agonizing nights weighing the pros and cons of the issue.

04 끔찍한, 무서운 His breath smelled of liquor and his manners were awful.

05 빛깔, 색조 Her paintings capture the subtle hues of the countryside in autumn.

| DAY |

Opinion
견해

▌Previous Check

- [ ] conform
- [ ] irrationality
- [ ] pretentious
- [ ] conceal
- [ ] redundant
- [ ] pronounce
- [ ] generosity
- [ ] deliberate
- [ ] trustworthy
- [ ] frantic
- [ ] disastrous
- [ ] adjacent
- [ ] provocative
- [ ] offend

- [ ] thrust
- [ ] tremendous
- [ ] imminent
- [ ] conspiracy
- [ ] faint
- [ ] astonish
- [ ] dissent
- [ ] gorgeous
- [ ] ingenious
- [ ] assure
- [ ] confront
- [ ] grim
- [ ] startle
- [ ] drawback

- [ ] ethical
- [ ] indicate
- [ ] conclusion
- [ ] blurt
- [ ] awakening
- [ ] inference
- [ ] critical
- [ ] statement
- [ ] initiative
- [ ] self-conscious
- [ ] ridicule
- [ ] expand

0041 ✹✹✹ □□

conform
[kənfɔ́:rm]

v 순응하다, 따르다

- They **conform** to the codified rules of established games.
  EBS 지문 변형

- Firstly, lights need to **conform** with safety regulations.
  ➕ **Plus** conformity **n** 순응; 일치

0042 ✹✹✹ □□

irrationality
[irǽʃənǽləti]

n 불합리, 부조리

- our awareness of superstition's **irrationality** EBS 지문 변형
- He couldn't stand the **irrationality** of the society.
  ➕ **Plus** irrational **a** 비논리적인, 비이성적인

0043 ✹✩✩ □□

pretentious
[priténʃəs]

a 허세 부리는, 가식적인

- a **pretentious** manner
- That **pretentious** couple always serves caviar at their parties even though they dislike it.
  ➕ **Plus** pretend **v** ~인 척하다, 가식적으로 행동하다

0044 ✹✹✹ □□

conceal
[kənsí:l]

v 감추다, 숨기다

- The defendant is accused of attempting to **conceal** evidence.
- Speech is the only certain sign of thought **concealed** in human body. EBS 지문 변형
  ➕ **Plus** concealment **n** 숨김, 은폐

0045 ✹✹✩ □□

redundant
[ridʌ́ndənt]

a 불필요한, 여분의

- Repeating seems a **redundant** exercise. EBS 지문 변형
- Its functionality is replaced by another **redundant** machine.
  EBS 지문 변형

  ➕ **Plus** redundancy **n** 여분, 과잉; 쓸데없는 반복

예문 해석

0041 그들은 기존 게임의 성문화된 규칙에 순응한다. / 첫째로 전등은 안전 규정을 따라야 한다. 0042 미신의 불합리성에 대한 우리의 인식 / 그는 사회의 부조리를 견딜 수 없었다. 0043 가식적인 태도 / 허세 부리기 좋아하는 그 커플은 캐비아를 싫어함에도 불구하고, 파티에 항상 캐비아를 내놓는다. 0044 그 피고는 증거를 숨기려 한 죄로 고소당했다. / 말은 인간의 몸 안에 숨겨진 사고의 유일하게 분명한 표시이다. 0045 반복하는 것은 불필요한 일처럼 보인다. / 그 기계의 기능은 다른 여분의 기계에 의해 대체된다.

0046 ★★★ ☐☐

pronounce
[prənáuns]

ⓥ 1. 선언하다, 표명하다 2. 발음하다
• Her doctor **pronounced** her fit and healthy. EBS 지문 변형

0047 ★★★ ☐☐

generosity
[dʒènərásəti]

ⓝ 너그러움, 자비심
• the necessity of **generosity** for the weak EBS 지문 변형
• There are stories about his **generosity**, the massive amounts of money he gave to charities.
  ➕ Plus generous ⓐ 너그러운, 후한
  generously ⓐⓓ 아낌없이, 후하게

0048 ★★★ ☐☐

deliberate
ⓐ [dilíbərət]
ⓥ [dilíbərèit]

ⓐ 신중한; 의도적인 ⓥ 신중히 생각하다
• a **deliberate** lie EBS 지문 변형
• He prefers a slow and **deliberate** approach to any problem.
  ➕ Plus deliberation ⓝ 숙고, 신중함
  deliberately ⓐⓓ 의도적으로; 신중하게

0049 ★★☆ ☐☐

trustworthy
[trʌ́stwəːrði]

ⓐ 신뢰할 수 있는
• the **trustworthy** data
• I need someone **trustworthy** to run the company.
  ➕ Plus = reliable

0050 ★★☆ ☐☐

frantic
[fræntik]

ⓐ 제정신이 아닌, 정신없이 서두르는
• **frantic** with worry EBS 지문 변형
• Despite our **frantic** efforts, we were unable to save the boy's life.
  ➕ Plus frantically ⓐⓓ 미친 듯이; 몹시

▶ 예문 해석

0046 그녀의 의사는 그녀가 건강하다고 발표했다. 0047 약자에 대한 자비심의 필요성 / 그의 자비심, 즉 그가 자선단체에 기부한 엄청난 금액의 돈에 대한 이야기들이 있다. 0048 고의적인 거짓말 / 그는 어떤 문제에 대해서든지 서두르지 않는 신중한 접근 방법을 선호한다. 0049 신뢰할 수 있는 자료 / 나는 회사를 경영할 만한 신뢰할 수 있는 사람이 필요하다. 0050 걱정으로 제정신이 아닌 / 필사적인 노력에도 불구하고, 우리는 그 소년의 생명을 구할 수 없었다.

Opinion

0051 ★★★ ☐☐

disastrous
[dizǽstrəs]

ⓐ 비참한, 처참한
- a **disastrous** failure
- We have all seen **disastrous** results of plastic surgery.
  EBS 지문 변형

➕ **Plus** disaster ⓝ 참사, 재해

0052 ★★☆ ☐☐

adjacent
[ədʒéisənt]

ⓐ 인접한, 가까운
- The boundary between **adjacent** ecosystems is transitional.
  EBS 지문 변형
- The parking lot was **adjacent** to the building.

➕ **Plus** adjacency ⓝ 인접, 이웃

0053 ★★☆ ☐☐

provocative
[prəvάkətiv]

ⓐ 도발적인, 자극적인
- He is an outspoken and **provocative** individual. EBS 지문 변형
- The **provocative** scene in the movie made me shocked.

➕ **Plus** provocation ⓝ 도발, 자극
   provoke ⓥ 화나게 하다, 유발하다

0054 ★★★ ☐☐

offend
[əfénd]

ⓥ 기분을 상하게 하다
- Liddy was **offended** by such a personal question.
- Perhaps, unconsciously, I have done something to **offend** her. EBS 지문 변형

➕ **Plus** offence ⓝ 위법 행위, 화나게 하는 행동
   offender ⓝ 범죄자
   offensive ⓐ 모욕적인, 공격적인

0055 ★★★ ☐☐

thrust
[θrʌst]

ⓥ 밀다, 밀치다; 찌르다 ⓝ 1. 요지 2. 찌르기
- **thrust** the spectator away
- In all proposals, written or verbal, the overall **thrust** and tone must be persuasive. EBS 지문 변형

➕ **Plus** ⓥ = push, force
   thrusting ⓐ 자기주장이 강한; 공격적인

예문 해석

0051 처참한 실패 / 우리는 성형 수술의 비참한 결과를 다 보았다. 0052 인접한 생태계들 간의 경계는 과도적이다. / 그 주차장은 그 건물 가까이에 있었다. 0053 그는 솔직하고 도발적인 사람이다. / 그 영화의 자극적인 장면은 나를 충격 받게 했다. 0054 Liddy는 그런 사적인 질문을 받고 기분이 상했다. / 아마도, 무의식중에 나는 그녀의 감정을 상하게 할 뭔가를 했던 것 같다. 0055 관중을 밀치다 / 글로 된 것이든 말로 된 것이든 모든 제안에서, 종합적인 요지와 어조는 설득력이 있어야 한다.

0056 ★★★ □□

tremendous
[triméndəs]

ⓐ 거대한, 엄청난
- create **tremendous** prestige for an ordinary product EBS 지문 변형
- There is **tremendous** value in learning that you don't like something. EBS 지문 변형
  - ➕ **Plus** = immense, enormous
    tremendously ⓐⓓ 엄청나게

0057 ★★☆ □□

imminent
[ímənənt]

ⓐ 금방이라도 닥칠 듯한, 절박한
- cope with the **imminent** emergency EBS 지문 변형
- There appeared no **imminent** danger. EBS 지문 변형
  - ➕ **Plus** imminence ⓝ 절박, 촉박
    imminently ⓐⓓ 임박하여

0058 ★★★ □□

conspiracy
[kənspírəsi]

ⓝ 음모, 모의
- a **conspiracy** theory
- She was involved in the murder **conspiracy**.
  - ➕ **Plus** conspire ⓥ 음모를 꾸미다, 공모하다
    conspiratorial ⓐ 음모의

0059 ★★★ □□

faint
[feint]

ⓐ 희미한 ⓥ 기절하다
- Her voice was distant and **faint**. EBS 지문 변형
- She **fainted** at the sight of blood.
  - ➕ **Plus** faintly ⓐⓓ 희미하게, 가냘프게

0060 ★★☆ □□

astonish
[əstániʃ]

ⓥ 깜짝 놀라게 하다
- **astonish** the world
- He was not a little **astonished**. EBS 지문 변형
  - ➕ **Plus** astonishment ⓝ 깜짝 놀람

예문 해석

0056 평범한 상품에 엄청난 명성을 만들어 내다 / 당신이 무언가를 좋아하지 않는다는 것을 알아가는 것은 엄청난 가치가 있는 일이다. 0057 임박한 응급 상황에 대처하다 / 임박한 위험은 없는 것 같았다. 0058 음모설, 음모론(특정한 사건 배후에 음모가 있다는 믿음) / 그녀는 살인 음모에 연루되었다. 0059 그녀의 목소리는 멀리서 희미하게 들려왔다. / 그녀는 피를 보고는 기절했다. 0060 세계를 깜짝 놀라게 하다 / 그는 적잖이 깜짝 놀랐다.

0061 ★★☆ □□ ---

dissent
[disént]

Ⓥ 반대하다 ⓝ 반대, 의견 차이

- **dissent** from the opinion
- **Dissent** is far more frequent in the high-performing organization. EBS 지문 변형
  ➕ **Plus** ↔ assent Ⓥ 동의[찬성]하다 ⓝ 동의, 찬성
  dissenter ⓝ 반대자

0062 ★★★ □□ ---

gorgeous
[gɔ́:rdʒəs]

ⓐ 아주 멋진, 화려한

- the most **gorgeous** table EBS 지문 변형
- The CD cover, full of color photographs, is **gorgeous**.
  ➕ **Plus** = lovely, elegant, exquisite

0063 ★★☆ □□ ---

ingenious
[indʒí:njəs]

ⓐ 기발한, 독창적인

- The book has an **ingenious** plot.
- Many fish have **ingenious** ways of protecting their eggs from predators.
  ➕ **Plus** = creative, original, brilliant
  ingenuity ⓝ 재주, 독창성

0064 ★★★ □□ ---

assure
[əʃúər]

Ⓥ 확신[안심]시키다, 분명히 말하다

- The machine **assured** its users that there was no danger of war. EBS 지문 변형
- We can **assure** you that we will continue to strive. EBS 지문 변형
  ➕ **Plus** assurance ⓝ 확신, 보증, 보장

0065 ★★★ □□ ---

confront
[kənfrʌ́nt]

Ⓥ 맞서다, 직면하다

- **confront** harsh realities EBS 지문 변형
- The best way to **confront** your fears is to begin the process of making a difference. EBS 지문 변형
  ➕ **Plus** = face
  confrontation ⓝ 대치, 대립, 직면

예문 해석

0061 그 의견에 반대하다 / 높은 성과를 내는 조직에서는 의견에 대한 반대가 훨씬 더 빈번히 일어난다. 0062 가장 멋진 식탁 / 컬러 사진이 가득한 그 CD 표지는 화려하다. 0063 그 책은 독창적인 줄거리를 가지고 있다. / 많은 물고기는 그들의 알을 포식자로부터 보호하기 위한 독창적인 방법들을 가지고 있다. 0064 그 기계는 이용자들에게 전쟁의 위험이 없었다는 것을 확신시켜 주었다. / 우리는 계속 노력할 것임을 당신에게 분명히 말할 수 있다. 0065 냉혹한 현실에 직면하다 / 두려움에 맞서는 최고의 방법은 변화를 가져오는 과정을 시작하는 것이다.

0066 ★☆☆ ☐☐

grim
[grim]

a 엄숙한; 암울한, 음침한

- With **grim** determination, they head beachward. EBS 지문 변형
- As a matter of fact, your financial situation looks **grim**.
  + Plus grimly **ad** 잔인하게; 엄하게; 으스스하게
  grimness **n** 잔인함; 엄격함

0067 ★★★ ☐☐

startle
[stáːrtl]

v 깜짝 놀라게 하다

- Sorry, I didn't mean to **startle** you.
- She was **startled** to see the children's extremely violent reactions. EBS 지문 변형
  + Plus = surprise, astound

0068 ★★☆ ☐☐

drawback
[drɔ́ːbæk]

n 결점, 문제점; 장애

- Commonsense knowledge may have **drawbacks**. EBS 지문 변형
- One **drawback** is the danger involved. EBS 지문 변형
  + Plus = disadvantage

0069 ★★★ ☐☐

ethical
[éθikəl]

a 윤리적인, 도덕상의

- encounter an **ethical** problem
- The argument that animals should be conserved because it is right to conserve them is **ethical**. EBS 지문 변형
  + Plus = moral

0070 ★★★ ☐☐

indicate
[índikèit]

v 나타내다, 보여 주다

- **indicate** a high risk of getting anxiety disorders
- The research **indicates** that working women are the primary decision makers in households. EBS 지문 변형
  + Plus indication **n** 말, 지시, 표시

예문 해석

0066 단호한[엄숙한] 결의를 하고, 그들은 해변 쪽으로 향한다. / 사실, 너의 재정 상태는 암울해 보인다. 0067 미안해요, 당신을 놀라게 할 생각은 아니었어요. / 그녀는 극도로 폭력적인 아이들의 반응을 보고 깜짝 놀랐다. 0068 상식적인 지식에는 결점이 있을 수 있다. / 한 가지 문제점은 수반되는 위험이다. 0069 윤리적 문제에 부딪히다 / 동물들을 보호하는 것이 옳기 때문에 그들이 보호되어야 한다는 주장은 윤리적이다. 0070 불안 장애를 가질 위험성이 크다는 것을 나타내다 / 그 연구는 일하는 여성이 가정의 주요 의사 결정권자라는 것을 보여 준다.

Opinion

0071 ★★★ ☐☐

conclusion
[kənklúːʒən]

n 결론, 결말
- reach a **conclusion** `EBS 지문 변형`
- Sometimes people jump to the wrong **conclusion**. `EBS 지문 변형`

0072 ★★☆ ☐☐

blurt
[bləːrt]

v 불쑥 말하다, 누설하다
- Anika **blurted**, "Is the baby elephant still alive?" `EBS 지문 변형`
- He didn't mean to **blurt** it out.

0073 ★★☆ ☐☐

awakening
[əwéikəniŋ]

n 각성, 자각 **a** 사람을 깨닫게 하는
- national **awakening**
- I thought that moments of **awakening** happened all the time in other people's presence. `EBS 지문 변형`
  ➕ Plus awaken **v** (잠에서) 깨다; (간접이) 일다

Related Words	**견해**		
매력, 유혹	a mysterious, exciting, or desirable quality	allure
유쾌함, 명랑함	a feeling or state of happiness and fun	gaiety
백일몽	a series of pleasant thoughts, usually about things that you would like to happen	daydream

0074 ★★★ ☐☐

inference
[ínfərəns]

n 추론; 추론의 결과
- Sensitive listeners can make accurate and important **inferences**. `EBS 지문 변형`
- The brain makes **inferences** and deduces relationships quickly. `EBS 지문 변형`
  ➕ Plus infer **v** 추론하다
  inferential **a** 추리의, 추론의

0075 ★★★ ☐☐

critical
[krítikəl]

a 비판적인, 대단히 중요한
- Film analysis sharpens our **critical** judgments overall. `EBS 지문 변형`
- If you are not alert, you can miss something **critical**. `EBS 지문 변형`
  ➕ Plus = crucial, decisive

예문 해석

0071 결론에 도달하다 / 때때로 사람들은 잘못된 결론을 내린다. 0072 Anika는 "아기 코끼리가 아직 살아 있어요?"라고 불쑥 말했다. / 그는 그것을 누설할 의도는 아니었다. 0073 국민적 각성 / 나는 깨달음의 순간은 항상 다른 사람들 앞에서 일어난다고 생각했다. 0074 민감한 청자는 정확하고 중요한 추론을 할 수 있다. / 뇌는 추론을 하고 관계를 빠르게 연역한다. 0075 영화 분석은 우리의 비판적인 판단을 전체적으로 날카롭게 만든다. / 정신을 똑바로 차리지 않는다면, 너는 뭔가 중요한 것을 놓칠 수 있다.

0076 ✱✱✱ ☐☐

statement
[stéitmənt]

n 진술, 말, 성명

- the magical power of a personal vision **statement** `EBS 지문 변형`
- Romance languages allow the **statement** "Is snowing" without a dummy subject *it*. `EBS 지문 변형`
  - **+ Plus** state **v** 진술하다, 말하다

0077 ✱✱✧ ☐☐

initiative
[iníʃətiv]

n 계획, 결단력, 주도권

- The new immigrants show little **initiative** and want to be told what to do. `EBS 지문 변형`
  - **+ Plus** initiate **v** 시작하다, 착수시키다
  - initiation **n** 가입, 시작
  - take the initiative 솔선해서 하다

0078 ✱✧✧ ☐☐

self-conscious
[sélfkánʃəs]

a 자의식이 강한, 의식적인

- She became very **self-conscious** and it started to affect her ability to socialize at school.
  - **+ Plus** conscious **a** 의식하는, 자각하는

0079 ✱✱✧ ☐☐

ridicule
[rídikjùːl]

n 조롱, 조소 **v** 비웃다, 조롱하다

- ignore **ridicule**
- The artist was repeatedly **ridiculed** by critics of the period. `EBS 지문 변형`
  - **+ Plus** ridiculous **a** 웃기는, 터무니없는

0080 ✱✱✱ ☐☐

expand
[ikspǽnd]

v 확장하다, 확대하다; 팽창시키다

- They **expanded** their own views and writing topics. `EBS 지문 변형`
- Baby birds cannot **expand** and contract their lungs.
  - **+ Plus** ↔ contract **v** 줄이다, 수축시키다
  - expansion **n** 확장, 확대, 팽창
  - expansive **a** 광범위한, 포괄적인, 광활한

예문 해석

0076 개인의 비전 진술의 마법 같은 힘 / 로망스어군은 'Is snowing'이라는 말을 형식상의 주어 'it' 없이 허용한다. 0077 그 새로운 이민자들은 결단력을 거의 보이지 않고, 무엇을 해야 하는지 지시받기를 원한다. 0078 그녀는 자의식이 매우 강해졌고 그것은 학교에서 사람들과 어울릴 수 있는 능력에 영향을 미치기 시작했다. 0079 조롱을 무시하다 / 그 예술가는 여러 차례 당대 비평가들에게 조롱받았다. 0080 그들은 자신의 견해와 저술 주제를 확장했다. / 새끼 새는 자신들의 허파를 팽창시키고 수축시킬 수 없다.

Review Test

A 다음 단어에 해당하는 우리말을 쓰시오.

01 pretentious _____

02 initiative _____

03 ethical _____

04 startle _____

05 gorgeous _____

06 redundant _____

07 trustworthy _____

08 thrust _____

09 faint _____

10 pronounce _____

B 다음에 해당하는 영어 단어/숙어를 쓰시오.

01 추론 _____

02 자의식이 강한 _____

03 맞서다, 직면하다 _____

04 신중한, 의도적인 _____

05 조롱, 조소; 비웃다 _____

06 절박한 _____

07 음모, 모의 _____

08 확장하다, 팽창시키다 _____

09 감추다, 숨기다 _____

10 불합리, 부조리 _____

C 다음 괄호 안에서 문맥에 적절한 것을 고르시오.

01 Climate change could have [disastrous/trivial] effects on the Earth.

02 She was [genetic/ingenious] at finding ways to work more quickly.

03 If strong bonds make even a single [assent/dissent] less likely, the diversity of groups and institutions will be impaired.

04 Sometimes, just one small change in the way you do your work, unexpectedly, can bring about a(n) [insignificant/tremendous] improvement in the results.

05 Dr. Parkinson was an early socialist and the author of many [prerogative/provocative] pamphlets with titles like "Revolution without Bloodshed."

D 다음 문장에서 주어진 우리말에 해당하는 영어 단어에 밑줄 치시오.

01 인접한, 가까운   Their house is adjacent to a wooded park.

02 비참한   The same disastrous policies are being inflicted on people here.

03 너그러움   We use generosity as a means of controlling people or bringing them under our sphere of influence.

04 깜짝 놀라게 하다   She frantically threw a delightful little casserole together and astonished the dinner guests.

05 감정을 상하게 하다   Within certain cultures and legal systems, people may be offended by the application of property concepts to the human body and parts.

| DAY |

03

Growth & Development

성장과 발달

📑 Previous Check

- ☐ adolescence
- ☐ spoil
- ☐ sensitive
- ☐ be liable to
- ☐ deviation
- ☐ accomplishment
- ☐ detect
- ☐ tolerance
- ☐ zealous
- ☐ deprive
- ☐ fulfill
- ☐ dread
- ☐ insightful
- ☐ inquisitive

- ☐ distract
- ☐ impair
- ☐ reluctant
- ☐ setback
- ☐ disclose
- ☐ novel
- ☐ foster
- ☐ account for
- ☐ speculate
- ☐ outcome
- ☐ modest
- ☐ overwhelm
- ☐ fade away
- ☐ grateful

- ☐ overconfident
- ☐ fall behind
- ☐ stance
- ☐ outstanding
- ☐ be preoccupied with
- ☐ bring about
- ☐ innate
- ☐ reinforce
- ☐ pause
- ☐ perceive
- ☐ content
- ☐ discretion

0081 ❋❋☆ ☐☐ -

adolescence
[ǽdəlésəns]

🔤 사춘기, 청소년기
- progress in the field of child and **adolescence** mental health EBS 지문 변형
  ➕ **Plus** adolescent ⓐ 사춘기의, 청년기의 🔤 청소년

0082 ❋❋☆ ☐☐ -

spoil
[spɔil]

🔠 1. 망치다, 못 쓰게 하다 2. 아이를 버릇없이 키우다
- The rain will **spoil** our camping trip.
- Parents are generally worried about raising **spoiled** children. EBS 지문 변형
  ➕ **Plus** 1. = mess up
       spoiler 🔤 스포일러, 방해물

0083 ❋❋❋ ☐☐ -

sensitive
[sénsətiv]

ⓐ 민감한, 예민한, 섬세한
- **sensitive** skin
- Children are **sensitive** to whether their siblings are favored by their parents. EBS 지문 변형
  ➕ **Plus** sensitivity 🔤 세심함, 예민함; 민감성

0084 ❋☆☆ ☐☐ -

be liable to

~하기 쉽다, ~에 걸리기 쉽다
- Children **are liable to** skip their homework if not properly supervised.
  ➕ **Plus** liable ⓐ ~하기 쉬운, 걸핏하면 ~하는

0085 ❋☆☆ ☐☐ -

deviation
[dìːviéiʃən]

🔤 벗어남, 일탈
- **deviation** from the previously accepted norms
- notice a **deviation** of someone's normal pattern when he or she lies EBS 지문 변형
  ➕ **Plus** deviate 🔠 빗나가다, 일탈하다
       deviatory ⓐ 벗어난, 탈선의

예문 해석

0081 어린이와 청소년의 정신 건강 분야에서의 진보 0082 비는 우리의 캠핑 여행을 망칠 것이다. / 부모들은 일반적으로 버릇없는 아이들을 키우는 것에 대해서 걱정한다. 0083 민감성 피부 / 아이들은 형제자매들이 부모의 총애를 받는지에 민감하다. 0084 만약 제대로 검사하지 않으면 아이들은 숙제를 하지 않기 쉽다. 0085 이전에 받아들여지던 규범으로부터의 일탈 / 누군가 거짓말을 할 때 평상시 패턴과 다름을 주목하다

0086 ★★★ ☐☐

accomplishment
[əkámpliʃmənt]

n 업적, 성취

- It is useful to recognize teams of workers for their **accomplishments**. EBS 지문 변형
- Athletes can keep a journal of their past **accomplishments**. EBS 지문 변형

➕ Plus accomplish **v** 성취하다

0087 ★★★ ☐☐

detect
[ditékt]

v (나쁜 짓 등을) 발견하다, 간파하다, 감지하다

- While we do not recognize our own biases, we can often **detect** biases in others. EBS 지문 변형
- The failure to **detect** spoiled food can have lethal consequences. EBS 지문 변형

➕ Plus detective **n** 형사, 탐정

0088 ★★☆ ☐☐

tolerance
[tálərəns]

n 1. 관용, 포용력 2. 내성, 저항력

- a low **tolerance** for frustration EBS 지문 변형
- The school encourages an attitude of **tolerance** toward all people.

➕ Plus tolerant **a** 관대한; 내성이 있는
tolerate **v** 참다, 용인하다

0089 ★☆☆ ☐☐

zealous
[zéləs]

a 열광적인, 열심인

- No one was more **zealous** than Kate in supporting the proposal.

➕ Plus = eager
zeal **n** 열성, 열의

0090 ★★★ ☐☐

deprive
[dipráiv]

v 박탈하다, 빼앗다

- **deprive** people of the basic right
- This **deprives** us of the true contexts of life. EBS 지문 변형

➕ Plus deprivation **n** 박탈, 탈취, 결핍

◀ 예문 해석 ▶

0086 실적에 대하여 직원들의 팀을 인정하는 것이 유용하다. / 운동선수들은 그들의 과거 업적을 일기에 기록할 수 있다. 0087 우리는 우리 자신의 편향을 인식하지 못하는 반면에 다른 사람들의 편향은 자주 알아챌 수 있다. / 상한 음식을 감지하지 못하면 치명적인 결과를 가져올 수 있다. 0088 좌절에 대한 낮은 수준의 인내력 / 그 학교는 모든 사람에 대해 관용의 태도를 보이도록 장려한다. 0089 어느 누구도 그 제안을 지지하는 데 있어서 Kate보다 더 열성적이지 않았다. 0090 사람들에게서 기본권을 박탈하다 / 이것은 삶의 진정한 맥락을 우리에게서 빼앗는다.

0091 ✹✹✹ ☐☐

fulfill
[fulfíl]

Ⓥ 충족하다, 채우다; 달성하다, 실행하다
- **fulfill** the special wishes of children EBS 지문 변형
- They are planning to **fulfill** their objectives by 2025.
  ➕ **Plus** fulfillment Ⓝ 성취감, 충족감; 이행, 실행

0092 ✹✹☆ ☐☐

dread
[dred]

Ⓥ 두려워하다, 무서워하다
- a punishment to be most **dreaded** EBS 지문 변형
- Moshe **dreaded** the idea of spending his life on tasks that would become routine. EBS 지문 변형
  ➕ **Plus** dreadful Ⓐ 끔찍한, 지독한

0093 ✹✹☆ ☐☐

insightful
[ínsàitfəl]

Ⓐ 통찰력 있는
- WIlhelm Ⅰ was not particularly clever or **insightful**. EBS 지문 변형
- One participant of a workshop told an **insightful** story. EBS 지문 변형
  ➕ **Plus** = perceptive

0094 ✹✹☆ ☐☐

inquisitive
[inkwízitiv]

Ⓐ 탐구적인, 꼬치꼬치 캐묻는
- The **inquisitive** nature of her young daughter started to work. EBS 지문 변형
- My mother was so **inquisitive** about my plans for this weekend.
  ➕ **Plus** inquire Ⓥ 묻다

0095 ✹✹✹ ☐☐

distract
[distrǽkt]

Ⓥ 주의를 딴 데로 돌리다, 산만하게 하다
- There was no gadget to **distract** myself. EBS 지문 변형
- **Distracting** yourself from unsettling thoughts is crucial. EBS 지문 변형
  ➕ **Plus** distraction Ⓝ 집중을 방해하는 것
  distracted Ⓐ (사람이) 주의가 산만한, 집중을 못하는

예문 해석

0091 아이들의 특별한 소망을 이루어 주다 / 그들은 2025년까지 목표를 달성하기 위해 계획을 세우고 있다. 0092 가장 무서운 형벌 / Moshe는 판에 박히게 될 일에 평생을 보낼 생각에 두려웠다. 0093 Wilhelm 1세는 그다지 똑똑하지도 통찰력이 있지도 않았다. / 워크숍의 한 참가자가 통찰력이 있는 이야기를 했다. 0094 그녀의 어린 딸의 탐구적인 본성이 발휘되기 시작했다. / 엄마는 나의 이번 주말 계획에 대해서 꼬치꼬치 캐물었다. 0095 나의 주의를 빼앗는 기구는 없었다. / 불안하게 하는 생각에서 자신의 주의를 딴 데로 돌리는 것이 매우 중요하다.

0096 ★★★ ☐☐

impair
[impέər]

v 손상시키다, 지장을 주다

- The tube does not **impair** hearing.
- Task performance is **impaired** at very high noise intensities. EBS 지문 변형

➕ **Plus** impairment **n** 손상, 장애

0097 ★★☆ ☐☐

reluctant
[rilʌ́ktənt]

a 마지못한, 주저하는

- He might agree but seems **reluctant** to admit it.
- Change is hard because people are **reluctant** to alter habits that have been successful in the past. EBS 지문 변형

➕ **Plus** = unwilling
be reluctant to ~하기를 꺼리다, 주저하다

0098 ★★☆ ☐☐

setback
[sétbæk]

n 방해, 좌절

- Take every **setback** as an opportunity to learn.
- Despite some **setbacks**, they eventually became a successful company.

➕ **Plus** = misfortune, disappointment

0099 ★★★ ☐☐

disclose
[disklóuz]

v 노출하다, 공개하다, 폭로하다

- You can get a sense of how much you rely on silence instead of **disclosing**. EBS 지문 변형
- People sometimes **disclose** information about themselves online. EBS 지문 변형

➕ **Plus** disclosure **n** 탄로, 폭로, 공개

0100 ★★☆ ☐☐

novel
[návəl]

a 새로운, 참신한

- adapt in response to **novel** climatic conditions EBS 지문 변형
- Patents for **novel** ideas are simply the tangible results. EBS 지문 변형

➕ **Plus** novelty **n** 진기함, 참신함

◀ 예문 해석 ▶

0096 그 튜브는 청력을 손상시키지 않는다. / 작업 수행은 매우 높은 소음 강도에서 지장을 받는다. 0097 그는 동의하는 것 같았으나 그것을 받아들이는 것은 주저하는 것 같다. / 사람들은 과거에 성공적이었던 습관을 바꾸기를 꺼려하기 때문에 변화가 어렵다. 0098 모든 좌절을 배움의 기회로 삼아라. / 몇 번의 좌절에도 불구하고, 그들은 마침내 성공적인 기업이 되었다. 0099 폭로하는 대신에 침묵에 얼마나 의존하고 있는지를 짐작할 수 있다. / 사람들은 때때로 자신들에 대한 정보를 온라인에 공개한다. 0100 새로운 기후 환경에 대응하여 적응하다 / 참신한 생각에 대한 특허권은 실제적인 결과물일 따름이다.

0101 ★★★ ☐☐

foster
[fɔ́(:)stər]

Ⓥ 기르다, 조성하다, 조장하다
- Parents who respond in a firm, consistent, and warm manner **foster** a child's positive self-esteem. EBS 지문 변형
- Does consumption **foster** happiness and well-being? EBS 지문 변형

0102 ★★★ ☐☐

account for

1. ~을 설명하다 2. ~을 차지하다
- The student made up a good story to **account for** her tardiness.
- Spain and Italy together **account for** 78% of the world's exported olive oil. EBS 지문 변형

0103 ★★☆ ☐☐

speculate
[spékjulèit]

Ⓥ 1. 추측하다, 고찰하다 2. 투기하다
- You are able to **speculate** on the dangers and delights. EBS 지문 변형
- He didn't look as though he had the money to **speculate** in stocks.
  - ➕ **Plus** 1. = contemplate, ponder
    speculation Ⓝ 추측, 고찰; 투기

0104 ★★★ ☐☐

outcome
[áutkʌ̀m]

Ⓝ 결과, 성과
- work hard for a successful **outcome**
- If you put in the effort, the **outcome** will happen with your intention and your action. EBS 지문 변형
  - ➕ **Plus** = result, consequence

0105 ★★★ ☐☐

modest
[mádist]

ⓐ 수수한, 보통의, 겸손한
- Her manner of living was **modest**. EBS 지문 변형
- He was **modest** about his achievements.
  - ➕ **Plus** ↔ immodest ⓐ 조심성 없는, 무례한
    modestly ⓐⓓ 겸손하게, 삼가서

예문 해석

0101 확고하고, 일관성이 있으며, 온화한 방식으로 반응하는 부모가 아이의 긍정적인 자존감을 길러낸다. / 소비가 행복과 안녕을 조성하는가?
0102 그 학생은 지각한 이유를 설명하기 위해 그럴듯한 이야기를 만들어 냈다. / 스페인과 이탈리아가 함께 세계 올리브유 수출의 78퍼센트를 차지한다. 0103 여러분은 위험과 즐거움에 대해 추측할 수 있다. / 그는 주식에 투기할 돈이 없는 것처럼 보였다. 0104 성공적인 결과를 위해 열심히 일하다 / 당신이 노력을 기울이면 그 성과가 당신의 의도와 행동에 더불어 생겨날 것이다. 0105 그녀의 생활 방식은 수수했다. / 그는 자신의 공로에 겸손했다.

0106 ★★★ □□

overwhelm
[òuvərhwélm]

v 압도하다, 질리게 하다
- Bruneli was **overwhelmed** by the sight of her beauty.
- He was so **overwhelmed** by having to take care of his children. EBS 지문 변형
- **Plus** overwhelming **a** 압도하는, 압도적인

0107 ★★☆ □□

fade away

점점 희미해지다, 사그라들다
- Traumatic memories tend to **fade away**, a process known as 'extinction.' EBS 지문 변형
- **Plus** = fade out

0108 ★★☆ □□

grateful
[gréitfəl]

a 감사하는
- I am very **grateful** for all your help with this project.
- **Plus** = thankful

0109 ★★☆ □□

overconfident
[òuvərkánfidnt]

a 너무 믿는, 자부심이 강한
- Research has consistently demonstrated that we are **overconfident** in the judgments we make. EBS 지문 변형
- **Plus** overconfidence **n** 지나친 자신, 과신

0110 ★★☆ □□

fall behind

뒤처지다
- Mentors will guide pupils toward extra help when they are **falling behind**.
- **Plus** = recede, drop off

0111 ★★☆ □□

stance
[stæns]

n 입장, 태도; (서 있는) 자세
- This is the polar opposite of the appreciative **stance**. EBS 지문 변형
- I kept my **stance** relaxed as he slipped into a fighting **stance**.

예문 해석

0106 Bruneli는 그녀의 아름다움을 보고 압도되었다. / 그는 자신의 아이들을 돌보아야 하는 것에 완전히 질렸다. 0107 대단히 충격적인 기억은 '소멸'이라고 알려진 과정을 통해 사라지는 경향이 있다. 0108 이 프로젝트에 도움을 주셔서 매우 감사합니다. 0109 연구는 우리가 하는 판단에 대해 우리가 과신하고 있다는 것을 지속적으로 증명해 왔다. 0110 멘토들은 학생들이 뒤처질 때 추가적인 도움을 주어 방향을 제시할 것이다. 0111 이것은 감상하는 입장과 완전히 반대이다. / 그가 싸울 자세로 들어갔을 때 나는 느긋한 자세를 유지했다.

0112 ★★★ □□

outstanding
[àutstǽndiŋ]

ⓐ 뛰어난, 눈에 띄는
- celebrate the **outstanding** achievements 〔EBS 지문 변형〕
- He is one of the most **outstanding** politicians.
  ➕ **Plus** = excellent, remarkable

0113 ★★☆ □□

be preoccupied with

~에 몰두하다, ~에 사로잡히다
- Ashley **was** too **preoccupied with** her own life to notice her daughter's problems. 〔EBS 지문 변형〕
  ➕ **Plus** = be absorbed in

0114 ★★★ □□

bring about

유발하다, 초래하다
- The action seems logical and appropriate, and it might succeed in **bringing about** short-term relief. 〔EBS 지문 변형〕
  ➕ **Plus** = cause, lead to, give rise to

0115 ★★☆ □□

innate
[inéit]

ⓐ 타고난, 선천적인
- an **innate** preference for sweet foods 〔EBS 지문 변형〕
- Mental tests are an objective measurement of **innate** ability. 〔EBS 지문 변형〕
  ➕ **Plus** = natural, inborn

Related Words	성장과 발달	
자기중심적인	behaving as if you are more important than other people	egocentric
외향적인	very confident, lively, and enjoying social situations	extrovert
내향적인	shy, quiet, and unable to make friends easily	introvert

0116 ★★★ □□

reinforce
[rìːinfɔ́ːrs]

ⓥ 강화하다
- The sense of privilege tends to be **reinforced** by the external reputation.
- A reward is a psychological process that **reinforces** behavior. 〔EBS 지문 변형〕
  ➕ **Plus** reinforcement ⓝ 강화

예문 해석

0112 뛰어난 성과들을 축하하다 / 그는 가장 뛰어난 정치가들 중 한 명이다. 0113 Ashley는 자신의 삶에 너무 몰두한 나머지 자신의 딸이 가지고 있는 문제를 눈치채지 못했다. 0114 그 행동은 타당하고 적절해 보이며, 그것은 단기적인 안도감을 유발하는 데 성공할지도 모른다. 0115 단 음식에 대한 선천적인 선호 / 지능 검사는 타고난 재능의 객관적인 측정이다. 0116 특권 의식은 외부 평판에 의해서 강화되는 경향이 있다. / 보상이란 행동을 강화시키는 심리적 과정이다.

Related Words　성장과 발달

괴롭힘	behavior that frightens or hurts someone smaller or weaker	**bullying**
아이 같은	having qualities that are typical of a child, especially positive qualities	**childlike**
교활한	skilled at getting something from people, especially in a dishonest way	**artful**

0117 ★★★ ☐☐

pause
[pɔːz]

ⓝ (이야기의) 중단, 휴지(休止) ⓥ 중단하다, 쉬다

- After a moment's **pause**, he continued.
- The professor **paused** for breath, and went on speaking.
  - **+ Plus** = stop, break
    - pausal ⓐ 쉬는, 휴지(休止)의

0118 ★★★ ☐☐

perceive
[pərsíːv]

ⓥ 인지하다, 인식하다

- use sensory organs to **perceive** the reality `EBS 지문 변형`
- We **perceive** a stimulus in different ways.
  - **+ Plus** perception ⓝ 인지, 인식
    - perceptive ⓐ 지각의, 통찰력 있는

0119 ★★★ ☐☐

content
ⓝ [kántent]
ⓐ [kəntént]

ⓝ 내용(물), 콘텐츠 ⓐ 만족한

- the **contents** of a glass jar `EBS 지문 변형`
- an increasing demand for video **content** `EBS 지문 변형`
- They seem rather **content** with their life.
  - **+ Plus** be content with ～에 만족하다

0120 ★★☆ ☐☐

discretion
[diskréʃən]

ⓝ 분별(력), 신중함; 결정권, 자유 재량

- the **discretion** of the doctor
- Children need to develop **discretion** about what they view.
  `EBS 지문 변형`

  - **+ Plus** discreet ⓐ 분별 있는, 신중한

예문 해석

0117 잠시 후 그는 계속했다. / 그 교수는 숨을 쉬기 위해 잠깐 멈추었다가 이야기를 계속했다. 0118 현실을 인식하기 위해 감각 기관을 사용하다 / 우리는 여러 방식으로 자극을 인지한다. 0119 유리병 속의 내용물 / 비디오 콘텐츠에 대한 증가하는 수요 / 그들은 자신들의 삶에 꽤 만족하는 것 같다. 0120 의사의 재량권 / 아이들은 자신이 보는 것에 대한 분별력을 키울 필요가 있다.

Review Test

A 다음 단어에 해당하는 우리말을 쓰시오.

01 zealous _____

02 grateful _____

03 detect _____

04 accomplishment _____

05 insightful _____

06 pause _____

07 speculate _____

08 deviation _____

09 bring about _____

10 account for _____

B 다음에 해당하는 영어 단어/숙어를 쓰시오.

01 관용, 내성 _____

02 마지못한 _____

03 손상시키다, 지장을 주다 _____

04 입장, 태도 _____

05 분별(력), 신중함 _____

06 망치다, 못 쓰게 하다 _____

07 탐구적인 _____

08 내용(물); 만족한 _____

09 기르다, 조성하다 _____

10 방해, 좌절 _____

C 다음 괄호 안에서 문맥에 적절한 것을 고르시오.

01 Abrupt movements could be [perceived/persuaded] as a threat to animals.

02 The use of a cellphone [draws/distracts] the attention of the driver from the main task of driving.

03 Politicians are [detached/sensitive] to the concerns of diverse voter groups.

04 She eventually [fetched/fulfilled] her lifelong dream of traveling all over the world.

05 Praising the ongoing effort will [reinforce/weaken] and enhance the finished product.

D 다음 문장에서 주어진 우리말에 해당하는 영어 단어에 밑줄 치시오.

01 압도하다   Our expectations can overwhelm us when we establish long-term goals.

02 뒤처지다   She tried hard not to fall behind in the competition.

03 타고난   Jane has an innate ability to sense when someone feels unhappy.

04 뛰어난   I understood this land was an area of outstanding natural beauty.

05 청소년기   As children reach adolescence, they begin to establish social outlets which may be distant from the lives of their parents.

| DAY |

04

Meaningful Life & Self-discipline

가치 있는 삶과 자기 훈련

▌Previous Check

- ☐ courageous
- ☐ enthusiasm
- ☐ integrity
- ☐ reflection
- ☐ marvelous
- ☐ esteem
- ☐ discipline
- ☐ attain
- ☐ devote
- ☐ complacent
- ☐ execute
- ☐ misconception
- ☐ obstacle
- ☐ formulate

- ☐ determined
- ☐ annoyance
- ☐ embrace
- ☐ hold back
- ☐ phenomenal
- ☐ pursue
- ☐ nasty
- ☐ trivial
- ☐ receptive
- ☐ contradictory
- ☐ assume
- ☐ give in
- ☐ meditate
- ☐ prompt

- ☐ aspiration
- ☐ inherent
- ☐ clutter
- ☐ moderate
- ☐ put off
- ☐ put oneself in other's shoes
- ☐ external
- ☐ pessimism
- ☐ sabotage
- ☐ trap
- ☐ implicit
- ☐ figure out

0121 ★★★ □□

courageous
[kəréidʒəs]

ⓐ 용감한

- They are **courageous** in that they have the ability to face their fears. EBS 지문 변형
- She is **courageous** enough to speak out against this injustice.
  ➕ **Plus** ↔ cowardly ⓐ 겁이 많은

0122 ★★★ □□

enthusiasm
[inθú:ziæzm]

ⓝ 열정, 열광

- Teachers increase the energy and **enthusiasm** of students. EBS 지문 변형
- They show fun in their expression of **enthusiasm**. EBS 지문 변형
  ➕ **Plus** enthusiastic ⓐ 열렬한, 열광적인

0123 ★★★ □□

integrity
[intégrəti]

ⓝ 1. 진실성, 정직 2. 완전성, 온전함

- The success of this technique depends on our **integrity**. EBS 지문 변형
- Musical **integrity** requires a separation between business and art. EBS 지문 변형

0124 ★★★ □□

reflection
[riflékʃən]

ⓝ 1. 반사, 반영 2. 심사숙고; 반성

- His speech was an accurate **reflection** of the public mood.
- As much as any other kind of thinking, **reflection** requires solitude. EBS 지문 변형
  ➕ **Plus** reflect ⓥ 반사하다, 반영하다; 심사숙고하다
  reflectional ⓐ 반사의; 숙고의

0125 ★★☆ □□

marvelous
[má:rvələs]

ⓐ 놀라운, 믿기 어려운; 멋진

- a **marvelous** sight
- The trip to Europe would provide **marvelous** memories for a lifetime. EBS 지문 변형
  ➕ **Plus** marvel ⓝ 경이, 경이로운 것

예문 해석

0121 자신들의 두려움에 맞설 수 있는 능력이 있다는 점에서 그들은 용감하다. / 그녀는 이 부당함에 대해 공개적으로 말할 정도로 충분히 용기 있다. 0122 교사들은 학생들의 에너지와 열정을 키워 준다. / 그들은 열광의 표현에서 즐거움을 드러낸다. 0123 이 기법의 성공은 우리의 진실성에 달려 있다. / 음악적 완전성에는 사업과 예술 사이의 분리가 필요하다. 0124 그의 연설은 대중의 분위기를 정확히 반영하는 것이었다. / 다른 어떤 종류의 생각 못지않게, 반성은 고독을 요한다. 0125 놀라운 광경 / 유럽으로의 여행은 평생 동안 멋진 추억을 제공할 것이다.

0126 ✹✹✧ ☐☐

esteem
[istíːm]

ⓝ 존경 ⓥ 존경하다, 존중하다
- She was held in high **esteem** because of her achievements.
- Not all success, obviously, is worth **esteeming**, nor all ambition worth cultivating. EBS 지문 변형
  ➕ **Plus** self-esteem ⓝ 자부심, 자존감

0127 ✹✹✹ ☐☐

discipline
[dísəplin]

ⓝ 1. 규율, 훈련 2. 학과목 ⓥ 훈련하다; 징계하다
- The essence of the **discipline** for a balanced life is "giving up." EBS 지문 변형
- He **disciplined** himself to exercise at least three times a week.
  ➕ **Plus** disciplinable ⓐ 훈련할 수 있는; 징계해야 할
  disciplined ⓐ 훈련받은, 잘 통솔된

0128 ✹✹✹ ☐☐

attain
[ətéin]

ⓥ 1. 이루다, 획득하다 2. 도달하다
- **Attaining** expertise in a domain typically requires ten thousand hours of deliberate practice. EBS 지문 변형
- After a year she had **attained** her ideal weight.
  ➕ **Plus** attainment ⓝ 달성, 도달
  attainable ⓐ 달성할 수 있는

0129 ✹✹✹ ☐☐

devote
[divóut]

ⓥ 바치다, 헌신하다
- Jeff and Martha began to **devote** more of their energy to each other than caring for their own lives. EBS 지문 변형
  ➕ **Plus** devoted ⓐ 헌신적인
  devote oneself to ~에 전념하다

0130 ✹✧✧ ☐☐

complacent
[kəmpléisənt]

ⓐ 자기 만족의, 현실에 안주하는
- a **complacent** smile
- There's a danger of becoming **complacent** if you win a few games.
  ➕ **Plus** complacently ⓐⓓ 만족스러운 듯이

예문 해석

0126 그녀는 그녀의 업적 때문에 매우 존경받았다. / 분명 모든 성공이 다 존경받을 만한 것은 아니며, 모든 야망이 다 장려할 만한 것이라고도 할 수 없다. 0127 균형 잡힌 삶을 위한 훈련의 핵심은 '포기하기'이다. / 그는 일주일에 적어도 3번 운동을 하도록 스스로를 훈련했다. 0128 어떤 영역의 전문 기술을 얻는 데에는 일반적으로 1만 시간의 의도적인 연습이 필요하다. / 1년 후 그녀는 이상적 몸무게에 도달했다. 0129 Jeff와 Martha는 자신들의 삶을 돌보기보다 더 많은 에너지를 서로에게 바치기 시작했다. 0130 만족해하는 미소 / 네가 몇 경기에서 이긴다면, 자만하게 될 위험이 있다.

0131 ★★★ ☐☐

execute
[éksikjùːt]

ⓥ 1. 실행하다, 수행하다 2. 처형하다

- We continued to **execute** a familiar model or formula.
  EBS 지문 변형

- Kendall was **executed** for being a spy.
  ➕ Plus execution ⓝ 실행, 수행; 처형
  executive ⓐ 실행의, 집행의 ⓝ 간부, 임원

0132 ★★★ ☐☐

misconception
[mìskənsépʃən]

ⓝ 오해, 잘못된 생각

- widespread **misconceptions** on animals EBS 지문 변형
- There are common **misconceptions** about the immune system. EBS 지문 변형
  ➕ Plus = misunderstanding
  misconceive ⓥ 오해하다

0133 ★★★ ☐☐

obstacle
[ábstəkl]

ⓝ 장애, 장애물

- an **obstacle** to success EBS 지문 변형
- You can't ignore **obstacles** or rationalize your challenges.
  EBS 지문 변형

  ➕ Plus = hurdle, barrier

0134 ★★★ ☐☐

formulate
[fɔ́ːrmjulèit]

ⓥ 표현하다, 형성하다, 공식화하다

- a way to **formulate** problems
- They **formulated** their personal position on the proposition.
  EBS 지문 변형

  ➕ Plus formula ⓝ 공식
  formulation ⓝ 공식화, 명확한 표현

0135 ★★☆ ☐☐

determined
[ditə́ːrmind]

ⓐ 결심한, 단호한

- a **determined** resolution
- Most criminals back off when they face **determined** resistance. EBS 지문 변형
  ➕ Plus determine ⓥ 결정하다, 알아내다
  determination ⓝ 결정; 투지

예문 해석

0131 우리는 익숙한 모형이나 공식을 실행하기를 계속했다. / Kendall은 간첩 행위로 처형되었다. 0132 동물에 관해 널리 퍼져 있는 오해 / 면역 체계에 대한 흔한 오해들이 있다. 0133 성공에 있어서의 장애물 / 너는 장애물을 무시하거나 너의 도전을 합리화할 수 없다. 0134 문제를 표현하는 방법 / 그들은 그 주장에 대한 자신의 개인적인 입장을 형성했다. 0135 단호한 결심 / 대부분의 범죄자는 단호한 저항에 직면할 때 물러선다.

0136 ★★★ ☐☐

annoyance
[ənɔ́iəns]

🄝 성가심, 불쾌감, 곤혹

- with **annoyance**
- A company must be willing to accept the **annoyance** or loss of a customer. EBS 지문 변형
  ➕ **Plus** annoy 🅥 짜증나게 하다, 귀찮게 하다

0137 ★★★ ☐☐

embrace
[imbréis]

🅥 1. 포옹하다 2. 기꺼이 받아들이다

- Her friends seemed to welcome and **embrace** her. EBS 지문 변형
- Try to **embrace** your weaknesses. EBS 지문 변형

0138 ★★☆ ☐☐

hold back

～을 저지하다, ～을 제지하다

- **hold back** rising anger
- thousands of people being **held back** by security EBS 지문 변형
  ➕ **Plus** = restrain, keep back

0139 ★★☆ ☐☐

phenomenal
[finámənəl]

🄰 경이적인; 자연 현상의, 감각적인

- the **phenomenal** success
- The suburb has experienced a **phenomenal** growth over the last decade.
  ➕ **Plus** phenomenon 🄝 현상, 경이로운 것
  phenomenally 🄰🄳 경이적으로, 아주

0140 ★★★ ☐☐

pursue
[pərsú:]

🅥 추구하다; 뒤쫓다

- We should continue to **pursue** a goal even after years of frustration and failure. EBS 지문 변형
  ➕ **Plus** pursuit 🄝 추구; 추적

0141 ★★☆ ☐☐

nasty
[nǽsti]

🄰 불쾌한, 고약한, 끔찍한

- **nasty** chemical compounds EBS 지문 변형
- Some people can send us **nasty** e-mail messages. EBS 지문 변형

예문 해석

0136 안달복달하여 / 회사는 고객의 불만이나 손실을 기꺼이 받아들여야만 한다. 0137 그녀의 친구들은 그녀를 환영하고 포옹하는 것처럼 보였다. / 너의 약점을 기꺼이 받아들이려고 노력하라. 0138 치미는 분노를 억누르다 / 안전요원에 의해 제지당하는 수천 명의 사람들 0139 경이로운 성공 / 교외 지역은 지난 10년간 경이적인 성장을 경험했다. 0140 우리는 수년간의 좌절과 실패 후에도 계속해서 목표를 추구해야 한다. 0141 고약한 화합물 / 어떤 사람들은 우리에게 불쾌한 이메일을 보낼 수 있다.

0142 ★★☆ □□ -

trivial
[tríviəl]

a 사소한, 하찮은

- their deviations from even the most **trivial** cultural expectations EBS 지문 변형
- The psychological differences among these children are **trivial**. EBS 지문 변형

➕ **Plus** = insignificant, petty

0143 ★★☆ □□ -

receptive
[riséptiv]

a 수용적인

- He was always **receptive** to new ideas.

➕ **Plus** receive V 받아들이다, 수용하다

0144 ★★★ □□ -

contradictory
[kàntrədíktəri]

a 모순되는

- satisfy the **contradictory** demands EBS 지문 변형
- "Green consumerism" is a **contradictory** phrase. EBS 지문 변형

➕ **Plus** contradict V 모순되다; 반박하다
contradiction n 모순; 반박

Related Words	자기 훈련	
부끄러워하는	easily embarrassed in social situations	bashful
뽐내는	talking too proudly about yourself	boastful
피해망상적인	worrying that people do not like you and are trying to harm you, although you have no proof of this	paranoid

0145 ★★★ □□ -

assume
[əsjúːm]

V 1. 가정하다, 추정하다 2. 떠맡다 3. (특질·양상을) 취하다

- I didn't see your car, so I **assumed** you'd gone out.
- He will **assume** my duties.
- Select any commercial on television and **assume** a critical distance from it. EBS 지문 변형

➕ **Plus** assumption n 가정
assumably ad 아마

예문 해석

0142 심지어 가장 사소한 문화적 기대로부터의 자신들의 일탈 / 이 아이들의 심리적 차이는 사소하다. 0143 그는 항상 새로운 사상에 대해 수용적이었다. 0144 모순되는 요구들을 충족시키다 / '녹색 소비'는 모순된 표현이다. 0145 나는 네 차를 보지 못해서 네가 떠났다고 생각했다. / 그가 제 임무를 맡게 될 것입니다. / 텔레비전 광고 중에 아무것이나 선택해서 그것으로부터 비판적인 거리를 취해 보라.

0146 ★★★ ☐☐ ----------

give in

항복하다, 굴복하다, 따르다
- The rebels were forced to **give in**.
- They do not **give in** to the expectations of a superficial society. EBS 지문 변형
  + Plus = submit, yield

0147 ★★★ ☐☐ ----------

meditate
[médəteit]

V 명상하다
- set aside time to **meditate** EBS 지문 변형
- I try to **meditate** for half an hour every evening.
  + Plus meditation **n** 명상, 묵상
  meditative **a** 명상에 잠긴

0148 ★★☆ ☐☐ ----------

prompt
[prɑmpt]

a 즉각적인 **V** 촉구하다, 자극하다
- a regular **prompt** response
- Recession has **prompted** people to cut back on dining out.
  EBS 지문 변형
  + Plus promptly **ad** 즉시

0149 ★★★ ☐☐ ----------

aspiration
[æspəréiʃən]

n 열망, 염원, 포부
- Not all students meet their learning **aspirations**. EBS 지문 변형
- Brad Schwartz said he never had political **aspirations**.
  + Plus aspire **V** 열망[염원]하다

0150 ★★★ ☐☐ ----------

inherent
[inhíərənt]

a 본래의, 타고난, 내재하는
- one's **inherent** value
- People are uncomfortable with the **inherent** uncertainty of the situation. EBS 지문 변형
  + Plus inherence **n** 고유, 타고남

예문 해석

0146 반군들은 할 수 없이 항복해야 했다. / 그들은 피상적인 사회의 기대를 따르지 않는다. 0147 명상할 시간을 따로 떼어 두다 / 나는 매일 저녁 30분 동안 명상하려고 노력한다. 0148 규칙적이고 즉각적인 반응 / 경기 불황은 사람들이 외식하는 것을 줄이도록 촉구했다. 0149 모든 학생들이 자신들의 학습 열망을 충족하지는 못한다. / Brad Schwartz는 결코 정치적 포부를 가진 적이 없었다고 말했다. 0150 자신의 타고난 가치 / 사람들은 상황의 내재적 불확실성을 불편해한다.

0151 ★★☆ ☐☐

clutter
[klʌ́tər]

n 잡동사니, 혼란 **v** 혼란스럽게 하다, 어지르다

· Don't keep **clutter** on your desk.
· The phone calls distracted and **cluttered** his thinking.

EBS 지문 변형

➕ **Plus** **n** = mess

0152 ★★★ ☐☐

moderate
a [mádərət]
v [mádərèit]

a 중간의, 적당한, 온건한 **v** 절제하다, 완화하다

· Those activities require a **moderate** level of concentration.

EBS 지문 변형

· It can create a weakness if not **moderated** by involvement with others. EBS 지문 변형

➕ **Plus** moderately **ad** 적당히, 알맞게
moderation **n** 적당함, 온건, 절제

0153 ★★★ ☐☐

put off

뒤로 미루다, 연기하다

· He keeps **putting off** going to the dentist.
· Worriers often **put** things **off** for as long as possible. EBS 지문 변형

➕ **Plus** = delay, postpone

0154 ★★☆ ☐☐

put oneself in other's shoes

타인의 입장이 되어 보다, 역지사지(易地思之)하다

· We should just **put ourselves in others' shoes**. EBS 지문 변형
· One of the most important things anyone can do in business is to **put yourself in his or her shoes**. EBS 지문 변형

➕ **Plus** = enter into another's feeling

0155 ★★★ ☐☐

external
[ikstə́:rnəl]

a 외부의

· the achievement of **external** aims EBS 지문 변형
· When there is no compelling **external** explanation for one's words, saying becomes believing. EBS 지문 변형

➕ **Plus** ↔ internal **a** 내부의

> **예문 해석**

0151 잡동사니를 책상 위에 두지 마라. / 그 전화들은 그의 생각을 흐트러뜨리고 혼란스럽게 했다. 0152 그런 활동들은 적당한 수준의 집중이 필요하다. / 그것은 다른 존재들과의 관계 맺기를 통해 절제되지 않으면 단점을 만들어 낼 수 있다. 0153 그는 계속해서 치과에 가는 것을 미루고 있다. / 걱정을 많이 하는 사람들은 종종 가능한 한 오랫동안 일을 미룬다. 0154 우리는 꼭 타인의 입장이 되어 보아야 한다. / 어느 누구라도 일을 할 때 할 수 있는 가장 중요한 것 중 하나는 타인의 입장이 되어 보는 것이다. 0155 외적 목표의 달성 / 누군가의 말에 대해 설득력 있는 외부적 설명이 없을 때는 말하는 것이 곧 믿는 것이 된다.

0156 ★★☆ ☐☐

pessimism
[pésəmìzm]

n 비관주의, 비관적인 생각

- a degree of optimism or **pessimism**
- These petty annoyances have a way of keeping us stuck in **pessimism**. EBS 지문 변형
  ➕ **Plus** ↔ optimism **n** 낙천주의, 낙관주의
  pessimistic **a** 비관적인

0157 ★☆☆ ☐☐

sabotage
[sǽbətɑ̀ːʒ]

v (고의적으로) 방해하다

- Irrational acts don't just **sabotage** us. EBS 지문 변형

0158 ★★☆ ☐☐

trap
[træp]

n 덫, 함정 **v** (궁지에) 가두다, 빠뜨리다

- end the **trap** of extreme poverty EBS 지문 변형
- We have got **trapped** into thinking. EBS 지문 변형

0159 ★★★ ☐☐

implicit
[implísit]

a 내포된, 내재적인, 암시된

- think about the **implicit** goal of a relationship EBS 지문 변형
- have an **implicit** understanding of other cultures EBS 지문 변형
  ➕ **Plus** ↔ explicit **a** 명백한, 명시적인
  imply **v** 암시하다

0160 ★★★ ☐☐

figure out

알아내다, 이해하다; 계산해 내다

- **figure out** the exact amount EBS 지문 변형
- It took James only two days to **figure out** he couldn't live without her. EBS 지문 변형
  ➕ **Plus** figure **v** 중요하다; 생각하다 **n** 인물; 모양; 숫자

◀ 예문 해석 ▶

0156 어느 정도의 낙관주의 혹은 비관주의 / 이런 사소한 골칫거리들은 우리를 비관주의에 갇혀 있게끔 만든다. 0157 비합리적인 행동이 우리를 방해만 하는 것은 아니다. 0158 극도의 가난의 덫을 끝내다 / 우리는 생각에 빠졌다. 0159 인간관계의 내포된 목표에 대해 생각하다 / 다른 문화에 대한 내재적인 이해를 갖다 0160 정확한 양을 계산해 내다 / James가 자신이 그녀 없이 살 수 없다는 것을 이해하는 데 겨우 이틀밖에 걸리지 않았다.

Review Test

A 다음 단어에 해당하는 우리말을 쓰시오.

01 external _____
02 moderate _____
03 put off _____
04 implicit _____
05 figure out _____
06 enthusiasm _____
07 meditate _____
08 nasty _____
09 hold back _____
10 devote _____

B 다음에 해당하는 영어 단어/숙어를 쓰시오.

01 비관주의 _____
02 사소한, 하찮은 _____
03 반영; 심사숙고 _____
04 용감한 _____
05 본래의, 타고난 _____
06 정직, 온전함 _____
07 잡동사니; 혼란스럽게 하다 _____
08 오해, 잘못된 생각 _____
09 존경; 존중하다 _____
10 규율, 훈련 _____

C 다음 괄호 안에서 문맥에 적절한 것을 고르시오.

01 A lack of qualifications can be a major [obtainment/obstacle] to finding a job.

02 She has lots of good ideas, but she has difficulty [devising/formulating] them.

03 Many of us are unable to shake off the little [annoyances/appreciations] in our everyday lives.

04 Some people persistently continue to [persuade/pursue] an aim even after years of frustration and failure.

05 Having a book published offers a level of credibility that is difficult to [attain/attend] in any other way.

D 다음 문장에서 주어진 우리말에 해당하는 영어 단어에 밑줄 치시오.

01 믿기 어려운   Marvelous natural events take place from time to time.

02 즉각적인   I don't get prompt feedback no matter how good the result is.

03 열망, 포부   I think that I will have to support your dreams and creative aspirations.

04 항복하다, 굴복하다   Jamie will give in the chocolate in the freezer and have it.

05 떠맡다   After infants learn to walk and talk, they assume some tasks and responsibilities.

| DAY |

05

Interpersonal Relationship

대인 관계

📑 Previous Check

- ☐ acquaintance
- ☐ concerted
- ☐ bond
- ☐ empathy
- ☐ mercilessly
- ☐ respectful
- ☐ suspicion
- ☐ quarrel
- ☐ get a big head
- ☐ forgiving
- ☐ interdependence
- ☐ altruism
- ☐ courtesy
- ☐ disguise

- ☐ vary
- ☐ humiliate
- ☐ hypocritical
- ☐ popularity
- ☐ intimate
- ☐ reconcile
- ☐ companionship
- ☐ accord
- ☐ reciprocal
- ☐ conflict
- ☐ mutual
- ☐ candid
- ☐ sentiment
- ☐ compromise

- ☐ open up
- ☐ encounter
- ☐ familiarity
- ☐ assimilate
- ☐ refresh
- ☐ interpersonal
- ☐ come across
- ☐ acknowledge
- ☐ take the initiative
- ☐ correspond
- ☐ dispute
- ☐ court

Interpersonal Relationship

0161 ✹✹✹ ☐☐

acquaintance
[əkwéintəns]

n 아는 사람, 지인

- an interview with an **acquaintance** EBS 지문 변형
- Obviously, there is nothing wrong with the pursuit of friendship, after a long period of **acquaintance**. EBS 지문 변형

➕ **Plus** acquaint v 익히다, 숙지하다

0162 ✹☆☆ ☐☐

concerted
[kənsə́:rtid]

a 합의된, 협동의

- take **concerted** action
- We should make a **concerted** effort to finish it on time.

EBS 지문 변형

0163 ✹✹✹ ☐☐

bond
[bɑnd]

n 유대감, 결속력

- a strong and lasting **bond** EBS 지문 변형
- Each member of the group built a strong **bond** as they begin to trust each other.

0164 ✹✹✹ ☐☐

empathy
[émpəθi]

n 감정 이입, 공감

- Shelley expresses the imaginative **empathy** with her subject.
- The **empathy** and intuitive understanding of others is amazing. EBS 지문 변형

➕ **Plus** empathic a 감정 이입의
empathize v 공감하다

0165 ✹✹☆ ☐☐

mercilessly
[mə́:rsilisli]

ad 무자비하게, 잔인하게

- **mercilessly** expose a secret
- Nature often breaks our belief and treats us **mercilessly**.

EBS 지문 변형

➕ **Plus** merciless a 무자비한, 잔인한
merciful a 자비로운
mercy n 자비, 관용

예문 해석

0161 아는 사람과의 인터뷰 / 분명히 오랜 시간 동안 지인으로 지낸 이후에 우정을 추구하는 것에는 아무 문제가 없다. 0162 합의된 행동을 취하다 / 우리는 그것을 제시간에 끝낼 수 있도록 공동의 노력을 기울여야 한다. 0163 강하고 지속적인 결속력 / 서로를 믿기 시작하면서 그 조직의 구성원들은 강한 유대감을 구축했다. 0164 Shelley는 자신의 주제에 대한 상상 속 감정 이입을 표현한다. / 공감과 타인에 대한 직관적 이해는 놀랍다. 0165 무자비하게 비밀을 노출하다 / 자연은 때로 우리의 믿음을 깨뜨리고, 우리를 잔인하게 대한다.

0166 ★★★ ☐☐

respectful
[rispéktfəl]

ⓐ 존경심을 보이는, 공손한, 존중하는

- You are **respectful** and your teacher will appreciate this.
- When you win a game, you should be **respectful** to others. <small>EBS 지문 변형</small>

　➕Plus respect **ⓝ** 존경 **ⓥ** 존경하다
　　respectfully **ad** 공손하게

0167 ★★☆ ☐☐

suspicion
[səspíʃən]

ⓝ 의심, 혐의, (막연한) 느낌

- To confirm his **suspicion**, he tested the dog's urine. <small>EBS 지문 변형</small>
- He was arrested on **suspicion** of corruption.

　➕Plus suspect **ⓥ** 의심하다, 혐의를 두다 **ⓝ** 혐의자, 용의자
　　suspicious **ⓐ** 의심스러운

0168 ★★★ ☐☐

quarrel
[kwɔ́:rəl]

ⓝ 말다툼 **ⓥ** 다투다, 언쟁을 벌이다

- a **quarrel** between family members
- The children **quarrel** all the time.

　➕Plus quarrelsome **ⓐ** 다투기 좋아하는

0169 ★★☆ ☐☐

get a big head

뽐내다, 자만심을 가지다

- I guess I really **got a big head**. <small>EBS 지문 변형</small>
- I just don't want him to **get a big head**.

0170 ★★★ ☐☐

forgiving
[fərgíviŋ]

ⓐ 너그러운, 관대한

- a kind and **forgiving** man
- As a teacher, she was **forgiving** of her students' mistakes.

　➕Plus = broad-minded, understanding
　　forgivingness **ⓝ** 관대함

예문 해석

0166 존경심을 보이면 선생님은 이것을 감사할 것이다. / 게임에서 이기면, 상대방을 존중해 주어야 한다.　0167 자신의 의심을 확인하기 위해 그는 개의 소변을 검사했다. / 그는 부패 혐의로 체포되었다.　0168 가족 구성원들 사이의 언쟁 / 그 아이들은 항상 말다툼을 한다.　0169 나는 정말로 자만했던 것 같다. / 나는 그가 거만하게 굴지만 않으면 좋겠다.　0170 친절하고 너그러운 남자 / 교사로서, 그녀는 학생들의 실수에 관대했다.

0171 ✷✷☆ ☐☐

interdependence
[ìntərdipéndəns]

n 상호 의존

- **interdependence** between individuals EBS 지문 변형
- People seek **interdependence** by developing strong relationships. EBS 지문 변형

➕ **Plus** interdependent **a** 상호 의존적인

0172 ✷✷✷ ☐☐

altruism
[ǽltruːìzm]

n 이타주의, 이타심

- a necessary condition for ethical **altruism** EBS 지문 변형
- Groups of early humans who practiced reciprocal **altruism** were in a better position to prosper. EBS 지문 변형

➕ **Plus** ↔ selfishness **n** 이기심
altruistic **a** 이타적인

0173 ✷✷✷ ☐☐

courtesy
[kə́ːrtəsi]

n 정중함, 예의

- a sense of **courtesy** EBS 지문 변형
- He didn't even have the common **courtesy** to say goodbye when he left.

➕ **Plus** courteous **a** 공손한, 정중한

0174 ✷✷☆ ☐☐

disguise
[disgáiz]

v 변장하다, 위장하다, 숨기다 **n** 위장, 변장

- make an excellent **disguise** EBS 지문 변형
- The king wanted to **disguise** himself. EBS 지문 변형

➕ **Plus** = **v** conceal **n** camouflage

0175 ✷✷✷ ☐☐

vary
[vέəri]

v 서로 다르다, 다양하다, 바꾸다

- Motor development **varies**, depending on one's culture. EBS 지문 변형
- Gestures tend to **vary** remarkably around the world. EBS 지문 변형

➕ **Plus** variation **n** 변화, 차이
various **a** 다양한

예문 해석

0171 개인들 간의 상호 의존 / 사람들은 돈독한 관계를 형성함으로써 상호 의존을 추구한다. 0172 윤리적인 이타주의의 필요조건 / 상호적인 이타주의를 행했던 초기 인류 집단들은 번성하기에 더 좋은 조건에 놓여 있었다. 0173 예의 / 그는 나가면서 작별 인사하는 기본적인 예의도 없었다. 0174 훌륭한 위장 도구가 되다 / 왕은 자신을 변장하기를 원했다. 0175 운동 신경 발달은 사람이 속한 문화에 따라 다르다. / 몸짓은 전 세계에 걸쳐 놀라울 정도로 다양한 경향이 있다.

0176 ★★★ ☐☐

humiliate
[hjuːmílièit]

ⓥ 굴욕을 주다, 창피를 주다
- They were **humiliated** by a clever man. EBS 지문 변형
- He has come to **humiliate** me in front of people.
  - **Plus** humiliation **ⓝ** 굴욕, 수치; 창피 줌
  - humiliating **ⓐ** 굴욕적인, 치욕이 되는

0177 ★☆☆ ☐☐

hypocritical
[hìpəkrítikəl]

ⓐ 위선의, 위선적인
- There is **hypocritical** posturing and not much action in proportion to the talk. EBS 지문 변형
  - **Plus** hypocritically **ad** 위선적으로

0178 ★★★ ☐☐

popularity
[pàpjulǽrəti]

ⓝ 인기
- the increasing **popularity** of travel books EBS 지문 변형
- The rock band quickly gained **popularity**. EBS 지문 변형

0179 ★★★ ☐☐

intimate
[íntəmət]

ⓐ 친밀한
- an **intimate** relationship
- People have friendly and **intimate** neighbors in residential areas. EBS 지문 변형
  - **Plus** intimacy **ⓝ** 친밀감

Related Words	대인 관계	
여보, 당신	a way of speaking to someone you love	sweetheart
약혼자	the man whom a woman is going to marry	fiancé
(친밀한) 관계	friendly agreement and understanding between people	rapport

0180 ★★★ ☐☐

reconcile
[rékənsàil]

ⓥ 조화시키다, 화해시키다
- **reconcile** one's expectations with reality EBS 지문 변형
- The sailors will become better able to **reconcile** their conflicting interests. EBS 지문 변형
  - **Plus** reconciliation **ⓝ** 조화, 화해

예문 해석

0176 그들은 한 영리한 사람에게 굴욕을 당했다. / 그는 사람들 앞에서 나에게 창피를 주기 위해 왔다. 0177 위선적인 가식이 있고, 하는 말에 비해 많은 행동이 뒤따르지 않는다. 0178 여행 책자의 높아가는 인기 / 그 록밴드는 빠르게 인기를 얻었다. 0179 친밀한 관계 / 사람들은 주거 지역에서 다정하고 친밀한 이웃을 가진다. 0180 기대치를 현실과 조화시키다 / 그 선원들은 그들의 상충하는 이익을 더 잘 조화시킬 수 있게 될 것이다.

0181 ★★☆ ☐☐

companionship
[kəmpǽnjənʃìp]

n 교제, 우정

- When Stan died, I missed his **companionship**.
- He is acknowledged and worthy of notice and **companionship**. `EBS 지문 변형`
  - ➕ **Plus** companion **n** 동반자, 친구
  - companionate **a** 친구의, 우애적인

0182 ★★★ ☐☐

accord
[əkɔ́:rd]

n 합의, 일치 **v** 일치하다, 조화를 이루다

- behave in **accord** with such color preference `EBS 지문 변형`
- The theory **accords** with the known facts.
  - ➕ **Plus** accordance **n** 일치, 조화
  - according to ~에 따라서, ~에 따르면
  - in accord with ~와 일치하는

0183 ★★☆ ☐☐

reciprocal
[risíprəkəl]

a 상호 간의

- by **reciprocal** action
- The relationship between a child and caregiver gradually evolves out of **reciprocal** interest. `EBS 지문 변형`
  - ➕ **Plus** = mutual
  - reciprocally **ad** 서로, 상호 간에

0184 ★★★ ☐☐

conflict
n [kánflikt]
v [kənflíkt]

n 갈등, 충돌 **v** 상충하다, 충돌하다

- come into slight **conflict** `EBS 지문 변형`
- My boss held firm opinions which usually **conflicted** with my own.
  - ➕ **Plus** conflictive **a** 대립하는
  - conflicting **a** 서로 싸우는, 모순되는

0185 ★★★ ☐☐

mutual
[mjú:tʃuəl]

a 상호 간의, 서로의

- International business must be grounded in trust and **mutual** respect. `EBS 지문 변형`
- Family members' individuality is grounded in **mutual** dependency. `EBS 지문 변형`
  - ➕ **Plus** mutuality **n** 상호 관계
  - mutually **ad** 상호 간에, 공통으로

예문 해석

0181 Stan이 죽었을 때, 나는 그와의 우정을 그리워했다. / 그는 인정받고 있고 주목과 우정을 받을 가치가 있다. 0182 그런 색깔 선호와 일치하여 행동하다 / 그 이론은 기존에 알려진 사실과 일치한다. 0183 상호 작용에 의해 / 아이와 아이를 돌봐 주는 사람 간의 관계는 상호 이해관계를 넘어서 점차 발전해 나간다. 0184 사소한 갈등을 빚다 / 나의 상사는 보통 내 의견과 상충하는 확고한 의견을 갖고 있었다. 0185 국가 간의 사업은 신뢰와 상호 존중에 기반을 두어야 한다. / 가족 구성원들의 개성은 상호 의존에 근거를 두고 있다.

0186 ★★☆ ☐☐

candid
[kǽndid]

a 솔직한

- a **candid** response EBS 지문 변형
- She gave us her **candid** opinion on the matter.
  + Plus = honest, frank
  candidly **ad** 솔직히, 숨김없이

0187 ★★☆ ☐☐

sentiment
[séntəmənt]

n 정서, 감정

- the **sentiments** expressed in the tweets regarding political issues EBS 지문 변형
- His **sentiments** were based on experiences of the first day of school.
  + Plus = feeling
  sentimental **a** 감정적인, 정서적인

0188 ★★★ ☐☐

compromise
[kάmprəmàiz]

n 타협, 절충 **v** 타협하다; 위태롭게 하다

- morally unacceptable **compromise** EBS 지문 변형
- That is how most young people **compromise** in some situations. EBS 지문 변형
  + Plus **n** = settlement, agreement

0189 ★★☆ ☐☐

open up

마음을 터놓다

- People **opened up** about themselves and began to share with the open-ended questions they had. EBS 지문 변형
- I knew that his sadness wasn't accessible, because he didn't feel safe to **open up**.

0190 ★★★ ☐☐

encounter
[inkάuntər]

n 만남 **v** 맞닥뜨리다, 접하다

- make most days and most **encounters** cheerful EBS 지문 변형
- If some project **encounters** severe problems, examine the difficulty. EBS 지문 변형

◀ 예문 해석 ▶

0186 솔직한 대답 / 그녀는 그 문제에 대해서 우리에게 솔직한 의견을 제시했다. 0187 정치적인 쟁점에 대해 트위터 메시지에 표현된 정서 / 그의 감정은 학교 첫날의 경험에 근거한 것이었다. 0188 도덕적으로 받아들일 수 없는 타협 / 그렇게 해서 대부분의 젊은이들이 어떤 상황에서 타협하게 된다. 0189 사람들은 그들 자신에 대해 마음을 터놓고, 그들이 가진 정답이 정해져 있지 않은 문제를 공유하기 시작했다. / 그가 안심하고 마음을 열지 않았기 때문에, 나는 내가 그의 슬픔에 다가갈 수 없음을 알았다. 0190 대부분의 날과 대부분의 만남을 명랑하게 만들다 / 어떤 프로젝트가 심각한 문제를 만나면, 그 어려움을 검토하라.

0191 ✷◇◇ ☐☐

familiarity
[fəmìliǽrəti]

ⓝ 친숙함, 낯익음

- Too great a **familiarity** with the methods used by others destroys their freshness of approach. EBS 지문 변형
- **Familiarity** with the number gives us the feeling that we like it. EBS 지문 변형

➕ Plus ↔ unfamiliarity ⓝ 생소함, 익숙하지 않음
familiar ⓐ 친숙한, ~에 익숙한

0192 ✷✷✷ ☐☐

assimilate
[əsíməlèit]

ⓥ 1. (완전히) 이해하다, 흡수하다 2. 동화시키다, 동화되다

- You need to **assimilate** new concepts.
- Picasso **assimilated** an amazing variety of techniques in his art. EBS 지문 변형

➕ Plus assimilation ⓝ 흡수; 동화

0193 ✷✷✷ ☐☐

refresh
[rifréʃ]

ⓥ 상쾌하게 하다, 새롭게 하다

- Grateful people feel more **refreshed** upon awakening. EBS 지문 변형
- I want to **refresh** the list of to-do items.

➕ Plus refreshment ⓝ 상쾌함, 다과(pl.)
refreshing ⓐ 상쾌한, 기운을 돋우는

0194 ✷✷◇ ☐☐

interpersonal
[ìntərpə́:rsənəl]

ⓐ 대인 관계의, 인간 사이에 일어나는

- the lack of **interpersonal** skills
- Feelings of discomfort can signal us to avoid **interpersonal** situations that are not healthy. EBS 지문 변형

➕ Plus intrapersonal ⓐ 개인 내의, 개인의 마음속에서 생기는

0195 ✷✷✷ ☐☐

come across

이해되다, 인상을 주다

- He spoke for a long time but his meaning didn't really **come across**.

➕ Plus = penetrate, get across

예문 해석

0191 다른 사람들에 의해 사용된 방법에 지나치게 익숙한 것은 자신의 연구 방법의 참신함을 망친다. / 그 숫자에 대한 친숙함은 우리가 그것을 좋아한다는 느낌을 준다. 0192 여러분은 새로운 개념을 완전히 이해할 필요가 있다. / 피카소는 놀랄 만큼의 다양한 기법을 자신의 예술 속에 동화시켰다. 0193 감사하는 사람들은 깨어날 때 더 상쾌함을 느낀다. / 나는 해야 할 일 항목의 목록을 새로 고치고 싶다. 0194 대인 관계 기술의 부족 / 불편함의 감정은 건전하지 못한 대인 관계의 상황을 피하도록 우리에게 신호를 보낼 수 있다. 0195 그는 오랜 시간 동안 말을 했지만, 그가 말하는 것이 잘 이해되지는 않았다.

0196 ★★★ ☐☐

acknowledge
[æknálidʒ]

V 인정하다
- **acknowledge** diverse ways of being musical `EBS 지문 변형`
- They were able to **acknowledge** this status difference.
  `EBS 지문 변형`

➕ **Plus** ↔ deny **V** 부인하다

0197 ★★☆ ☐☐

take the initiative

솔선하다, 주도하다
- I believe that we need to **take the initiative** and extend a helping hand.
  ➕ **Plus** initiative **n** 계획, 결단력

0198 ★★★ ☐☐

correspond
[kɔːrəspánd]

V 1. 일치하다, 상응하다 2. 서신을 주고받다
- **correspond** to the forms `EBS 지문 변형`
- His words and actions do not **correspond**.
  ➕ **Plus** correspondence **n** 서신, 편지; 유사성
          correspondent **n** 특파원

0199 ★★★ ☐☐

dispute
[dispjúːt]

n 논쟁, 분쟁 **V** 논쟁하다, 반박하다
- A **dispute** between the cities of Modena and Bologna began a war that devastated Europe. `EBS 지문 변형`
- Descartes **disputed** this notion and suggested a dualistic model of human nature. `EBS 지문 변형`
  ➕ **Plus** = quarrel

0200 ★★☆ ☐☐

court
[kɔːrt]

V ~의 환심을 사려고 하다
- Both candidates have spent the last month **courting** the media.
  ➕ **Plus** courtship **n** 교제, 연애

◀ 예문 해석 ▶

0196 음악적이라는 것의 다양한 방식을 인정하다 / 그들은 이런 지위상의 차이를 인정할 수 있었다. **0197** 나는 우리가 솔선수범하여 도움의 손길을 뻗쳐야 할 필요가 있다고 생각한다. **0198** 형식에 일치하다 / 그의 말과 행동은 일치하지 않는다. **0199** 모데나와 볼로냐의 도시 간 분쟁으로 유럽을 황폐화시킨 전쟁이 시작되었다. / 데카르트는 이 개념을 반박했고 인간 본성의 이원론적인 표본을 제시했다. **0200** 두 후보 모두 지난 한 달을 언론의 환심을 사는 데 보냈다.

Review Test

A 다음 단어에 해당하는 우리말을 쓰시오.

01 respectful _____

02 correspond _____

03 forgiving _____

04 reciprocal _____

05 quarrel _____

06 companionship _____

07 mutual _____

08 sentiment _____

09 get a big head _____

10 come across _____

B 다음에 해당하는 영어 단어/숙어를 쓰시오.

01 논쟁, 분쟁 _____

02 만남; 맞닥뜨리다 _____

03 인기 _____

04 아는 사람, 지인 _____

05 위선의, 위선적인 _____

06 솔직한 _____

07 이타주의 _____

08 마음을 터놓다 _____

09 대인 관계의 _____

10 솔선하다 _____

C 다음 괄호 안에서 문맥에 적절한 것을 고르시오.

01 The magazine's quote does not [concord/accord] with the true story.

02 The intimate [bonds/bounds] make us responsible for each other.

03 It's common [courtesy/impoliteness] to keep your cellphone turned off in the theater.

04 A capacity for [empire/empathy] and feeling for other animals has been observed in primates.

05 It's very difficult for immigrants to [assimilate/dissimilate] into the mainstream society in that country.

D 다음 문장에서 주어진 우리말에 해당하는 영어 단어에 밑줄 치시오.

01 갈등 Conflict is a sign that an organization is alive.

02 굴욕을 주다 The fact that you take care of me doesn't give you the right to humiliate me.

03 낯익음 When I saw the garden, I had a feeling of familiarity.

04 상호 의존 We live in an international community with increasing interdependence between individuals and between nations.

05 친밀한 They have intimate connections with banks in all kinds of daily ways.

| DAY |

Social Structure

사회 구조

Previous Check

- [ ] reside
- [ ] fabric
- [ ] comprise
- [ ] multitude
- [ ] prejudice
- [ ] congestion
- [ ] affluent
- [ ] seizure
- [ ] plight
- [ ] poverty
- [ ] combination
- [ ] apathy
- [ ] attribute
- [ ] patriarchal

- [ ] landlord
- [ ] tenant
- [ ] impoverished
- [ ] conscience
- [ ] proportion
- [ ] focal
- [ ] resistance
- [ ] privatization
- [ ] confine
- [ ] charity
- [ ] attachment
- [ ] neglect
- [ ] plague
- [ ] privilege

- [ ] corruption
- [ ] opposed
- [ ] stand a chance
- [ ] concurrent
- [ ] enormous
- [ ] populous
- [ ] struggle
- [ ] govern
- [ ] stagnant
- [ ] be prone to
- [ ] tangibly
- [ ] coordination

0201 ✳✳✳ ☐☐

reside
[rizáid]

ⓥ 살다, 거주하다
- **reside** abroad
- Some of our old friends **resided** in houses grander than ours. EBS 지문 변형
  + **Plus** residence ⓝ 주택, 거주지
      resident ⓝ 거주자, 주민 ⓐ 거주[상주]하는

0202 ✳☆☆ ☐☐

fabric
[fǽbrik]

ⓝ 1. 천, 직물 2. 구조, 조직
- reweave the **fabric** of the social EBS 지문 변형
- You might ignore objects made of **fabric** or paper. EBS 지문 변형
  + **Plus** fabricate ⓥ 날조하다; 조립하다

0203 ✳✳☆ ☐☐

comprise
[kəmpráiz]

ⓥ ~으로 구성되다, 차지하다
- Each program is **comprised** of various learning experiences including lectures, field trips, and discussions. EBS 지문 변형
- A person's skin, muscles, and hair are primarily **comprised** of protein. EBS 지문 변형

0204 ✳✳☆ ☐☐

multitude
[mʌ́ltətjùːd]

ⓝ 1. 다수 2. 군중, 일반 대중
- What you tell your readers is truth is influenced by a **multitude** of factors. EBS 지문 변형
- He suddenly cried to the assembled **multitude**.

0205 ✳✳☆ ☐☐

prejudice
[prédʒudis]

ⓝ 편견 ⓥ 편견을 갖게 하다, 해를 끼치다
- We cannot quantify **prejudice** or love. EBS 지문 변형
- The fear of injections **prejudiced** me against him.
  + **Plus** = bias

예문 해석

0201 해외에 거주하다 / 오랜 친구들 중 몇몇은 우리 집보다 더 큰 집에서 살았다. 0202 사회적인 것의 구조를 다시 짜다 / 여러분은 천이나 종이로 만들어진 물건을 무시할지도 모른다. 0203 각 프로그램은 강연, 현장학습, 토론을 포함한 다양한 학습 경험으로 이루어져 있다. / 사람의 피부와 근육, 머리카락은 주로 단백질로 구성되어 있다. 0204 독자에게 진실이라고 말하는 것은 다수의 요인에 의해 영향을 받는다. / 그는 갑자기 모여 있는 군중에게 소리쳤다. 0205 우리는 편견이나 사랑을 수량화할 수 없다. / 주사에 대한 공포로 나는 그에 대한 편견을 갖게 되었다.

0206 ★★★ □□

congestion
[kəndʒéstʃən]

🅝 1. 혼잡 2. 막힘, 충혈
- medicine to treat nasal **congestion**
- An expanded system of public transportation would dramatically reduce traffic **congestion** on city streets.

  EBS 지문 변형

  ➕ **Plus** congest 🆅 혼잡하게 하다; 충혈시키다

0207 ★★☆ □□

affluent
[ǽflu(ː)ənt]

🅐 부유한; 풍부한
- an **affluent** area of the city
- Carl Sauer proposed that agriculture must have originated amongst reasonably **affluent**, settled people. EBS 지문 변형

0208 ★★★ □□

seizure
[síːʒər]

🅝 1. 압수, 장악 2. 체포
- seek approval of the search and **seizure** by obtaining a warrant EBS 지문 변형
- The **seizure** was carried out through the usual procedure.

  ➕ **Plus** seize 🆅 움켜잡다

Related Words	사회 구조	
인간성 말살	the act of depriving people of their human qualities	dehumanization
일탈	behaviors which do not conform to significant norms	deviance
근본주의	a commitment to, and a belief in, the literal meanings of scriptural texts	fundamentalism
모계 사회	social organization in which females dominate males	matriarchy

0209 ★☆☆ □□

plight
[plait]

🅝 역경, 곤경
- the **plight** of the unfortunate individual
- She was taken by the **plight** and bravery of the Italian.

  EBS 지문 변형

  ➕ **Plus** = difficulty, trouble, predicament

◀ 예문 해석 ▶

0206 코 막힘을 치료하는 약 / 확대된 대중교통 시스템은 도시 거리의 교통 혼잡을 현저하게 감소시킬 것이다. 0207 그 도시의 부유한 지역 / Carl Sauer는 농업이 상당히 부유하고 안정적인 사람들 사이에서 시작된 것이 분명하다고 주장했다. 0208 영장을 발부받음으로써 수색과 압수에 대한 허가를 구하다 / 체포는 통상적인 절차에 따라 이루어졌다. 0209 그 불행한 개인의 역경 / 그녀는 그 이탈리아인의 곤경과 용기에 매료되었다.

0210 ✱✱✱ ☐☐

poverty
[pávərti]

🇳 가난, 빈곤

- the millions of people who live in **poverty** EBS 지문 변형
- Losing their vocabularies is a form of cultural **poverty**.
EBS 지문 변형

0211 ✱✱✱ ☐☐

combination
[kàmbənéiʃən]

🇳 조합, 결합

- Atypical **combinations** yield a number of emergent properties. EBS 지문 변형
- Mexico offers a hard-to-beat **combination** of great diversity.
EBS 지문 변형

0212 ✱✱☆ ☐☐

apathy
[ǽpəθi]

🇳 무관심, 무감정

- Helpless dogs and depressed people both suffer paralysis of the will, passive resignation, or even **apathy**. EBS 지문 변형
- **➕ Plus** = indifference, unconcern

0213 ✱✱✱ ☐☐

attribute
[ǽtrəbjùːt]

🇳 속성, 특징 🇻 원인으로 여기다

- The software project has two key **attributes**. EBS 지문 변형
- Changes in political organization in a society are **attributed** to technology. EBS 지문 변형

0214 ✱☆☆ ☐☐

patriarchal
[pèitriáːrkəl]

🇦 가부장제의, 가부장적인

- the country's **patriarchal** history
- The United States was a **patriarchal** society for many years, and women were not allowed to vote until 1920.
- **➕ Plus** patriarchy 🇳 가부장제

0215 ✱✱☆ ☐☐

landlord
[lǽndlɔ̀ːrd]

🇳 주인, 임대주

- Our **landlord** owns the entire apartment building.
- The monthly rent is set by the **landlord**, and he has the option to raise it at the end of the lease.

예문 해석

0210 가난하게 살고 있는 수백만 명의 사람들 / 그들의 어휘를 잃는다는 것은 문화적 빈곤의 한 형태이다. 0211 이례적인 조합은 많은 출현 속성을 생산한다. / 멕시코는 능가하기 어려울 만큼 잘 결합된 대단한 다양성을 제공한다. 0212 무력한 개와 우울한 사람은 둘 다 의지의 마비, 수동적인 체념, 또는 심지어 무관심도 겪고 있다. 0213 그 소프트웨어 프로젝트는 두 가지 핵심적인 속성이 있다. / 한 사회의 정치적 조직의 변화는 기술에 기인한다. 0214 그 나라의 가부장제 역사 / 미국은 오랜 세월 동안 가부장제 사회여서, 여성은 1920년까지 투표가 허용되지 않았다. 0215 우리 집 주인은 아파트 건물 전체를 소유하고 있다. / 월 임대료는 임대주에 의해 결정되고, 그는 임대차 계약 종료 시점에 그것을 인상할 수 있는 선택권을 갖고 있다.

0216 ★★☆ ☐☐

tenant
[ténənt]

n 세입자, 소작인 **v** 임차해서[세 들어] 살다; (땅을) 소작하다

• If the architect overlooks a bathroom, the **tenants** collapse. **EBS** 지문 변형

• Ninety percent of the farms were **tenanted**.

0217 ★★☆ ☐☐

impoverished
[impávəriʃt]

a 빈곤한, 저하된

• the **impoverished** urban areas
• Henry Rousseau was born in the Loire Valley and raised in fairly **impoverished** conditions. **EBS** 지문 변형

➕ **Plus** impoverish **v** 빈곤하게 하다, 저하시키다

0218 ★★☆ ☐☐

conscience
[kánʃəns]

n 양심

• a matter of individual **conscience**
• Humans may have more of a **conscience** than dogs. **EBS** 지문 변형

0219 ★★★ ☐☐

proportion
[prəpɔ́ːrʃən]

n (전체에서 차지하는) 비율

• the **proportion** of the population aged 60 or over **EBS** 지문 변형
• It is the second highest **proportion** recorded since 1995. **EBS** 지문 변형

0220 ★☆☆ ☐☐

focal
[fóukəl]

a 중심의, 초점의

• the **focal** points of the speaker's presentation
• In Leonardo da Vinci's notebooks, the diagrams and drawings are the **focal** points, not the words. **EBS** 지문 변형

➕ **Plus** focus **n** 초점 **v** 집중하다
focalize **v** 초점을 맞추다

예문 해석

0216 건축가가 욕실을 간과하면 임차인은 주저앉는다. / 그 농지의 90퍼센트가 소작되었다. 0217 빈곤한 도시 지역 / Henry Rousseau는 루아르 계곡 지역에서 태어나 상당히 빈곤한 환경에서 자랐다. 0218 개인의 양심 문제 / 인간은 개보다 더 많은 양심을 지니고 있을지 모른다. 0219 60세가 넘는 인구의 비율 / 그것은 1995년부터 기록된 것 중에 두 번째로 높은 비율이다. 0220 그 연설자의 발표의 초점 / Leonardo da Vinci의 수첩에는, 말이 아니라 도표와 그림이 중심이다.

0221 ✸✸✸ ☐☐

resistance
[rizístəns]

n 저항, 반대

· The world of business is increasingly intolerant of dull performance and **resistance** to change. EBS 지문 변형
➕ Plus resist V 저항하다
resistant a 저항하는, ~에 잘 견디는

0222 ✸✧✧ ☐☐

privatization
[pràivətizéiʃən]

n 민영화, 사유화

· **Privatization** is used to solve the tragedy of the commons.
EBS 지문 변형

· Everybody was afraid that **privatization** would lead to layoffs.
➕ Plus privatize V 민영화하다

0223 ✸✸✧ ☐☐

confine
n [kánfain]
V [kənfáin]

n 경계, 한계 V 한정[제한]하다, 가두다

· manipulating the ecosystem rather than working within its **confines** EBS 지문 변형
· Do not **confine** yourself to what you know.

0224 ✸✸✸ ☐☐

charity
[tʃǽrəti]

n 자선 단체, 자선 (사업)

· donate money to **charity**
· Many people believe that giving to **charity** is instinctive behavior. EBS 지문 변형
➕ Plus charitable a 자선의, 자선을 베푸는

0225 ✸✸✸ ☐☐

attachment
[ətǽtʃmənt]

n 애착, 믿음

· Even those of us who claim not to be materialistic cannot help but form **attachments** to certain possessions. EBS 지문 변형
➕ Plus attach V 붙이다, 첨부하다

〔 예문 해석 〕

0221 비즈니스 세계에서는 침체된 실적과 변화에 대한 저항이 점점 더 받아들여지지 않는다. 0222 사유화는 공유지의 비극을 해결하기 위해 사용된다. / 모두가 민영화로 인해 해고가 있을 것이라고 두려워했다. 0223 생태계의 범위 내에서 일하기보다 생태계를 조종함 / 네 자신을 네가 아는 것에만 국한하지 마라. 0224 자선 단체에 돈을 기부하다 / 많은 사람들은 자선 사업에 돈을 내는 것이 본능적인 행동이라고 믿는다. 0225 물질 만능 주의자가 되지 말아야 한다고 주장하는 우리들 중의 몇몇조차 어쩔 수 없이 특정 소유물에 대한 애착을 형성한다.

0226 ★★★ ☐☐

neglect
[niglékt]

ⓝ 방치, 소홀 ⓥ 방치하다, 도외시하다

- infectious disease, combined with **neglect** and extreme poverty `EBS 지문 변형`
- The children are **neglected** and suffer from social deprivation.

0227 ★★☆ ☐☐

plague
[pleig]

ⓥ 괴롭히다, 고통을 주다 ⓝ 역병, 흑사병, 재앙

- an outbreak of **plague**
- Fire reduces pests that **plague** mammals. `EBS 지문 변형`
  ➕ **Plus** ⓝ = epidemic, pest

0228 ★★☆ ☐☐

privilege
[prívəlidʒ]

ⓝ 특권, 특혜 ⓥ 특권[특혜]을 주다

- I had the **privilege** of listening to Robert Cooper address an auditorium of 900 people. `EBS 지문 변형`
- Colleges should not **privilege** the children of their alumni.

0229 ★★★ ☐☐

corruption
[kərʌ́pʃən]

ⓝ 부패, 오염, 타락

- the **corruption** of the youth
- Distribution of food throughout the country is being hampered by inefficiency and **corruption**.
  ➕ **Plus** corrupt ⓐ 부패한 ⓥ 타락시키다
  corruptive ⓐ 타락시키는

0230 ★★☆ ☐☐

opposed
[əpóuzd]

ⓐ ～에 반대하는

- protesters **opposed** to the ongoing war
- Many people prefer to tour foreign countries in large groups as **opposed** to exploring the areas by themselves.
  ➕ **Plus** opposition ⓝ 반대
  opposite ⓐ 다른 편의
  as opposed to ～와는 대조적으로; ～이 아니라

예문 해석

0226 방치와 극심한 가난이 결합된 전염병 / 그 아이들은 방치되어 사회적 박탈감을 겪는다. 0227 역병의 창궐 / 불은 포유동물을 괴롭히는 해충을 줄인다. 0228 나는 Robert Cooper가 900명이 수용된 강당에서 연설하는 것을 듣는 특권을 누렸다. / 대학은 졸업생의 자녀들에게 특혜를 주어서는 안 된다. 0229 젊은이들의 타락 / 그 나라 전체의 식량 분배는 비효율과 부패로 인해 곤란을 겪고 있다. 0230 계속되는 전쟁에 반대하는 시위자들 / 많은 사람들은 그들 스스로 지역을 둘러보는 것이 아니라 단체로 외국을 여행하는 것을 선호한다.

0231 ★☆☆ ☐☐

stand a chance

가능성이 있다

- **stand a chance** of passing the test
- The controversial candidate never **stood a chance** of being elected and lost by a landslide.
  ➕ Plus = have a possibility (of)

0232 ★☆☆ ☐☐

concurrent
[kənkə́ːrənt]

ⓐ 공존하는, 동시(발생)의

- all **concurrent** technological and social changes EBS 지문 변형
- the **concurrent** rise in prestige and status EBS 지문 변형
  ➕ Plus concurrently ⓐⓓ 동시에, 함께

0233 ★★★ ☐☐

enormous
[inɔ́ːrməs]

ⓐ 막대한, 거대한

- have **enormous** impact on Western thinking about intelligence EBS 지문 변형
- He has **enormous** power and influence over political parties.
  ➕ Plus = huge, vast, immense

0234 ★☆☆ ☐☐

populous
[pápjuləs]

ⓐ 인구가 많은

- the most **populous** city EBS 지문 변형
- India will replace China as the most **populous** country midway through the twenty-first century.

0235 ★★★ ☐☐

struggle
[strʌ́gl]

ⓥ 투쟁하다, 몸부림치다 ⓝ 투쟁, 분투

- **struggle** to complete the report on time
- Europeans work fewer hours as a result of a hard-fought **struggle** between labor unions and employers. EBS 지문 변형

예문 해석

0231 시험을 통과할 가능성이 있다 / 논란이 많은 그 후보자는 당선될 가능성이 전혀 없었고 압도적으로 패했다. 0232 모든 공존하는 기술적 그리고 사회적 변화 / 위신과 지위의 동시 상승 0233 지능에 대한 서양의 사고방식에 막대한 영향을 끼치다 / 그는 정당들에 대해 막대한 권력과 영향력을 가지고 있다. 0234 가장 인구가 많은 도시 / 21세기 중반에 가장 인구가 많은 국가로서 인도가 중국을 대신할 것이다. 0235 제시간에 보고서를 완성하려고 고군분투하다 / 노동조합과 사주(社主) 간의 격렬한 싸움의 결과로서 유럽인들은 더 적은 시간을 근무한다.

0236 ★★★ ☐☐

govern
[gʌ́vərn]

v 지배하다, 통치하다

- societies which are **governed** by law and order
- At that time, many people assumed that human behavior was **governed** entirely by free will. EBS 지문 변형
  ➕ **Plus** government **n** 정부

0237 ★★☆ ☐☐

stagnant
[stǽgnənt]

a (물·공기가) 고여 있는; 침체된

- a **stagnant** pool of water EBS 지문 변형
- The nation's **stagnant** economy has seen little or no growth over the past twelve months.

0238 ★★★ ☐☐

be prone to

~하기 쉽다

- a machine that **is prone to** breaking down
- Science is a slow, methodical process that **is prone to** missteps. EBS 지문 변형
  ➕ **Plus** = be apt to

0239 ★★☆ ☐☐

tangibly
[tǽndʒəbli]

ad 명백히, 만져서 알 수 있게

- Rising unemployment is **tangibly** impacting our community.
- Let those who **tangibly** benefit from his leadership drift away.

0240 ★★★ ☐☐

coordination
[kouɔ̀:rdənéiʃən]

n 조화, 협동

- a plan to improve **coordination** between our employees
- The planning of such an elaborate event requires careful **coordination** between all of the organizers.

◀ 예문 해석 ▶

0236 법과 질서에 의해 통치되는 사회들 / 그 당시 많은 사람들은 인간의 행동은 전적으로 자유 의지에 의해 지배된다고 생각했다. 0237 물이 고인 웅덩이 / 그 나라의 침체된 경기는 지난 12개월 동안 거의 혹은 전혀 성장하지 않았다. 0238 망가지기 쉬운 기계 / 과학은 실수를 범하기 쉬운 느리고 체계적인 과정이다. 0239 실업의 증가는 명백히 우리 사회에 충격을 주고 있다. / 그의 지도력으로 명백하게 이익을 얻은 사람들을 멀리하도록 하라. 0240 직원들 사이의 협동을 향상시키기 위한 계획 / 그렇게 정교한 행사 계획은 모든 주최자들 사이의 신중한 협동을 요구한다.

Review Test

A 다음 단어에 해당하는 우리말을 쓰시오.

01	focal	_____
02	concurrent	_____
03	neglect	_____
04	stagnant	_____
05	opposed	_____
06	landlord	_____
07	fabric	_____
08	privilege	_____
09	tangibly	_____
10	be prone to	_____

B 다음에 해당하는 영어 단어/숙어를 쓰시오.

01	압수, 체포	_____
02	투쟁하다; 투쟁	_____
03	혼잡, 막힘	_____
04	속성; 원인으로 여기다	_____
05	가부장제의	_____
06	인구가 많은	_____
07	비율	_____
08	경계; 한정하다	_____
09	자선 단체	_____
10	양심	_____

C 다음 괄호 안에서 문맥에 적절한 것을 고르시오

01 A large portion of our society is unaware of the [pledge/plight] of the poor.

02 It can be quite easy to develop an emotional [attachment/attainment] to a pet.

03 It is best to focus on a person's positive [attributes/distributions] instead of their faults.

04 Local citizens will vote for the party that has struggled to achieve [coordination/corporation] between central and local government.

05 Food and medical supplies were sent to the [impoverished/wealthy] nation after it was struck by a natural disaster.

D 다음 문장에서 주어진 우리말에 해당하는 영어 단어에 밑줄 치시오.

01 가능성이 있다   Nobody in the office thinks Sandy stands a chance of being promoted.

02 부유한   The mansion at the end of the street belongs to an affluent businessman.

03 ~로 구성되다   The new board will comprise twelve members, including four worker directors.

04 부패   The president acknowledged the rampant corruption present in all levels of the government.

05 결합   This new theory uses a combination of religion and science to explain the origins of the universe.

| DAY |

Jobs & Society
직업과 사회

📑 Previous Check

☐ apply	☐ on-site	☐ resident
☐ requirement	☐ multitask	☐ unstable
☐ inexperienced	☐ obligate	☐ alienated
☐ humble	☐ dedicated	☐ ultimate
☐ reputation	☐ qualified	☐ compile
☐ resign	☐ designate	☐ consideration
☐ vacant position	☐ subsidiary	☐ eminent
☐ substitution	☐ on behalf of	☐ in charge of
☐ personnel	☐ commend	☐ distressed
☐ self-motivated	☐ certification	☐ practitioner
☐ retirement	☐ undertake	☐ stereotype
☐ prospective	☐ indignity	☐ obscure
☐ occupational	☐ self-esteem	
☐ vocational	☐ embark on	

Jobs & Society

0241 ★★★ ☐☐

apply
[əplái]

v 1. 신청하다, 지원하다(for) 2. 적용하다, 쓰다(to)
- They don't **apply** for challenging jobs. EBS 지문 변형
- **Apply** the same principle to all your routine activities.
  EBS 지문 변형

➕ **Plus** applicant **n** 지원자
applicable **a** 해당되는, 적용되는

0242 ★★★ ☐☐

requirement
[rikwáiərmənt]

n 필요, 필요조건
- one of the most significant **requirements** EBS 지문 변형
- Hotels meet the visitor's basic **requirement** of shelter for the night. EBS 지문 변형

➕ **Plus** requisite **a** 필요한 **n** 필수품

0243 ★★☆ ☐☐

inexperienced
[ìnikspíəriənst]

a 경험이 부족한, 미숙한
- **inexperienced** drivers
- Many **inexperienced** engineers think of documentation as an annoying intrusion. EBS 지문 변형

➕ **Plus** ↔ experienced **a** 경험이 풍부한, 능숙한

0244 ★★★ ☐☐

humble
[hʌ́mbl]

a 겸손한, 초라한
- a **humble** tone EBS 지문 변형
- He started his career as a **humble** peanut farmer.

0245 ★★★ ☐☐

reputation
[rèpjutéiʃən]

n 명성, 평판
- the **reputation** as a first-class cook
- The only reason he deals honestly with the child is to protect his **reputation**. EBS 지문 변형

예문 해석

0241 그들은 도전적인 직업에 지원하지 않는다. / 당신의 모든 일상 활동에 대해서도 같은 원리를 적용하라. 0242 가장 중요한 필요조건 중 하나 / 호텔은 밤을 지낼 숙소라는 방문객의 기본적인 필요를 충족한다. 0243 초보 운전자들 / 경험이 부족한 많은 기술자들은 문서에 기록하는 것을 성가신 참견으로 생각한다. 0244 겸손한 어조 / 그는 초라한 땅콩 농부로 경력을 시작했다. 0245 일류 요리사로서의 명성 / 그가 그 아이를 정직하게 다루는 유일한 이유는 자신의 평판을 지키기 위해서이다.

0246 ★★★ ☐☐

resign
[rizáin]

Ⓥ 사임하다, 물러나다; 포기하다
- Wilhelm frequently threatened to **resign**. EBS 지문 변형
- The two founders of the company **resigned** their positions.
  ➕ **Plus** ↔ appoint Ⓥ 임명하다, 지명하다

0247 ★★☆ ☐☐

vacant position

공석인 자리
- apply for a **vacant position**
- Errors found in cover letters can have an impact on candidates' chances of being considered for **vacant positions**. EBS 지문 변형
  ➕ **Plus** = vacancy

0248 ★★★ ☐☐

substitution
[sÀbstətjú:ʃən]

ⓝ 대체, 대리(인), 대용(품)
- a **substitution** of an inferior product EBS 지문 변형
- The coach made three **substitutions** in the second half of the game.
  ➕ **Plus** substitute Ⓥ 대신하다, 대체하다
  substitutive ⓐ 대체되는

0249 ★★☆ ☐☐

personnel
[pə̀:rsənél]

ⓝ 인원, 직원들
- The hospital **personnel** expected him to die. EBS 지문 변형
- He was sent on numerous perilous missions such as to rescue military **personnel**. EBS 지문 변형
  ➕ **Plus** personnel department 인사과

0250 ★☆☆ ☐☐

self-motivated
[sélfmóutəvèitid]

ⓐ 스스로 동기를 부여하는
- If you don't like the idea of surrounding yourself with **self-motivated** achievers, you have to ask yourself why not and deal with that. EBS 지문 변형
  ➕ **Plus** self-motivation ⓝ 자발성, 자기 동기부여

▶ 예문 해석

0246 Wilhelm은 자주 사임하겠다고 협박했다. / 그 회사의 두 설립자는 지위에서 물러났다. 0247 공석인 자리에 지원하다 / 자기소개서에서 발견된 오류는 공석인 자리에 고려되는 지원자들의 기회에 영향을 미칠 수 있다. 0248 질 낮은 제품으로 대체 / 그 코치는 경기의 후반전에서 3번의 교체를 했다. 0249 병원의 직원들은 그가 죽을 것이라고 예상했다. / 그는 군인들을 구조하는 것과 같은 수많은 위험한 임무에 투입되었다. 0250 만약 당신이 스스로 동기를 부여하는 성공한 사람들에 둘러싸여 있는 것을 싫어한다면, 당신은 왜 그런지 스스로에게 질문을 하고 그것을 해결해야 한다.

0251 ✳✳✳ ☐☐

retirement
[ritáiərmənt]

n 은퇴, 퇴직

- The pension fund is in danger unless **retirement** ages are increased. EBS 지문 변형
- He spent much of his **retirement** traveling in Europe.
  ➕ **Plus** retire **v** 퇴직하다, 은퇴하다
  retirer **n** 퇴직자

0252 ✳✳☆ ☐☐

prospective
[prəspéktiv]

a 1. 장래의, 유망한 2. 곧 있을, 다가오는

- When you seek a business partner, you need to evaluate a **prospective** partner's temperament. EBS 지문 변형
- Each **prospective** employee had a private interview.
  ➕ **Plus** prospect **n** 가망, 가능성, 전망

0253 ✳✳✳ ☐☐

occupational
[àkjupéiʃənl]

a 직업의, 직업과 관련된

- academic and **occupational** resources EBS 지문 변형
- **Occupational** segregation is a major cause of the pay gap.
  ➕ **Plus** occupation **n** 직업

0254 ✳✳☆ ☐☐

vocational
[voukéiʃənl]

a 직업상의

- **vocational** education
- The major is concentrated in **vocational** schools or less prestigious universities. EBS 지문 변형
  ➕ **Plus** vocation **n** 천직, 소명 의식

Related Words	직업	
근무 태만	failure to do something required by duty	default
전근하다	to move to a different place, or to make someone or something do this	relocate
병가	time off from work that workers can use during periods of temporary illness	sick day
재택근무자	someone who works at home using a computer connected to a company's main office	telecommuter / teleworker

예문 해석

0251 은퇴 연령이 늘려지지 않는다면 연금기금이 위험하다. / 그는 퇴직 생활의 많은 부분을 유럽을 여행하며 보냈다. 0252 여러분은 사업 동업자를 찾을 때, 장래의 동업자의 기질을 평가할 필요가 있다. / 전도 유망한 직원들은 각각 개별 인터뷰를 했다. 0253 학문적 혹은 직업적 자료들 / 직업 차별이 임금 격차의 주요 원인이다. 0254 직업 교육 / 그 전공은 직업 학교와 조금 덜 유명한 대학교에 집중되어 있다.

0255 ✳✳✤✧ ☐☐

on-site
[ɔ́nsáit]

ⓐ 현장의, 현지의
- **on-site** inspections
- Time spent **on-site** versus in the office depends on the specialty. EBS 지문 변형

0256 ✳✳✧ ☐☐

multitask
[mʌ̀ltitǽsk]

ⓥ 다중 작업을 하다, 동시에 여러 일을 처리하다
- tips to effective **multitasking** EBS 지문 변형
- The successful applicant for this job must be able to **multitask**.

0257 ✳✳✳ ☐☐

obligate
[ábləgèit]

ⓥ 의무를 지우다
- The elders are **obligated** to children because of their very weakness. EBS 지문 변형
- Your signature does not **obligate** your child to participate.
  ➕ Plus obligation ⓝ 의무, 책임

0258 ✳✳✳ ☐☐

dedicated
[dèdikéitid]

ⓐ 헌신적인, 전념하는; 전용의
- funding **dedicated** to their conservation and protection
  EBS 지문 변형
- Some **dedicated** photographers can look to the visual arts.
  EBS 지문 변형

  ➕ Plus dedicate ⓥ 바치다, 전념하다
  dedication ⓝ 헌신, 전념, 봉납

0259 ✳✳✳ ☐☐

qualified
[kwáləfàid]

ⓐ 자격을 갖춘, 적격인
- give a **qualified** candidate an opportunity EBS 지문 변형
- The boss felt she was well **qualified** for the position. EBS 지문 변형
  ➕ Plus qualify ⓥ 자격이 있다; 자격[권한]을 주다
  qualification ⓝ 자격; 자격증

예문 해석

0255 현장 검증 / 현장 근무 시간 대 사무실 근무 시간은 전문 분야에 따라 좌우된다. 0256 효과적인 다중 작업에 대한 조언 / 이 직업의 합격자는 동시에 여러 일을 처리할 수 있어야만 한다. 0257 연장자들은 아이들의 바로 그 연약함 때문에 그들을 돌볼 의무가 있다. / 당신이 서명한다고 해서 자녀가 참여할 의무가 있지는 않습니다. 0258 그들의 보존과 보호 전용의 기금 / 일부 헌신적인 사진작가들은 시각 예술을 생각해 볼 수 있다. 0259 자격을 갖춘 후보자에게 기회를 주다 / 사장은 그녀가 그 자리에 매우 적격이라고 느꼈다.

0260 ★★★ ☐☐ -------------------------------------

designate
[dézignèit]

v 지정하다, 지명하다

- **designate** a person as one's successor
- The lake was recently **designated** a conservation area.
  ➕ Plus designation **n** 지정, 임명
  designated **a** 지정된

0261 ★★★ ☐☐ -------------------------------------

subsidiary
[səbsídièri]

a 1. 보조의 2. 종속적인 3. 자회사의 **n** 자회사

- **subsidiary** business
- All other issues are **subsidiary** to this one.
- He works for a small **subsidiary** of a big car company.
  ➕ Plus subsidiarily **ad** 보조적으로, 보충적으로

0262 ★★★ ☐☐ -------------------------------------

on behalf of

~을 대신하여, ~을 대표하여, ~을 위해서

- I would like to offer assistance **on behalf of** my company.
  EBS 지문 변형
  ➕ Plus = as a representative of

0263 ★★☆ ☐☐ -------------------------------------

commend
[kəménd]

v 1. 칭찬하다 2. 추천하다, 권하다

- I **commend** you for your initiative. EBS 지문 변형
- His poetry is highly **commended** by other writers.
  ➕ Plus commendation **n** 칭찬, 인정

0264 ★★★ ☐☐ -------------------------------------

certification
[sə̀:rtəfikéiʃən]

n 증명서

- Organic **certification** improved coffee growers' environmental performance. EBS 지문 변형
- This **certification** gives our clients confidence in our ability.
  ➕ Plus = certificate

0265 ★★★ ☐☐ -------------------------------------

undertake
[ʌ̀ndərtéik]

v 1. (일·책임 등을) 맡다; 시작하다 2. 약속하다

- The researchers **undertook** a series of studies.
- I do hope you can **undertake** this assignment. EBS 지문 변형
  ➕ Plus undertaking **n** 일, 프로젝트, 약속

예문 해석

0260 어떤 사람을 후계자로 지명하다 / 그 호수는 최근에 보호 구역으로 지정되었다. 0261 부업 / 모든 다른 사안들은 이 사안에 비해 부차적이다. / 그는 대형 자동차 회사의 작은 자회사에서 일한다. 0262 저는 저희 회사를 대표하여 도움을 드리고 싶습니다. 0263 나는 당신의 결단력을 칭찬한다. / 그의 시는 다른 작가들로부터 극찬을 받는다. 0264 유기농 인증이 커피 재배자들의 환경적 성과를 향상시켰다. / 이 증명서는 우리의 고객에게 우리 능력에 대한 신뢰를 제공합니다. 0265 연구원들은 일련의 연구를 맡았다. / 나는 정말로 네가 이 일을 맡을 수 있기를 바란다.

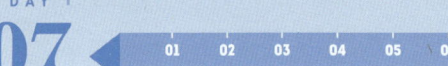

0266 ★★☆ □□

indignity
[indígnəti]

n 수모, 모욕, 치욕

• an **indignity** to one's power `EBS 지문 변형`
• He remembers all the **indignities** he had to suffer in the early years of his career.

  ➕ Plus = humiliation
  indignant **a** 분개한, 분해 하는

0267 ★★☆ □□

self-esteem
[sélfistí:m]

n 자존감

• increase one's **self-esteem** `EBS 지문 변형`
• Playing a sport can boost teenagers' **self-esteem**. `EBS 지문 변형`

0268 ★★☆ □□

embark on

~에 착수하다

• He handed in his resignation and **embarked on** his own business. `EBS 지문 변형`

0269 ★★★ □□

resident
[rézədənt]

a 거주하는, 상주하는 **n** 거주자, 주민

• the **resident** population of the city
• The majority of the **residents** of Nunavut still rely on traditional economic activities such as hunting. `EBS 지문 변형`

  ➕ Plus reside **v** 살다, 거주하다

0270 ★★★ □□

unstable
[ʌnstéibl]

a 불안정한

• live through **unstable** times `EBS 지문 변형`
• The political situation in that country remains **unstable**.

  ➕ Plus ↔ stable **a** 안정된
  instability **n** 불안정

예문 해석

0266 누군가의 권력에 대한 모욕 / 그는 직장 생활 초반에 그가 겪어야 했던 모든 수모를 기억한다. 0267 자존감을 키우다 / 운동 경기를 하는 것은 청소년들의 자존감을 높일 수 있다. 0268 그는 사표를 내고 자신의 사업에 착수했다. 0269 도시의 상주 인구 / Nunavut의 대부분의 거주민들은 사냥과 같은 전통적인 경제 활동에 여전히 의존하고 있다. 0270 불안정한 시기를 보내다 / 그 나라의 정치 상황이 여전히 불안정하다.

0271 ★★☆ ☐☐

alienated
[éiljənèitid]

ⓐ (사회로부터) 멀어진, 고립된
- the **alienated** young people EBS 지문 변형
- We seek more and more privacy, and feel more and more **alienated** when we get it. EBS 지문 변형
- ➕ **Plus** alienation ⓝ 소외

0272 ★★★ ☐☐

ultimate
[ʌ́ltəmit]

ⓐ 궁극적인, 최후의
- achieve the **ultimate** goal EBS 지문 변형
- Sometimes, only actions drive **ultimate** success. EBS 지문 변형

0273 ★★★ ☐☐

compile
[kəmpáil]

ⓥ 엮다, 편집하다
- **compile** a report
- They need to **compile** a team of people with a variety of skills and interests. EBS 지문 변형
- ➕ **Plus** compilation ⓝ 모음집, 편집, 편찬

0274 ★★★ ☐☐

consideration
[kənsìdəréiʃən]

ⓝ 숙고, 고려 사항
- We appreciate your **consideration** of this request. EBS 지문 변형
- These **considerations** are more important than the artifact itself. EBS 지문 변형
- ➕ **Plus** take into consideration ~을 고려하다
  in consideration of ~에 대한 보답으로

0275 ★★★ ☐☐

eminent
[émənənt]

ⓐ 저명한, 탁월한
- an **eminent** lawyer
- The **eminent** Oxford professor often stressed to his medical students the importance of observing details. EBS 지문 변형
- ➕ **Plus** eminence ⓝ 명성
  eminently ⓐⓓ 대단히, 탁월하게

예문 해석

0271 소외된 젊은이들 / 우리는 점점 더 많은 사생활을 추구하는데, 이를 확보할수록 더욱 더 소외감을 느낀다. 0272 궁극적인 목표를 달성하다 / 때때로 행동만이 궁극적인 성공을 만들어 낸다. 0273 보고서를 편집하다 / 그들은 다양한 능력과 관심을 가진 사람들을 팀으로 엮을 필요가 있다. 0274 이 요청을 귀하께서 고려해 주시면 감사하겠습니다. / 이러한 고려 사항이 인공 유물 자체보다 더 중요하다. 0275 저명한 변호사 / 저명한 옥스퍼드 교수는 종종 그의 의대 학생들에게 세부적인 것을 관찰하는 것의 중요성을 강조했다.

0276 ★★★ ☐☐

in charge of

~을 맡아서, ~을 담당하여
- be **in charge of** the project
- A great master, **in charge of** the monastery of Mayu, owned a cat, which was the real love of his life. EBS 지문 변형
  - ➕ **Plus** = responsible for

0277 ★★☆ ☐☐

distressed
[distrést]

ⓐ 괴로워하는, 아파하는
- a long series of **distressed** thoughts EBS 지문 변형
- She was deeply **distressed** by the news of his death.

0278 ★★☆ ☐☐

practitioner
[præktíʃənər]

ⓝ 실무자, 개업 의새[변호사]
- The **practitioners** rethink their understanding of community.
  EBS 지문 변형
- He is a general **practitioner** with over 35 years' experience.

0279 ★★☆ ☐☐

stereotype
[stériətàip]

ⓝ 고정관념 ⓥ 정형화하다
- challenge the **stereotype**
- Social **stereotypes** are often formed initially from some specific experience. EBS 지문 변형

0280 ★★★ ☐☐

obscure
[əbskjúər]

ⓐ 무명의; 모호한
- He used to be an **obscure** singer.
- The dancer's work was so **obscure** and incomplete that it needed to carry a statement of intent. EBS 지문 변형
  - ➕ **Plus** obscurity ⓝ 무명; 모호함
    obscurely ⓐⓓ 어둡게; 애매하게

Related Words | **직업**

일의 분야	the principal activity in your life that you do to earn money	line of work
이용 가능 인력	a group of people who are available to work	pool
급여	the amount of wages someone earns	paycheck

예문 해석

0276 프로젝트를 담당하다 / 마유의 수도원을 담당하는 거장은 고양이를 키웠는데, 그것은 그의 삶에서 진정한 즐거움이었다. 0277 오랫동안 연속적으로 이어지는 괴로운 생각들 / 그녀는 그의 사망 소식을 듣고 매우 괴로워했다. 0278 실무자들은 그들의 공동체에 대한 이해를 재고한다. / 그는 경험이 35년이 넘은 일반의이다. 0279 고정관념에 도전하다 / 사회적 고정관념은 흔히 처음에 어떤 특정한 경험으로부터 형성된다. 0280 그는 원래 무명가수였다. / 그 안무가의 작품이 너무 모호하고 불완전해서 그 의도를 말로 꼭 설명해 줄 필요가 있었다.

Ⓐ 다음 단어에 해당하는 우리말을 쓰시오.

01 designate _____

02 apply _____

03 retirement _____

04 eminent _____

05 vocational _____

06 indignity _____

07 distressed _____

08 stereotype _____

09 personnel _____

10 in charge of _____

Ⓑ 다음에 해당하는 영어 단어/숙어를 쓰시오.

01 평판, 명성 _____

02 고려 사항 _____

03 경험이 부족한 _____

04 거주하는; 주민 _____

05 엮다, 편찬하다 _____

06 필요, 필요조건 _____

07 대체, 대리 _____

08 멀어진, 고립된 _____

09 보조의; 자회사 _____

10 궁극적인 _____

Ⓒ 다음 괄호 안에서 문맥에 적절한 것을 고르시오.

01 He is very [humble/humorous] about his achievements.

02 Both men denied any wrongdoing, but still [resigned/regained] from their posts.

03 What employers really need to know is a [prospective/tentative] employee's general ability to think and learn.

04 The unemployed choose to go back to school for a(n) [certification/identification] to improve their job opportunities.

05 Appraisers who work for private institutions generally spend most of their time inside the office, making [off-site/on-site] visits when necessary.

Ⓓ 다음 문장에서 주어진 우리말에 해당하는 영어 단어에 밑줄 치시오.

01 다중 작업을 하다 | One of the fashionable concepts of high-tech companies, multitasking, is more a myth than a reality.

02 착수하다 | My high school band is set to embark on a UK arena tour this year.

03 (일을) 맡다 | Dr. Bingham undertook the task of proofreading an English textbook for high school students.

04 의무 | The United States has both an opportunity and an obligation to help defeat AIDS.

05 자존감 | Taking a risk helps people to build confidence and self-esteem, and to take pleasure in feeling stronger.

| DAY |

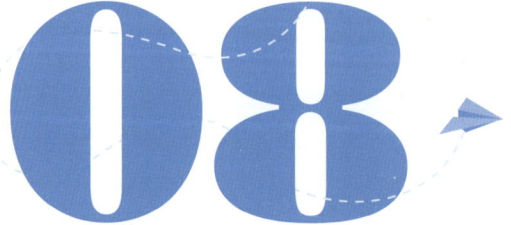

Social Issues

사회적 이슈

📘 Previous Check

- ☐ polarize
- ☐ transition
- ☐ desperate
- ☐ nuts and bolts
- ☐ implement
- ☐ overload
- ☐ protest
- ☐ compensate
- ☐ underlying
- ☐ drastic
- ☐ bribe
- ☐ fall apart
- ☐ starvation
- ☐ with regard to

- ☐ pros and cons
- ☐ correlation
- ☐ apprehension
- ☐ hostility
- ☐ trigger
- ☐ hinder
- ☐ marginalize
- ☐ objection
- ☐ justify
- ☐ stimulus
- ☐ attainment
- ☐ presume
- ☐ unemployment
- ☐ defense

- ☐ surmount
- ☐ demonstrate
- ☐ run the risk of
- ☐ phase
- ☐ opposition
- ☐ plagiarism
- ☐ circumstance
- ☐ bizarre
- ☐ inhibit
- ☐ individual
- ☐ intrude
- ☐ integrate

16	17	18	19	20	21	22	23	24	25	26	27	28	29	30

Social Issues

0281 ★★☆ □□

polarize
[póuləràiz]

☑ 양극화되다, 양극화를 초래하다

- Psychologists often analyze the conversations of couples who tend to **polarize** and take argumentative positions when having discussions. EBS 지문 변형
  ➕ Plus polarization ⓝ 분극화, 대립

0282 ★★★ □□

transition
[trænzíʃən]

ⓝ 이행, 전환

- the **transition** to an Electronic Information Era EBS 지문 변형
- Those who later made successful **transitions** had broader training. EBS 지문 변형

0283 ★★★ □□

desperate
[déspərət]

ⓓ 필사적인, 극난적인

- a **desperate** plea for help
- The **desperate** strategy adopted by the presidential candidate is unlikely to succeed.
  ➕ Plus desperately ⓐⓓ 필사적으로

0284 ★☆☆ □□

nuts and bolts

기본, 요점

- the **nuts and bolts** of advertising EBS 지문 변형
- The speaker gave a detailed lecture about the **nuts and bolts** of starting a new business.

0285 ★★★ □□

implement
[ímpləmènt]

☑ 시행하다, 이행하다

- Citizenship education is **implemented** as a subject matter. EBS 지문 변형
- Criminal punishment is not a mandate to **implement** cosmic justice. EBS 지문 변형
  ➕ Plus implementation ⓝ 실행, 이행

예문 해석

0281 심리학자들은 토론 상황에서 양편으로 나뉘어 논쟁적인 입장을 취하려는 경향이 있는 커플들의 대화를 자주 분석한다. 0282 전자 정보 시대로의 전환 / 나중에 성공적인 전환을 한 사람들은 더 폭넓은 훈련을 받았다. 0283 도움을 요청하는 필사적인 애원 / 대통령 후보에 의해 채택된 그 필사적인 전략은 성공할 것 같지 않다. 0284 광고의 기본 / 그 연설자는 새로운 사업을 시작하는 것의 기본에 대해 상세한 강의를 해주었다. 0285 시민 의식 교육은 교과 내용으로 시행된다. / 형사처벌은 보편적 정의를 실행하기 위한 권한이 아니다.

0286 ★★☆ ☐☐

overload
v [òuvərlóud]
n [óuvərlòud]

v 짐을 너무 많이 싣다; 과부하에 걸리게 하다 **n** 과부하

· These hard tasks **overload** their short-term memories.

<small>EBS 지문 변형</small>

· Giving too much information may result in information **overload**, which can cause panic and confusion. <small>EBS 지문 변형</small>

➕ **Plus** = overburden

0287 ★★★ ☐☐

protest
n [próutest]
v [prətést]

n 항의 **v** 이의를 제기하다, 항의하다, 주장하다

· pressure from trade negotiators and consumer **protests**

<small>EBS 지문 변형</small>

· They were not **protesting** the technology itself. <small>EBS 지문 변형</small>

➕ **Plus** protester **n** 시위자, 항의자

0288 ★★★ ☐☐

compensate
[kámpənsèit]

v 보상하다, 배상하다, 상쇄하다

· Those people usually try to **compensate** by driving big cars.

<small>EBS 지문 변형</small>

· Will you **compensate** me for the damage?

➕ **Plus** compensation **n** 보상, 변상, 벌충
compensate for = make up for ~을 보상하다

0289 ★★☆ ☐☐

underlying
[ʌ́ndərlàiiŋ]

a 근본적인, 기저에 깔려 있는

· the **underlying** root of the problem
· To stop a problem you have to understand its **underlying** causes.

➕ **Plus** = fundamental, intrinsic
underlie **v** ~의 기저를 이루다

0290 ★★☆ ☐☐

drastic
[drǽstik]

a 철저한, 과감한, 격렬한, 급격한

· more **drastic** technical solutions <small>EBS 지문 변형</small>
· The salary issues would never get resolved unless **drastic** action was taken.

➕ **Plus** = radical
drastically **ad** 과감하게, 철저하게

◀ 예문 해석 ▶

0286 이런 어려운 과제는 그들의 단기 기억에 과부하를 가져온다. / 너무 많은 정보를 주는 것은 정보 과부하를 초래할 수 있고, 이는 공황과 혼란을 야기할 수 있다. 0287 무역 협상가들과 소비자 항의로부터의 압력 / 그들은 기술 자체에 이의를 제기하는 것이 아니었다. 0288 그러한 사람들은 보통 큰 차를 운전함으로써 보상하려고 애쓴다. / 제게 그 손해를 배상해 줍니까? 0289 문제의 근본적 원인 / 문제를 멈추기 위해 너는 그 문제 기저에 깔려 있는 원인을 이해해야 한다. 0290 더 철저한 기술적 해결책 / 과감한 조치가 취해지지 않으면 급여 문제는 절대 해결되지 않을 것이다.

0291 ✷✷✷ ▢▢

bribe
[braib]

🔲 뇌물 ☑ 뇌물을 주다, 매수하다
- The prime minister was impeached for accepting **bribes**.
- The drunken driver attempted to **bribe** the police officer into letting him go free.

0292 ✷✷✧ ▢▢

fall apart

부서지다
- The old machinery was replaced because it was **falling apart**.
- Houses constructed from cheap materials are easy to deteriorate and **fall apart** quickly. EBS 지문 변형

0293 ✷✷✷ ▢▢

starvation
[stɑːrvéiʃən]

🔲 기아, 굶주림
- historical accounts of widespread **starvation**
- The charity is trying to raise public awareness of the droughts that have led to **starvation** in some African countries. EBS 지문 변형
  ➕ Plus starve ☑ 굶주리다, 굶어 죽다

0294 ✷✷✷ ▢▢

with regard to

~에 관련하여, ~에 대하여
- This should be a golden rule **with regard to** SNS. EBS 지문 변형
- **With regard to** nutrition, there is some feedback from research. EBS 지문 변형

0295 ✷✷✷ ▢▢

pros and cons

찬반양론, 장단점
- the **pros and cons** of owning one's own business
- This will help you evaluate the **pros and cons** of the decision.
  EBS 지문 변형

0296 ✷✷✷ ▢▢

correlation
[kɔ̀(ː)rəléiʃən]

🔲 연관성, 상관관계
- the striking **correlation** between education and a country's GDP EBS 지문 변형
- There is no **correlation** between your chronological age and your body's suitability for dance. EBS 지문 변형
  ➕ Plus correlate ☑ 연관성이 있다, 상관관계가 있다

예문 해석

0291 총리는 뇌물을 받아서 탄핵되었다. / 술 취한 운전자가 자기를 풀어 달라고 경찰관에게 뇌물을 주려고 시도했다. 0292 그 낡은 기계가 부서져서 교체되었다. / 값싼 자재들로 지어진 집은 상태가 빨리 나빠지고 부서지기 쉽다. 0293 만연한 굶주림에 대한 역사적 설명 / 그 자선 단체는 몇몇 아프리카 국가에서 기아를 초래한 가뭄에 대해 대중의 의식을 고취시키려고 노력하고 있다. 0294 이것은 SNS와 관련해서 황금률이어야 한다. / 영양에 관해서는 연구로부터 상당한 정보가 있다. 0295 개인의 사업체 소유에 대한 찬반양론 / 이것은 그 결정에 대한 장단점을 평가하는 데 도움을 줄 것이다. 0296 교육과 한 나라의 국내 총생산 사이의 두드러진 상관관계 / 생활 연령과 춤을 위한 신체의 적합성은 상관관계가 없다.

0297 ★✧✧ ☐☐ -

apprehension
[æ̀prihénʃən]

🅝 1. 우려, 불안 2. 체포
- There were lots of **apprehensions** about the future.
- The **apprehension** of criminals is one of the primary responsibilities of law enforcement agencies.
  ➕Plus apprehend 🆅 체포하다; 파악하다
  apprehensive 🅐 걱정되는, 불안한

0298 ★★★ ☐☐ -

hostility
[hɑstíləti]

🅝 적의, 적대감
- face overwhelming **hostility**
- There has always been a degree of **hostility** toward each generation of immigrants throughout US history. EBS 지문 변형
  ➕Plus hostile 🅐 적대적인

0299 ★★★ ☐☐ -

trigger
[trígər]

🆅 촉발하다, 유발하다 🅝 방아쇠, 계기
- the **trigger** for the strike
- Sometimes an element of anxiety can be **triggered** by an external physical event. EBS 지문 변형

Related Words	사회적 이슈	
의식하지 못하는	not noticing something that is happening around you	**oblivious**
은둔한	living alone and avoiding going outside or talking to other people	**reclusive**
속물적인	behaving in a way that shows you think you are better than other people because you are from a higher social class or know more than they do	**snobbish**

0300 ★★★ ☐☐ -

hinder
[híndər]

🆅 방해하다, ～을 못하게 하다
- Medical knowledge has been **hindered** by religious orders against cutting open the human body. EBS 지문 변형
- Lavender, vanilla, and green apple are among the best smells to help lower anxiety and **hinder** insomnia.
  ➕Plus hindrance 🅝 방해, 장애

예문 해석

0297 미래에 대한 많은 우려가 있었다. / 범죄자들의 체포는 사법 당국의 최우선 임무 중 하나이다. 0298 압도적인 적대감에 맞서다 / 미국 역사 내내 이민자 세대에 대한 어느 정도의 적개심은 항상 존재해 왔다. 0299 파업의 계기 / 가끔 불안감의 한 요소가 외부의 물리적인 사건에 의해 유발될 수 있다. 0300 의학 지식은 인체를 절개하는 것을 반대하는 종교 단체들에 의해 방해받아 왔다. / 라벤더, 바닐라, 그리고 풋사과는 불안감을 낮추는 데 도움이 되고 불면증을 막아 주는 가장 좋은 향들이다.

Social Issues

0301 ✴⟡⟡ ☐☐

marginalize
[máːrdʒinəlàiz]

🆅 (사회적으로) 과소평가하다, 하찮은 존재로 만들다
- Economics **marginalizes** something that cannot be priced. `EBS 지문 변형`
- The system **marginalizes** digital technologies in schools. `EBS 지문 변형`

➕ **Plus** marginalization 🄝 소외

0302 ✴✴✴ ☐☐

objection
[əbdʒékʃən]

🄝 이의, 반대
- **objections** to the teaching of evolution
- The new proposal to eliminate overtime pay raised several **objections** at the staff meeting.

➕ **Plus** object 🆅 반대하다

0303 ✴✴✴ ☐☐

justify
[dʒʌstəfài]

🆅 정당화하다, 해명하다
- It can be an effective way of **justifying** our ideas to other people. `EBS 지문 변형`
- Ministers agreed that this decision was fully **justified** by economic conditions.

0304 ✴✴✴ ☐☐

stimulus
[stímjuləs]

🄝 자극, 자극제
- a particular sensory **stimulus** `EBS 지문 변형`
- The president's plan to revitalize the economy provided no immediate **stimulus**.

➕ **Plus** (pl.) stimuli
stimulate 🆅 자극하다, 흥분시키다

0305 ✴✴✴ ☐☐

attainment
[ətéinmənt]

🄝 성과, 성취
- the student's high **attainment** in reading and writing
- The study measured the gap between women and men in economic opportunity and educational **attainment**. `EBS 지문 변형`

➕ **Plus** attain 🆅 이루다, 성취하다

예문 해석

0301 경제학은 가격을 매길 수 없는 것을 과소평가한다. / 그 체제는 학교에서 디지털 기술을 하찮은 존재로 만든다. 0302 진화를 가르치는 것에 대한 반대 / 초과근무 수당을 없애려는 새로운 제안이 직원 회의에서 몇몇 반대를 불러일으켰다. 0303 그것은 우리의 생각을 다른 사람들에게 정당화시키는 효과적인 방법이 될 수 있다. / 각료들은 이 결정이 경제 상황에 의해 충분히 정당화되었다는 데에 동의했다. 0304 특정한 감각 자극 / 경제를 되살리기 위한 대통령의 계획은 즉각적인 자극을 제공하지 못했다. 0305 읽기와 쓰기에서 그 학생의 높은 성과 / 그 연구는 경제적 기회와 교육적 성취에서 여자와 남자의 차이점을 측정했다.

0306 ★★★ ☐☐

presume
[prizú:m]

v 추정하다, 간주하다

• I **presume** the author has more insight into the mysterious world of espionage. EBS 지문 변형

Plus presumably **ad** 아마, 짐작컨대

0307 ★★★ ☐☐

unemployment
[ʌnimplɔ́imənt]

n 실업(률), 실직 상태

• a sharp rise in **unemployment**
• The collapse of the stock market led to an economic depression and mass **unemployment**. EBS 지문 변형

Plus ↔ employment **n** 취업, 고용

0308 ★★★ ☐☐

defense
[diféns]

n 방어, 수비

• the nation's **defense** budget EBS 지문 변형
• Skunks eject a potent and foul-smelling odor as a **defense** mechanism when attacked or injured.

Plus defensive **a** 방어의, 방어적인

0309 ★☆☆ ☐☐

surmount
[sərmáunt]

v 극복하다

• I realized I had to **surmount** the language barrier.

Plus insurmountable **a** 극복할 수 없는

0310 ★★★ ☐☐

demonstrate
[démənstrèit]

v 입증하다, 보여 주다

• **demonstrate** the chemical reaction
• He **demonstrated** that momentary past encounters can affect choice behavior in social settings. EBS 지문 변형

0311 ★★★ ☐☐

run the risk of

~의 위험을 무릅쓰다

• **run the risk of** failure
• People who habitually smoke tobacco products eventually **run the risk of** developing lung cancer. EBS 지문 변형

예문 해석

0306 나는 그 저자가 비밀스러운 스파이 세계에 대해 더 많은 통찰력을 가지고 있다고 생각한다. 0307 실업률의 급증 / 주식시장의 붕괴는 경제 불황과 대규모의 실업을 야기했다. 0308 그 나라의 국방 예산 / 스컹크는 공격받거나 다쳤을 때 방어 기제로 강력하고 고약한 냄새가 나는 악취를 내보낸다. 0309 나는 언어 장벽을 극복해야 한다는 것을 깨달았다. 0310 화학 반응을 보여 주다 / 그는 과거의 순간적인 만남이 사회적 상황에서 선택을 하는 행동에 영향을 줄 수 있다는 것을 입증했다. 0311 실패의 위험을 무릅쓰다 / 담배를 습관적으로 피우는 사람들은 결국 폐암을 발생시킬 위험을 무릅쓰게 된다.

0312 ✱✱✱ ☐☐

phase
[feiz]

n 단계, 시기, 국면

- It feels like digital technology has reached a mature **phase**. `EBS 지문 변형`
- This is the start of another **phase** in your life.

0313 ✱✱✱ ☐☐

opposition
[àpəzíʃən]

n 1. 반대, 대립 2. 상대팀, 야당

- the political **opposition**
- The vote to ratify the trade agreement passed, despite the best efforts of the **opposition** party.

➕ **Plus** oppose V 반대하다
　　　　 opposite a 다른 편의, 반대의

Related Words 　 **사회적 이슈**

다문화의	involving or including people or ideas from many different countries, races, or religions	multicultural
차별, 분리	the action or state of setting someone or something apart from others	segregation
평등주의	the belief that everyone is equal and should have equal rights	egalitarianism

---

0314 ✱✱☆ ☐☐

plagiarism
[pléidʒərìzm]

n 표절

- A simple rule for avoiding **plagiarism** is giving the original writer credit. `EBS 지문 변형`
- Most universities view **plagiarism** as a serious offense and punish offending students accordingly.

0315 ✱✱✱ ☐☐

circumstance
[sə́ːrkəmstæns, -stəns]

n 상황, 환경

- change in life **circumstances**
- Giving up under this **circumstance** is not the best option. `EBS 지문 변형`

➕ **Plus** = situation, condition

예문 해석

0312 디지털 기술이 성숙한 단계에 도달한 것처럼 느껴진다. / 이것은 네 인생에서 겪는 또 다른 시기의 출발이다.　0313 정치적 대립 / 야당의 최선의 노력에도 불구하고, 무역 협정 비준안이 가결되었다.　0314 표절을 피하는 간단한 원칙은 원저자를 언급하는 것이다. / 대부분의 대학들은 표절을 중죄로 보고 위반한 학생들을 그에 따라서 처벌한다.　0315 생활 환경의 변화 / 이런 상황에서 그만두는 것이 최선의 선택은 아니다.

0316 ★☆☆ □□

bizarre
[bizá:r]

ⓐ 이상한, 특이한
- a **bizarre** thing to say
- Prehistoric animals had **bizarre** appearances that are no longer seen in the contemporary period.

0317 ★★★ □□

inhibit
[inhíbit]

ⓥ 억제하다, 방해하다
- It **inhibits** institutional growth and diversification.
- Ground litter **inhibits** undergrowth with the result that soil erosion occurs. EBS 지문 변형
  ➕ **Plus** = hinder, restrain, prevent

0318 ★★★ □□

individual
[ìndəvídʒuəl]

ⓐ 각각의, 개개의 ⓝ 개인
- according to their **individual** tastes
- The shift in point of view changed the way **individuals** thought about the universe and their **individual** roles within it. EBS 지문 변형
  ➕ **Plus** individually ⓐⓓ 개인으로, 개별적으로
  individuality ⓝ 개성

0319 ★★☆ □□

intrude
[intrú:d]

ⓥ 침범[침입]하다, 강요하다
- Emotions can easily **intrude** upon the most simple messages. EBS 지문 변형
- We try not to **intrude** our opinions upon others.
  ➕ **Plus** intrusion ⓝ 침입, 강요, 방해
  intrusive ⓐ 침입하는, 강제하는

0320 ★★★ □□

integrate
[íntəgrèit]

ⓥ 통합시키다, 통합되다
- **integrate** the two solutions
- The program is aiming at **integrating** children with special needs into ordinary schools. EBS 지문 변형
  ➕ **Plus** integrative ⓐ 통합하는

예문 해석

0316 말하기에 이상한 것 / 선사시대 동물은 더 이상 현시대에는 존재하지 않는 특이한 외형을 가지고 있었다. 0317 그것은 제도적 성장과 다양화를 억제한다. / 땅위 부엽토층은 덤불(의 성장)을 방해하고 토양 침식이 발생되는 결과를 낳는다. 0318 그들 각자의 취향에 따라 / 관점의 전환이 개인이 우주와 그 안에서의 그들 각자의 역할에 대해 생각하는 방식을 바꿨다. 0319 감정은 가장 단순한 메시지에 쉽게 침범할 수 있다. / 우리는 우리의 의견을 남에게 강요하지 않도록 노력한다. 0320 두 개의 해결책을 통합시키다 / 그 프로그램은 특수 교육이 필요한 아동을 일반 학교에 통합시키는 것을 목표로 하고 있다.

Review Test

A 다음 단어에 해당하는 우리말을 쓰시오.

01 polarize   _____

02 drastic   _____

03 stimulus   _____

04 with regard to   _____

05 apprehension   _____

06 trigger   _____

07 implement   _____

08 objection   _____

09 inhibit   _____

10 intrude   _____

B 다음에 해당하는 영어 단어/숙어를 쓰시오.

01 정당화하다   _____

02 성과, 성취   _____

03 실업(률)   _____

04 단계, 시기, 국면   _____

05 기아, 굶주림   _____

06 적의, 적대감   _____

07 (사회적으로) 과소평가하다   _____

08 뇌물   _____

09 근본적인   _____

10 과부하   _____

C 다음 괄호 안에서 문맥에 적절한 것을 고르시오.

01 Our group led hikers to safety, being in a [posture/position] to assist them.

02 News dealt with a story about a resident with a(n) [bizarre/ordinary] hobby.

03 After the video presentation, one of our associates will [demonstrate/deteriorate] the effectiveness of our new product.

04 Our organization is strongly against the new law because we believe that it will [help/hinder] economic development.

05 The French government's [defect/defense] strategy against German aggression was the construction of a series of fortifications along its border.

D 다음 문장에서 주어진 우리말에 해당하는 영어 단어에 밑줄 치시오.

01 표절   The writer accused of plagiarism had to obtain legal representation for the lawsuit.

02 ~의 위험을 무릅쓰다   Those who fail to wear proper attire during winter months should run the risk of catching a cold.

03 연관성   Researchers have found a direct correlation between smoking and lung cancer.

04 찬반양론   It is advisable to carefully weigh the pros and cons of this case before making a final decision.

05 기본적인 사항   Potential homeowners should learn the nuts and bolts of buying a house before starting the process.

| DAY |

News Coverage & Journalism

뉴스 보도와 언론

> ### 📑 Previous Check
>
> - [ ] coverage
> - [ ] commentary
> - [ ] station
> - [ ] sequence
> - [ ] billboard
> - [ ] circulation
> - [ ] boycott
> - [ ] interfere with
> - [ ] mediate
> - [ ] influential
> - [ ] unprecedented
> - [ ] overreport
> - [ ] overly
> - [ ] highlight
>
> - [ ] manipulative
> - [ ] reveal
> - [ ] identify
> - [ ] obviously
> - [ ] strip
> - [ ] attract
> - [ ] subscribe
> - [ ] informative
> - [ ] public relations
> - [ ] pirate
> - [ ] prominently
> - [ ] reminder
> - [ ] issue
> - [ ] anchor
>
> - [ ] restrain
> - [ ] linkage
> - [ ] publicity
> - [ ] knock off
> - [ ] contribute
> - [ ] profile
> - [ ] keep up with
> - [ ] plot
> - [ ] publication
> - [ ] rationalize
> - [ ] admit
> - [ ] on a daily basis

0321 ★★☆ ☐☐

coverage
[kʌ́vəridʒ]

n 보도, 범위; (보험에 의한) 보장

- Editors select images worthy of **coverage** and comment.
  EBS 지문 변형
- Children had public or private **coverage** at any time. **EBS 지문 변형**
  ➕ Plus = reporting

0322 ★★★ ☐☐

commentary
[káməntèri]

n 1. 실황 방송 2. 논평, 비평

- a sports **commentary**
- The television show features political **commentary** by well-known journalists.
  ➕ Plus comment **n** 논평, 언급, 지적
  commentate **v** 실황 방송을 하다

0323 ★★★ ☐☐

station
[stéiʃən]

n 1. 역 2. 방송국, 방송 (프로)

- Two of the city's railroad **stations** were turned into balloon factories. **EBS 지문 변형**
- He tuned to another **station**.

0324 ★★★ ☐☐

sequence
[síːkwəns]

n 연속적인 사건들, 순서, 장면

- the slow-motion action **sequences** **EBS 지문 변형**
- He has had a **sequence** of business failures. **EBS 지문 변형**
  ➕ Plus sequent **a** 다음에 오는, 연속하는

Related Words	언론		
광고지	a small sheet of paper advertising something	flyer
사설, 논설	a piece of writing in a newspaper that gives the editor's opinion about something	editorial
취재 기자	someone whose job is to tell people about news events on television or on the radio	reporter
비공개로	unofficial and not supposed to be made public	off the record

예문 해석

0321 편집자들은 보도와 논평의 가치가 있는 이미지들을 선택한다. / 아이들은 언제라도 공영 또는 민영 보험의 보장을 받았다. 0322 스포츠 실황 방송 / 그 텔레비전 프로그램은 잘 알려진 기자들의 정치적 논평을 특징으로 삼는다. 0323 그 도시의 2개의 철도역은 풍선 공장으로 바뀌었다. / 그는 다른 방송으로 주파수를 맞추었다. 0324 슬로 모션(고속도 촬영) 액션 장면들 / 그는 사업 실패의 일련의 과정을 경험했다.

0325 ★★☆ □□

billboard
[bílbɔ̀ːrd]

ⓝ 광고판, 게시판
· A **billboard** is a large outdoor advertising structure.
· Large **billboards** abruptly appeared at the side of roads.
EBS 지문 변형

0326 ★★★ □□

circulation
[sə̀ːrkjuléiʃən]

ⓝ 1. (혈액) 순환, 유통 2. 발행 부수
· the **circulation** of information
· Newspapers and magazines want to increase their **circulation**. EBS 지문 변형
Plus circulate ⓥ 순환하다, 유포되다

0327 ★★☆ □□

boycott
[bɔ́ikɑt]

ⓝ 보이콧, 거부 운동 ⓥ (구매·사용을) 거부하다, 보이콧하다
· a **boycott** on the use of tropical wood
· I will encourage other viewers to **boycott** your program.
EBS 지문 변형

0328 ★★★ □□

interfere with

~을 방해하다, ~에 지장을 주다
· A biased report can **interfere with** clear and dispassionate thinking. EBS 지문 변형
· She never allows her personal feelings to **interfere with** her work.
Plus = disturb, disrupt

0329 ★★★ □□

mediate
[míːdièit]

ⓥ 조정하다, 중재하다, 타결을 보다
· be **mediated** predominantly by the right hemisphere EBS 지문 변형
· He has been hired to **mediate** between the two parties.
Plus mediator ⓝ 중재자
mediative ⓐ 조정하는, 중재의

0330 ★★★ □□

influential
[ìnfluénʃəl]

ⓐ 영향력 있는; 유력한
· evolve into a very **influential** policy EBS 지문 변형
· But an opposing opinion, which is becoming increasingly **influential**, has been expressed in academic circles. EBS 지문 변형
Plus influence ⓝ 영향 ⓥ 영향을 미치다

예문 해석

0325 빌보드는 대형 옥외 광고 구조물이다. / 큰 광고판들이 길가에 갑자기 나타났다. 0326 정보의 순환 / 신문과 잡지는 그들의 발행 부수를 늘리고 싶어 한다. 0327 열대 목재의 사용 거부 운동 / 나는 다른 시청자들도 당신의 프로그램을 거부하도록 독려할 것이다. 0328 편파 보도는 명확하고 냉철한 사고를 방해할 수 있다. / 그녀는 자신의 개인적인 감정이 자신의 일에 지장을 주는 것을 용납하지 않는다. 0329 대부분 우뇌에 의해 조정되다 / 그는 양당을 중재하기 위해 고용되었다. 0330 매우 영향력 있는 정책으로 진전되다 / 그러나 점차 영향력이 커지고 있는 상반된 의견이 학계에서 표출되어 왔다.

0331 ✹✹☆ ☐☐

unprecedented
[ʌnprésədèntid]

ⓐ 전례가 없는

- provide **unprecedented** opportunities EBS 지문 변형
- The team has enjoyed **unprecedented** success this year.
  + Plus unprecedentedly ⓐⓓ 전례 없이

0332 ✹☆☆ ☐☐

overreport
[òuvərripɔ́ːrt]

ⓥ 과장 보고[보도]하다

- **overreport** their costs for gas and electricity
- Certain types of news such as dramatic disasters and terrorist actions are significantly **overreported**. EBS 지문 변형
  + Plus ↔ underreport ⓥ 축소 보고[보도]하다

0333 ✹✹☆ ☐☐

overly
[óuvərli]

ⓐⓓ 지나치게, 너무

- Today, the private lives of many athletes have become **overly** public through the media. EBS 지문 변형

0334 ✹✹✹ ☐☐

highlight
[háilàit]

ⓥ 강조하다, 눈에 띄게 하다 ⓝ 하이라이트, 가장 좋은 부분

- use text messages to **highlight** political issues EBS 지문 변형
- The hour-long program will feature **highlights** from recent games. EBS 지문 변형

0335 ✹✹✹ ☐☐

manipulative
[mənípjulèitiv]

ⓐ 조작의; 조종하는

- Some people criticize advertising for its **manipulative** function. EBS 지문 변형
- Teens know social media is **manipulative**, but they still use it.
  + Plus manipulation ⓝ 교묘한 처리, 조작
  manipulate ⓥ 조종하다, 조작하다, 잘 다루다

예문 해석

0331 전례 없는 기회를 제공하다 / 그 팀은 올해 전례 없는 성공을 누렸다. 0332 그들의 가스와 전기 비용을 과장 보도하다 / 극적인 재난과 테러 활동 같은 어떤 유형의 뉴스는 상당히 과장 보도된다. 0333 오늘날, 많은 운동선수들의 사생활은 미디어를 통해 지나치게 공적인 것이 되어 버렸다. 0334 정치 쟁점을 강조하기 위해 문자 메시지를 사용하다 / 한 시간 길이의 그 프로그램은 최근 경기의 하이라이트를 특집으로 다룰 것이다. 0335 몇몇 사람들은 광고의 조작적인 기능 때문에 광고를 비판한다. / 십대들은 소셜미디어가 조종하는 것을 알고 있지만 그것을 여전히 사용한다.

0336 ★★★ □□
reveal
[rivíːl]

V 드러내다, 밝히다, 폭로하다
- decide not to **reveal** the secret of success EBS 지문 변형
- Future threats can be **revealed** by studying changes over time. EBS 지문 변형
  + Plus = disclose, uncover
     ↔ conceal **V** 감추다, 비밀로 하다
     revelation **n** 폭로

0337 ★★★ □□
identify
[aidéntəfài]

V 확인하다, 발견하다
- **Identify** your natural talents. EBS 지문 변형
- They could not **identify** the source of the quotation.
  + Plus identification **n** 신원 확인, 인지

0338 ★★★ □□
obviously
[ábviəsli]

ad 확실히, 분명히
- Cost is **obviously** important.
- **Obviously**, there is nothing wrong with the pursuit of friendship. EBS 지문 변형
  + Plus = plainly, evidently
     obvious **a** 분명한, 명백한

0339 ★★☆ □□
strip
[strip]

n 1. (신문 등의) 연재만화(= comic strip)
　　2. 가느다란 조각 **V** 벗기다, 떼어내다
- Here are some rough outlines of my next **strips**.
- The chimpanzee troop uses bush stems **stripped** of leaves. EBS 지문 변형
  + Plus 1. = cartoon

0340 ★★★ □□
attract
[ətrǽkt]

V 마음을 끌다, 끌어들이다
- **attract** enormous crowds
- All you need to do is to **attract** customers with better products. EBS 지문 변형
  + Plus attraction **n** 끌림, 매력
     attractive **a** 매력적인

예문 해석

0336 성공의 비밀을 드러내지 않기로 결정하다 / 미래의 위협은 시간이 지남에 따라 변화를 연구함으로써 밝혀질 수 있다. 0337 당신의 타고난 재능을 찾아라. / 그들은 그 인용문의 출처를 확인할 수 없었다. 0338 가격은 확실히 중요하다. / 분명히 우정을 추구하는 것에는 잘못된 점이 없다. 0339 나의 다음 연재만화의 대략적인 개요가 여기에 약간 있다. / 그 침팬지 무리는 잎을 뜯어낸 관목 줄기를 사용한다. 0340 엄청난 관중을 끌어들이다 / 당신은 더 나은 제품으로 고객을 유치하기만 하면 됩니다.

0341 ★★★ □□

subscribe
[səbskráib]

v (신문 등을) 구독하다

- **subscribe** to the daily newspaper
- She continued to **subscribe** to magazines such as *Vogue* and *The New Yorker*. EBS 지문 변형

Plus subscriber n 구독자

0342 ★★★ □□

informative
[infɔ́ːrmətiv]

a 유익한, 유용한 정보를 주는

- Measurements that are captured with your annual physical checkup provide **informative** data. EBS 지문 변형
- The contents of the article were very **informative**. EBS 지문 변형

0343 ★★☆ □□

public relations

1. 홍보 2. 대민 관계

- The editor made a subtle demand on the **public relations** person. EBS 지문 변형
- Utility people are extremely conscious of **public relations**. EBS 지문 변형

0344 ★★☆ □□

pirate
[páiərət]

n 해적, 저작권 침해자 v 저작권을 침해하다, 불법 복제하다

- a **pirate** edition
- If your own personal titles are being **pirated**, you might not be losing a lot.

Plus piracy n 저작권 침해, 불법 복제

0345 ★★☆ □□

prominently
[prɑ́mənəntli]

ad 두드러지게, 현저히

- Some issues become trendy for a while and are **prominently** covered by the media. EBS 지문 변형

Plus prominent a 중요한, 현저한
prominence n 중요성; 명성

예문 해석

0341 일간 신문을 구독하다 / 그녀는 계속해서 'Vogue'와 'The New Yorker'와 같은 잡지들을 구독했다. 0342 연례 건강 검진 때에 검사하여 얻어 낸 측정치는 유익한 정보를 제공한다. / 기사의 내용이 매우 유익했다. 0343 그 편집자는 홍보 직원에게 민감한 요구를 했다. / 공익사업 종사자들은 극도로 대민 관계를 의식한다. 0344 해적판(불법 복제된 서적) / 만약 당신의 출판물이 저작권을 침해당하고 있다고 해도, 당신은 많은 것을 잃는 것이 아닐 수도 있다. 0345 몇몇 사건은 한동안 유행이 되어 현저하게 방송을 탄다.

0346 ★★★ □□

reminder
[rimáindər]

n 상기시키는 것, 떠올리게 해주는 것

- It is a **reminder** not to wallow in your troubles today. EBS 지문 변형
- It was a **reminder** that things can change. EBS 지문 변형

Plus remind v 상기시키다

0347 ★★★ □□

issue
[íʃuː]

n 1. 쟁점, 문제점 2. 발행(물) 3. (잡지·신문 등의) 호

- submit a correction in the next **issue** EBS 지문 변형
- Therefore, the only **issue** is how and when we find that replacement. EBS 지문 변형

0348 ★★☆ □□

anchor
[ǽŋkər]

n 1. 앵커 2. 닻 3. 정신적 지주 v 닻을 내리다, 정박하다

- He moved to New York City and became a TV news **anchor**. EBS 지문 변형
- The ship was **anchored** on his command.

Plus anchorperson n 종합 사회자(남녀 공통어)
anchorage n 닻 내림, 정박

0349 ★★★ □□

restrain
[ristréin]

v 저지하다, 억제하다

- The manufacturer took measures to **restrain** costs.

Plus restraint n 규제, 통제
restrain oneself 참다, 자제하다

0350 ★☆☆ □□

linkage
[líŋkidʒ]

n 연결, 결합

- cause-effect **linkages** EBS 지문 변형
- There is a "**linkage**" between getting the story published and buying advertising space in the trade publication. EBS 지문 변형

Plus = connection

예문 해석

0346 그것은 오늘의 괴로움 속에 빠져 있지 말라고 상기시켜주는 말이다. / 그것은 상황이 바뀔 수 있다는 것을 떠올리게 해주는 것이었다. 0347 다음 호에서 정정사항을 제시하다 / 따라서 유일한 쟁점은 우리가 언제 어떻게 그 대체물을 찾는가이다. 0348 그는 뉴욕시로 이사하여 TV 뉴스 앵커가 되었다. / 그 배는 그의 명령으로 닻이 내려졌다. 0349 제조업체는 비용을 절감하기 위한 조치를 취했다. 0350 원인과 결과의 연관성 / 이야기를 출판하는 것과 업계 간행물에서 광고 지면을 구매하는 것에는 '연결 고리'가 있다.

0351 ★★☆ ☐☐

publicity
[pʌblísəti]

ⓝ 1. 매스컴[언론]의 관심 2. 광고, 홍보
- The professor has received a lot of **publicity** for her latest column.
- It was free **publicity** for their new movie. EBS 지문 변형

0352 ★★☆ ☐☐

knock off

중단하다
- **knock off** one's work
- Let's **knock off** for lunch.
  ➕ Plus = cease, make a break

0353 ★★★ ☐☐

contribute
[kəntríbjuːt]

ⓥ 1. 기부하다, 기여하다 2. 기고하다
- **contribute** to the local economy
- She **contributed** her "Postcards from Georgia" to the program. EBS 지문 변형
  ➕ Plus contribution ⓝ 기부(금), 기고

0354 ★★☆ ☐☐

profile
[próufail]

ⓝ 옆모습; 개요; 프로필 ⓥ 개요를 작성하다
- a short **profile** of the actor
- A newspaper published **profiles** of the candidates' wives.
  ➕ Plus profiling ⓝ 자료 수집

0355 ★★★ ☐☐

keep up with

~을 유지하다, ~을 알게 되다, ~을 따라잡다
- She likes to **keep up with** the latest fashions.
- We cannot **keep up with** a daily paper because of traveling most weeks. EBS 지문 변형

0356 ★★★ ☐☐

plot
[plɑt]

ⓝ 줄거리; 음모 ⓥ 모의하다
- The **plot** unfolds too quickly. EBS 지문 변형
- The book's **plot** revolves around a woman who is searching for her missing sister.

▶ 예문 해석

0351 그 교수는 그녀의 최근 칼럼에 대한 많은 매스컴의 관심을 받아왔다. / 그것은 그들의 새로운 영화를 위한 무료 홍보였다. 0352 일을 중단하다 / 잠깐 일을 중단하고 점심 식사를 합시다. 0353 지역 경제에 기여하다 / 그녀는 자신의 'Postcards from Georgia'를 그 프로그램에 기고했다. 0354 그 배우의 간단한 프로필 / 신문은 후보자들의 부인들의 프로필을 실었다. 0355 그녀는 최신 패션을 따라잡는 것을 좋아한다. / 우리는 대부분 여행을 하기 때문에 일간지를 계속 유지할[구독할] 수가 없다. 0356 그 줄거리는 너무 빠르게 전개된다. / 그 책의 줄거리는 잃어버린 자신의 자매를 찾는 한 여자를 중심으로 전개된다.

0357 ★★☆ ☐☐

publication
[pʌ̀bləkéiʃən]

ⁿ 출판, 발행; 출판물; 발표
- The journal will cease **publication** with its next issue.
- You may find the most recent **publications**. EBS 지문 변형
  - **➕ Plus** publish **ᵛ** 출판하다, 발행하다

Related Words	방송	
시트콤	a funny television program in which the same characters appear in different situations each time (= situation comedy)	sitcom
시리즈 속편	a television program involving characters that were previously in another program or film	spin-off
연속극	a television or radio story about the daily lives and relationships of the same group of people, which is broadcast regularly	soap opera

0358 ★★★ ☐☐

rationalize
[rǽʃənəlàiz]

ᵛ 합리화하다
- an attempt to **rationalize** one's violent behavior
- They **rationalize** their actions based on their present level of awareness. EBS 지문 변형
  - **➕ Plus** rationalization **ⁿ** 합리화

0359 ★★★ ☐☐

admit
[ædmít]

ᵛ 인정하다, 자백하다
- **admit** a fault
- None of these people will **admit** responsibility for their actions.
  - **➕ Plus** admittance **ⁿ** 입장
  - admittable **ᵃ** 용인할 수 있는

0360 ★★☆ ☐☐

on a daily basis

매일
- We interact, make friends, and form bonds with other humans **on a daily basis**.
  - **➕ Plus** on a weekly basis 매주, 주 단위로

예문 해석

0357 그 잡지는 다음 호의 발행을 중단할 것이다. / 여러분은 가장 최근의 출판물을 찾을 수도 있다. 0358 폭력적인 행동을 합리화하려는 시도 / 그들은 현재의 인식 수준에 기초하여 그들의 행동을 합리화한다. 0359 잘못을 인정하다 / 이 사람들 중 어느 누구도 그들의 행동에 대한 책임을 인정하지 않을 것이다. 0360 우리는 매일 소통하고, 친구를 만들고, 다른 사람들과 유대감을 형성한다.

Review Test

A 다음 단어에 해당하는 우리말을 쓰시오.

01 commentary _____

02 publicity _____

03 profile _____

04 contribute _____

05 unprecedented _____

06 interfere with _____

07 subscribe _____

08 prominently _____

09 knock off _____

10 on a daily basis _____

B 다음에 해당하는 영어 단어/숙어를 쓰시오.

01 보도, 범위 _____

02 인정하다, 자백하다 _____

03 과장 보고[보도]하다 _____

04 연재만화; 벗기다 _____

05 줄거리; 음모 _____

06 저지하다, 억제하다 _____

07 광고판, 게시판 _____

08 유익한, 정보를 주는 _____

09 연속적인 사건들 _____

10 거부 운동 _____

C 다음 괄호 안에서 문맥에 적절한 것을 고르시오.

01 The expression on his face [ranked/revealed] how he felt.

02 She tried to [institute/rationalize] her grandson's strange behavior by blaming it on the boy's father.

03 Companies are [attracted/assured] to international business by the sheer size of the global marketplace in addition to natural resources and capital.

04 For someone on their way home who has promised to pick up a pack of Coke for their family the slogan is a welcomed [remainder/reminder].

05 Cathy ground her teeth contemptuously, [restoring/restraining] herself from yelling back.

D 다음 문장에서 주어진 우리말에 해당하는 영어 단어에 밑줄 치시오.

01 지나치게　　　This natural soap does not overly sell beauty, fragrance or economy.

02 연관성　　　We've established linkages between the groups and many institutions.

03 확실히　　　Amy and Drew obviously trusted the gas supplier to keep them safe.

04 출판　　　Although raised as a slave, she was freed by her owners following the book's publication.

05 (혈액) 순환　　　The active hot ingredient in peppers, a substance called capsaicin, can stimulate the circulation and raise body temperature.

DAY

10

Cultures & Ethnicities

문화와 민족

📖 Previous Check

- ☐ anthropology
- ☐ barbarian
- ☐ exotic
- ☐ minority
- ☐ communal
- ☐ tardy
- ☐ aristocracy
- ☐ elaborate
- ☐ mythical
- ☐ explicable
- ☐ disrupt
- ☐ admire
- ☐ fundamental
- ☐ overlap

- ☐ admission
- ☐ domesticate
- ☐ stroll
- ☐ venture
- ☐ incomparable
- ☐ savage
- ☐ collective
- ☐ heritage
- ☐ clan
- ☐ ethnic
- ☐ indigenous
- ☐ tolerant
- ☐ legendary
- ☐ awe

- ☐ conventional
- ☐ discrimination
- ☐ forage
- ☐ pervade
- ☐ represent
- ☐ embody
- ☐ aboriginal
- ☐ perspective
- ☐ thriving
- ☐ sacrificial
- ☐ primitive
- ☐ consensus

0361 ✹✹✹ ☐☐

anthropology
[ænθrəpáledʒi]

ⁿ 인류학

- the builder of modern **anthropology** EBS 지문 변형
- **Anthropology** is the scientific study of people, their societies, and cultures.
  ➕ **Plus** anthropologist ⁿ 인류학자

0362 ✹✹◌ ☐☐

barbarian
[bɑːrbɛ́əriən]

ⁿ 야만인

- In former times, **barbarians** were people from other countries who were thought to be uncivilized and violent.
  ➕ **Plus** barbarous ᵃ 잔혹한, 상스러운

0363 ✹✹✹ ☐☐

exotic
[igzátik]

ᵃ 외국의, 이국적인

- encounter **exotic** jungle scenes EBS 지문 변형
- The **exotic** plants from the tropics are especially beautiful.
  ➕ **Plus** = foreign, alien

0364 ✹✹✹ ☐☐

minority
[mainɔ́ːrəti]

ⁿ 소수, 소외 계층

- limit the rights of **minority** groups EBS 지문 변형
- The ethnic **minority** has become influential in the community.
  ➕ **Plus** ↔ majority ⁿ 다수, 주류

0365 ✹◌◌ ☐☐

communal
[kəmjúːnəl]

ᵃ 공동의, 공동 사회의

- The **communal** life of humankind is accompanied by constant self-evaluation. EBS 지문 변형
- In **communal** living, consideration for others is important.
  ➕ **Plus** communality ⁿ 공동체 상태; 연대감
  communism ⁿ 공산주의

0366 ✹✹◌ ☐☐

tardy
[táːrdi]

ᵃ 늦은, 느린

- be **tardy** for school
- We apologize for our **tardy** response to your letter.
  ➕ **Plus** tardily ᵃᵈ 느리게, 완만하게

예문 해석

0361 근대 인류학의 정립자 / 인류학은 인간과 사회, 그리고 문화에 관한 과학적 연구이다. 0362 이전에는, 야만인들이란 문명화되지 않고 폭력적이라고 생각되는 다른 나라에서 온 사람들이었다. 0363 이국적인 정글 풍경을 접하다 / 열대 지방의 이국적인 식물들은 특히 아름답다. 0364 소수 집단의 권리를 제한하다 / 그 소수 민족 집단은 지역 사회에서 영향력이 강해졌다. 0365 인류의 공동생활은 끊임없는 자기 평가가 수반된다. / 공동체 생활에서는 다른 사람을 헤아리는 것이 중요하다. 0366 학교에 지각하다 / 귀하의 서신에 답장이 늦어서 죄송합니다.

0367 ★★★ ☐☐ ----

aristocracy
[æristάkrəsi]

n 귀족 (계층)
- members of the **aristocracy**
- They rejected the formality of royal courts and the **aristocracy**. EBS 지문 변형
  + Plus aristocratic a 귀족적인

0368 ★★★ ☐☐ ----

elaborate
a [ilǽbərət]
v [ilǽbərèit]

a 공들여 만든, 정교한 v 상세히 설명하다
- the construction of **elaborate** tombs and monuments to the dead EBS 지문 변형
- This very point was **elaborated** by William McDougall. EBS 지문 변형
  + Plus elaboration n 공들임, 정교

0369 ★★☆ ☐☐ ----

mythical
[míθikəl]

a 신화의, 신화적인
- a **mythical** creature
- Hercules is a **mythical** hero who was half man and half god.
  + Plus myth n 신화

0370 ★★☆ ☐☐ ----

explicable
[iksplíkəbl]

a 설명되는, 납득이 가는
- Cultural anthropologists study human behavior that is not **explicable** in terms of biology. EBS 지문 변형
  + Plus = explainable a 설명할 수 있는
  ↔ inexplicable a 설명할 수 없는, 말도 안 되는

Related Words	문화와 민족	
인류학	the scientific study of people, their societies, cultures, etc.	anthropology
민족학	the scientific description of different races of people	ethnography
사회학	the scientific study of societies and the behavior of people in groups	sociology
문화학	the scientific understanding, description, analysis and prediction of cultural activities	culturology

예문 해석

0367 귀족 계층 사람들 / 그들은 왕궁과 귀족의 격식을 거부했다. 0368 공들여 만든 무덤과 고인에 대한 기념비의 건축 / 바로 이 점이 William McDougall에 의해 상세하게 설명되었다. 0369 신화적 존재 / 헤라클레스는 반은 사람이고 반은 신인 신화 속 영웅이다. 0370 문화 인류학자들은 생물학적인 측면에서 설명되지 않는 인간의 행동을 연구한다.

0371 ✱✱✱ ☐☐ ------

disrupt
[disrʌ́pt]

ⓥ 붕괴시키다, 혼란케 하다
- **disrupt** food distribution
- Terrorist attacks **disrupted** the city's transportation system.
  ➕ **Plus** disruption ⓝ 붕괴, 분열

0372 ✱☆☆ ☐☐ ------

admire
[ædmáiər]

ⓥ 존경하다, 동경하다, 감탄하며 바라보다
- All cultures collected, used, and **admired** flowers. EBS 지문 변형
- All of them stood back to **admire** their handiwork.
  ➕ **Plus** admiration ⓝ 감탄, 존경, 칭찬

0373 ✱✱✱ ☐☐ ------

fundamental
[fʌ̀ndəméntl]

ⓐ 근본적인, 필수적인
- a **fundamental** precondition EBS 지문 변형
- We should make a **fundamental** change in our approach to this growing social problem. EBS 지문 변형
  ➕ **Plus** = basic, essential

0374 ✱✱☆ ☐☐ ------

overlap
ⓝ [óuvərlæ̀p]
ⓥ [òuvərlǽp]

ⓝ 겹치는 부분 ⓥ 겹치다, 중복되다
- **overlap** without having to be identical
- There is **overlap** between individual values and cultural values. EBS 지문 변형

0375 ✱✱✱ ☐☐ ------

admission
[ædmíʃən, əd-]

ⓝ 입장, 가입, 입학
- free **admission** EBS 지문 변형
- **Admission** to college is the first hurdle a student must clear in higher education. EBS 지문 변형
  ➕ **Plus** admit ⓥ 인정하다; 입장을 허락하다

예문 해석

0371 식량 분배를 혼란시키다 / 테러리스트의 공격은 도시의 교통 체계를 붕괴시켰다. 0372 모든 문화는 꽃을 모으고, 사용하고, 동경했다. / 그들은 모두 뒤로 물러서서 자신의 수공품을 감탄스럽게 바라보았다. 0373 기본적인 전제 조건 / 우리는 이렇게 증가하는 사회 문제에 대한 접근법에 근본적인 변화를 주어야 한다. 0374 동일해질 필요 없이 겹치다 / 개인의 가치관과 문화적 가치관 사이에 겹치는 부분이 있다. 0375 무료 입장 / 대학 입학은 학생이 고등 교육에서 반드시 넘어야 하는 첫 번째 관문이다.

0376 ★★★ □□

domesticate
[dəméstikèit]

v 1. 사육하다, 가축화하다 2. 가정적이 되게 하다

- Agricultural man began to **domesticate** animals. EBS 지문 변형
- Success does tend to **domesticate** people.

  ➕ Plus domestication **n** 가축화, 길들이기
  domesticated **a** (동물이) 길든, (사람이) 가정적인

0377 ★★☆ □□

stroll
[stroul]

n 산책 **v** 거닐다, 산책하다

- take a **stroll** through downtown EBS 지문 변형
- They **strolled** along the street looking in the store windows.

  ➕ Plus strolling **a** 순회 공연하는, 떠돌아다니는
  baby stroller 유모차

0378 ★★☆ □□

venture
[véntʃər]

n 모험, 벤처(사업) **v** (위험을 무릅쓰고) 하다

- organize a **venture** business
- Nothing **ventured**, nothing gained.

  ➕ Plus venturous **a** 모험을 좋아하는, 무모한

0379 ★★☆ □□

incomparable
[inkámpərəbl]

a 비교할 수 없는, 비할 데 없는

- This regime is **incomparable** to any of its predecessors.
- We reached the **incomparable** Peace River Valley. EBS 지문 변형

  ➕ Plus = matchless
  ↔ comparable **a** 필적하는, 비길 만한
  incomparably **ad** 비교가 안 될 정도로, 빼어나게

0380 ★★★ □□

savage
[sǽvidʒ]

a 1. 야만적인, 미개한 2. 사나운, 맹렬한

- a **savage** attack on the government EBS 지문 변형
- In fact, the Europeans thought they could use racial type as an indicator of just how **savage** a person was. EBS 지문 변형

  ➕ Plus 1. = uncivilized, primitive
  2. = brutal, ruthless
  savagely **ad** 사납게, 잔인하게

예문 해석

0376 농사를 짓는 인간은 동물을 사육하기 시작했다. / 성공은 사람들을 가정적으로 되게 하는 경향이 있다. 0377 시내를 산책하다 / 그들은 상점 진열장을 보면서 거리를 거닐었다. 0378 벤처 기업을 설립하다 / 위험을 무릅쓰지 않으면 아무것도 얻을 수 없다. 0379 이 통치는 이전에 있었던 모든 통치에 비교가 되지 않는다. / 우리는 비할 데 없는 Peace River Valley에 이르렀다. 0380 정부에 대한 맹렬한 공격 / 사실, 유럽인들은 한 사람이 얼마나 야만적인지의 기준으로 인종 유형을 사용할 수 있다고 생각했다.

0381 ✱✱✱ ☐☐

collective
[kəléktiv]

ⓐ 1. 집단의, 단체의 2. 공동의, 공통의
- our **collective** responsibility for the environment
- The digital world seems to have become a storing place of our **collective** moral toxins. EBS 지문 변형
  - ➕ **Plus** 2. = corporate
    collectively ⓐ̃d 집합적으로, 총괄하여
    collection ⓝ 수집(품); 무리, 더미

0382 ✱✱✱ ☐☐

heritage
[héritidʒ]

ⓝ (국가·사회의) 유산
- The ritual is now seen as part of their cultural **heritage**. EBS 지문 변형
- Our Western intellectual **heritage** owes a lot to the ancient Greeks. EBS 지문 변형
  - ➕ **Plus** = inheritance, legacy

0383 ✱✩✩ ☐☐

clan
[klæn]

ⓝ 씨족, 집단
- live in small **clan**-based groups EBS 지문 변형
- A male **clan** head passes his position down to either his younger brother or his sister's son. EBS 지문 변형
  - ➕ **Plus** clansman ⓝ 씨족 구성원, 문중 사람

0384 ✱✱✱ ☐☐

ethnic
[éθnik]

ⓐ 민족의, 인종의
- value **ethnic** and cultural diversity EBS 지문 변형
- The school teaches pupils from different **ethnic** groups. EBS 지문 변형
  - ➕ **Plus** ethnicity ⓝ 민족성
    ethnically ⓐ̃d 민족적으로

0385 ✱✱✩ ☐☐

indigenous
[indídʒənəs]

ⓐ 원산의, 토착의
- Agaves continue to hold economic and cultural significance among **indigenous** peoples. EBS 지문 변형
- Blueberries are **indigenous** to America.
  - ➕ **Plus** = native, aboriginal
    indigene ⓝ 토착민, 원산종

예문 해석

0381 환경에 대한 우리의 공동 책임 / 디지털 세계는 우리의 집단적인 도덕적 독소들의 저장소가 되어버린 것 같다. 0382 그 의식은 현재 그들의 문화유산의 일부로 여겨진다. / 우리의 서양 지적 유산은 많은 부분 고대 그리스인 덕분이다. 0383 소규모 씨족 단위로 살다 / 씨족의 남성 우두머리는 자신의 지위를 남동생이나 혹은 누이의 아들에게 물려준다. 0384 인종과 문화의 다양성을 중요시하다 / 그 학교는 다양한 인종 집단 출신의 학생들을 가르친다. 0385 아가베는 토착 민족들 사이에서 경제적·문화적 중요성을 계속 지니고 있다. / 블루베리는 미국이 원산지이다.

0386 ★★★ ☐☐

tolerant
[tɑ́lərənt]

ⓐ 관대한, 내성이 있는, 잘 견디는

- The woman's face broadened into a **tolerant** smile. EBS 지문 변형
  ➕ Plus tolerate ⓥ 참다, 견디다
  tolerance ⓝ 관용, 아량

0387 ★★★ ☐☐

legendary
[léʤəndèri]

ⓐ 전설적인, 전설에 나오는

- achieve a **legendary** record EBS 지문 변형
- Babe Ruth, a **legendary** baseball player, loved to watch his rivals playing. EBS 지문 변형
  ➕ Plus legend ⓝ 전설

0388 ★★★ ☐☐

awe
[ɔː]

ⓝ 경외심 ⓥ 경외심을 갖게 하다

- evoke fascination and **awe** EBS 지문 변형
- They were **awed** by the vastness of the forest.
  ➕ Plus awesome ⓐ 멋진, 경탄할 만한

0389 ★★☆ ☐☐

conventional
[kənvénʃənl]

ⓐ 전통적인, 종래의, 재래식의

- make a movie in the **conventional** way
- He failed in his attempts to make a helicopter and turned to more **conventional** fixed-wing designs. EBS 지문 변형
  ➕ Plus conventional wisdom 사회적 통념

0390 ★★★ ☐☐

discrimination
[diskrìmənéiʃən]

ⓝ 차별

- **discriminations** based on gender and race EBS 지문 변형
- The law prohibits **discrimination** in hiring.
  ➕ Plus discriminate ⓥ 구별하다, 차별하다

▶ 예문 해석 ◀

0386 그 여자의 얼굴이 활짝 펴지며 관대한 미소를 띠었다. **0387** 전설적인 기록을 달성하다 / 전설적인 야구 선수 Babe Ruth는 자신의 경쟁자들이 경기하는 것을 관전하기를 좋아했다. **0388** 매력과 경외감을 불러일으키다 / 그들은 광대한 숲에 경외감을 느꼈다. **0389** 종래의 방식으로 영화를 만들다 / 그는 헬리콥터를 만들려고 시도했지만 실패했고, 보다 재래식인 고정 날개 디자인으로 방향을 돌렸다. **0390** 성별과 인종에 바탕한 차별 / 그 법은 고용에 있어서 차별을 금지한다.

0391 ★★☆ ☐☐

forage
[fɔ́ːridʒ]

v (식량 등을) 찾아다니다 **n** (소·말의) 사료

- be cultivated for sheep **forage**
- Some animals spend much of their time **foraging**. EBS 지문 변형
  ➕ Plus forager **n** 식량[사료] 징발자, 약탈자

0392 ★★☆ ☐☐

pervade
[pərvéid]

v 스며들다, 배어들다

- Art and music **pervaded** every aspect of their lives. EBS 지문 변형
  ➕ Plus = permeate
  pervasive **a** 퍼지는, 스며드는

0393 ★★★ ☐☐

represent
[rèprizént]

v 의미하다, 나타내다, 대표하다

- Few people think that it **represents** progress. EBS 지문 변형
- He had a successful political career and **represented** the French government. EBS 지문 변형
  ➕ Plus representative **n** 대표(자) **a** 대표하는

0394 ★★☆ ☐☐

embody
[imbádi]

v 구체화하다, 구현하다

- **embody** some key principles
- Food **embodies** complex ideas about individual and group identity, justice, and ethics. EBS 지문 변형
  ➕ Plus embodiment **n** 구체화, 전형
  embodied **a** 구현된, 체화된

0395 ★☆☆ ☐☐

aboriginal
[æ̀bərídʒənəl]

a 원주민의, 토착의

- the **aboriginal** people of Australia
- There are some cases of animal species which had distinct names in **aboriginal** languages. EBS 지문 변형
  ➕ Plus aboriginally **ad** 원시 상태로, 원래대로
  aboriginality **n** 원시 상태, 토착

예문 해석

0391 양의 사료를 위해 경작되다 / 몇몇 동물들은 많은 시간을 먹이를 찾는 데 보낸다. 0392 예술과 음악이 그들 삶의 모든 면에 스며들었다. 0393 그것이 발전을 의미한다고 생각하는 사람들은 거의 없다. / 그는 성공적인 정치 경력이 있었고 프랑스 정부를 대표했다. 0394 몇몇 핵심 원리를 구체화하다 / 음식은 개인과 집단 정체성, 정의, 그리고 민족에 관한 복잡한 개념을 구현한다. 0395 호주의 원주민 / 토착 언어에서 구별되는 이름을 가지고 있었던 동물 종의 몇몇 사례들이 있다.

0396 ★★★ ☐☐

perspective
[pərspéktiv]

n 관점, 시각
- different **perspectives** on life EBS 지문 변형
- It all depends on an individual's **perspective**. EBS 지문 변형
  - **+ Plus** = viewpoint

0397 ★★☆ ☐☐

thriving
[θráiviŋ]

a 번영하는, 번성하는
- preserve a **thriving** ecosystem EBS 지문 변형
- In several countries, the informal sector is **thriving** in small cities and rural areas. EBS 지문 변형
  - **+ Plus** thrive **V** 번창하다, 잘 자라다

0398 ★☆☆ ☐☐

sacrificial
[sækrəfíʃəl]

a 제물로 바치는, 희생의
- Animals were probably first kept in captivity for use in **sacrificial** rites. EBS 지문 변형
- Diana saw herself as a **sacrificial** lamb.
  - **+ Plus** sacrifice **V** 희생하다, 제물로 바치다 **n** 희생, 제물

0399 ★★★ ☐☐

primitive
[prímətiv]

a 원시의, 원시적인, 원시 사회의
- They pervade the visual art and the mythology of **primitive** cultures. EBS 지문 변형
- They took a **primitive** raft on the Amazon River. EBS 지문 변형
  - **+ Plus** primitively **ad** 원시적으로, 소박하게

0400 ★★☆ ☐☐

consensus
[kənsénsəs]

n 의견 일치, 합의
- achieve **consensus** on sensitive issues
- There is much less international **consensus** over the assessment of environmental resources. EBS 지문 변형
  - **+ Plus** = agreement, assent

예문 해석

0396 삶에 대한 다른 관점들 / 모든 것은 개인의 관점에 달려 있다. 0397 번성하는 생태계를 보존하다 / 몇몇 국가에서, 비공식 부문이 소도시와 시골 지역에서 번창하고 있다. 0398 동물은 아마도 처음에는 제물로 바치는 의식에 사용할 목적으로 가두어 길러졌을 것이다. / Diana는 자신을 희생양으로 생각했다. 0399 그것들은 원시 문화의 시각 예술과 신화에 널리 퍼져 있다. / 그들은 아마존강에서 원시적인 뗏목을 탔다. 0400 민감한 사안들에 대해 합의를 이루다 / 환경 자원의 평가에 대한 국제적 합의는 훨씬 더 적다.

Review Test

A 다음 단어에 해당하는 우리말을 쓰시오.

01 barbarian   _____
02 sacrificial   _____
03 collective   _____
04 exotic   _____
05 communal   _____
06 forage   _____
07 legendary   _____
08 savage   _____
09 aboriginal   _____
10 overlap   _____

B 다음에 해당하는 영어 단어/숙어를 쓰시오.

01 합의, 의견 일치   _____
02 전통적인, 재래식의   _____
03 소수   _____
04 번역하는, 번성하는   _____
05 민족의, 인종의   _____
06 인류학   _____
07 늦은, 느린   _____
08 비교할 수 없는   _____
09 (국가·사회의) 유산   _____
10 원산의, 토착의   _____

C 다음 괄호 안에서 문맥에 적절한 것을 고르시오.

01 Her injuries were serious enough to require hospital [admission/assignment].

02 We recognize that other people see things differently, and we are [ignorant/tolerant] of their views.

03 Love and death is the two themes that [pervade /persuade] his works.

04 In most cases, each ceremony is owned by the members of a certain [clan/clue].

05 In the Philippines, the rural poor [value/venture] into steep, mountainous terrain to clear forests to make room for crops.

D 다음 문장에서 주어진 우리말에 해당하는 영어 단어에 밑줄 치시오.

01 경외심   All of the neighbors were a little in awe of my mother.

02 정교한   Doorways, gates, and windows are carved with elaborate designs.

03 설명되는   The older I grow, the stranger and less explicable the world appears to me.

04 구현하다   We want figures who embody our feelings and represent a new political response.

05 관점   Throughout history our perspective toward evolution has changed many times.

다운로드 없이 간편하게 학습하는 MP3 모바일 바로듣기 서비스

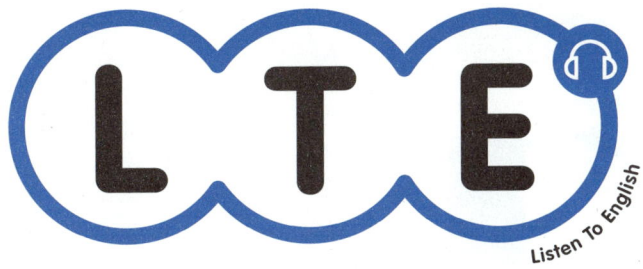

LTE
Listen To English

PLAYER	**DOWNLOAD**	**오늘의 LTE**
언제, 어디서나 다운로드 없이 **바로듣기**	PC 접속 없이 모바일로 간단하게 **전체 파일 다운로드**	하루에 하나씩 제공되는 **추천 MP3 스터디**

이투스북 영어 교재에
제공되는 MP3를 로그인만 하면
다운로드 없이 재생 가능한
스트리밍 서비스로 제공합니다.

도서 구매 인증을 통해 모바일로
손쉽게 전체 파일을 다운로드
할 수 있습니다. 한 번 다운로드
후에는 데이터 걱정 없이
언제 어디서나 편리하게
이용 가능합니다.

매일 하나씩 제공되는 단어,
문장 등의 MP3를 듣고 자신이
생각한 해석과 다른 학생들이
생각한 해석을 댓글로 공유하며
꾸준히 영어 실력을
점검할 수 있습니다.

**LTE는 이투스북 영어 교재를 이용하는 분이라면
누구나 무료로 이용하실 수 있습니다!**

◤ **LTE 접속하기**   이투스북 홈페이지(www.etoosbook.com) 접속 후 '학습서비스' 클릭

이투스북

| DAY |

Emotion Psychology

정서 심리학

- ☐ urge
- ☐ recall
- ☐ intuition
- ☐ recognize
- ☐ rational
- ☐ obsessed
- ☐ rage
- ☐ vulnerable
- ☐ solitary
- ☐ compassion
- ☐ envision
- ☐ invaluable
- ☐ loyalty
- ☐ tempt

- ☐ concerned
- ☐ skeptical
- ☐ aggressive
- ☐ surge
- ☐ superstitious
- ☐ commitment
- ☐ introspective
- ☐ unconsciousness
- ☐ straightforward
- ☐ outlet
- ☐ therapeutic
- ☐ extrinsic
- ☐ destine
- ☐ inflict

- ☐ compulsive
- ☐ drive
- ☐ repress
- ☐ elicit
- ☐ fallacy
- ☐ initiation
- ☐ consistency
- ☐ presumably
- ☐ induce
- ☐ compelling
- ☐ vigor
- ☐ in vain

Emotion Psychology

0401 ★★★ ☐☐ ----

urge
[əːrdʒ]

🔲 강한 욕구, 충동 🔽 강력히 촉구하다, 재촉하다

- Resist the **urge** to defend yourself and make excuses. EBS 지문 변형
- They **urged** the kids to wear hats when it was over 16 degrees outside.
  ➕ Plus urge A to *do* A가 ~하도록 재촉하다

0402 ★★★ ☐☐ ----

recall
[rikɔ́ːl]

🔽 1. 기억하다, 회상하다 2. (제품을) 회수하다, 리콜하다

- The teacher **recalls** similar errors that some students made. EBS 지문 변형
- The faulty tires have been **recalled**.

0403 ★★★ ☐☐ ----

intuition
[ìntjuːíʃən]

🔲 직관, 직감

- We should trust our **intuitions**.
- People who have a tendency to rely on their **intuition** are more likely to believe in God. EBS 지문 변형
  ➕ Plus intuitive 🅰 직관적인

0404 ★★★ ☐☐ ----

recognize
[rékəgnàiz]

🔽 인지하다, 알아차리다; 인정하다

- You will **recognize** that your understanding has improved. EBS 지문 변형
- The MNM philosophy **recognizes** that mistakes are opportunities to learn. EBS 지문 변형

0405 ★★★ ☐☐ ----

rational
[rǽʃənl]

🅰 이성적인, 합리적인

- make a **rational** argument EBS 지문 변형
- This creates a paradox that **rational** models of decision making fail to represent. EBS 지문 변형
  ➕ Plus ↔ irrational 🅰 비이성적인, 비합리적인

예문 해석

0401 당신 자신을 방어하거나 변명하고자 하는 충동을 억제하라. / 그들은 아이들에게 바깥 기온이 16도가 넘으면 모자를 쓰도록 당부했다. 0402 그 교사는 몇몇 학생들이 했던 비슷한 실수를 기억해 낸다. / 결함이 있는 타이어들은 회수되었다. 0403 우리는 우리의 직감을 믿어야 한다. / 자신의 직관에 의존하는 경향이 있는 사람들이 신을 믿을 가능성이 더 높다. 0404 여러분은 이해가 향상되었다고 인지할 것이다. / MNM 원리는 실수가 배울 수 있는 기회라는 것을 인정한다. 0405 합리적인 주장을 하다 / 이것은 의사 결정의 이성적인 모델이 표현하지 못하는 역설을 만들어 낸다.

0406 ★★☆ □□

obsessed
[əbsést]

ⓐ 사로잡힌, 집착하는

- be **obsessed** with jealousy `EBS 지문 변형`
- My brother is **obsessed** with the world of animation.

➕ **Plus** obsessive ⓐ 강박적인, 강박 관념에 사로잡힌
obsess ⓥ 사로잡다, 집착하게 하다

0407 ★★★ □□

rage
[reidʒ]

ⓝ (격렬한) 분노 ⓥ 맹위를 떨치다, 몹시 화를 내다

- unable to control one's **rage**
- The emotion feels like a hurricane, cyclone, or flood that's **raging** inside us. `EBS 지문 변형`

➕ **Plus** ⓝ = fury
enrage ⓥ 격분하게 만들다

0408 ★★★ □□

vulnerable
[vΛlnərəbl]

ⓐ 취약한, 상처 받기 쉬운

- Self-esteem tests are **vulnerable** to the "ceiling effect." `EBS 지문 변형`
- They became **vulnerable** to invaders who wiped them out. `EBS 지문 변형`

➕ **Plus** = susceptible
vulnerability ⓝ 취약성, 상처받기 쉬움

0409 ★★☆ □□

solitary
[sάlətèri]

ⓐ 외로운, 혼자의, 고독한

- children who have a tendency to be **solitary** `EBS 지문 변형`

➕ **Plus** solitude ⓝ 고독, 독거

0410 ★★☆ □□

compassion
[kəmpǽʃən]

ⓝ 연민, 동정심

- His heart was touched with **compassion** for the woman. `EBS 지문 변형`
- My older brother showed hope, warmth, **compassion**, and acceptance.

➕ **Plus** compassionate ⓐ 동정심 많은

Related Words | 정서 심리학

정신적 외상	a bad experience that makes you feel very upset, afraid, or shocked	trauma
허식, 뽐냄	a way of behaving, speaking that is not sincere or natural	affectation
강박 관념	an extreme unhealthy interest in something or worry about something	obsession

예문 해석

0406 질투심에 사로잡히다 / 내 동생은 애니메이션의 세계에 사로잡혀 있다. 0407 자신의 분노를 억제할 수 없는 / 그 감정은 우리 안에서 맹위를 떨치고 있는 허리케인, 사이클론, 또는 홍수처럼 느껴진다. 0408 자존감 테스트는 '천장 효과'의 영향을 받기 쉽다. / 그들은 그들을 몰살한 침략자에게 취약해졌다. 0409 혼자 있는 경향을 가진 아이들 0410 그는 그 여자에 대한 동정심이 생겼다. / 나의 형은 희망, 따뜻함, 동정심, 그리고 포용력을 보여 주었다.

0411 ✹✹✹ ☐☐

envision
[invíʒən]

🆅 마음속에 그리다, 구상하다, 상상하다
- **envision** new possibilities and invent novel paradigms `EBS 지문 변형`
- I asked my depressed clients what they **envisioned**. `EBS 지문 변형`
  - ➕ **Plus** = imagine, visualize, picture

0412 ✹✹✧ ☐☐

invaluable
[invæljuəbl]

🅰 더없이 소중한
- Your advice has been **invaluable** to us.
- Music, sports, hobbies, and crafts are **invaluable** for a child's mental development. `EBS 지문 변형`
  - ➕ **Plus** = valuable, priceless, precious
    - ↔ valueless, worthless 🅰 가치 없는, 쓸모없는

0413 ✹✹✧ ☐☐

loyalty
[lɔ́iəlti]

🅝 충성, 성실
- proclaim one's **loyalty** `EBS 지문 변형`
- The counselor was impressed by Mr. Milan's **loyalty** and devotion to his family.

0414 ✹✹✹ ☐☐

tempt
[tempt]

🆅 1. 유혹하다, 부추기다 2. 유도하다, 설득하다
- The snacks sold by street vendors were **tempting** to children.
- The new program is designed to **tempt** young people into studying engineering.
  - ➕ **Plus** = allure
    - temptation 🅝 유혹

0415 ✹✹✹ ☐☐

concerned
[kənsə́:rnd]

🅰 1. 우려하는, 걱정하는 2. 관심이 있는
- be **concerned** with outward appearances `EBS 지문 변형`
- Experts are **concerned** about the side effects of the new drug.
  - ➕ **Plus** concern 🅝 걱정 🆅 걱정스럽게 만들다
    - be concerned about ~에 대해 우려하다

예문 해석

0411 새로운 가능성을 구상하고 새로운 패러다임을 고안하다 / 나는 내 우울증 환자들에게 마음속에 무엇을 그리는지 물었다. 0412 당신의 조언은 우리에게 매우 소중합니다. / 음악, 스포츠, 취미, 공예가 아이의 정신 발달에 매우 중요하다. 0413 충성을 선언하다 / 그 상담자는 가족에 대한 Milan 씨의 충실함과 헌신에 감명을 받았다. 0414 노점상들이 파는 군것질거리들이 아이들을 유혹하고 있었다. / 그 새로운 프로그램은 젊은이들이 엔지니어링을 연구하도록 유도하기 위해 고안되었다. 0415 외적인 외모에 관심이 있다 / 전문가들은 그 신약의 부작용에 대해 걱정한다.

0416 ★★☆ ☐☐

skeptical
[sképtikəl]

ⓐ 회의적인, 의심이 많은
- Others are **skeptical** about wireless advertising's future. EBS 지문 변형
- Children of this age can be very **skeptical** about commercials. EBS 지문 변형

0417 ★★★ ☐☐

aggressive
[əgrésiv]

ⓐ 공격적인, 대단히 적극적인
- exhibit **aggressive** behavior EBS 지문 변형
- Risking changes takes courage even for an **aggressive** person. EBS 지문 변형

0418 ★★☆ ☐☐

surge
[sə:rdʒ]

ⓝ 치솟음, 급상승, 격동 ⓥ 밀려오다, 격동하다, 급등하다
- He feels a **surge** of pride and satisfaction. EBS 지문 변형
- The crowd **surged** forward, driven by desperation and fear.

0419 ★★★ ☐☐

superstitious
[sù:pərstíʃəs]

ⓐ 미신을 믿는
- I'm **superstitious** about the number 13.
- Some people are **superstitious** about spilling salt on the table. EBS 지문 변형

0420 ★★☆ ☐☐

commitment
[kəmítmənt]

ⓝ 전념, 헌신, 헌신적 노력
- Early churches in America were well known for their **commitment** to the education of orphans.
  ➕ Plus = dedication, devotion

0421 ★☆☆ ☐☐

introspective
[ìntrəspéktiv]

ⓐ 자기 성찰적인, 내성적인
- a shy and **introspective** person
- **Introspective** people have a tendency of thinking too much.
  ➕ Plus introspect ⓥ 자기반성하다

예문 해석

0416 다른 사람들은 무선 통신 광고의 미래에 대해 회의적이다. / 이 나이대의 아이들은 광고 방송에 대해 매우 의심이 많을 수 있다. 0417 공격적인 행동을 보이다 / 변화의 위험을 무릅쓰는 것은 매우 적극적인 사람에게도 용기가 필요한 일이다. 0418 그는 자긍심과 만족감이 치솟는 것을 느낀다. / 절망과 공포에 몰린 군중이 앞으로 밀려들었다. 0419 나는 숫자 13에 대한 미신을 믿는다. / 어떤 사람들은 식탁에 소금을 쏟는 것에 대한 미신을 믿는다. 0420 미국의 초창기 교회들은 고아 교육에 대한 헌신으로 잘 알려져 있었다. 0421 수줍어하고 내성적인 사람 / 자기 성찰적인 사람들은 생각을 너무 많이 하는 경향이 있다.

Emotion Psychology

| 과시하는 | intended to attract attention, often by showing money or power | ostentatious |
| 조심성 있는 | giving careful attention to what is happening | vigilant |

0422 ★★☆ ☐☐

unconsciousness
[ʌnkánʃəsnis]

n 무의식, 의식 불명

- effective ways of controlling our **unconsciousness** EBS 지문 변형
- Reduced blood flow to your brain causes **unconsciousness**.
  ➕ **Plus** unconscious **a** 무의식적인
  subconsciousness **n** 잠재의식

0423 ★★☆ ☐☐

straightforward
[strèitfɔ́:rwərd]

a 1. 간단한, 쉬운 2. 직선적인, 솔직한

- He is way too **straightforward**.
- The answer to this question seems **straightforward**. EBS 지문 변형
  ➕ **Plus** 1. = simple, uncomplicated

0424 ★★☆ ☐☐

outlet
[áutlet, -lit]

n 1. (감정 등의) 발산 수단, 배출구 2. 직판점

- Writing songs became the perfect **outlet** for my emotions.
- You can redeem a free coffee from any of the **outlets**. EBS 지문 변형
  ➕ **Plus** ↔ inlet **n** 주입구

0425 ★★☆ ☐☐

therapeutic
[θèrəpjúːtik]

a 치료가 되는, 치료 효과가 있는

- music's **therapeutic** and mood-changing properties EBS 지문 변형
- Water is one of the most effective **therapeutic** mediums of all playroom materials. EBS 지문 변형
  ➕ **Plus** therapy **n** 치료, 치유

0426 ★★★ ☐☐

extrinsic
[ikstrínsik]

a 외적인[외부의], 비본질적인

- **extrinsic** value
- Individuals high in **extrinsic** values also act in greedier and more ecologically destructive ways. EBS 지문 변형
  ➕ **Plus** ↔ intrinsic **a** 본질적인, 고유한

예문 해석

0422 우리의 무의식을 통제하는 효과적인 방법들 / 뇌에 혈류량이 줄어들면 의식 불명을 일으킨다. 0423 그는 지나치게 직선적이다. / 이 질문에 대한 대답은 간단한 것처럼 보인다. 0424 노래를 작곡하는 것은 내 감정을 배출할 완벽한 수단이 되었다. / 여러분은 어떤 매장에서도 무료 커피로 교환할 수 있습니다. 0425 치료 효과가 있거나 기분 전환이 되는 음악의 속성 / 물은 모든 놀이방 기재들 중에서 가장 효과적인 치료 수단 중의 하나이다. 0426 외적 가치 / 외재적 가치를 높게 두는 개인들은 또한 더 탐욕적이고 더 생태 파괴적으로 행동한다.

0427 ★★☆ ☐☐

destine
[déstin]

v 운명 짓다, 예정하다

- The need **destines** a person to a life filled with anxiety and disappointment. EBS 지문 변형
- I have **destined** the room for another use.
  - **➕ Plus** = doom
    destined **a** ~할 운명의
    destiny **n** 운명, 숙명

0428 ★★☆ ☐☐

inflict
[inflíkt]

v (타격·고통 등을) 입히다, 주다

- **inflict** pain and injury on others EBS 지문 변형
- Herbivores **inflict** great damage on their food plants. EBS 지문 변형
  - **➕ Plus** = bring down
    inflict A on B A를 B에 가하다

0429 ★★★ ☐☐

compulsive
[kəmpʌ́lsiv]

a 강박 관념에 사로잡힌, 강박증의, 상습적인

- repeat the **compulsive** action EBS 지문 변형
- **Compulsive** gambling is a serious condition that can destroy lives.
  - **➕ Plus** compulsion **n** 강박증
    compulsory **a** 강제적인, 의무의

Related Words	정서 심리학	
고집 센	determined not to change one's mind	stubborn
혼란스러운	not clear or effective	muddled
침울한	sad and serious	somber
괴팍한	deliberately doing things that are unreasonable	perverse

0430 ★★★ ☐☐

drive
[draiv]

n 욕구, 충동; 추진력 **v** 몰아붙이다, ~하게 만들다

- a **drive** to excel academically
- Daniel is my partner, and his desk always looks like a hurricane just hit it, which **drives** me crazy. EBS 지문 변형

예문 해석

0427 그 욕구는 한 개인을 불안과 실망으로 가득한 삶으로 운명 짓는다. / 나는 그 방을 다른 용도로 예정해 두었다. 0428 다른 사람들에게 고통과 상해를 입히다 / 초식동물들은 그들의 먹이 식물에 큰 해를 입힌다. 0429 강박적인 행동을 반복하다 / 상습적인 도박은 삶을 파괴할 수 있는 심각한 문제이다. 0430 학문적으로 뛰어나고자 하는 욕구 / Daniel은 내 동료인데, 그의 책상은 항상 허리케인이 방금 강타한 것 같고, 그것은 나를 미치게 만든다.

0431 ★★☆ ☐☐

repress
[riprés]

v 억압하다, 압제하다
- **repress** the creativity and individuality of ordinary people
  EBS 지문 변형
- Religious groups were severely **repressed**.
  + Plus repression **n** 억압, 압제

0432 ★☆☆ ☐☐

elicit
[ilísit]

v 끌어내다, 유도하다
- **elicit** strong reactions EBS 지문 변형
- His sudden joke **elicited** laughs from the audience.
  + Plus = evoke, provoke

0433 ★☆☆ ☐☐

fallacy
[fǽləsi]

n 오류, 잘못된 생각
- children's **fallacy** of the construction of reality of their own
  EBS 지문 변형
- It is a common **fallacy** that women are worse drivers than men.
  + Plus = misconception

0434 ★☆☆ ☐☐

initiation
[iniʃiéiʃən]

n 시작, 개시; 가입, 입회
- We need an automatic **initiation** of the behaviour. EBS 지문 변형
- They invited me to take part in an **initiation** ceremony.
  + Plus initiate **v** 시작하다, 착수하다
  initiative **a** 처음의, 솔선하는 **n** 개시; 진취성, 솔선

0435 ★★★ ☐☐

consistency
[kənsístənsi]

n 일관성, 한결같음
- **consistency** in the development of a theory
- Personality is an individual difference that lends **consistency** to a person's behavior. EBS 지문 변형
  + Plus ↔ inconsistency **n** 불일치, 모순

예문 해석

0431 보통 사람들의 창의력과 개성을 억압하다 / 종교 집단들은 심각하게 억압당했다. 0432 강한 반응들을 끌어내다 / 그가 갑자기 꺼낸 농담은 관중의 웃음을 이끌어 냈다. 0433 자기 자신의 현실 구축에 관한 아이들의 오류 / 여성이 남성보다 운전을 못한다는 주장은 흔히 볼 수 있는 잘못된 생각이다. 0434 우리는 행동의 자동적인 시작이 필요하다. / 그들은 나를 입회식에 참석하도록 초청했다. 0435 이론 전개 방식의 일관성 / 성격은 한 사람의 행동에 일관성을 부여하는 개인차이다.

0436 ★★☆ ☐☐

presumably
[prizú:məbli]

ad 아마도, 짐작컨대

- We **presumably** play many games because they are exciting. EBS 지문 변형
- **Presumably** moral considerations would forbid such an experiment. EBS 지문 변형

0437 ★★★ ☐☐

induce
[indʒú:s]

v 권유하다; 유도하다

- The researchers found that the drug **induces** hallucinations.
  - **+ Plus** = cause, bring on
    - inductive **a** 유도하는, 귀납의

Related Words	정서 심리학		
마음이 맞는	pleasant in a way that makes you feel comfortable and relaxed	congenial
열렬한	believing or feeling something very strongly and sincerely	fervent
은근히 암시하다	to say something unpleasant in an indirect way	insinuate

0438 ★★☆ ☐☐

compelling
[kəmpéliŋ]

a 강렬한, 설득력 있는

- He made a **compelling** argument.
- We have to withhold a belief in something until **compelling** evidence appears. EBS 지문 변형
  - **+ Plus** = driving
    - compel **v** 강요하다, 강제하다

0439 ★★☆ ☐☐

vigor
[víɡər]

n 활기, 정력

- diminish in size and **vigor** EBS 지문 변형
- His body lacks the bounce and **vigor** of a normal two-year-old.
  - **+ Plus** vigorous **a** 활발한, 활기찬

0440 ★★★ ☐☐

in vain

헛되이

- They tried **in vain** to persuade her to go.
- He waited and waited **in vain**. EBS 지문 변형
  - **+ Plus** vain **a** 헛된, 무익한

예문 해석

0436 우리는 아마도 흥미진진하기 때문에 많은 게임을 한다. / 아마도 도덕적 고려는 그러한 실험을 금지할 것이다. **0437** 연구원들은 그 약물이 환각을 유도한다는 것을 발견했다. **0438** 그는 설득력 있는 주장을 했다. / 우리는 설득력 있는 증거가 나타날 때까지 무언가에 대한 신념을 주지 않아야 한다. **0439** 크기와 활력이 줄어들다 / 그의 신체는 평범한 2살짜리의 탄력과 활기가 부족하다. **0440** 그들은 그녀가 가도록 설득하려고 했으나 헛수고였다. / 그는 기다리고 기다렸지만 소용이 없었다.

Review Test

A 다음 단어에 해당하는 우리말을 쓰시오.

01 vulnerable　_____

02 urge　_____

03 inflict　_____

04 aggressive　_____

05 intuition　_____

06 compulsive　_____

07 compassion　_____

08 presumably　_____

09 therapeutic　_____

10 in vain　_____

B 다음에 해당하는 영어 단어/숙어를 쓰시오.

01 ~하게 만들다　_____

02 외적인　_____

03 분노; 몹시 화를 내다　_____

04 억압하다　_____

05 걱정하는　_____

06 회상하다　_____

07 외로운　_____

08 간단한; 직접적인　_____

09 전념, 헌신　_____

10 이성적인　_____

C 다음 괄호 안에서 문맥에 적절한 것을 고르시오.

01 The art program has been totally updated for [conference/consistency] and accuracy.

02 George is naturally [introspective/outgoing] and enjoys being alone.

03 Everyone else was convinced, but she remained [definite/skeptical].

04 They hoped their work would [induce/insulate] social change which can improve many people's lives.

05 Despite a recent [decline/surge] in popularity, the auction rooms have not been profitable.

D 다음 문장에서 주어진 우리말에 해당하는 영어 단어에 밑줄 치시오.

01 의식 불명　Dehydration will lead to seizures, unconsciousness, and brain damage.

02 구상하다　For the future they envision a performing arts center with a library and video archive.

03 분출구　We must help our patients to find an outlet for their repressed desires.

04 인정하다　The unique style of Henry Rousseau's work has been recognized worldwide.

05 더없이 소중한　To calm yourself down is a necessary and invaluable skill.

| DAY |

Education

교육

📖 Previous Check

☐ nurture	☐ portray	☐ dominate
☐ mentor	☐ diversity	☐ endow
☐ reform	☐ suppress	☐ academic
☐ range	☐ gauge	☐ be bound to
☐ reference	☐ withhold	☐ affection
☐ assign	☐ norm	☐ integral
☐ curriculum	☐ undergraduate	☐ observation
☐ capacity	☐ complementary	☐ coherent
☐ reward	☐ adolescent	☐ deliberately
☐ instruction	☐ intensive	☐ rigorous
☐ strive	☐ potential	☐ at the expense of
☐ persuasive	☐ rear	☐ indispensable
☐ prestigious	☐ well-rounded	
☐ explore	☐ remedial	

0441 ★★★ ☐☐ --

nurture
[nə́:rtʃər]

n 양육, 교육 v 양육하다, 육성하다

- nature and **nurture**
- It is a time for teenagers to begin discovering and **nurturing** their talents. EBS 지문 변형

➕ Plus v = bring up, foster

0442 ★★☆ ☐☐ --

mentor
[ménto:r]

n 멘토, 좋은 조언자

- Good **mentors** have a decisive effect on the student's career success. EBS 지문 변형
- Get a **mentor** in your new role that can help you to focus on results. EBS 지문 변형

➕ Plus mentee n 멘티(멘토의 지도를 받는 사람)

0443 ★★★ ☐☐ --

reform
[rifɔ́:rm]

n 개혁, 개정 v 개혁하다, 개량하다

- School **reform** has been driven by an agenda. EBS 지문 변형
- He emphasized the necessity to **reform** the social security system.

➕ Plus reformer n 개혁가, 개량가
reformation n 개혁, 개정; 개심

0444 ★★★ ☐☐ --

range
[reindʒ]

n 다양성, 범위, 구역 v 다양하다, (범위가 ~에서 …에) 이르다

- Quotations fairly depict the **range** of viewpoints on the subject. EBS 지문 변형
- The behaviors **range** from working harder to conforming to group perceptions. EBS 지문 변형

➕ Plus n = scope, scale
in the range of ~의 범위 안에

예문 해석

0441 천성과 교육 / 십대들이 그들의 재능을 발견하고 양성하기 시작할 시간이다. 0442 좋은 멘토들은 학생의 직업적 성공에 결정적인 영향을 미친다. / 너의 새 역할에 있어서 네가 결과에 집중하도록 도와줄 수 있는 멘토를 구하라. 0443 학교 개혁은 한 안건에 의해 추진되어 왔다. / 그는 사회 안전제도를 개혁할 필요성을 강조했다. 0444 인용문은 그 주제에 관한 다양한 관점을 공정하게 묘사한다. / 그 행동들은 더 열심히 일하는 것에서부터 집단 인식에 순응하는 것까지 다양하다.

0445 ★★★ ☐☐

reference
[réfərəns]

n 1. 참조, 참고 2. 언급 3. 추천서
- Make a line on the tape for a **reference** mark. **EBS** 지문 변형
- She noticed the mistake in the website address provided as a **reference** for the readers. **EBS** 지문 변형

➕ **Plus** refer **v** 지시하다, 참고하다, 언급하다
with reference to ～에 관하여

0446 ★★★ ☐☐

assign
[əsáin]

v 1. 할당하다, 부과하다 2. 임명하다 3. 지정하다
- **assign** a five-page essay on a subject **EBS** 지문 변형
- In one study, students were **assigned** to one of three groups. **EBS** 지문 변형

➕ **Plus** assignment **n** 할당; 숙제

0447 ★★☆ ☐☐

curriculum
[kəríkjuləm]

n 교육과정, 커리큘럼
- how to integrate technology into the classroom **curriculum** successfully **EBS** 지문 변형
- In the past, the music **curriculum** was implemented by classically trained music teachers. **EBS** 지문 변형

0448 ★★★ ☐☐

capacity
[kəpǽsəti]

n 1. 용량, 수용력 2. 능력, 재능
- What is the maximum seating **capacity** of the stadium?
- Redundancy is a positive and necessary feature of the communication **capacity** of language. **EBS** 지문 변형

➕ **Plus** capable **a** ～을 할 수 있는, 유능한

0449 ★★★ ☐☐

reward
[riwɔ́ːrd]

n 보상, 보답 **v** 보상하다, 보답하다
- A **reward** is a psychological process that reinforces behavior. **EBS** 지문 변형
- Individuals or teams will be **rewarded** for doing better than others. **EBS** 지문 변형

➕ **Plus** in reward for[of] ～의 상으로서, ～에 보답하여

◆ 예문 해석 ◆

0445 참조 표시를 위해 테이프에 선을 그어라. / 그녀는 독자들을 위한 참고 사항으로 제공된 웹사이트 주소에 있는 실수를 알아차렸다. 0446 주제에 관한 5페이지 분량의 에세이를 과제로 내 주다 / 한 연구에서, 학생들은 세 그룹 중 하나에 지정되었다. 0447 기술을 교실 교육과정에 성공적으로 통합하는 방법 / 과거에 음악 교육과정은 전통적인 방식으로 훈련된 음악 교사에 의해 이루어졌다. 0448 이 경기장의 최대 좌석 수용 능력은 얼마입니까? / 중복은 언어의 의사소통 능력의 긍정적이고 필요한 특징이다. 0449 보상이란 행동을 강화시키는 심리적 과정이다. / 개인이든 팀이든 다른 사람들보다 더 잘한 일에 대해 보상을 받을 것이다.

0450 ★★★ ☐☐

instruction
[instrʌ́kʃən]

🄝 1. 설명; 지시 2. 가르침, 지도

• follow procedural **instructions** EBS 지문 변형
• The main problem is your **instructions**, which are incomplete and vague. EBS 지문 변형
  ➕ Plus instructive 🄰 유익한, 교육적인

0451 ★★☆ ☐☐

strive
[straiv]

🅅 노력하다, 힘쓰다

• **strive** for success
• Everyone must **strive** to overcome prejudice and bias of some sort. EBS 지문 변형
  ➕ Plus strife 🄝 갈등, 불화

0452 ★★★ ☐☐

persuasive
[pərswéisiv]

🄰 설득력 있는

• Information that is exclusive is viewed as both more valuable and more **persuasive**. EBS 지문 변형
• Much of advertising is only **persuasive** rather than informative. EBS 지문 변형
  ➕ Plus persuade 🅅 설득하다

0453 ★★☆ ☐☐

prestigious
[prestídʒəs]

🄰 1. 일류의, 고급의 2. 명망 있는

• Shakespeare studied Latin, the language of the most **prestigious** during Elizabethan times. EBS 지문 변형
  ➕ Plus prestige 🄝 위신, 명망

0454 ★★★ ☐☐

explore
[iksplɔ́:r]

🅅 탐구하다; 탐험하다

• Infants actively use their senses to **explore** their environment. EBS 지문 변형
• Parents need to allow the child to risk venturing out to **explore** the world. EBS 지문 변형
  ➕ Plus exploration 🄝 탐사, 탐구

예문 해석

0450 절차상의 지시를 따르다 / 가장 큰 문제는 불완전하고 모호한 당신의 가르침이다. 0451 성공을 위해 노력하다 / 모든 사람은 어느 정도의 선입견과 편견을 극복하기 위해 노력해야 한다. 0452 독점적인 정보는 더 귀중하고 설득력이 있는 것으로 여겨진다. / 많은 광고가 정보를 주기보다는 단지 설득적이다. 0453 Shakespeare는 엘리자베스 시대에 가장 고급 언어였던 라틴어를 공부했다. 0454 유아들은 자신이 접한 환경을 탐구하는 데 그들의 감각을 활발하게 사용한다. / 부모는 자녀가 세계를 탐험하기 위해 위험을 감수하도록 내버려 두는 것이 필요하다.

0455 ★★★ ☐☐

portray
[pɔːrtréi]

n 묘사하다, 그리다, 나타내다
- These stories **portray** the child in a positive light. `EBS 지문 변형`
- Sometimes cartoons **portray** scientists as loners in white lab coats. `EBS 지문 변형`
  - **➕ Plus** portrait **n** 초상(화)
    portrayal **n** 그리기, 묘사; 초상(화)

0456 ★★★ ☐☐

diversity
[divə́ːrsəti]

n 다양성
- Students experience more racial and ethnic **diversity** at school. `EBS 지문 변형`
- Teachers who respond effectively to the cultural **diversity** in their classrooms accept and value differences. `EBS 지문 변형`
  - **➕ Plus** diverse **a** 다양한

0457 ★★☆ ☐☐

suppress
[səprés]

v 1. 억누르다, 억제하다 2. 금지하다, 숨기다
- The only aim of punishment is to **suppress** unwanted behavior. `EBS 지문 변형`
- The government **suppressed** a political movement.
  - **➕ Plus** suppressive **a** 진압하는, 억누르는

0458 ★★☆ ☐☐

gauge
[geidʒ]

v 판단하다, 측정하다 **n** (판단·평가 등의) 기준
- **gauge** the linguistic capacity of a student
- Today's match against Arsenal is going to be a good **gauge** of their chances of a promotion.

0459 ★★★ ☐☐

withhold
[wiðhóuld]

v 1. 억누르다, 억제하다 2. 보류하다
- **Withholding** thoughts and feelings is a common approach for you. `EBS 지문 변형`
- By **withholding** the reward, the teacher can eliminate the chronic tardiness. `EBS 지문 변형`
  - **➕ Plus** = hold back, keep back

예문 해석

0455 이런 이야기들은 그 아이를 긍정적인 관점으로 묘사한다. / 때때로 만화는 과학자를 흰색 실험실 가운을 입고 있는 외톨이로 그린다. 0456 학생들은 학교에서 더 많은 인종과 민족의 다양성을 경험한다. / 교실에서 문화적 다양성에 효과적으로 반응하는 교사들은 차이를 받아들이고 소중히 여긴다. 0457 처벌의 유일한 목적은 원치 않는 행동을 억제하기 위함이다. / 정부는 정치적 행동을 금지했다. 0458 학생의 언어 능력을 평가하다 / 아스날과 있는 오늘의 경기는 그들의 승격 가능성에 대한 좋은 기준이 될 것이다. 0459 생각과 감정을 억제하는 것이 여러분을 위한 보통의 해결법이다. / 보상을 주지 않음으로써 교사들은 습관적인 지각을 없앨 수 있다.

0460 ✱✱✱ ☐☐

norm
[nɔ:rm]

ⓝ 1. 표준, 기준 2. 규범

- Laws are often just **norms** that have been codified. `EBS 지문 변형`
- Peer groups have their own set of **norms** and customs. `EBS 지문 변형`

0461 ✱✱☆ ☐☐

undergraduate
[ʌndərgrǽdʒuət]

ⓝ 대학생 **ⓐ** 학부의, 대학생의

- The **undergraduates** jumped right into problem-solving, which often got them in trouble. `EBS 지문 변형`
- I majored in music at **undergraduate** levels.

　➕ **Plus** graduate **ⓝ** 대학 졸업자 **ⓥ** 졸업하다

Related Words	교육	
박사학위	the highest degree awarded by a graduate school or other approved educational organization	doctorate
학위논문	a long piece of writing on a particular subject that you do as part of a university degree	dissertation
졸업장	a document certifying the successful completion of a course of study	diploma

0462 ✱✱✱ ☐☐

complementary
[kàmpləméntəri]

ⓐ 상호 보완적인, 보충하는

- **complementary** relationships
- The computer and the human mind have different but **complementary** abilities. `EBS 지문 변형`

　➕ **Plus** ↔ incompatible **ⓐ** 양립할 수 없는

0463 ✱✱✱ ☐☐

adolescent
[ædəlésnt]

ⓐ 청소년기의 **ⓝ** 청소년

- **adolescent** mental health `EBS 지문 변형`
- How they look is very important to **adolescents**.

　➕ **Plus** adolescence **ⓝ** 청소년기

0464 ✱✱✱ ☐☐

intensive
[inténsiv]

ⓐ 집중적인; 철두철미한; 집약적인

- It is possible to force skills by **intensive** instruction. `EBS 지문 변형`
- **Intensive** farming in the area is dependent on irrigation.

　➕ **Plus** intense **ⓐ** 극심한, 강렬한, 열정적인

예문 해석

0460 법은 흔히 성문화된 규범일 뿐이다. / 또래 집단은 그들만의 규범과 관습을 가지고 있다. 0461 대학생들은 문제 풀이에 바로 뛰어들었는데, 이것이 자주 그들을 곤란에 처하게 했다. / 나는 학부 과정에서 음악을 전공했다. 0462 상호 보완적 관계 / 컴퓨터와 인간의 마음은 다르지만 상호 보완적인 능력을 가지고 있다. 0463 청소년의 정신 건강 / 어떻게 보이느냐는 것은 청소년들에게 매우 중요하다. 0464 집중 교육으로 기량을 억지로 끄집어내는 것이 가능하다. / 그 지역의 집약적 농업은 관개에 의존한다.

0465 ★★★ ☐☐

potential
[pəténʃəl]

ⁿ 가능성, 잠재력 ª 잠재적인
- the promotion system based on **potential** EBS 지문 변형
- It relates to the **potential** effects of new environments.
EBS 지문 변형

➕ **Plus** potentiality ⁿ 잠재력

0466 ★★☆ ☐☐

rear
[riər]

ⁿ 뒤, 뒷부분 ª 뒷부분의 ᵛ 기르다, 양육하다
- a **rear**-view mirror EBS 지문 변형
- It's a good place to **rear** young children.

0467 ★★☆ ☐☐

well-rounded
[wélráundid]

ª 1. 균형이 잡힌 2. 다재다능한, 다방면에 걸친
- a **well-rounded** curriculum
- Rural teachers are less equipped to offer their students a **well-rounded** education. EBS 지문 변형

0468 ★★☆ ☐☐

remedial
[rimí:diəl]

ª 1. 치료하는 2. 교정하는, 개선적인 3. 보충하는
- undergo **remedial** surgery
- Our tutorial sessions include **remedial**, intermediate, and advanced education for all grade levels. EBS 지문 변형
➕ **Plus** remedy ⁿ 해결책, 치료(약)

0469 ★★★ ☐☐

dominate
[dámənèit]

ᵛ 지배하다, 주도하다; 우세하다, 우위를 점하다
- At times our feelings can capture our thinking and **dominate** it. EBS 지문 변형
- When the interaction is weak, rules tend to **dominate**.
EBS 지문 변형

➕ **Plus** dominance ⁿ 우월, 지배

0470 ★★☆ ☐☐

endow
[indáu]

ᵛ 1. 기부하다 2. ~에게 부여하다
- **endow** a scholarship
- Vision is a naturally **endowed** sense. EBS 지문 변형
➕ **Plus** endowment ⁿ 기부; 자질, 재능

예문 해석

0465 잠재력에 바탕을 둔 승진 제도 / 그것은 새로운 환경의 잠재적 영향과 관련이 있다. 0466 (자동차의) 백미러 / 이곳은 어린아이들을 기르기에 좋은 장소이다. 0467 균형 잡힌 교육과정 / 시골 지역의 선생님들은 학생들에게 다양한 교육을 제공하기에 장비가 부족하다. 0468 치료를 위한 수술을 받다 / 우리의 개별 지도 시간은 모든 레벨에 대한 보충 교육, 중급 교육, 상급 교육을 포함한다. 0469 때때로 우리의 감정은 우리의 사고를 사로잡아 지배할 수 있다. / 상호 작용이 약할 때, 규칙이 우세한 경향이 있다. 0470 장학금을 기부하다 / 시력은 선천적으로 부여된 감각이다.

0471 ★★★ □□

academic
[ækədémik]

ⓐ 학문의, 학교의, 학구적인
- the start of the new **academic** year
- Cultural differences affect research and **academic** communication. EBS 지문 변형

➕ **Plus** academy ⓝ 학원, 전문 학교; 학회

0472 ★★★ □□

be bound to

반드시 ~하다, ~하려고 마음먹다
- Unfortunately, many children in poor countries **are bound to** perform poorly in school. EBS 지문 변형

➕ **Plus** bound ⓐ ~할 것 같은

0473 ★★★ □□

affection
[əfékʃən]

ⓝ 애정, 보살핌
- Wisdom reflects this educative experience and practice informed by basic care and **affection**. EBS 지문 변형
- We learn that **affection** and physical warmth are not the same thing. EBS 지문 변형

➕ **Plus** affect ⓥ 영향을 미치다
affective ⓐ 정서적인
affectionate ⓐ 다정한, 애정 어린

0474 ★★★ □□

integral
[íntigrəl]

ⓐ 1. 필수의 2. 완전한, 통합된
- Radios also became an **integral** feature of the car. EBS 지문 변형
- Math is an **integral** part of the school's curriculum.

➕ **Plus** integrality ⓝ 완전성, 불가결성
integrally ⓐⓓ 없어서는 안 되게, 완전하게

0475 ★★★ □□

observation
[àbzərvéiʃən]

ⓝ 관찰, 감시; 의견
- Children can practice their **observation** and memorization skills with this puzzle.
- This belief was reinforced by the early **observation**. EBS 지문 변형

➕ **Plus** observe ⓥ 보다, 관찰하다
observational ⓐ 관찰의, 감시의

예문 해석

0471 새 학년의 시작 / 문화적 차이는 연구와 학문적 의사소통에 영향을 미친다. 0472 불행히도, 가난한 나라에 사는 많은 아이들은 반드시 학교에서도 학업을 잘 수행하지 못한다. 0473 지혜는 기본적인 관심과 애정의 영향을 받는 이런 교육적인 경험과 연습을 반영한다. / 우리는 보살핌과 신체적인 따뜻함이 같은 것이 아니라는 것을 알게 된다. 0474 라디오 또한 자동차의 필수 기능이 되었다. / 수학은 학교 교과 과정의 필수 요소이다. 0475 이 퍼즐을 통해 아이들은 관찰력과 암기력을 훈련시킬 수 있다. / 이 믿음은 관찰 초기에 강화되었다.

0476 ★★☆ □□ --------------------------------

coherent
[kouhíərənt]

ⓐ 일관성 있는, 논리 정연한

• a **coherent** plan for success
• The teacher advised you to reorganize your essay to make it more **coherent** and effective. EBS 지문 변형

➕ **Plus** ↔ incoherent ⓐ 비논리적인, 일관성이 없는

0477 ★★★ □□ --------------------------------

deliberately
[dilíbərətli]

ⓐⓓ 1. 의도적으로 2. 신중하게

• I became more conscious of my own nonverbal cues and **deliberately** smiled at him. EBS 지문 변형

➕ **Plus** = intentionally, on purpose
deliberate ⓐ 고의의, 의도적인

0478 ★★☆ □□ --------------------------------

rigorous
[rígərəs]

ⓐ 엄격한, 철저한; 혹독한

• a **rigorous** rule
• Although admission was made easier, the program became more **rigorous**. EBS 지문 변형

➕ **Plus** rigor ⓝ 엄함, 엄격함
rigorously ⓐⓓ 엄격히; 엄밀하게

0479 ★★☆ □□ --------------------------------

at the expense of

~을 희생하면서

• Team sports dominate the curriculum **at the expense of** various individual sports. EBS 지문 변형
• In maps, major characteristics are emphasized **at the expense of** the details. EBS 지문 변형

0480 ★★★ □□ --------------------------------

indispensable
[ìndispénsəbl]

ⓐ 없어서는 안 되는, 필수적인

• an **indispensable** obligation
• Light, water and air are **indispensable** to plants. EBS 지문 변형

➕ **Plus** ↔ dispensable ⓐ 없어도 되는, 불필요한

예문 해석

0476 성공을 위한 일관성 있는 계획 / 선생님은 당신에게 에세이가 좀 더 논리 정연하고 효과적이 되도록 고쳐 보라고 조언해 주었다. 0477 나는 나의 비언어적 신호를 더 의식하게 됐고 의도적으로 그에게 미소를 보였다. 0478 엄격한 규정 / 비록 입학은 더 쉬워졌지만 프로그램은 더 혹독해졌다. 0479 팀 스포츠가 다양한 개인 스포츠를 희생시키며 교육 과정을 지배하고 있다. / 지도에서 세부 사항을 희생하여 주된 특징이 강조된다. 0480 필수적인 의무 / 빛, 물, 그리고 공기는 식물에게 필수적이다.

Review Test

A 다음 단어에 해당하는 우리말을 쓰시오.

01 withhold _____

02 gauge _____

03 undergraduate _____

04 assign _____

05 rigorous _____

06 dominate _____

07 complementary _____

08 academic _____

09 range _____

10 potential _____

B 다음에 해당하는 영어 단어/숙어를 쓰시오.

01 좋은 조언자 _____

02 참조, 참고 _____

03 치료하는; 교정하는 _____

04 청소년기의; 청소년 _____

05 균형이 잡힌 _____

06 교육과정 _____

07 표준, 규범 _____

08 뒤; 기르다 _____

09 ~을 희생하면서 _____

10 일류의; 명망 있는 _____

C 다음 괄호 안에서 문맥에 적절한 것을 고르시오.

01 You are [endowed/ordained] with wealth, good health, and a lively intellect.

02 Parents want to know the best way to [nature/nurture] and raise their child.

03 In most cases it is done out of ignorance, not [accidentally/deliberately].

04 She developed a deep [affection/affiliation] for that country and its people.

05 I would really enjoy the opportunity to work here and hope to [explode/explore] other opportunities within the company in the future.

D 다음 문장에서 주어진 우리말에 해당하는 영어 단어에 밑줄 치시오.

01 노력하다, 힘쓰다   Success motivates people to continuously strive for greater achievements.

02 일관적인   There is little coherent policy on conservation easements and acquisitions.

03 보상   Unlike the demands of teachers concerning scholastic efforts, football brings immediate rewards of recognition and status.

04 다양성   Some studies examined the relationship between the diversity of the school campus and student learning outcomes.

05 능력   Only man has the capacity to consciously alter his behavior, to improve and overcome the weight of routine and habit.

| DAY |

Religion & Philosophy

종교와 철학

Religion & Philosophy

0481 ★★☆☆ ☐☐ ----

deduce
[didjúːs]

v 추론하다, 추정하다, 연역하다

- Computers are very poor at making inferences and **deducing** relationships. EBS 지문 변형
- There's a lot we can **deduce** from analyzing traffic.

➕ **Plus** = infer
deduction **n** 연역(법), 추론; 뺌, 차감액
deductive **a** 추리의, 연역적인

0482 ★★★ ☐☐ ----

preacher
[príːtʃər]

n 전도사, 목사, 설교자

- a shy and hopeless **preacher** EBS 지문 변형
- Sometimes our **preachers** wish that we were made like angels. EBS 지문 변형

➕ **Plus** preach **v** 설교하다, 전하다
preachy **a** 설교하려 드는

0483 ★★☆☆ ☐☐ ----

secular
[sékjulər]

a 세속적인, 비종교적인

- the **secular** identity of the state EBS 지문 변형
- Religion has always found a compromise with **secular** authorities.

➕ **Plus** = worldly, earthly
↔ religious **a** 종교적인

0484 ★☆☆☆ ☐☐ ----

altar
[ɔ́ːltər]

n 제단

- The victim was tied to a sacrificial **altar**.
- Michelangelo's *Last Judgment* was painted on the **altar** wall between 1535 and 1541. EBS 지문 변형

Related Words	종교	
축복	a Christian prayer that asks God to protect and help someone	**benediction**
고해성사	an occasion when you tell a priest or God about the bad things that you have done	**confession**
삼위일체	in the Christian religion, the union of Father, Son, and Holy Spirit in one God	**trinity**
전도	religious work that involves going to a foreign country in order to teach people about Christianity	**mission**

예문 해석

0481 컴퓨터는 추론을 하고 관계를 연역하는 데 매우 취약하다. / 우리가 교통을 분석하여 추론할 수 있는 것이 많다. 0482 부끄러움을 많이 타고 형편없는 설교자 / 때때로 우리 목사님들은 우리가 천사처럼 창조되었으면 하고 바란다. 0483 그 국가의 비종교적 정체성 / 종교는 항상 세속적 권위와의 타협점을 찾아 왔다. 0484 제물은 제단에 묶여 있었다. / Michelangelo의 '최후의 심판'은 1535년과 1541년 사이에 제단 벽에 그려졌다.

0485 ★☆☆ ☐☐

profane
[prəféin]

a 1. 신성 모독적인 2. 세속적인 **v** 신성을 더럽히다, 모독하다

- **profane** language
- Do not **profane** the national flag.
  + Plus profanation **n** 신성 모독, 오용

0486 ★☆☆ ☐☐

monastery
[mánəstèri]

n 수도원

- enter a **monastery**
- He lived in a **monastery** for most of his life.

0487 ★★☆ ☐☐

pilgrim
[pílgrim]

n 순례자

- **pilgrims** visiting a holy shrine
- *Canterbury Tales* is a series of stories told by **pilgrims** on their way to Canterbury. EBS 지문 변형

0488 ★★☆ ☐☐

spiritual
[spíritʃuəl]

a 정신적인, 종교적인

- the sources of **spiritual** and temporal power EBS 지문 변형
- His **spiritual** master suggests that he draws a cross on the leg of lamb. EBS 지문 변형
  + Plus spirit **n** 정신, 영혼, 활기

0489 ★★☆ ☐☐

divine
[diváin]

a 신의, 신성한, 성스러운

- Illness was so often attributed to **divine** providence. EBS 지문 변형
- **Divine** nectar served in an earthen plate is dear to all. EBS 지문 변형
  + Plus divinity **n** 신성, 신, 신학

0490 ★★☆ ☐☐

temporal
[témpərəl]

a 1. 현세의, 속세의 2. 시간의

- emphasize **temporal** order EBS 지문 변형
- Edgar ruled over the Church as well as his **temporal** kingdom.
  + Plus temporalize **v** 시간적으로 한정하다, 세속화하다

> **예문 해석**
> 0485 신성 모독적인 언어 / 국기를 모독하지 마라. 0486 수도원에 들어가다 / 그는 삶의 대부분을 수도원에서 살았다. 0487 성지를 방문하는 순례자들 / 〈캔터베리 이야기〉는 캔터베리로 가는 순례자들이 한 이야기 시리즈이다. 0488 종교적 그리고 현세적 권력의 근원 / 그의 정신적 스승은 자신이 어린 양의 다리에 X표를 긋는다고 넌지시 말한다. 0489 질병을 신의 섭리 탓으로 돌리는 일이 매우 흔했다. / 흙으로 만든 접시에 담긴 신성한 과즙은 모두에게 귀하다. 0490 시간적 순서를 강조하다 / Edgar는 속세의 왕국뿐 아니라 교회도 다스렸다.

Religion & Philosophy

0491 ★★★ ☐☐

sacred
[séikrid]

ⓐ 신성한, 종교적인

- The lady of the house performs the **sacred** ritual of lighting two candles. EBS 지문 변형
  ➕ **Plus** sacredly ⓐⅾ 신성하게, 종교적으로

0492 ★★★ ☐☐

profound
[prəfáund]

ⓐ 깊은, 심오한

- bring about **profound** psychological changes
- While rehearsing shortly afterward, a **profound** thought struck him. EBS 지문 변형
  ➕ **Plus** profoundly ⓐⅾ 깊이, 완전히

0493 ★★☆ ☐☐

prophet
[práfit]

ⓝ 예언자, 선지자

- Futurists are not **prophets**. EBS 지문 변형
- A **prophet** is a person who is believed to be chosen by God.
  ➕ **Plus** prophecy ⓝ 예언

0494 ★★★ ☐☐

persecution
[pə̀ːrsikjúːʃən]

ⓝ (종교적) 박해, 학대

- He endured the active **persecution** of the American witch hunt for suspected communists. EBS 지문 변형
  ➕ **Plus** persecute ⓥ 박해하다, 못살게 굴다

0495 ★★★ ☐☐

oppressive
[əprésiv]

ⓐ 1. 억압하는 2. 답답한

- people stuck in an **oppressive** workplace, an **oppressive** relationship, or an **oppressive** country EBS 지문 변형
- Freedom exists in the absence of **oppressive** laws.
  ➕ **Plus** 1. = repressive, tyrannical, dictatorial
  oppression ⓝ 압박감, 억압
  oppress ⓥ 억압하다, 압박감을 주다

예문 해석

0491 그 집의 안주인은 두 개의 촛불을 켜는 종교적 의식을 행한다. 0492 큰 심리적 변화를 초래하다 / 그 직후 리허설을 하는 도중 그에게 갑자기 심오한 생각이 떠올랐다. 0493 미래학자는 예언자가 아니다. / 선지자는 신에 의해 선택받았다고 믿어지는 사람이다. 0494 그는 공산주의자라는 의심을 받아 미국에서 마녀 사냥과 같은 대대적인 박해를 견뎌 냈다. 0495 억압적인 직장, 억압적인 관계, 혹은 억압적인 국가에 갇혀 있는 사람들 / 자유는 억압적인 법이 없을 때 존재한다.

0496 ★★☆ □□

self-interest
[sélfíntərəst]

n 이기심, 이기주의, 사리사욕

- His offer was motivated solely by **self-interest**.
- The shopkeeper acts only for the sake of **self-interest**. EBS 지문 변형

➕ **Plus** ↔ altruism n 이타심

0497 ★★☆ □□

vicious
[víʃəs]

a 잔인한, 악덕의, 악의적인

- the **vicious** cycle
- Someone is spreading a **vicious** rumor about me.
➕ **Plus** vice n 악덕, 부도덕
viciously ad 사악하게, 맹렬하게, 몹쓸 정도로

0498 ★☆☆ □□

demoralize
[dimɔ́:rəlàiz]

v 사기를 꺾다, 의기소침하게 만들다

- Don't be terribly **demoralized** even if you make some mistakes along the way. EBS 지문 변형
➕ **Plus** demoralization n 사기 저하; 혼란; 풍속 문란

0499 ★★★ □□

worship
[wɔ́:rʃip]

n 예배, 숭배 v 예배하다, 숭배하다

- the number of houses of **worship**
- The beginning of religion was the **worship** of many natural objects. EBS 지문 변형
- Early humans **worshipped** the animals as gods. EBS 지문 변형

0500 ★★★ □□

analogy
[ənǽlədʒi]

n 1. 유사점 2. 유추

- **analogies** between human and animal behavior
- The use of **analogy** can be a powerful tool in reasoning. EBS 지문 변형

➕ **Plus** analogize v 유추하다
analogical a 유사한; 유추적인

예문 해석

0496 그의 제안은 오로지 사리사욕으로 동기 부여가 되었다. / 가게 주인은 사리사욕을 위해서만 행동한다. 0497 악순환 / 누군가가 나에 대한 악의적인 소문을 퍼뜨리고 있다. 0498 만약 네가 도중에 실수를 한다고 해도 너무 의기소침해지지 마라. 0499 예배당의 수 / 종교의 시작은 여러 자연물에 대한 숭배였다. / 초기 인간들은 그 동물들을 신으로 숭배했다. 0500 인간과 동물 행동 사이의 유사점 / 유추의 사용은 추론에 있어서 강력한 도구가 될 수 있다.

Religion & Philosophy

0501 ★★☆ □□

humanism
[hjú:mənìzm]

n 인문주의, 인본주의

- *Taegeukgi* symbolizes peace, harmony, and **humanism**.
- **Humanism** is opposed to technology that ceases to be a means and becomes an end in itself. EBS 지문 변형

➕ Plus humanities n 인문학

Related Words	종교와 철학	
무신론자	a person who believes that God does not exist	atheist
교의, 교리	a set of beliefs that form an important part of a religion	doctrine
신봉하다	to stick firmly to something	adhere
주입하다	to teach someone to think, behave, or feel in a particular way over a period of time	instill

0502 ★★★ □□

philosopher
[filásəfər]

n 철학자

- Many scientists and **philosophers** led the parade of enlightenment. EBS 지문 변형
- He engaged in many discussions with politicians, poets, craftsmen, and fellow **philosophers**. EBS 지문 변형

➕ Plus philosophy n 철학

0503 ★★☆ □□

proposition
[pràpəzíʃən]

n 1. 제안 2. 명제, 진술

- His **propositions** appear quite reasonable on their faces. EBS 지문 변형
- We should construct our general theories and deduce testable **propositions**. EBS 지문 변형

➕ Plus propositional a 제안의, 명제의

0504 ★★☆ □□

ritual
[rítʃuəl]

n 의식 a 1. 의식의 2. 의례적인

- Mesopotamians believed that they could change their future by performing certain **rituals**. EBS 지문 변형
- Some **ritual** dances often have a time when spectators participate.

예문 해석

0501 '태극기'는 평화, 조화, 그리고 인본주의를 상징한다. / 인문주의는 수단이 되기를 멈추고 그 자체로 목적이 되는 기술을 반대한다. 0502 많은 과학자들과 철학자들이 계몽 행렬을 이끌었다. / 그는 정치가들, 시인들, 기능인들, 그리고 동료 철학자들과 하는 많은 토론에 참여했다. 0503 그의 제안들은 표면상으로 상당히 합리적인 것 같다. / 우리는 일반적인 이론을 구축하고 검증할 수 있는 명제를 추론해야 한다. 0504 메소포타미아인들은 어떤 의식을 수행함으로써 자신들의 미래가 바뀔 수 있다고 믿었다. / 몇몇 의식의 춤은 구경꾼들이 참여할 시간을 자주 가진다.

0505 ✸✸☆ ☐☐ -----

contemplate
[kántəmplèit]

🔲 1. 깊이 생각하다, 숙고하다 2. 응시하다
- Self-awareness is the consciousness that enables us to **contemplate** ourselves. EBS 지문 변형
- She sat on the carpet **contemplating** her image in the mirror.
  ➕ **Plus** contemplation 🔲 사색, 명상, 응시

0506 ✸✸✸ ☐☐ -----

virtue
[vɜ́ːrtʃuː]

🔲 미덕, 덕목; 선; 선행
- the importance of cultivating **virtues** EBS 지문 변형
- It seems hard to imagine a life that is lived well without such **virtues**. EBS 지문 변형
  ➕ **Plus** virtuous 🅰 도덕적인, 고결한

0507 ✸✸✸ ☐☐ -----

solitude
[sálətʲùːd]

🔲 고독
- He was enjoying his **solitude**. EBS 지문 변형
- Some people can live quite happily in **solitude**. EBS 지문 변형
  ➕ **Plus** solitary 🅰 혼자 하는, 홀로 있는

0508 ✸✸☆ ☐☐ -----

empirical
[impírikəl]

🅰 경험적인, 경험주의의
- a return to **empirical** observation EBS 지문 변형
- They collected plenty of **empirical** data from their experiments.
  ➕ **Plus** empiricist 🔲 경험주의자

0509 ✸✸✸ ☐☐ -----

permanent
[pɜ́ːrmənənt]

🅰 영구적인, 영원한, 불변의
- It is possible to establish universal cultural standards that remain **permanent**. EBS 지문 변형
- Although first impressions are very strong, they aren't always **permanent**. EBS 지문 변형
  ➕ **Plus** permanence 🔲 영구성, 영속성, 불변

> **예문 해석**
>
> 0505 성찰적 사고는 우리가 스스로를 깊이 생각할 수 있게 해 주는 의식이다. / 그녀는 카펫 위에 앉아서 거울 속의 자신의 모습을 응시했다. 0506 덕을 쌓는 것의 중요성 / 그러한 덕목 없이 잘 살아가는 삶을 상상하는 것은 어려워 보인다. 0507 그는 고독을 즐기고 있었다. / 어떤 사람들은 고독 속에서 꽤 행복하게 살 수 있다. 0508 경험적 관찰로의 회귀 / 그들은 실험으로부터 많은 경험적 데이터를 모았다. 0509 영구적으로 남아 있는 보편적인 문화적 기준들을 확립하는 것이 가능하다. / 첫인상이 매우 강할지라도 반드시 영원하지는 않다.

Religion & Philosophy

0510 ★★★ ☐☐

temple
[témpl]

n 사원, 신전

- The **temple** functioned as an administrative authority governing commodity production. EBS 지문 변형
- The **temple** was destroyed by the Roman army.

0511 ★★★ ☐☐

conscious
[kánʃəs]

a 1. 의식하는, 자각하는 2. 의식적인, 의도적인

- I became **conscious** of someone watching me. EBS 지문 변형
- Moral education is usually not a **conscious** education goal. EBS 지문 변형

➕ Plus ↔ unconscious a 무의식적인
be conscious of ~을 알고 있다, ~을 자각하다

0512 ★★☆ ☐☐

intelligible
[intélədʒəbl]

a 이해할 수 있는

- the ability to make complex concepts **intelligible** to the average reader
- His lecture was readily **intelligible** to all the students.

➕ Plus = understandable

0513 ★☆☆ ☐☐

unquestionable
[ʌnkwéstʃənəbl]

a 의심할 바 없는, 확실한

- an **unquestionable** piece of evidence
- His influence on modern art is **unquestionable**.

0514 ★★★ ☐☐

contempt
[kəntémpt]

n 경멸, 멸시

- The cannibals deserve the greatest **contempt** from humanitarians!
- Helen might become the object of **contempt** from the other hens. EBS 지문 변형

➕ Plus contemptuous a 경멸하는, 업신여기는

0515 ★★☆ ☐☐

take a stand

입장을 취하다

- **take a** firm **stand**
- We **take a stand** against the use of nuclear weapons.

➕ Plus = take a position

예문 해석

0510 사원은 상품의 생산을 관장하는 관리 당국으로서 기능을 했다. / 그 신전은 로마군에 의해 파괴되었다. 0511 나는 나를 바라보고 있는 누군가를 의식하게 되었다. / 도덕 교육은 보통 의식적인 교육 목표가 아니다. 0512 복잡한 개념을 일반 독자가 이해할 수 있게 만드는 능력 / 그의 강의는 모든 학생들이 손쉽게 이해할 수 있었다. 0513 의심할 여지가 없는 증거 / 현대 미술에 그가 미친 영향은 의심할 여지가 없다. 0514 식인 문화는 인도주의자들로부터 경멸을 가장 많이 받을 만하다. / Helen이 다른 암탉들로부터 멸시의 대상이 될 수도 있다. 0515 단호한 입장을 취하다 / 우리는 핵무기 사용에 반대하는 입장을 취한다.

0516 ★★☆ ☐☐

intrinsically
[intrínsikəli]

ad 본질적으로

- Rational decision making is **intrinsically** beneficial. EBS 지문 변형
- At the same time, the comparison is **intrinsically** unfair to some extent.
  ➕ Plus intrinsic **a** 본질적인

0517 ★★★ ☐☐

intellectual
[ìntəléktʃuəl]

a 지적인, 교육을 많이 받은 **n** 지식인

- **intellectual** property
- Saint Albans was a busy center of economic, political, and **intellectual** life. EBS 지문 변형
  ➕ Plus intellect **n** 지성, 지적 능력
  intellectually **ad** 지적으로

0518 ★★☆ ☐☐

abortion
[əbɔ́ːrʃən]

n 낙태, 임신 중절

- **abortion** laws
- **Abortion** is a highly controversial subject.
  ➕ Plus abort **v** 유산하다, 낙태시키다
  abortive **a** 유산된, 무산된

0519 ★☆☆ ☐☐

doctrine
[dáktrin]

n 교리, 학설, 가르침

- challenge professional **doctrine** EBS 지문 변형
- the **doctrine** of the equality of mankind EBS 지문 변형

0520 ★★★ ☐☐

motivate
[móutəvèit]

v 동기를 부여하다, 원인이 되다

- **motivate** the organization
- Students who believe in their teacher are intrinsically **motivated**. EBS 지문 변형
  ➕ Plus motive **n** 동기
  motivation **n** 자극, 동기 부여

예문 해석

0516 합리적인 의사 결정은 본질적으로 유익하다. / 동시에 그 비교는 어느 정도 본질적으로 불공평하다. 0517 지적 재산 / Saint Albans는 경제적, 정치적, 그리고 지적 생활의 분주한 중심지였다. 0518 낙태법 / 낙태는 논란의 소지가 큰 주제이다. 0519 전문적인 학설에 도전하다 / 인간 평등주의 0520 조직에 동기를 부여하다 / 선생님을 믿는 학생들은 본질적으로 동기 부여가 된다.

Review Test

A 다음 단어에 해당하는 우리말을 쓰시오.

01 unquestionable   _____

02 worship   _____

03 altar   _____

04 monastery   _____

05 vicious   _____

06 ritual   _____

07 humanism   _____

08 temple   _____

09 permanent   _____

10 take a stand   _____

B 다음에 해당하는 영어 단어/숙어를 쓰시오.

01 교리, 학설   _____

02 명제; 제안   _____

03 미덕; 선; 선행   _____

04 경험적인   _____

05 유사점; 유추   _____

06 정신적인, 종교적인   _____

07 사기를 꺾다   _____

08 낙태, 임신 중절   _____

09 숙고하다; 응시하다   _____

10 예언자, 선지자   _____

C 다음 괄호 안에서 문맥에 적절한 것을 고르시오.

01 No one knows what [monitored/motivated] him to act in such a violent way.

02 He enjoyed his moments of [solitude/solidity] before the pressures of the day began.

03 The daylight was completely excluded, and the room had an airless smell that was [opposite/oppressive].

04 As the daughter of college professors, she's used to being around [intellectual/unintelligent] people.

05 Cardinal Daly has said that churches should not be used for [preferred/profane] or secular purposes.

D 다음 문장에서 주어진 우리말에 해당하는 영어 단어에 밑줄 치시오.

01 세속적인   Both secular and religious institutions can apply for the funds.

02 경멸, 멸시   He feels that wealthy people view him with contempt because he is poor.

03 신성한   Some of the people who followed the sacred mission safely came back to their own country.

04 추론하다   It's not possible to deduce moral conclusions from first principles.

05 의식하는   Instead of looking at the situation as a whole, the conscious mind tends to focus on the most obvious elements.

| DAY |

14

History

역사

▌Previous Check

- ☐ ruin
- ☐ downfall
- ☐ hierarchy
- ☐ enlightenment
- ☐ regime
- ☐ noble
- ☐ imperialism
- ☐ description
- ☐ ancestor
- ☐ overtake
- ☐ artifact
- ☐ remains
- ☐ well-preserved
- ☐ innovate

- ☐ era
- ☐ alliance
- ☐ inscribe
- ☐ proclaim
- ☐ milestone
- ☐ tendency
- ☐ combat
- ☐ brutal
- ☐ subordinate
- ☐ conquer
- ☐ liberate
- ☐ rebel
- ☐ turmoil
- ☐ loom

- ☐ groundbreaking
- ☐ prehistoric
- ☐ slavery
- ☐ collapse
- ☐ revolution
- ☐ valiant
- ☐ massacre
- ☐ cemetery
- ☐ aftermath
- ☐ ally
- ☐ medieval
- ☐ troop

0521 ★★★ ☐☐

ruin
[rúːin]

n 1. 붕괴, 몰락 2. 파괴, 파멸 v 파괴시키다, 망치다

- The action might cost the defeat of his team and the **ruin** of his reputation. EBS 지문 변형
- The crops have been **ruined** by the storm.

➕ **Plus** ruins n (파괴된 건물의) 잔해, 폐허; 유적

0522 ★★☆ ☐☐

downfall
[dáunfɔ̀ːl]

n 몰락, 붕괴

- The advent of the railroad would assure the canal's instant **downfall**. EBS 지문 변형

➕ **Plus** = ruin, collapse

0523 ★★★ ☐☐

hierarchy
[háiərɑ̀ːrki]

n 1. 계급, 계층 2. 위상, 위아래

- Fighting is often limited by forming a dominance **hierarchy**.
  EBS 지문 변형
- Stealing hotel towels isn't high in the **hierarchy** of world problems. EBS 지문 변형

➕ **Plus** hierarchical a 계층의, 계급에 따른

0524 ★★☆ ☐☐

enlightenment
[inláitnmənt]

n 계발, 계몽

- the age of **enlightenment**
- The government launched a rural **enlightenment** campaign in the late 70s.

➕ **Plus** enlightened a 계몽된

0525 ★★★ ☐☐

regime
[rəʒíːm, reiʒíːm]

n 1. 정권 2. 제도, 체제

- He was a cruel general in a repressive **regime**.
- The UN has refused to recognize the new **regime** in the country.

➕ **Plus** = power, administration

▶ **예문 해석**

0521 그 행동은 그의 팀의 패배와 그의 명성의 몰락이라는 대가를 가져올지도 모른다. / 폭풍으로 농작물이 망가졌다. 0522 철도의 출현이 분명 운하의 즉각적 몰락을 가져왔을 것이다. 0523 싸움은 지배 계급을 형성함으로써 흔히 제한된다. / 호텔 수건을 훔치는 행위는 세계 문제의 위계에서 높은 위치에 있지 않다. 0524 계몽주의 시대 / 정부는 70년대 말 농촌 계몽 운동을 시작했다. 0525 그는 압제 정권에서 잔혹한 장군이었다. / UN은 그 나라의 새로운 정권에 대해 인정하기를 거부해 왔다.

0526 ★★★ ☐☐

noble
[nóubl]

ⓐ 귀족의, 고귀한

- **noble** ideals
- It was built during the 13th century to end the dispute among local **noble** families about hosting foreigners. EBS 지문 변형

➕ **Plus** nobleness ⓝ 고결, 고상
the nobility 귀족

0527 ★★☆ ☐☐

imperialism
[impíəriəlìzm]

ⓝ 제국주의

- the end of the Roman **imperialism** EBS 지문 변형
- When a nation builds an empire by conquering and ruling other countries, it is practicing **imperialism**. EBS 지문 변형

➕ **Plus** imperium ⓝ 1. 주권, 지배권 2. 지배 영역, 영토
imperial ⓐ 제국의, 제국주의의

0528 ★★★ ☐☐

description
[diskrípʃən]

ⓝ 서술, 묘사, 설명

- **descriptions** of the history of the Earth EBS 지문 변형
- This average value can provide a simple **description** of an entire population. EBS 지문 변형

➕ **Plus** describe ⓥ 묘사하다, 설명하다
descriptive ⓐ 묘사적인, 설명적인

0529 ★★☆ ☐☐

ancestor
[ǽnsestər]

ⓝ 조상, 선조

- man's primitive **ancestor**
- Our **ancestors** who were excluded from social groups often died. EBS 지문 변형

➕ **Plus** ↔ descendant ⓝ 자손, 후손

0530 ★★★ ☐☐

overtake
[òuvərtéik]

ⓥ 앞지르다, 추월하다

- She **overtook** the first runner and won the race.
- Japan **overtook** the United States as an economic superpower in the late 1980s.

➕ **Plus** = catch up with

◀ 예문 해석 ▶

0526 고귀한 이상 / 그것은 외국인을 접대하는 것에 관한 지역 귀족 가문들 간의 분쟁을 끝내려고 13세기에 세워졌다. 0527 로마 제국주의의 멸망 / 한 나라가 다른 나라들을 정복하고 다스림으로써 제국을 세울 때, 그 나라는 제국주의를 행하고 있는 것이다. 0528 지구 역사에 대한 서술 / 이 평균값은 전체 모집단에 대한 간단한 설명을 제공할 수 있다. 0529 인류의 시조 / 사회 집단으로부터 추방된 우리의 조상들은 흔히 죽었다. 0530 그녀는 1등 주자를 앞지르고 경주에서 이겼다. / 일본은 1980년대 말에 경제적 초강대국으로서 미국을 추월했다.

0531 ★★☆ ☐☐

artifact
[ɑ́ːrtəfækt]

n 1. 유물 2. 인공물, 공예품

- These **artifacts** have often been collected in the West. EBS 지문 변형

- Many shipwrecks are laden with priceless art treasures and **artifacts**. EBS 지문 변형

0532 ★★★ ☐☐

remains
[riméinz]

n 1. 잔해, 잔재물 2. 유적, 유해

- Many scientists studied the **remains** of dead animals at museums. EBS 지문 변형

- The frozen **remains** of mammoths have been found in very cold regions of Siberia. EBS 지문 변형

  ✚ Plus = ruins

0533 ★☆☆ ☐☐

well-preserved
[wélprizə́ːrvd]

a 잘 보손뵌

- The archaeological site, Pompeii, is the **well-preserved** Roman town. EBS 지문 변형

- Archaeologists are hailing the discovery of the **well-preserved** twelve-million-year old cypress tree.

  ✚ Plus preserve v 지키다, 보호하다

0534 ★☆☆ ☐☐

innovate
[ínəvèit]

v 혁신하다, 쇄신하다; 도입하다

- Nowadays employees are required to **innovate** and make decisions. EBS 지문 변형

- There's still room to **innovate** your product or service.

  ✚ Plus innovation n 혁신, 쇄신; 새로이 도입된 것
  innovative a 혁신적인

0535 ★★★ ☐☐

era
[íərə]

n 시대

- In the Colonial **Era**, Americans did not drink much fresh milk. EBS 지문 변형

- The economics of the broadcast **era** required hit shows to catch huge audiences. EBS 지문 변형

  ✚ Plus = period, epoch, age

예문 해석

0531 이러한 유물들은 흔히 서양에서 수집되었다. / 많은 난파선들이 귀중한 예술 작품 보물과 인공 유물을 잔뜩 싣고 있다. 0532 많은 과학자들이 박물관에서 죽은 동물의 유해를 연구했다. / 매머드의 냉동 유해는 시베리아의 매우 추운 지역에서 발견되었다. 0533 고고학 유적지인 폼페이는 잘 보존된 로마의 마을이다. / 고고학자들은 잘 보존되어 있는 천이백만 년 된 사이프러스 나무의 발견에 환호하고 있다. 0534 오늘날, 직원들은 혁신하고 의사 결정을 하라고 요구를 받는다. / 당신의 제품과 서비스를 받아들일 여지가 아직 있습니다. 0535 식민지 시대에, 미국인들은 생우유를 많이 마시지 않았다. / 방송 시대의 경제적 측면은 수많은 관객을 사로잡기 위해 히트 쇼를 필요로 했다.

0536 ★★☆ □□

alliance
[əláiəns]

🔊 동맹, 연합

- International political and economic integration in the form of **alliances** have become common necessities. EBS 지문 변형
- ➕ **Plus** ally 🔊 동맹시키다, 결합시키다

0537 ★★☆ □□

inscribe
[inskráib]

🔊 1. 새기다 2. 헌정하다

- You could buy ancient tablets **inscribed** with calculations and lists. EBS 지문 변형
- He wants to **inscribe** a book to each family.
- ➕ **Plus** inscription 🔊 (책·금석에) 적힌[새겨진] 글, 비명(碑銘), 비문(碑文)

0538 ★★★ □□

proclaim
[proukléim]

🔊 1. 선언하다 2. 분명히 보여 주다

- John Milton **proclaimed** himself the future writer of the great English epics.
- They persuaded people to place a large sign **proclaiming** 'Drive Carefully' in their front yard. EBS 지문 변형
- ➕ **Plus** = announce, declare
  proclamation 🔊 선언, 선언서
  proclamatory 🔊 선언적인, 선포의

0539 ★★☆ □□

milestone
[máilstòun]

🔊 1. 중요한[획기적인] 단계, 사건 2. 이정표

- The domestication of animals represented a **milestone** for the history of human civilization. EBS 지문 변형
- A granite **milestone** is preserved in Breage Church.
- ➕ **Plus** = landmark

0540 ★★★ □□

tendency
[téndənsi]

🔊 1. 경향, 추세 2. 성향, 기질

- People have a **tendency** to try to justify their cruelty to others.
- Most people have a **tendency** to trust individuals with names that can be easily pronounced. EBS 지문 변형
- ➕ **Plus** tend to ~하는 경향이 있다

◀ 예문 해석 ▶

0536 동맹 형태의 국제적인 정치적, 경제적 통합은 공통적인 필수 사항이 되었다. 0537 계산과 목록이 새겨져 있는 고대의 평판을 살 수 있었다. / 그는 각각의 가족에게 책 한 권을 헌정하기를 원한다. 0538 John Milton은 자신이 미래의 위대한 영어 서사시 작가임을 선언했다. / 그들은 사람들에게 '조심히 운전하시오'라고 분명히 보여 주는 큰 표지판을 앞뜰에 놓도록 설득했다. 0539 동물의 가축화는 인류 문명사에서의 획기적 사건에 해당했다. / 화강암 이정표가 Breage 교회에 보존되어 있다. 0540 사람들은 타인에 대한 자신들의 잔인함을 정당화시키려는 경향이 있다. / 대부분의 사람들은 쉽게 발음할 수 있는 이름을 가진 사람들을 신뢰하는 경향이 있다.

0541 ★★☆ □□

combat
ⓝ [kámbæt]
ⓥ [kəmbǽt]

ⓝ 전투, 싸움 ⓥ 싸우다

- He was killed in **combat**.
- The best strategy to **combat** fear is to bring your attention back to the present. `EBS 지문 변형`
  - ➕ **Plus** = battle, conflict
    - combatant ⓝ 전투원, 전투 부대

0542 ★★★ □□

brutal
[brúːtl]

ⓐ 잔인한, 악랄한

- take a **brutal** form `EBS 지문 변형`
- Many innocent people were killed under the **brutal** regime.
  - ➕ **Plus** brutality ⓝ 잔인성, 잔인한 행위

0543 ★★★ □□

subordinate
[səbɔ́ːrdənət]

ⓐ 1. 종속된 2. 부차적인 ⓝ 부하, 하급자

- an unbearable attitude of superiority that immediate **subordinates** cannot abide `EBS 지문 변형`
- That country is politically **subordinate** to the United States.

0544 ★★★ □□

conquer
[káŋkər]

ⓥ 정복하다, 이기다

- The Netherlands were once **conquered** by the French. `EBS 지문 변형`
  - ➕ **Plus** conquest ⓝ 정복, 점령지
    - conqueror ⓝ 정복자

0545 ★★★ □□

liberate
[líbərèit]

ⓥ 자유롭게 하다, 해방시키다

- Financial security can **liberate** us from having to worry about the next paycheck. `EBS 지문 변형`
- That creativity can be learned was a potentially **liberating** idea. `EBS 지문 변형`
  - ➕ **Plus** = set free
    - liberty ⓝ 자유

예문 해석

0541 그는 전투에서 사망했다. / 두려움과 싸우기 위한 가장 좋은 전략은 당신의 관심을 현재로 다시 가져오는 것이다. 0542 잔인한 모습을 띠다 / 그 야만적인 정권 하에서 많은 무고한 사람들이 죽임을 당했다. 0543 직속 부하 직원들이 아주 싫어하는 참을 수 없는 우쭐한 태도 / 그 나라는 정치적으로 미국에 종속되어 있다. 0544 네덜란드는 한때 프랑스인에 의해 정복되었다. 0545 재정적 안정은 다음번 급료에 대해 걱정해야 하는 것으로부터 우리를 해방할 수 있다. / 창의력이 학습되어질 수 있다는 것은 잠재적으로 자유로운 발상이었다.

0546 ★★★ ▢▢ ----------

rebel
v [ribél]
n [rébəl]

v 반란을 일으키다, 저항하다 **n** 반역자, 반대자
- **rebel** against all authority
- Armed **rebels** advanced toward the capital during the violent revolution.
  + Plus rebellion **n** 반란, 반대
  rebellious **a** 반항적인, 반대하는

0547 ★★◇ ▢▢ ----------

turmoil
[tə́:rmɔil]

n 혼란, 소란
- a sure sign of the **turmoil** EBS 지문 변형
- The country has been in racial **turmoil**.
  + Plus = disorder, chaos

0548 ★◇◇ ▢▢ ----------

loom
[lu:m]

v 흐릿하게 모습을 드러내다
- A dark shape **loomed** up ahead of us.
  + Plus looming **a** 어렴풋이 보이기 시작하는

0549 ★★◇ ▢▢ ----------

groundbreaking
[gráundbrèikiŋ]

a 획기적인, 신기원을 이룬
- a **groundbreaking** piece of research
- A **groundbreaking** ceremony for the new building is scheduled for October.
  + Plus = epoch-making, innovative

0550 ★★★ ▢▢ ----------

prehistoric
[prì:histɔ́:rik]

a 선사시대의, 유사(有史) 이전의
- Weapons date back to **prehistoric** times.
- We know little about the details of timekeeping in **prehistoric** eras. EBS 지문 변형
  + Plus = primitive

◀ 예문 해석 ▶

0546 모든 권위에 저항하다 / 폭력적인 혁명 동안 무장 반군들이 수도를 향해 진격했다. 0547 혼란의 확실한 징조 / 그 나라는 인종 분쟁을 겪어 오고 있다. 0548 검은 형체 하나가 우리 앞에 흐릿하게 나타났다. 0549 신기원을 이룬 연구 / 그 새 건물에 대한 획기적인 기공식이 10월로 예정되어 있다. 0550 무기 사용은 선사시대까지 거슬러 올라간다. / 우리는 선사시대의 시간 기록에 대한 자세한 내용에 대해 알고 있는 것이 거의 없다.

0551 ✱✱✱ ☐☐ --------------------------

slavery
[sléivəri]

🄝 노예 신분, 노예 제도

- *Uncle Tom's Cabin* has influenced the view of many Americans about **slavery** at that time. EBS 지문 변형
  ➕ **Plus** slave 🄝 노예

0552 ✱✱✱ ☐☐ --------------------------

collapse
[kəlǽps]

🅥 붕괴되다, 무너지다 🄝 실패, 붕괴

- The Roman Empire **collapsed** because of its people's laziness and overconfidence. EBS 지문 변형
- He seemed on the verge of a mental **collapse**. EBS 지문 변형

0553 ✱✱✱ ☐☐ --------------------------

revolution
[rèvəlúːʃən]

🄝 1. 혁명 2. (행성의) 공전

- the Industrial **Revolution** EBS 지문 변형
- Pink **revolution** means the change in the color of Iranian people's clothing.
  ➕ **Plus** revolutionary 🄐 혁명적인, 혁신적인

0554 ✱✱✧ ☐☐ --------------------------

valiant
[vǽljənt]

🄐 용맹한; 단호한

- a **valiant** soldier
- They are strong, **valiant**, and are never scared to die.
  ➕ **Plus** = courageous
      valor 🄝 용기, 용맹

0555 ✱✧✧ ☐☐ --------------------------

massacre
[mǽsəkər]

🄝 대규모 살상, 대학살 🅥 학살하다

- reports of **massacre**, torture and starvation
- Some of the soldiers who were involved in the **massacre** were arrested.
  ➕ **Plus** 🄝 = genocide

0556 ✱✧✧ ☐☐ --------------------------

cemetery
[sémətèri]

🄝 공동묘지

- She was buried in the **cemetery**.
- The president paid a visit to the national **cemetery**.
  ➕ **Plus** = graveyard, burial ground

예문 해석

0551 '톰 아저씨의 오두막'은 그 시대 노예 제도에 대한 많은 미국인들의 견해에 영향을 미쳤다. 0552 로마 제국은 국민들의 게으름과 자만심 때문에 무너졌다. / 그는 정신적으로 붕괴하기 직전인 것처럼 보였다. 0553 산업 혁명 / 분홍 혁명이란 이란 사람들의 의복 색깔의 변화를 의미한다. 0554 용맹한 군인 / 그들은 강인하고, 용맹하며, 죽기를 결코 두려워하지 않는다. 0555 대학살, 고문, 기아에 대한 보고서 / 대학살에 연루된 병사들 중 몇몇은 체포되었다. 0556 그녀는 공동묘지에 묻혔다. / 대통령은 국립묘지를 방문했다.

0557 ★✧✧ ☐☐

aftermath
[ǽftərmæ̀θ]

n (전쟁·사고 등의) 여파, 후유증
- *The New York Times* covered the **aftermath** of a hurricane.
  ➕ **Plus** = aftereffect, sequela

0558 ★✧✧ ☐☐

ally
[əlái]

n 동맹국, 동맹자, 협력자 v 동맹하다, 지지하다
- It was the actions of smaller **allies**. EBS 지문 변형
- He **allied** himself with the forces of change.
  ➕ **Plus** alliance n 동맹, 연합
  allied a 관련된, 동종의

0559 ★★✧ ☐☐

medieval
[mìːdíːvəl]

a 중세의
- the literature of the late **medieval** period
- During **medieval** times, Oceanic people essentially lived in Neolithic societies and had no money economy. EBS 지문 변형
  ➕ **Plus** Middle Ages 중세 시대

0560 ★★✧ ☐☐

troop
[truːp]

n 1. 병력, 군대 2. 부대, 무리
- The **troop** advanced down the riverbed towards the forest.
- Male baboons threaten predators and cover the rear as the **troop** retreats. EBS 지문 변형
  ➕ **Plus** = force

Related Words	역사	
연대기	a record of events that happened in the past, in the order in which they happened	chronicle
연표	the order in which a series of events happened or will happen	chronology
서사시	a long poem that tells a story about ancient people and gods	epic
역사 기록학	the study of the techniques of historical research and historical writing	historiography
기록 보관소	a collection of documents and records.	archive

예문 해석

0557 〈뉴욕 타임즈〉는 허리케인의 여파를 다루었다. 0558 그것은 더 작은 동맹국들의 작용이었다. / 그는 변화의 세력을 지지했다. 0559 중세 후기 문학 / 중세 시대 동안 오세아니아인은 본질적으로 신석기 시대의 사회에 살았고, 화폐 경제를 가지고 있지 않았다. 0560 그 부대는 하상을 따라 숲으로 전진했다. / 수컷 개코원숭이는 무리가 퇴각할 때 포식자를 위협하며 후방을 엄호한다.

Review Test

A 다음 단어에 해당하는 우리말을 쓰시오.

01 troop _____

02 medieval _____

03 hierarchy _____

04 enlightenment _____

05 loom _____

06 liberate _____

07 imperialism _____

08 regime _____

09 downfall _____

10 massacre _____

B 다음에 해당하는 영어 단어/숙어를 쓰시오.

01 서술, 묘사 _____

02 앞지르다, 추월하다 _____

03 종속된 _____

04 잔인한 _____

05 잔해; 유적 _____

06 조상, 선조 _____

07 새기다; 헌정하다 _____

08 획기적인 _____

09 혁명 _____

10 중요한 단계, 사건 _____

C 다음 괄호 안에서 문맥에 적절한 것을 고르시오.

01 People lived in caves in [modern/prehistoric] times.

02 Fearing for their lives, the generals [proclaimed/protested] their loyalty.

03 Many people show a peculiar [tendency/treatment] to repeat rather than correct mistakes.

04 An obvious benefit to forming these [alliances/assistances] is the ability to pool resources.

05 An Indian legend tells of a beautiful princess who refused to marry a prince and thus went to war for her father's kingdom on the brink of [prosperity/ruin].

D 다음 문장에서 주어진 우리말에 해당하는 영어 단어에 밑줄 치시오.

01 용맹한   She died last year after a valiant battle with cancer.

02 귀족의, 고귀한   As they sat to eat, all eyes were on their noble guest.

03 정복하다, 이기다   The costs of conquering new territories exceeded the rewards.

04 유물   The dating of artifacts helps us understand the growth of early societies.

05 시대   The ability to make a film is akin to operating a printing press in an earlier era.

| DAY |

15

Arts & Sports

예술과 스포츠

🚩 Previous Check

- ☐ imaginative
- ☐ patron
- ☐ improvisation
- ☐ aesthetic
- ☐ naive
- ☐ compliment
- ☐ splendid
- ☐ craftsman
- ☐ gracious
- ☐ up-to-date
- ☐ emblem
- ☐ well-crafted
- ☐ distortion
- ☐ artifice

- ☐ twisted
- ☐ inspiration
- ☐ masterpiece
- ☐ underappreciate
- ☐ adorn
- ☐ priceless
- ☐ brushwork
- ☐ immediacy
- ☐ propel
- ☐ note
- ☐ state-of-the-art
- ☐ contemporary
- ☐ compose
- ☐ statue

- ☐ replica
- ☐ geometrical
- ☐ invisibility
- ☐ criticize
- ☐ marble
- ☐ treasury
- ☐ convey
- ☐ inborn
- ☐ cast
- ☐ repertoire
- ☐ counterfeit
- ☐ grotesque

Arts & Sports

0561 ★★★ ☐☐

imaginative
[imǽdʒənətiv]

ⓐ 창의적인, 상상력이 풍부한
- children's **imaginative** play
- Art is the skillful and **imaginative** creation of objects. EBS 지문 변형
  - ➕ Plus imagination ⓝ 상상력, 상상
    imaginary ⓐ 가상적인, 상상에만 존재하는

0562 ★☆☆ ☐☐

patron
[péitrən]

ⓝ 후원자, 고객
- The monuments reflect the **patrons**' views. EBS 지문 변형
- He communicated the circumstance to his royal **patron**.
  EBS 지문 변형

  ➕ Plus patronage ⓝ 후원, 찬조; 단골

0563 ★☆☆ ☐☐

improvisation
[impràvəzéiʃən]

ⓝ 즉흥적 행위, 즉흥 연주
- **Improvisation** is allowed only in informal performances.
  EBS 지문 변형
- The beat guides an **improvisation** in jazz. EBS 지문 변형
  ➕ Plus improvise ⓥ 즉흥적으로 하다, 즉석에서 하다

0564 ★★★ ☐☐

aesthetic
[esθétik]

ⓐ 심미적인 ⓝ 미적 특질, 미학
- the **aesthetic** value EBS 지문 변형
- Athenians were more interested in people, emotions, **aesthetics**, and harmony. EBS 지문 변형
  ➕ Plus aesthetically ⓪ 미적으로, 미학적으로

0565 ★★☆ ☐☐

naive
[nɑːíːv]

ⓐ 1. 순진한 2. (예술이) 세련되지 않은, 소박한
- a **naive** question EBS 지문 변형
- The **naive** and primitive style of Henry Rousseau's work is instantly recognizable. EBS 지문 변형

0566 ★★★ ☐☐

compliment
[kάmpləmənt]

ⓝ 칭찬, 찬사 ⓥ 칭찬하다
- She blushed at the **compliment**. EBS 지문 변형
- She **complimented** him on his excellent German.
  ➕ Plus complimentary ⓐ 칭찬하는; 무료의

예문 해석

0561 아이들의 창의적인 놀이 / 예술은 사물에 대해 이루어지는 솜씨 좋고 상상력이 풍부한 창조물이다. 0562 그 기념물들은 후원자의 의견을 반영했다. / 그는 자신의 왕족 고객에게 정황을 이야기했다. 0563 즉흥적 행위는 비공식적인 공연에서만 허용된다. / 그 박자는 재즈에서 즉흥 연주를 이끈다. 0564 심미적 가치 / 아테네인들은 사람, 감정, 미학, 그리고 조화에 더 관심이 있었다. 0565 순진한 질문 / Henry Rousseau 작품의 순수하고 원초적인 스타일은 즉시 알아볼 수 있다. 0566 그녀는 칭찬에 얼굴을 붉혔다. / 그녀는 그의 뛰어난 독일어 실력을 칭찬했다.

0567 ★★★ ☐☐

splendid
[spléndid]

ⓐ 화려한, 멋진
- a **splendid** piece of painting [EBS 지문 변형]
- We have a **splendid** opportunity to do something really useful.

0568 ★★☆ ☐☐

craftsman
[kræftsmən]

ⓝ 장인, 기능공, 숙련공
- We can arrange a visit for the customers to meet the **craftsman**. [EBS 지문 변형]
- The **craftsman** has a spirit to make the best things.
  ➕ Plus craftsmanship ⓝ 장인의 기능, 숙련

0569 ★★☆ ☐☐

gracious
[gréiʃəs]

ⓐ 자애로운, 우아한, 품위 있는
- a **gracious** apology
- **Gracious** and smiling, she ran up and down the aisles.
  [EBS 지문 변형]
  ➕ Plus = courteous
  graciously ⓐ𝒹 우아하게, 자비롭게

Related Words	미술	
초상화	a painting, drawing, or photograph of a person	portrait
풍경화	a picture showing an area of countryside or land	landscape
정물화	a picture of an arrangement of objects, for example, flowers or fruit	still life
추상화	a painting, design, etc. which contains shapes or images that do not look like real things or people	abstract

0570 ★★★ ☐☐

up-to-date
[ʌptədéit]

ⓐ 최신의
- It should be motivated by a desire to maintain an **up-to-date** collection. [EBS 지문 변형]
- It is valuable to buy the most **up-to-date** version.
  ➕ Plus ↔ out-of-date ⓐ 구식의, 시대에 뒤떨어진

예문 해석

0567 멋진 그림 한 장 / 우리는 정말로 유용한 일을 할 수 있는 멋진 기회를 가지고 있다. 0568 우리는 고객님들에게 그 장인과 만날 수 있는 방문의 자리를 마련해 드릴 수 있습니다. / 그 공예가에게는 최고의 물건을 만들려는 정신이 있다. 0569 정중한 사과 / 상냥하게 미소 지으며 그녀는 통로를 오르내렸다. 0570 그것은 최신의 소장 자료를 유지하고자 하는 욕구에 의해 동기를 부여받아야 한다. / 가장 최신판을 사는 것이 유익하다.

0571 ✴✴☆ ☐☐

emblem
[émbləm]

n 상징, 표상

- The national **emblem** of Canada is a maple leaf.
- The tractor, the **emblem** of modern agriculture, enforces collectivism. `EBS 지문 변형`

➕ **Plus** emblematic **a** 상징적인, 전형적인

0572 ✴☆☆ ☐☐

well-crafted
[welkrǽftid]

a 정교하게 잘 만들어진

- **well-crafted** virtual reality environments
- Audiences appreciate what they refer to as "particularly good films," that is, technically **well-crafted** films. `EBS 지문 변형`

0573 ✴✴✴ ☐☐

distortion
[distɔ́:rʃən]

n 찌그러짐, 왜곡

- a gross **distortion** of the facts
- This imbalance leads to major problems such as **distortion** of rational public policy. `EBS 지문 변형`

➕ **Plus** distort **v** 왜곡하다, 비틀다
distorted **a** 비뚤어진, 왜곡된

0574 ✴☆☆ ☐☐

artifice
[á:rtəfis]

n 기술, 기교, 책략

- derive from the recognition of **artifice** `EBS 지문 변형`
- Most people often deny their awareness of fictional **artifices** to participate in the reality of movies. `EBS 지문 변형`

➕ **Plus** = cunning

0575 ✴✴☆ ☐☐

twisted
[twístid]

a 뒤틀린, 일그러진

- a **twisted** ankle
- Whoever sent those letters has a **twisted** mind.

➕ **Plus** twist **v** 비틀다, 일그러뜨리다

◀ 예문 해석 ▶

0571 캐나다의 국가 상징은 단풍잎이다. / 현대 농업의 상징인 트랙터는 집산주의(모든 농장이나 산업을 정부나 집단이 소유하는 정치 제도)를 강요한다. 0572 정교하게 잘 만들어진 가상 현실 환경 / 관객들은 그들이 '특히 훌륭한 영화'라고 언급하는 것, 즉 기술적으로 정교하게 잘 만들어진 영화를 알아본다. 0573 사실에 대한 총체적 왜곡 / 이런 불균형은 합리적인 공공정책의 왜곡과 같은 주요 문제를 야기시킨다. 0574 기법을 인식하는 것에서 파생되다 / 대부분의 사람들은 영화 속 현실에 가담하기 위해 허구적 기법에 대한 인식을 종종 부인한다. 0575 접질린 발목 / 그러한 편지를 보낸 누구든지 뒤틀린 마음을 갖고 있다.

0576 ★★★ □□

inspiration
[ìnspəréiʃən]

n 영감, 자극, 원천
- a rich source of **inspiration** for her painting
- Talk with many people and get their feedback, ideas, and **inspirations**. EBS 지문 변형
  + Plus inspire v 영감을 주다, 고무하다

0577 ★★☆ □□

masterpiece
[mǽstərpìːs, mɑ́ːs-]

n 걸작, 명작
- a **masterpiece** of contemporary art
- Michelangelo created a lot of **masterpieces**, mostly on a grand scale. EBS 지문 변형

0578 ★☆☆ □□

underappreciate
[ʌ̀ndərəpríːʃièit]

v 과소평가하다, 저평가하다
- Her work is **underappreciated** by the critics. EBS 지문 변형
- It's sort of a tragically **underappreciated** point.
  + Plus = underestimate
  ↔ overestimate, overvalue v 과대평가하다

0579 ★★☆ □□

adorn
[ədɔ́ːrn]

v 꾸미다, 장식하다
- Castica Travel is looking for artwork to **adorn** its Christmas card. EBS 지문 변형
  + Plus adornment n 장식, 장식품

0580 ★★☆ □□

priceless
[práislis]

a 값을 매길 수 없는, 대단히 귀중한
- **priceless** works of art EBS 지문 변형
- The museum features **priceless** Ancient Egyptian artifacts. EBS 지문 변형
  + Plus = invaluable
  ↔ worthless a 가치 없는, 쓸모없는

예문 해석

0576 그녀의 그림에 주는 풍부한 영감의 원천 / 많은 사람들과 이야기하고, 그들의 조언, 생각, 영감을 얻어라. 0577 현대 미술의 걸작 / Michelangelo는 많은 걸작들을 만들어 냈는데, 대부분 규모가 컸다. 0578 그녀의 작품은 비평가들에 의해 과소평가된다. / 그것은 다소 비극적으로 과소평가된 점이다. 0579 Castica 여행사는 크리스마스 카드를 장식할 삽화를 찾고 있습니다. 0580 대단히 귀중한 예술 작품들 / 그 박물관은 대단히 귀중한 고대 이집트의 유물을 특징으로 삼는다.

0581 ❋◌◌ ☐☐

brushwork
[brʌ́ʃwə̀ːrk]

n (화가의) 화법, 붓놀림

- the texture of the artist's **brushwork**
- He introduced new subjects, innovative styles, and vigorous colors and **brushwork**. EBS 지문 변형

0582 ❋❋❋ ☐☐

immediacy
[imíːdiəsi]

n 1. 신속성; 속도 2. 직접성

- Television brings a new **immediacy** to world events.
- In every one of her pictures she conveys a sense of **immediacy**.
  ➕ **Plus** immediate **a** 즉각적인; 가까운

0583 ❋❋◌ ☐☐

propel
[prəpél]

v 나아가게 하다, 추진하다, 몰고 가다

- Your body weight **propels** you forward. EBS 지문 변형
- He grabbed the boy and **propelled** him through the door.
  ➕ **Plus** propulsion **n** 추진(력)

0584 ❋❋◌ ☐☐

note
[nout]

n 음, 음표

- play a **note** EBS 지문 변형
- She has a good voice but has trouble hitting the high **notes**.

0585 ❋◌◌ ☐☐

state-of-the-art
[stéitəvðiáːrt]

a 최신식의, 최첨단의

- **state-of-the-art** technology
- In the twentieth century, **state-of-the-art** hospitals were generally designed to accommodate **state-of-the-art** equipment. EBS 지문 변형
  ➕ **Plus** = high-tech, cutting-edge

0586 ❋❋❋ ☐☐

contemporary
[kəntémpərèri]

a 현대의, 동시대의 **n** 동시대 사람

- a **contemporary** of Goethe
- His work is a masterpiece of **contemporary** literature.
  EBS 지문 변형

  ➕ **Plus** contemporarily **ad** 동시대에, 당대에서
  contemporize **v** 시대를 같이하다, 현대화하다

예문 해석

0581 그 예술가의 화법의 질감 / 그는 새로운 주제, 혁신적인 방식, 그리고 활기찬 색채와 화법을 도입했다. 0582 TV는 세계에서 일어나는 사건에 대한 새로운 신속성을 가져온다. / 그녀는 자신의 모든 사진 하나하나에 현장감을 담는다. 0583 여러분의 몸무게가 여러분을 앞으로 나아가게 한다. / 그는 그 소년을 움켜잡고 문 안으로 몰고 갔다. 0584 음계를 연주하다 / 그녀는 좋은 목소리를 가졌지만 높은 음을 내는 데 어려움을 갖고 있다. 0585 최첨단 기술 / 20세기에 최신식 병원은 일반적으로 최첨단 장비를 수용하도록 설계되었다. 0586 괴테와 동시대 사람 / 그의 작품은 현대 문학의 걸작이다.

0587 ★★★ □□ ---

compose
[kəmpóuz]

🔲 1. 구성하다 2. 작곡하다
- a violin class **composed** mostly of young women EBS 지문 변형
- A music student asked Mozart for advice on what he should **compose**. EBS 지문 변형
  ➕ Plus composition 🔲 구성; 작곡
  composer 🔲 작곡가

Related Words	음악		
타악기	musical instruments such as drums, bells, etc. which you play by hitting them		percussion
현악기	musical instruments such as a violin or a guitar that produce sound from a set of strings		stringed instrument
금관악기	musical instruments that are made of metal, such as the trumpet and the trombone		brass instrument
목관악기	musical instruments made of wood or metal that you play by blowing and that usually have finger holes or keys		woodwind instrument

0588 ★★☆ □□ ---

statue
[stǽtʃuː]

🔲 조각상
- His beloved daughter turned into a gold **statue**. EBS 지문 변형
- Pygmalion carved a **statue** of a beautiful woman out of ivory.
  ➕ Plus = sculpture 조각 작품; 조각

0589 ★★☆ □□ ---

replica
[réplikə]

🔲 복제품, 모형
- **replica** arches from nature EBS 지문 변형
- They make a **replica** of one of Van Gogh's works.
  ➕ Plus replicate 🔲 복제하다, 모사하다

0590 ★★☆ □□ ---

geometrical
[dʒìːəmétrikəl]

🔲 기하학의, 기하학적인
- a **geometrical** construction EBS 지문 변형
- The carpet had **geometrical** patterns.
  ➕ Plus = geometric
  geometry 🔲 기하학, 기하학적 구조

예문 해석

0587 대개 젊은 여성들로 구성된 바이올린 반 / 음악을 공부하는 한 학생이 모차르트에게 자신이 무엇을 작곡해야 하는지에 대한 조언을 요청했다. 0588 그의 사랑하는 딸이 황금 조각상으로 변했다. / Pygmalion은 상아를 깎아 아름다운 여성의 조각상을 만들었다. 0589 자연에서 온 복제 아치형 구조물들 / 그들은 반 고흐의 작품 중 하나에 대해 복제품을 만든다. 0590 기하학적 건축 양식 / 그 카펫은 기하학적 무늬를 가지고 있었다.

Arts & Sports

0591 ★★☆ ☐☐

invisibility
[invìzəbíləti]

n 눈에 보이지 않음

- faded to **invisibility**
- When musicians record, their **invisibility** to listeners removes an important channel of communication. EBS 지문 변형
  - **+ Plus** invisible **a** 보이지 않는, 볼 수 없는

0592 ★★★ ☐☐

criticize
[krítəsàiz]

v 비판하다, 비평하다

- After the performance she was called to the police office and sharply **criticized** for this act of patriotism. EBS 지문 변형
  - **+ Plus** critic **n** 비평가, 평론가
    - criticism **n** 비판, 비평

0593 ★★☆ ☐☐

marble
[máːrbl]

n 대리석, 구슬

- The figures were sculpted from single blocks of **marble**.
  - **+ Plus** marbled **a** 대리석의

0594 ★★☆ ☐☐

treasury
[tréʒəri]

n 1. 국고, 금고, 보고(寶庫) 2. 재무부

- The temple held priceless works of art and also functioned as the **treasury** of the city. EBS 지문 변형
  - **+ Plus** treasure **n** 보물

0595 ★★★ ☐☐

convey
[kənvéi]

v 전달하다, 알리다

- His landscapes **convey** a sense of haunting spirituality. EBS 지문 변형
- Her task is to **convey** that knowledge to the student. EBS 지문 변형

예문 해석

0591 보이지 않게 희미해진 / 음악가들이 녹음할 때 청자들에게 보이지 않는다는 것은 중요한 의사소통의 통로를 없애게 된다. 0592 공연 후에 그녀는 경찰서에 불려가 이 애국적인 행위에 대해 심하게 비난을 받았다. 0593 그 조각상들은 하나의 대리석 덩어리로 조각되었다. 0594 그 사원은 값을 매길 수 없는 예술 작품들을 보유하고 있었고, 또한 그 도시의 보고로서 기능을 했다. 0595 그의 풍경화는 잊지 않는 영성의 느낌을 전달한다. / 그녀가 하는 일은 그 지식을 학생에게 전달하는 것이다.

0596 ★★★ ☐☐

inborn
[ínbɔ́ːrn]

ⓐ 타고난, 선천적인
- an **inborn** talent for painting
- Talent is not inherent or **inborn**, but trained and educated. EBS 지문 변형

➕ **Plus** = innate
↔ acquired ⓐ 습득한, 후천적인

0597 ★★★ ☐☐

cast
[kæst]

ⓝ (연극이나 영화의) 출연진 ⓥ 1. 주조하다 2. 배역을 정하다
- countless other members of **cast** and crew EBS 지문 변형
- We are interested in the mold in which a sculpture was **cast**. EBS 지문 변형

➕ **Plus** casting ⓝ 배역 선정, 캐스팅
broadcast ⓝ 방송 ⓥ 방송하다

0598 ★★☆ ☐☐

repertoire
[répərtwàːr]

ⓝ 레퍼토리, (공연) 목록
- a pianist with a wide **repertoire**
- The baby's [aaaa] sound seems to be her entire linguistic **repertoire** for the moment. EBS 지문 변형

➕ **Plus** = repertory, list
in repertoire (연극·발레 등이) 같은 장소에서 일정 기간 상연되는

0599 ★★★ ☐☐

counterfeit
[káuntərfit]

ⓐ 위조의, 모조의
- Purchasing products from unauthorized sellers may result in receiving **counterfeit** products. EBS 지문 변형
- It's impossible to tell with the naked eye that the money is **counterfeit**.

➕ **Plus** = fake
↔ genuine ⓐ 진짜의, 진품의

0600 ★★☆ ☐☐

grotesque
[groutésk]

ⓐ 기이한, 말도 안 되는
- a **grotesque** distortion of the truth
- There was one **grotesque** sequence in the movie.

➕ **Plus** = unnatural, bizarre
grotesquely ⓐⓓ 기괴하게, 우스꽝스럽게

예문 해석

0596 그림에 대한 천부적인 재능 / 재능은 내재하거나 타고나는 것이 아니라 훈련되고 교육되는 것이다. 0597 수많은 다른 출연진과 제작진 / 우리는 조각품이 주조된 거푸집에 관심이 있다. 0598 다양한 레퍼토리를 가진 피아니스트 / 그 아기의 [아아아아] 소리는 당장은 그 아기가 말할 수 있는 목록의 전부인 것처럼 보인다. 0599 허가받지 않은 판매자로부터 물건을 구매하는 것은 위조품을 받게 되는 결과를 초래할 수 있다. / 육안으로 그 돈이 위조인지 구별하는 것은 불가능하다. 0600 진실에 대한 말도 안 되는 왜곡 / 그 영화에는 말도 안 되는 장면이 하나 있었다.

Review Test

DAY 15

A 다음 단어에 해당하는 우리말을 쓰시오.

01 statue   _____

02 improvisation   _____

03 invisibility   _____

04 splendid   _____

05 distortion   _____

06 masterpiece   _____

07 twisted   _____

08 compose   _____

09 treasury   _____

10 up-to-date   _____

B 다음에 해당하는 영어 단어/숙어를 쓰시오.

01 장인, 기능공   _____

02 순진한   _____

03 위조의, 모조의   _____

04 복제품, 모형   _____

05 칭찬, 찬사   _____

06 상상력이 풍부한   _____

07 심미적인   _____

08 기하학의   _____

09 전달하다, 알리다   _____

10 음, 음표   _____

C 다음 괄호 안에서 문맥에 적절한 것을 고르시오.

01 Our aim is [immediacy/laziness] of response to emergency calls.

02 I used the last amount of my remaining strength to [propel/retard] myself upward.

03 Edison said that genius is 1% [instruction/inspiration] and 99% perspiration.

04 Such pollutants are notorious for defacing and weakening steel and [marble/maroon] structures.

05 All human beings [adorn/cover] their bodies in certain ways and by doing so make a statement about who they are.

D 다음 문장에서 주어진 우리말에 해당하는 영어 단어에 밑줄 치시오.

01 타고난   I think there is no inborn talent for music ability.

02 자상한   She distributed gifts in a bountiful and gracious manner.

03 비판하다   We criticize a group's cultural preferences rather than openly express hostility toward the group.

04 현대의   The contemporary child must travel much further than the offspring of primitive man to acquire the world view of his elders.

05 공연 (목록)   Although artists borrow procedures, forms, and repertoires, they can make no impact merely by copying what has already been done.

| DAY |

16

Linguistics & Languages

언어학과 언어

Previous Check

- ☐ linguistic
- ☐ verbal
- ☐ clarify
- ☐ translate
- ☐ articulate
- ☐ oversimplify
- ☐ revise
- ☐ interpret
- ☐ define
- ☐ interpose
- ☐ exaggerate
- ☐ affirmation
- ☐ eloquent
- ☐ fluency

- ☐ relevance
- ☐ commonplace
- ☐ synonym
- ☐ term
- ☐ punctuation
- ☐ pitch
- ☐ premise
- ☐ phrase
- ☐ omit
- ☐ literal
- ☐ bilingual
- ☐ utter
- ☐ dialect
- ☐ illiteracy

- ☐ controversial
- ☐ ambiguous
- ☐ plausible
- ☐ sophisticated
- ☐ vague
- ☐ polished
- ☐ reconstruct
- ☐ confer
- ☐ narrative
- ☐ consistent
- ☐ evoke
- ☐ derive

0601 ★★★ ☐☐

linguistic
[liŋgwístik]

ⓐ 언어의, 언어학의
- Each language group varies in **linguistic** style. EBS 지문 변형
- Most of us are limited in our **linguistic** fluency. EBS 지문 변형
  ➕ Plus linguistics ⓝ 언어학
  linguistically ⓐⓓ 언어상, 언어학적으로

0602 ★★★ ☐☐

verbal
[vɔ́ːrbəl]

ⓐ 언어[말]의, 구두(口頭)의
- non-**verbal** communication EBS 지문 변형
- He got the highest score on the **verbal** section of the test.
  ➕ Plus = oral

0603 ★★★ ☐☐

clarify
[klǽrəfài]

ⓥ 명확하게 하다, 분명히 말하다
- Please **clarify** your comments.
- Counselors didn't **clarify** their employers' access to their records in advance of counseling. EBS 지문 변형
  ➕ Plus clarification ⓝ 정화; 설명

0604 ★★★ ☐☐

translate
[trænsléit]

ⓥ 번역하다, (다른 언어로) 옮기다
- There are some web sites that **translate** passages from one language to another. EBS 지문 변형
  ➕ Plus translation ⓝ 번역; 변형

0605 ★☆☆ ☐☐

articulate
ⓥ [ɑːrtíkjulèit]
ⓐ [ɑːrtíkjulət]

ⓥ 분명히 표현하다, 또렷이 발음하다 ⓐ 명료한
- She struggled to **articulate** her thoughts.
- Make your writing brief and **articulate**.
  ➕ Plus articulation ⓝ 표현, 발화

0606 ★☆☆ ☐☐

oversimplify
[òuvərsímpləfài]

ⓥ 지나치게 단순화하다
- **oversimplify** the facts EBS 지문 변형
- The news article **oversimplifies** the problem of the current situation.
  ➕ Plus oversimple ⓐ 지나치게 단순한

예문 해석

0601 각 언어군은 언어 표현 방식이 다르다. / 우리 대부분은 언어적인 유창성에 한계가 있다. 0602 비언어적 의사소통 / 그는 구두(口頭) 시험 부문에서 최고점을 받았다. 0603 말을 명확하게 해주시기 바랍니다. / 상담사들은 상담 전에 고용주의 상담 기록 접근권을 명확히 하지 않았다. 0604 한 언어에서 다른 언어로 글을 번역해 주는 몇몇 웹사이트들이 있다. 0605 그녀는 자신의 생각을 분명히 표현하려고 애를 썼다. / 너의 글을 간결하고 명료하게 만들어라. 0606 사실을 지나치게 단순화하다 / 그 뉴스 기사는 현 상황의 문제점을 지나치게 단순화하고 있다.

0607 ★★★ ☐☐

revise
[riváiz]

Ⓥ 수정하다, 개정하다; (의견을) 바꾸다
- The stories get **revised**, ever so slightly. EBS 지문 변형
- The FDA will publish a proposal to **revise** the regulation.

➕ Plus revision Ⓝ 수정, 개정, 교정
revisionist Ⓝ 수정주의자

0608 ★★★ ☐☐

interpret
[intə́ːrprit]

Ⓥ 1. 해석하다, 이해하다 2. 통역하다
- **interpret** Korean into English
- If psychological egoism is **interpreted** as selfishness, it is surely false. EBS 지문 변형

➕ Plus ↔ misinterpret Ⓥ 잘못 이해하다; 오역하다
interpretation Ⓝ 해석, 이해, 설명
interpretative ⓐ 해석상의, 해석을 제공하는

0609 ★★★ ☐☐

define
[difáin]

Ⓥ 정의하다, 규정하다
- **define** words exactly
- It shall be proper to **define** geography as the study of the environment of man. EBS 지문 변형

➕ Plus definition Ⓝ 정의

0610 ★★☆ ☐☐

interpose
[ìntərpóuz]

Ⓥ 1. (대화 중에) 덧붙이다, 끼어들다 2. (사이에) 두다
- "Wait a minute," he **interposed** abruptly.
- The mother is the environment **interposed** between the child and the dangers of the external world. EBS 지문 변형

➕ Plus interposition Ⓝ 사이에 넣음, 중재

0611 ★★☆ ☐☐

exaggerate
[igzǽdʒərèit]

Ⓥ 과장하다
- We can be influenced by **exaggerated** rumors. EBS 지문 변형
- He tends to **exaggerate** a lot when he talks.

➕ Plus exaggeration Ⓝ 과장

◀ 예문 해석 ▶

0607 그 이야기들은 아주 약간씩 수정된다. / 미국 식품의약국은 그 규정을 개정하자는 제안을 발표할 것이다. 0608 한국어를 영어로 통역하다 / 만약 심리적인 자기중심주의가 이기심으로 해석된다면, 그것은 분명히 틀린 것이다. 0609 단어들을 정확하게 정의하다 / 지리학을 인간의 환경에 대한 연구로 규정하는 것은 적절할 것이다. 0610 "잠깐만"이라며 그는 갑자기 끼어들었다. / 어머니는 아이와 외부 세상의 위험 사이에 있는 환경이다. 0611 우리는 과장된 소문에 영향을 받을 수 있다. / 그는 말할 때 많이 과장하는 경향이 있다.

0612 ★★★ ☐☐ -

affirmation
[æfərméiʃ∂n]

🔲 1. 확인, 확언, 단언 2. 긍정

- Science is not the **affirmation** of a set of beliefs, but a process of inquiry. EBS 지문 변형
- She nodded in **affirmation**.
  ➕ **Plus** ↔ negation 🔲 부정, 부인
  affirm ✅ 단언하다

Related Words	언어		
인용구, 발췌	a short piece taken from a book, poem, piece of music, etc.	excerpt
속어, 은어	words and expressions that are very informal and are not considered appropriate for more formal situations	slang
전문 용어	words and expressions used in a particular profession or by a particular group of people	jargon

0613 ★★☆ ☐☐ -

eloquent
[éləkwənt]

🇦 1. 웅변의, 유창한 2. 느낌이나 의미를 명확히 보여 주는

- He captivated the listeners with his **eloquent** speech at the campaign rally. EBS 지문 변형
- Her eyes were **eloquent**.
  ➕ **Plus** eloquence 🔲 웅변, 화술

0614 ★★☆ ☐☐ -

fluency
[flúːənsi]

🔲 유창성, 능숙도

- with surprising **fluency** in English
- They speak with **fluency** but they are somehow too smooth.
  EBS 지문 변형
  ➕ **Plus** fluent 🇦 유창한

0615 ★★★ ☐☐ -

relevance
[réləvəns]

🔲 관련, 적절, 타당성

- Aristotle attributed more **relevance** to the intrinsic or immanent aspect of action. EBS 지문 변형
- I don't see the **relevance** of your question.
  ➕ **Plus** ↔ irrelevance 🔲 부적절, 관련 없음
  have relevance to ~와 관련이 있다
  relevant 🇦 적절한, 타당한, 관련된

예문 해석

0612 과학은 일련의 믿음에 대한 단언이 아니라 탐구의 과정이다. / 그녀는 수긍하며 고개를 끄덕였다. 0613 그는 유창한 연설로 유세장의 청중들을 사로잡았다. / 그녀의 두 눈은 무언가 말하고 있었다. 0614 영어에 있어서 놀랄 만큼 유창하게 / 그들은 유창하게 말하지만 어쩐지 지나치게 매끄럽다. 0615 아리스토텔레스는 행위의 본질적인 또는 내재적인 측면과 좀 더 관련이 있다고 했다. / 당신의 질문이 적절하게 여겨지지 않는다.

0616 ★★☆ ☐☐

commonplace
[kámənplèis]

ⓐ 평범한, 흔한 **ⓝ** 평범한 것

- It has become **commonplace** for scores to be produced on a synthesizer. EBS 지문 변형
- We now accept cellphones as **commonplaces** of everyday life.

0617 ★☆☆ ☐☐

synonym
[sínənim]

ⓝ 동의어, 유의어

- "Small" and "little" are **synonyms**.
  ➕ Plus ↔ antonym **ⓝ** 반의어

0618 ★★★ ☐☐

term
[təːrm]

ⓝ 1. 말, 용어 2. 학기, 기간, 임기 3. 관계, (친밀한) 사이

- the end of the **term**
- You have probably read the **term** 'sponsored listings' that is pay per click advertising. EBS 지문 변형
- A friendly argument is a means of being on good **terms** with someone. EBS 지문 변형
  ➕ Plus in terms of ~에 관해서

0619 ★☆☆ ☐☐

punctuation
[pʌ̀ŋktʃuéiʃən]

ⓝ 구두점, 구두법

- **punctuation** marks such as periods, commas, and brackets
- Revision means much more than correcting grammar, spelling, and **punctuation**. EBS 지문 변형
  ➕ Plus punctuate **ⓥ** 구두점을 찍다, 강조하다

0620 ★★★ ☐☐

pitch
[pitʃ]

ⓝ 1. 음의 높이 2. 정점, 최고조

- The warmer it is, the higher the **pitch**. EBS 지문 변형
- Harsh criticism of the West reached a high **pitch**.

0621 ★☆☆ ☐☐

premise
[prémis]

ⓝ 전제

- the same tone and the same overall **premise** EBS 지문 변형

◀ 예문 해석 ▶

0616 음악 작품이 전자 음향 합성 장치에서 만들어지는 것이 흔해졌다. / 우리는 지금 휴대전화를 일상생활의 일반적인 것으로 받아들인다. 0617 'small'과 'little'은 유의어이다. 0618 학기 말 / 여러분은 아마도 광고 클릭당 지불하는 '후원 업체 목록'이라는 용어를 읽은 적이 있을 것이다. / 선의의 논쟁은 누군가와 좋은 관계에 있게 되는 하나의 수단이다. 0619 마침표, 쉼표, 괄호와 같은 구두점 / 수정은 문법, 철자, 구두점을 바로잡는 것 이상을 의미한다. 0620 더 따뜻할수록, 음의 높이는 더 높다. / 서구에 대한 거친 비판이 절정에 이르렀다. 0621 동일한 어조와 전반적으로 동일한 전제

0622 ★★☆ ☐☐

phrase
[freiz]

ⓝ 구(句), 어구

• a noun **phrase**
• Biased words and **phrases** produce misleading answers. EBS 지문 변형

➕ **Plus** phrasal ⓐ 구의, 구로 된

0623 ★★☆ ☐☐

omit
[oumít]

ⓥ 생략하다; 빠뜨리다, 누락하다

• This mark of punctuation may safely be **omitted**. EBS 지문 변형
• He believed the pianist had **omitted** a G flat. EBS 지문 변형

➕ **Plus** omission ⓝ 생략; 빠짐, 누락
omissible ⓐ 생략할 수 있는

0624 ★★☆ ☐☐

literal
[lítərəl]

ⓐ 문자 그대로의, 평범한

• You begin to parse the poem's **literal** and figurative meanings. EBS 지문 변형
• Sam's translation of this play was too **literal**.

➕ **Plus** literally ⓐⓓ 문자 그대로, 말 그대로

0625 ★☆☆ ☐☐

bilingual
[bailíŋgwəl]

ⓐ 두 개의 언어를 사용하는 ⓝ 두 개 국어를 구사하는 사람

• Most speakers in **bilingual** communities have abandoned their native language. EBS 지문 변형
• Some **bilinguals** may be late learners of the second language.

➕ **Plus** monolingual ⓐ 하나의 언어를 사용하는
multilingual ⓐ 여러 언어를 사용하는

Related Words	언어	
생략된	shorter because some parts have been removed	abbreviated
유사한	similar to another situation or thing so that a comparison can be made	analogous
(필적·인쇄가) 읽기 쉬운	clear enough to read	legible
구어체의	used in familiar conversation rather than in formal speech or writing	colloquial

예문 해석

0622 명사구 / 편견이 있는 단어와 어구는 오해의 소지가 있는 응답을 만들어 낸다. 0623 이 구두점 표시가 안전하게 생략될 수 있다. / 그는 피아노 연주자가 G 플랫 음을 빠뜨렸다고 믿었다. 0624 여러분은 시의 문자적 의미와 비유적 의미를 분석하기 시작한다. / 이 연극에 대한 Sam의 해석은 너무 평범했다. 0625 두 개의 언어를 사용하는 사회의 대부분의 화자들은 자신들의 모국어를 버렸다. / 두 개 국어를 구사하는 몇몇 사람들은 제2언어를 늦게 배울 수도 있다.

0626 ★★★ ☐☐

utter
[ʌ́tər]

a 완전한, 전적인 **V** 발언하다, 입 밖에 내다
- an **utter** stranger
- Without **uttering** a word, she hugged her son. EBS 지문 변형
  + Plus utterance **n** 발언
  utterly **ad** 완전히, 아주, 전혀

0627 ★★☆ ☐☐

dialect
[dáiəlèkt]

n 사투리, 방언
- speak in **dialect**
- Some missionaries translated the Bible into the **dialect** of the tribe. EBS 지문 변형
  + Plus dialectal **a** 방언의

0628 ★★★ ☐☐

illiteracy
[ilítərəsi]

n 문맹; 무식
- the government's efforts to reduce **illiteracy**
- **Illiteracy** is an obstacle to success.
  + Plus ↔ literacy **n** 읽고 쓰는 능력
  illiterate **a** 문맹의; (특정 분야에 대해) 잘 모르는

0629 ★★★ ☐☐

controversial
[kàntrəvə́:rʃəl]

a 논쟁의, 논쟁의 여지가 있는
- It is a **controversial** theory.
- Her **controversial** work affected lives across America and around the world. EBS 지문 변형
  + Plus controversy **n** 논란
  controversially **ad** 논쟁적으로

0630 ★★★ ☐☐

ambiguous
[æmbíɡjuəs]

a 애매한, 여러 가지로 해석할 수 있는, 분명치 않은
- That statement is very **ambiguous** for a few reasons.
- The boundaries among business units were deliberately **ambiguous**. EBS 지문 변형
  + Plus ambiguity **n** 애매함

예문 해석

0626 생판 모르는 사람 / 말 한 마디 하지 않고 그녀는 아들을 껴안았다. 0627 사투리로 말하다 / 일부 선교사가 성경을 그 부족의 방언으로 번역했다. 0628 문맹을 줄이려는 정부의 노력 / 문맹은 성공의 장애물이다. 0629 그것은 논쟁의 여지가 있는 이론이다. / 논란이 되었던 그녀의 작업은 미 대륙과 전 세계의 삶에 영향을 미쳤다. 0630 그 진술은 몇 가지 이유로 굉장히 애매모호하다. / 사업 단위 사이의 경계를 일부러 애매모호하게 했다.

0631 ★★☆ ▢▢

plausible
[plɔ́:zəbl]

ⓐ 타당한, 그럴듯한

• a **plausible** alibi
• She could find no **plausible** explanation for its disappearance.
EBS 지문 변형

➕ **Plus** plausibly ad 그럴듯하게

0632 ★★★ ▢▢

sophisticated
[səfístəkèitid]

ⓐ 정교한, 고상한, 교양 있는

• Kevin is a smart and **sophisticated** young man.
• She is engaged in a **sophisticated** and intellectual social activity. EBS 지문 변형

➕ **Plus** sophistication ⓝ 교양, 세련

0633 ★★★ ▢▢

vague
[veig]

ⓐ 1. 희미한 2. 모호한, 애매한

• We had only a **vague** idea of where we were.
• We all know from experience that some of our dreams are **vague** and incoherent. EBS 지문 변형

➕ **Plus** = indistinct, unclear
vaguely ad 모호하게, 희미하게

0634 ★★☆ ▢▢

polished
[páliʃt]

ⓐ 1. 윤이 나는 2. 다듬어진, 세련된

• She wore **polished** shoes.
• Someone who is **polished** shows confidence and knows how to behave socially.

➕ **Plus** polish ⓥ (윤이 나도록) 닦다, 다듬다

0635 ★★☆ ▢▢

reconstruct
[rì:kənstrʌ́kt]

ⓥ 재구성하다, 재건[복원]하다

• They have tried to **reconstruct** the palaces in ancient Rome.
• They are recalling indexes and **reconstructing** details.
EBS 지문 변형

➕ **Plus** = restore, rebuild
reconstruction ⓝ 재건, 개조, 부흥

예문 해석

0631 그럴듯한 알리바이 / 그녀는 그것이 사라진 것에 대해 타당한 설명을 찾을 수 없었다. 0632 Kevin은 똑똑하고 교양 있는 젊은이다. / 그녀는 고상하고 지적인 사회적 활동에 참여하고 있다. 0633 우리는 우리가 어디에 있는지 어렴풋이 알고 있을 뿐이었다. / 우리는 모두 경험으로부터 우리 꿈의 일부가 모호하고 일관성이 없다는 것을 알고 있다. 0634 그녀는 윤이 나는 구두를 신고 있었다. / 세련된 사람은 자신감을 보여 주고 사회적으로 어떻게 행동해야 하는지 안다. 0635 그들은 고대 로마의 궁전들을 복원하려고 노력해 왔다. / 그들은 지표를 기억해 내고 세부 사항을 재구성하고 있는 것이다.

0636 ★★☆ □□

confer
[kənfə́ːr]

V 1. 부여[수여]하다 2. 상의하다

- words arbitrarily chosen to **confer** meaning `EBS 지문 변형`
- He wanted to **confer** with his colleagues before making the decision.
  - ➕ **Plus** conference **n** 회의, 회담, 협의

0637 ★★☆ □□

narrative
[nǽrətiv]

n 묘사, 서술 **a** 이야기의

- His detailed **narrative** of his early childhood was interesting.
- This novel uses a first-person **narrative** style.
  - ➕ **Plus** narration **n** 이야기를 진행하기, 내레이션
  - narrate **V** 이야기를 하다, 내레이션을 하다

0638 ★★★ □□

consistent
[kənsístənt]

a 일관된, 지속적인

- a **consistent** approach to the problem `EBS 지문 변형`
- Your grades have shown **consistent** improvement this school year.
  - ➕ **Plus** consistent with ~와 일치하는
  - consistently **ad** 일관하여, 지속적으로

0639 ★★★ □□

evoke
[ivóuk]

V 불러일으키다, 환기시키다

- The power of words is bound up with the images they **evoke**. `EBS 지문 변형`
- The touch of the soft cloth **evokes** a feeling of warmth.
  - ➕ **Plus** = arouse, cause

0640 ★★★ □□

derive
[diráiv]

V 1. ~에서 비롯되다 2. 끌어내다, 얻다

- The river **derives** its name from a Native American tribe. `EBS 지문 변형`
- We must **derive** our theory of education from our philosophy of life.
  - ➕ **Plus** derive from ~에서 유래하다
  - derivative **n** 파생어

예문 해석

0636 의미를 부여하기 위해 임의로 선택한 낱말 / 그는 결정하기 전에 자신의 동료들과 상의하기를 원했다. 0637 그의 어린 시절에 대한 자세한 이야기는 재미있었다. / 이 소설은 1인칭 시점의 서술 방식을 취하고 있다. 0638 그 문제에 대한 일관된 접근법 / 너의 성적은 이번 학년에 지속적인 향상을 보여 왔다. 0639 말의 힘은 그 말이 불러일으키는 이미지들과 연관되어 있다. / 부드러운 천의 감촉은 포근한 느낌을 불러일으킨다. 0640 그 강의 이름은 어느 미국 원주민 부족에서 비롯되었다. / 우리는 우리의 교육 이론을 우리 삶의 철학에서부터 끌어내야 한다.

Review Test

A 다음 단어에 해당하는 우리말을 쓰시오.

01 reconstruct _____

02 evoke _____

03 bilingual _____

04 translate _____

05 premise _____

06 sophisticated _____

07 ambiguous _____

08 phrase _____

09 commonplace _____

10 define _____

B 다음에 해당하는 영어 단어/숙어를 쓰시오.

01 과장하다 _____

02 일관된, 지속적인 _____

03 명확하게 하다 _____

04 유창성, 능숙도 _____

05 웅변의, 유창한 _____

06 논쟁의 _____

07 관련, 적절 _____

08 수정하다, 개정하다 _____

09 생략하다; 빠뜨리다 _____

10 묘사, 서술; 이야기의 _____

C 다음 괄호 안에서 문맥에 적절한 것을 고르시오.

01 The baby is beginning to form [articled/articulate] words and phrases.

02 Compelling images and powerful [narratives/nerves] get certain issues into the news.

03 Mr. Han is one of those happy people who [derive/destroy] pleasure from helping others.

04 His [literary/literal] understanding of jokes made it difficult for him to see the humor in it.

05 Sometimes people deliberately use [vacant/vague] and veiled wording to make a point in their communications.

D 다음 문장에서 주어진 우리말에 해당하는 영어 단어에 밑줄 치시오.

01 용어 "Social science" is commonly used as an umbrella term.

02 이해하다 The biology of vision cannot explain the way that we actually interpret the appearance of the world.

03 타당한, 그럴듯한 We can make a plausible case for saying that we're free to choose anything we want whenever we want to.

04 확언, 단언 Your affirmation succeeds best when it is specific and when it does not produce a mental conflict or argument.

05 언어의 Musical training influences linguistic abilities in 8-year-old children.

| DAY |

Literature & Classics

문학과 고전

📘 Previous Check

- ☐ character
- ☐ feature
- ☐ clue
- ☐ literary
- ☐ anecdote
- ☐ dramatic
- ☐ comprehensive
- ☐ context
- ☐ significance
- ☐ detailed
- ☐ competent
- ☐ remarkable
- ☐ prolific
- ☐ manuscript

- ☐ verse
- ☐ chronological
- ☐ delicacy
- ☐ anonymous
- ☐ depict
- ☐ evaluate
- ☐ referent
- ☐ reasoning
- ☐ embed
- ☐ explicit
- ☐ orally
- ☐ distinguished
- ☐ rhetoric
- ☐ metaphorical

- ☐ adept
- ☐ proverbial
- ☐ extraordinary
- ☐ acclaim
- ☐ cherish
- ☐ spectator
- ☐ fictional
- ☐ inevitable
- ☐ abruptly
- ☐ everlasting
- ☐ linger
- ☐ immensity

0641 ★★★ ☐☐

character
[kǽriktər]

🇳 1. 성격, 기질 2. 특징 3. (책·영화 등의) 등장 인물
- the historic **character** of the neighborhood EBS 지문 변형
- She invented the **character** of a backpacking tourist who would appear in each location. EBS 지문 변형
- ➕ **Plus** characteristic 🇦 특유의 🇳 특징

0642 ★★★ ☐☐

feature
[fí:tʃər]

🇳 특징, 특색 🇻 특색으로 삼다
- What people eat depends on the **features** of the area they live in. EBS 지문 변형
- It **features** a real 1.6 megapixel camera with 4x digital zoom. EBS 지문 변형

0643 ★★☆ ☐☐

clue
[klu:]

🇳 단서, 실마리
- a **clue** for solving the problem
- Prehistoric layers provided key **clues** for their study. EBS 지문 변형
- ➕ **Plus** = hint

0644 ★★★ ☐☐

literary
[lítərèri]

🇦 문학의, 문학적인
- Her poetry is full of obscure **literary** allusion. EBS 지문 변형
- As a new **literary** genre, children's books became popular in the eighteenth century.
- ➕ **Plus** literature 🇳 문학

0645 ★☆☆ ☐☐

anecdote
[ǽnikdòut]

🇳 일화, 비사(秘史)
- personal correspondence, inspirational messages, **anecdotes**, etc. EBS 지문 변형
- Woodward provides a telling **anecdote** about the President's actions.
- ➕ **Plus** anecdotal 🇦 일화의, 일화 같은

◤ 예문 해석 ◢

0641 지역의 역사적인 특징 / 그녀는 각 장소마다 등장하는 배낭 멘 관광객 캐릭터를 만들어 냈다. **0642** 사람들이 먹는 것은 그들이 살고 있는 지역의 특색에 달려 있다. / 그것은 4배 디지털 줌을 갖춘 실제 1.6메가픽셀 카메라를 특징으로 한다. **0643** 그 문제를 풀기 위한 단서 / 선사 시대 층은 그들의 연구에 주요 실마리를 제공했다. **0644** 그녀의 시는 모호한 문학적 암시로 가득 차 있다. / 새로운 하나의 문학 장르로서, 아동용 도서는 18세기에 인기를 얻었다. **0645** 개인 서신, 영감을 주는 메시지, 일화 등 / Woodward는 대통령의 행위를 효과적으로 보여 주는 일화를 제공한다.

0646 ★★☆ □□

dramatic
[drəmǽtik]

ⓐ 1. 극적인, 인상적인 2. 희곡의
- a **dramatic** performance
- The chorus related **dramatic** stories derived from myth.

EBS 지문 변형

➕ **Plus** drama ⓝ 연극, 극적인 사건

0647 ★★★ □□

comprehensive
[kàmprihénsiv]

ⓐ 1. 포괄적인, 종합적인 2. 이해력이 있는
- Her view of the novel was a **comprehensive** one. EBS 지문 변형
- He began writing a **comprehensive** natural history of the world. EBS 지문 변형

➕ **Plus** comprehend ⓥ 이해하다
comprehension ⓝ 이해력

0648 ★★★ □□

context
[kántekst]

ⓝ 1. 맥락, 전후 사정, 배경 2. 문맥
- The concept of risk can have varying meanings depending on the **context**. EBS 지문 변형
- You should be able to guess the meaning of the word from the **context**.

➕ **Plus** contextual ⓐ 맥락과 관련된, 문맥상의

0649 ★★★ □□

significance
[signífikəns]

ⓝ 1. 중요성, 의의 2. 의미
- This goal involves social recognition and **significance**. EBS 지문 변형
- Music adds **significance** to ceremonies and to words. EBS 지문 변형

➕ **Plus** significant ⓐ 중요한, 의미 있는
significantly ⓐⓓ 상당히, 의미 있게

0650 ★★☆ □□

detailed
[dí:teild]

ⓐ 상세한
- He sent a **detailed** memo to the CEO about how the company could reduce its postal costs. EBS 지문 변형

➕ **Plus** detail ⓝ 세부 사항

◀ 예문 해석 ▶

0646 인상적인 공연 / 극적인 이야기와 관련된 합창곡은 신화에서부터 왔다. 0647 그 소설에 대한 그녀의 견해는 포괄적인 것이었다. / 그는 포괄적인 세계 자연사를 쓰기 시작했다. 0648 위기의 개념은 맥락에 따라 가지각색의 의미를 지닐 수 있다. / 너는 단어의 의미를 문맥에서 추측할 수 있어야 한다. 0649 이러한 목표는 사회적 인정과 중요성을 포함한다. / 음악은 의식과 가사에 의미를 더한다. 0650 그는 CEO에게 회사가 우편 비용을 줄일 수 있는 방법에 대해 상세한 메모를 보냈다.

0651 ★★★ ☐☐

competent
[kámpətənt]

a 유능한, 충분한

- qualifications for a **competent** manager [EBS 지문 변형]
- You are **competent** enough to get through this. [EBS 지문 변형]
  - **➕ Plus** ↔ incompetent **a** 무능한
    competence **n** 능력

0652 ★★★ ☐☐

remarkable
[rimá:rkəbl]

a 놀랄 만한, 주목할 만한

- spark a **remarkable** economic development [EBS 지문 변형]
- Individuals who remove perceived limits achieve **remarkable** results. [EBS 지문 변형]
  - **➕ Plus** remarkably **ad** 두드러지게, 매우

0653 ★★☆ ☐☐

prolific
[prəlífik]

a 다작의, 다산의, 풍부한

- Wundt was probably the world's most **prolific** scientific writer. [EBS 지문 변형]
- The area is **prolific** in over 40 sorts of freshwater fishes.

0654 ★★☆ ☐☐

manuscript
[mǽnjuskrìpt]

n 1. 원고　2. 사본, 필사본

- The **manuscript** details the results of a survey. [EBS 지문 변형]
- The **manuscripts** gave the most clues to Chaucer's original version. [EBS 지문 변형]

Related Words	문학과 고전	
대하소설	a long and complicated series of events, or a description of this	saga
서사시	a long poem that tells a story about ancient people and gods	epic
희극	a play, film, or television program that is intended to make people laugh	comedy
비극	a serious play or book that ends sadly, especially with the death of the main character	tragedy

0655 ★★☆ ☐☐

verse
[və:rs]

n 1. 시[운문]　2. (시의) 연, (노래의) 절

- Most of the play is written in **verse**. [EBS 지문 변형]
- His publications include several volumes of **verse**.

예문 해석

0651 유능한 관리자의 요건들 / 너는 이것을 이겨낼 만큼 충분히 유능하다.　**0652** 놀라운 경제적 발전을 일으키다 / 인지된 한계를 제거한 사람들은 놀랄 만한 결과를 성취한다.　**0653** Wundt는 아마 세계에서 과학과 관련된 글을 가장 많이 쓴 작가였을 것이다. / 그 지역에는 40 종류가 넘는 민물고기가 풍부하다.　**0654** 그 원고는 설문조사 결과를 자세히 다룬다. / 필사본들은 Chaucer의 원본에 가장 많은 실마리를 주었다.　**0655** 그 희곡의 대부분은 운문으로 쓰여 있다. / 그의 출판물은 시집 몇 권을 포함한다.

0656 ★★☆ ☐☐

chronological
[krànəládʒikəl]

ⓐ 발생 순서대로 된, 연대순의

- He arranged the pictures in **chronological** sequence.
- Scientists try to draw a distinction between '**chronological**' and 'biological' age. EBS 지문 변형

➕ **Plus** chronologically ⓐⓓ 연대순으로
chronology ⓝ 연대순, 연표

0657 ★★☆ ☐☐

delicacy
[délikəsi]

ⓝ 1. 섬세함, 정교함 2. 연약함 3. 별미

- the **delicacy** of the taste in art
- In the Seychelles Islands, bat is a **delicacy** — it tastes similar to chicken. EBS 지문 변형

➕ **Plus** delicate ⓐ 섬세한, 연약한

0658 ★★☆ ☐☐

anonymous
[ənánəməs]

ⓐ 1. 익명의, 작자 불명의 2. 특색 없는

- an **anonymous** author
- He has an **anonymous** voice. EBS 지문 변형

➕ **Plus** anonymously ⓐⓓ 익명으로

Related Words	문학과 고전	
필명	an invented name that a writer or an artist, etc. uses instead of his or her real name	pseudonym / pen name
별명	a usually descriptive name given instead of the one belonging to a person	nickname
예명	a name used by an actor instead of his or her real name	stage name

0659 ★★★ ☐☐

depict
[dipíkt]

ⓥ 묘사하다, 서술하다, 그리다

- About seven vases from Classical Athens **depict** the daily life of Greek females at that time. EBS 지문 변형
- The novel **depicts** French society in the 1930s.

➕ **Plus** = describe, illustrate, portray

예문 해석

0656 그는 연대순으로 그림들을 정리했다. / 과학자들은 '생활' 연령과 '생물학적' 연령을 구별하려고 시도한다. 0657 예술 취향의 섬세함 / Seychelles 섬에서 박쥐는 별미인데 그것은 닭고기와 비슷한 맛이 난다. 0658 익명의 작가 / 그는 특색 없는 목소리를 갖고 있다. 0659 고대 아테네의 약 7개의 꽃병은 당시 그리스 여인들의 일상 생활을 묘사한다. / 그 소설은 1930년대 프랑스 사회를 그리고 있다.

0660 ★★★ ☐☐

evaluate
[ivǽljuèit]

ⓥ 평가하다

- When **evaluating** a script, we never criticize based on our taste. EBS 지문 변형
- To **evaluate** these theories, scientists compared microbial samples. EBS 지문 변형
  - ➕ **Plus** = assess
    - evaluation ⓝ 평가

0661 ★★☆ ☐☐

referent
[réfərənt]

ⓝ 지시 대상

- The semantic theory of naming differentiates a sense from a **referent**. EBS 지문 변형

0662 ★★★ ☐☐

reasoning
[ríːzniŋ]

ⓝ 추리, 추론, 논거

- The use of analogy can be a powerful tool in **reasoning**. EBS 지문 변형

- In fact, inductive **reasoning** must satisfy certain statistical principles. EBS 지문 변형
  - ➕ **Plus** reason ⓝ 이유, 근거 ⓥ 판단하다, 추론하다

0663 ★★★ ☐☐

embed
[imbéd]

ⓥ 1. 끼워 넣다, 박다 2. 내포하다

- The company continues to **embed** new business processes.
- This assumption has been so deeply **embedded** in our conventional wisdom. EBS 지문 변형
  - ➕ **Plus** embedment ⓝ 꽂아 넣기, 심기

0664 ★★★ ☐☐

explicit
[iksplísit]

ⓐ 1. 명백한, 분명한 2. 솔직한

- The denotation of a word is its precise or **explicit** meaning. EBS 지문 변형

- He is quite **explicit** about political affairs.
  - ➕ **Plus** ↔ implicit ⓐ 암시적인

예문 해석

0660 원고를 평가할 때, 우리는 절대 우리의 취향에 근거해서 비판하지는 않는다. / 이 이론들을 평가하기 위해 과학자들은 미생물 샘플을 비교하였다. 0661 작명에 대한 의미론은 지시 대상의 의미와 다르다. 0662 유추의 사용은 추론에 있어서 강력한 도구가 될 수 있다. / 사실, 귀납적 추론은 특정 통계 원리를 만족시켜야만 한다. 0663 그 회사는 계속해서 새로운 사업 공정을 끼워 넣으려고 한다. / 이 추정은 우리의 사회적 통념에 아주 깊이 내포되어 있었다. 0664 단어의 명시적 의미는 정확하고 분명한 의미를 말한다. / 그는 정치적인 문제에 대해 꽤 솔직하다.

0665 ★★◇ □□ -----

orally
[ɔ́ːrəli]

ad 구두로, 입을 통해서

- Some scholars believe that Shakespeare taught his actors their parts **orally**. EBS 지문 변형
  - ➕ Plus oral a 구두의, 구술의

0666 ★★◇ □□ -----

distinguished
[distíŋgwiʃt]

a 저명한, 유명한, 두드러진

- A **distinguished** anthropologist said that human beings are "unfinished animals." EBS 지문 변형
- He rendered **distinguished** services to the state.
  - ➕ Plus = outstanding, conspicuous
  - distinguish v 구별하다

0667 ★◇◇ □□ -----

rhetoric
[rétərik]

n 1. 수사법, 수사학 2. 미사여구

- the **rhetoric** of political slogans
- Technologies often tend to develop faster than the **rhetoric** evaluating them. EBS 지문 변형
  - ➕ Plus rhetorical a 수사적인, 미사여구식의, 수사법의

0668 ★★◇ □□ -----

metaphorical
[mètəfɔ́ːrikəl]

a 비유의, 은유의

- a **metaphorical** language
- A new metaphor will give birth to similar types of **metaphorical** expressions. EBS 지문 변형
  - ➕ Plus = figurative
  - metaphor n 비유, 은유

0669 ★◇◇ □□ -----

adept
a [ədépt]
n [ǽdept]

a 능숙한 n 숙련자, 능통한 사람

- an **adept** of Japanese tea ceremony EBS 지문 변형
- He is **adept** in several languages.
  - ➕ Plus = skillful, versed
  - adeptly ad 숙련되게, 뛰어나게

◀ 예문 해석 ▶

0665 일부 학자들은 셰익스피어가 그의 배우들에게 그들의 역할을 구두로 가르쳤다고 믿는다. 0666 어떤 저명한 인류학자는 인간이 '미완의 동물'이라고 말했다. / 그는 국가에 두드러진 공적을 세웠다. 0667 정치 슬로건의 미사여구 / 기술은 종종 그것들을 평가하는 수사법보다 더 빨리 발전하는 경향이 있다. 0668 비유적인 언어 / 새로운 비유는 비슷한 종류의 은유적 표현을 낳을 것이다. 0669 일본 다도의 달인 / 그는 몇 가지 언어에 능숙하다.

0670 ★✩✩ ☐☐
proverbial
[prəvə́ːrbiəl]

ⓐ 1. 속담의 2. 유명한
- the **proverbial** London fog
- Several **proverbial** expressions have captured the essential insight related to our lives. EBS 지문 변형
- ➕ **Plus** proverb ⓝ 속담

0671 ★★★ ☐☐
extraordinary
[ikstrɔ́ːrdənèri]

ⓐ 기이한, 비범한, 대단한
- an **extraordinary** achievement
- People may submit to authority because of the **extraordinary** attraction of an individual. EBS 지문 변형
- ➕ **Plus** = remarkable, exceptional

0672 ★★✩ ☐☐
acclaim
[əkléim]

ⓥ 칭송하다, 환호를 보내다 ⓝ 찬사
- His work was **acclaimed** by art critics.
- The show's final curtain fell with the highest **acclaim**.
- ➕ **Plus** acclamation ⓝ 환호, 갈채

0673 ★★★ ☐☐
cherish
[tʃériʃ]

ⓥ 소중히 여기다, (마음속에) 간직하다
- **cherish** old-fashioned traditions
- I will always **cherish** the memory of those days in Paris.
- ➕ **Plus** = care for, treasure

0674 ★★✩ ☐☐
spectator
[spékteitər]

ⓝ 관중, 구경꾼
- thousands of cheering **spectators** EBS 지문 변형
- She is the only **spectator** in the drama theater.
- ➕ **Plus** spectate ⓥ 지켜보다, 구경하다
  spectacle ⓝ 구경거리, 광경

예문 해석

0670 유명한 런던의 안개 / 몇몇 속담 표현들은 우리의 삶과 관련된 중요한 통찰력을 포착했다. 0671 대단한 성취 / 사람들은 한 개인의 비범한 매력 때문에 권위에 복종할지도 모른다. 0672 그의 작품은 예술 비평가들에 의해 칭송받았다. / 그 공연은 최고의 찬사와 함께 막을 내렸다. 0673 오랜 전통을 소중히 여기다 / 파리에서 지낸 그날들의 추억을 항상 간직할 것이다. 0674 수천 명의 환호하는 관중들 / 그녀는 연극 극장의 유일한 관객이다.

0675 ★★☆ ☐☐

fictional
[fíkʃənəl]

ⓐ 허구의, 소설의
- contain more exotic characters than any **fictional** tale `EBS 지문 변형`
- The movie was about the **fictional** adventures of an archaeologist.
  ➕ **Plus** fiction ⓝ 소설, 허구

0676 ★★☆ ☐☐

inevitable
[inévitəbl]

ⓐ 필연적인, 불가피한
- an **inevitable** consequence of economic growth
- Some genres, like romantic comedies, are formulaic, so we know the **inevitable** ending. `EBS 지문 변형`
  ➕ **Plus** = unavoidable
  inevitably ⓐⓓ 필연적으로

0677 ★★☆ ☐☐

abruptly
[əbrʌ́ptli]

ⓐⓓ 갑자기, 뜻밖에
- **abruptly** finish the conversation `EBS 지문 변형`
- His table manners will not change **abruptly**.
  ➕ **Plus** = suddenly
  abrupt ⓐ 1. 갑작스러운 2. 퉁명스러운

0678 ★★☆ ☐☐

everlasting
[èvərlǽstiŋ]

ⓐ 영원한, 변치 않는, 끊임없는
- an **everlasting** friendship `EBS 지문 변형`
- A classic publication proves to be of **everlasting** interest.
  ➕ **Plus** = eternal, constant, never-ending

0679 ★★☆ ☐☐

linger
[líŋgər]

ⓥ 남다, 오래 머물다
- **linger** for a moment `EBS 지문 변형`
- The audience **lingered** in the hall drinking juice and chatting with the musicians. `EBS 지문 변형`

0680 ★☆☆ ☐☐

immensity
[iménsəti]

ⓝ 엄청남, 방대함
- the **immensity** of the universe `EBS 지문 변형`
- She couldn't understand the **immensity** of the problem.
  ➕ **Plus** immense ⓐ 엄청난, 막대한

예문 해석

0675 어떠한 허구의 이야기보다 더 색다른 등장인물을 포함하다 / 그 영화는 한 고고학자의 소설적인 모험담에 관한 것이었다. 0676 경제 성장의 필연적 결과 / 로맨틱 코미디와 같은 몇몇 장르는 정형화되어 있어서 우리는 필연적인 결말을 안다. 0677 갑자기 대화를 끝내다 / 그의 식사 예절이 갑작스럽게 변하지는 않을 것이다. 0678 영원한 우정 / 고전 출판물은 변치 않는 인기를 누린다는 것이 입증된다. 0679 잠시 동안 서성이다 / 청중들은 주스를 마시고 음악가들과 담소를 나누면서 복도에 오래 머물렀다. 0680 우주의 광활함 / 그녀는 그 문제의 엄청난 심각성을 이해할 수 없었다.

Ⓐ 다음 단어에 해당하는 우리말을 쓰시오.

01 cherish _____

02 inevitable _____

03 orally _____

04 anecdote _____

05 significance _____

06 extraordinary _____

07 spectator _____

08 verse _____

09 metaphorical _____

10 manuscript _____

Ⓑ 다음에 해당하는 영어 단어/숙어를 쓰시오.

01 익명의, 작자 불명의 _____

02 특징, 특색 _____

03 섬세함; 연약함 _____

04 칭송하다 _____

05 맥락; 문맥 _____

06 갑자기, 뜻밖에 _____

07 끼워 넣다; 내포하다 _____

08 오래 머물다 _____

09 능숙한; 숙련자 _____

10 다작의, 풍부한 _____

Ⓒ 다음 괄호 안에서 문맥에 적절한 것을 고르시오.

01 [Dramatic/Ordinary] presentations might characterize key moments in history.

02 He was a(n) [distinguished/infamous] scholar who had graduated from Manchester, Columbia and Oxford.

03 This can be seen with special clarity in the [literacy/literary] form which is known as the short story.

04 Valentine Day's gifts typically express the giver's [momentary/everlasting] love and devotion.

05 The children's narratives were [detailed/detrimental], coherent, and embellished in ways that were not suggested originally.

Ⓓ 다음 문장에서 주어진 우리말에 해당하는 영어 단어에 밑줄 치시오.

01 명백한　　　The contrast could not have been made more explicit.

02 발생 순서대로의　　　We may well read it from beginning to end, but it will not exist as a chronological entity in our minds.

03 포괄적인　　　With luck, yours will be a well-constructed document with a comprehensive description of the task in hand.

04 단서, 실마리　　　All these items give clues about who you are and the kind of interests you have.

05 묘사하다　　　He is writing a play depicting the life of the artist.

| DAY |

18

Politics
정치

📘 Previous Check

- ☐ bureaucracy
- ☐ appoint
- ☐ presidency
- ☐ diplomatic
- ☐ council
- ☐ minister
- ☐ policy
- ☐ civilian
- ☐ republican
- ☐ autonomy
- ☐ opponent
- ☐ candidate
- ☐ nominate
- ☐ congress

- ☐ committee
- ☐ refugee
- ☐ immigrant
- ☐ racial segregation
- ☐ absentee ballot
- ☐ standpoint
- ☐ ponder
- ☐ notion
- ☐ mandate
- ☐ ensure
- ☐ impulsive
- ☐ retain
- ☐ entail
- ☐ theoretically

- ☐ parliament
- ☐ monarchy
- ☐ predominant
- ☐ federal
- ☐ patriotic
- ☐ volatile
- ☐ arbitrary
- ☐ bias
- ☐ spark
- ☐ authorize
- ☐ collectivized
- ☐ stream

18														
16	17	↓	19	20	21	22	23	24	25	26	27	28	29	30

Politics

0681 ✸✸☆ □□

bureaucracy
[bjuərǽkrəsi]

n 관료제, 관료주의
- While all larger firms are **bureaucracies**, smaller firms need not be. EBS 지문 변형
- Dealing with a **bureaucracy** often involves a considerable amount of paperwork.

0682 ✸✸✸ □□

appoint
[əpɔ́int]

v 1. 지정하다, 임명하다 2. (시간·장소 등을) 정하다
- A Royal Commission was **appointed** to study the matter. EBS 지문 변형
- They **appointed** Jessica as personnel manager.
- ➕ Plus appointment n 지정, 임명; 약속

0683 ✸✸☆ □□

presidency
[prézədənsi]

n 대통령직, 대통령의 임기
- Ronald Reagan was the oldest American to win the **presidency**.
- The wealthy businessman announced his bid for the **presidency** in a televised announcement.
- ➕ Plus presidential a 대통령의

0684 ✸✸☆ □□

diplomatic
[dìpləmǽtik]

a 외교의, 외교적 수완이 있는
- Philip employed him on secret **diplomatic** missions. EBS 지문 변형
- You were **diplomatic** while resolving conflicts today.
- ➕ Plus diplomacy n 외교(술)
   diplomat n 외교관

0685 ✸✸☆ □□

council
[káunsəl]

n 의회, 심의회
- members of a municipal **council**
- The city **council** voted to use tax dollars to renovate the aging public library. EBS 지문 변형

예문 해석

0681 모든 대규모 회사들이 관료제인 반면, 소규모 회사들은 그럴 필요가 없다. / 관료제로 처리하는 것은 종종 상당한 양의 서류 업무를 수반한다.
0682 왕립위원회가 그 문제를 조사하도록 지정되었다. / 그들은 Jessica를 인사 관리자로 임명했다. 0683 Ronald Reagan은 대통령직에 오른 가장 연로한 미국인이었다. / 그 부유한 사업가는 TV 연설에서 대통령 선거 출마를 선언했다. 0684 Philip은 그를 비밀 외교 임무에 고용했다. / 당신은 오늘 갈등을 해결하는 동안 외교적 태도를 취했다. 0685 시 의회의 구성원들 / 시 의회는 노후화된 공립 도서관을 보수하는 데 세금을 사용하기 위한 투표를 시행했다.

0686 ★★☆ □□

minister
[mínəstər]

n 장관, 각료
- the **Minister** of Education
- The **Minister** of Health and Welfare was appointed by the president. EBS 지문 변형
  - **Plus** first minister 여당 대표
  - prime minister 수상

0687 ★★★ □□

policy
[pάləsi]

n 정책, 방침
- China has had government **policy** since 1980 not to have more than one child. EBS 지문 변형
- Heritage managers and **policy** makers in the Middle East have to deal with heat, wind and sand erosion. EBS 지문 변형
  - **Plus** political **a** 정치와 관련된, 정치적인

0688 ★★☆ □□

civilian
[sivíljən]

a 민간인의 **n** 민간인
- **Civilian** schools have honor codes. EBS 지문 변형
- It is a war crime to target deliberately innocent **civilians**.
  - **Plus** ↔ the military 군인들, 군대

0689 ★★☆ □□

republican
[ripΛblikən]

n 공화주의자, 공화당원 **a** 공화국의, 공화당의
- In the United States, Democrats and **Republicans** fail to see eye-to-eye on most issues.
- Abraham Lincoln was a member of the **Republican** Party.
  - **Plus** ↔ democrat **n** 민주주의자, 민주당원

0690 ★★☆ □□

autonomy
[ɔ:tάnəmi]

n 자치권, 자주성, 자율성
- the **autonomy** of the individual EBS 지문 변형
- For many generations, art educators strove for subject-matter **autonomy**. EBS 지문 변형

예문 해석

0686 교육부 장관 / 보건복지부 장관은 대통령에 의해 임명되었다. **0687** 중국은 1980년 이래로 한 명 이상의 아이를 갖지 않는 것을 정부 정책으로 삼아 왔다. / 중동의 유산 관리자와 정책 입안자들은 열, 바람, 모래 침식을 다루어야 한다. **0688** 민간 학교들은 명예 규율을 가지고 있다. / 의도적으로 무고한 민간인을 표적으로 삼는 것은 전쟁 범죄이다. **0689** 미국에서 민주당원들과 공화당원들은 대부분의 안건에 관해 의견을 일치시키지 못한다. / Abraham Lincoln은 공화당의 일원이었다. **0690** 개인의 자주성 / 수 세대 동안, 미술 교육자는 제재 자율성을 위해 노력했다.

0691 ★★★ □□

opponent
[əpóunənt]

n 상대; 반대자

- One strategy is to damage the reputation of your **opponent**. `EBS 지문 변형`
- It is accurate to say he was an **opponent** of the regime.

  ＋ Plus oppose v 반대하다
  　　　　 opposed a 반대하는, ~와 아주 다른

0692 ★★★ □□

candidate
[kǽndidèit]

n 후보자, 지원자

- a **candidate** for the presidency `EBS 지문 변형`
- The **candidate** was heavily criticized for reversing his stance on health reform.

0693 ★★☆ □□

nominate
[námənèit]

v (후보자로) 지명하다, 추천하다; 임명하다

- **nominate** a candidate
- Peer mediators are usually **nominated** by peers or teachers. `EBS 지문 변형`

  ＋ Plus nomination n 지명; 임명

0694 ★★☆ □□

congress
[káŋgris]

n 의회, 국회; 회의, 회합

- The **congress** finally approved the law.
- He sensed that many members of **Congress** were hostile. `EBS 지문 변형`

  ＋ Plus congressman n 하원 의원

0695 ★★☆ □□

committee
[kəmíti]

n 위원회

- a search **committee** to find qualified workers
- A Senate **committee** was formed to investigate the government's response to the disaster. `EBS 지문 변형`

예문 해석

0691 한 가지 전략은 여러분 상대의 평판에 손상을 주는 것이다. / 그가 그 정권을 반대한 사람이었다고 말하는 것이 정확하다. 0692 대권 후보자 / 그 후보자는 의료 개혁에 관한 그의 입장을 번복한 것에 대해 심한 비판을 받았다. 0693 후보자를 지명하다 / 또래 중재자는 보통 또래 친구들이나 선생님들에 의해 후보로 추천된다. 0694 의회가 마침내 그 법을 승인했다. / 그는 많은 연방 의회 의원들이 적대적이라고 느꼈다. 0695 자격을 갖춘 근로자들을 찾기 위한 조사 위원회 / 상원 위원회는 재난에 대한 정부의 대응을 조사하기 위해 구성되었다.

0696 ★★☆ ☐☐

refugee
[rèfjudʒíː]

n 난민, 망명자
- countries in need of **refugee** protection EBS 지문 변형
- A steady stream of **refugees** fled the war-torn country in search of a better life.
  ➕ **Plus** refuge n 피난(처), 보호 시설

0697 ★★☆ ☐☐

immigrant
[ímigrənt]

n (다른 나라로부터의) 이민자, 이주민
- a new wave of **immigrants** EBS 지문 변형
- Many areas of North and South America were settled by European **immigrants**.
  ➕ **Plus** ↔ emigrant n (다른 나라로 가는) 이민자

0698 ★☆☆ ☐☐

racial
segregation

인종 차별, 인종 분리
- abolish **racial segregation**
- **Racial segregation** was prevalent in the United States up until the 1960s.
  ➕ **Plus** segregate v 분리하다, 차별하다

Related Words	정치	
참정권	the right to vote in national elections	**suffrage**
투표	a choice made by a particular person or group in a meeting or an election	**vote**
취임식	a formal ceremony to mark the beginning of a leader's term of office	**inauguration**
대변인	a person who speaks as the representative of a group or an organization	**spokesperson**

0699 ★☆☆ ☐☐

absentee ballot

부재자 투표, 부재자 투표 용지
- request an **absentee ballot**
- Before an election, **absentee ballots** are sent to US residents who currently reside outside the United States.

예문 해석

0696 난민 보호를 필요로 하는 국가들 / 더 나은 삶을 찾아 전쟁으로 파괴된 나라를 떠나는 망명자들이 줄을 이었다. 0697 이민자들의 새로운 물결 / 북미와 남미의 많은 지역에 유럽 이민자들이 정착했다. 0698 인종 차별을 철폐하다 / 1960년대까지 미국에는 인종 차별이 만연했다. 0699 부재자 투표를 요청하다 / 선거 전에, 부재자 투표 용지가 현재 미국 외부에 거주하는 미국 시민들에게 보내진다.

0700 ✹✹✩ ▢▢

standpoint
[stǽndpɔ̀int]

n 관점, 견지

- This article reflects the **standpoint** of conservatives.
- From a technical **standpoint**, this is a great advantage.

EBS 지문 변형

➕ **Plus** = perspective

0701 ✹✩✩ ▢▢

ponder
[pándər]

v 숙고하다, 곰곰이 생각하다

- The committee met in an emergency session to **ponder** its next course of action.
- That problem caused me to **ponder**. EBS 지문 변형

0702 ✹✹✩ ▢▢

notion
[nóuʃən]

n 개념, 생각

- The **notion** that teaching and leadership go hand in hand is not new. EBS 지문 변형
- His attitude toward emotions can be inferred from his **notion**. EBS 지문 변형

0703 ✹✹✩ ▢▢

mandate
[mǽndeit]

n 위임, 권한 **v** 명령[지시]하다; 위임하다

- Winning candidates often claim a **mandate**. EBS 지문 변형
- More reading courses for elementary school teachers were **mandated**.

➕ **Plus** mandatory **a** 명령의, 강제적인

0704 ✹✹✹ ▢▢

ensure
[inʃúər]

v 확실하게 하다, 보장하다

- **ensure** liberty among citizens EBS 지문 변형
- The company president **ensured** his employees that the downsizing rumors were untrue.

➕ **Plus** = make sure, make certain

0705 ✹✹✩ ▢▢

impulsive
[impʌ́lsiv]

a 충동적인

- Critics of the tax cuts believe they are an **impulsive** reaction to the current budget surplus.

➕ **Plus** impulse **n** 충동

예문 해석

0700 이 기사는 보수주의자들의 관점을 반영하고 있다. / 기술적 견지에서, 이것은 대단한 이점이다. 0701 위원회는 다음 과정의 조치를 숙고하기 위해 긴급 회의에서 만났다. / 그 문제는 나로 하여금 곰곰이 생각하게 했다. 0702 가르침과 지도력이 밀접하게 관련되어 있다는 개념은 새로운 것이 아니다. / 감정에 대한 그의 태도는 그의 생각에서 알아챌 수 있다. 0703 승리한 후보자들은 자주 권한을 요구한다. / 초등학교 교사들에게 더 많은 독서 강좌가 요구되었다. 0704 시민들의 자유를 보장하다 / 그 회사의 회장은 인원 감축 소문이 사실이 아님을 고용인들에게 보장했다. 0705 감세에 대한 비판자들은 그것들이 현재 예산 흑자에 대한 충동적인 대응이라고 믿는다.

0706 ★★★ ☐☐ -

retain
[ritéin]

ⓥ 유지하다, 보유하다

- Please **retain** your ticket for future visits. EBS 지문 변형
- Businesses are strongly encouraged to take any necessary steps to **retain** their biggest customers.

➕ **Plus** retention **ⓝ** 보유, 유지; 기억

0707 ★★★ ☐☐ -

entail
[intéil]

ⓥ 수반하다, 포함하다

- the labor that producing a food product **entails** EBS 지문 변형
- Upgrading the computer system would **entail** a significant amount of retraining.

➕ **Plus** = involve, require

0708 ★☆☆ ☐☐ -

theoretically
[θìːərétikəli]

ⓐⓓ 이론상

- It is **theoretically** impossible that life existed on Mars early in human history.

➕ **Plus** theory **ⓝ** 이론
theoretical **ⓐ** 이론의, 이론적인

0709 ★☆☆ ☐☐ -

parliament
[páːrləmənt]

ⓝ (영국의) 의회, 국회

- She declined to attend the Westminster **Parliament**. EBS 지문 변형
- The legislation is expected to be passed in the next **parliament**.

➕ **Plus** = assembly, council, congress

0710 ★★☆ ☐☐ -

monarchy
[mánərki]

ⓝ 군주제

- overthrow an absolute **monarchy**
- Throughout history, governments have typically been **monarchies**. EBS 지문 변형

➕ **Plus** a hereditary monarchy 세습 군주제

예문 해석

0706 앞으로의 방문을 위하여 입장권을 계속 소지해 주십시오. / 사업은 가장 큰 고객을 유지하기 위해 어떤 필요한 조치라도 취하도록 강력히 권고된다. 0707 식료품 생산이 수반하는 노동 / 컴퓨터 시스템을 개선하는 것은 상당한 양의 재교육을 수반할 것이다. 0708 인류 역사 초기에 화성에 생명체가 존재했다는 것은 이론상 불가능하다. 0709 그녀는 웨스트민스터 의회에 참석하기를 거절했다. / 그 법안은 다음 의회에서 통과될 것으로 예상된다. 0710 전제 군주제를 타도하다 / 역사를 통틀어 정부는 보통은 군주정이었다.

Related Words	정치		
입법부	an institution that has the power to make or change laws	legislature
행정부	the part of a government that makes sure decisions and laws work well	executive
사법부	the part of a government that consists of all the judges and courts in a country	judiciary

0711 ★★☆ ☐☐

predominant
[pridámənənt]

ⓐ 뚜렷한, 지배적인, 주요한
- the **predominant** fashion trend of Medieval times
- Hunting and gathering was the **predominant** method of obtaining food for early humans.
  ➕ Plus predominate ⓥ 지배적이다, 우세하다
  predominance ⓝ 우위, 우세

0712 ★★★ ☐☐

federal
[fédərəl]

ⓐ 연방의, 연방 정부의, 연합의
- The **federal** government collect and provide valuable information. EBS 지문 변형
- Both the budget deficit and **federal** debt have soared. EBS 지문 변형
  ➕ Plus federation ⓝ 연합, 동맹

0713 ★★☆ ☐☐

patriotic
[pèitriátik]

ⓐ 애국적인
- **patriotic** songs
- The badge made me feel very **patriotic** and proud of our country.
  ➕ Plus patriot ⓝ 애국자

0714 ★★☆ ☐☐

volatile
[válətil]

ⓐ 변덕스러운, 불안한; 휘발성의
- After taking this course, students will better understand the **volatile** nature of the stock market.

0715 ★★☆ ☐☐

arbitrary
[áːrbitrèri]

ⓐ 임의적인, 독단적인
- an **arbitrary** unit of measurement
- The committee's decision seemed completely **arbitrary** and unfair.
  ➕ Plus arbitrarily ⓐⓓ 독단적으로, 제멋대로

예문 해석

0711 중세 시대에 두드러졌던 패션 경향 / 사냥과 채집은 초기 인류에게 식량을 얻는 주된 방법이었다. 0712 연방 정부는 가치 있는 정보를 수집하고 공급한다. / 재정 적자와 연방 정부의 부채가 모두 치솟았다. 0713 애국적인 노래(애국가) / 그 훈장은 나로 하여금 우리나라에 대한 애국심과 자부심을 느끼도록 해 주었다. 0714 이 과정을 수강한 후에, 학생들은 주식 시장의 변동성을 더 잘 이해하게 될 것이다. 0715 임의적인 측정 단위 / 위원회의 결정은 완전히 독단적이며 불공정한 것처럼 보였다.

0716 ★★★ ☐☐

bias
[báiəs]

n 편견 **v** 편견을 갖게 하다
- a **bias** against race EBS 지문 변형
- The article has **biased** people against him.
  ➕ Plus = prejudice

0717 ★★☆ ☐☐

spark
[spɑːrk]

v 촉발시키다, 유발하다 **n** 불꽃, 기폭제
- The incident has **sparked** a fierce debate over the crushing of the protests.
- The first cotton mills in England helped **spark** the Industrial Revolution.

0718 ★★★ ☐☐

authorize
[ɔ́ːθəràiz]

v 위임하다, 권한을 주다
- Democratic politics is the use of publicly **authorized** power.
  EBS 지문 변형
- I have **authorized** him to act for me while I am away.
  ➕ Plus unauthorized **a** 공인[승인]되지 않은

0719 ★☆☆ ☐☐

collectivized
[kəléktəvàizd]

a 집산화된 (농장·산업체 등을 모아 집단이나 정부가 관리하게 하는 것)
- the merits of **collectivized** health care
- The town was once the site of a **collectivized** processing plant for fruits and vegetables.
  ➕ Plus collectivism **n** 집산주의

0720 ★★☆ ☐☐

stream
[striːm]

v 1. 흐르다 2. 줄을 지어 이동하다, 이어지다
- The cold air made tears **stream** from his eyes. EBS 지문 변형
- Visitors began to **stream** into the amusement park shortly after it opened.

예문 해석

0716 인종에 대한 편견 / 그 기사는 사람들에게 그에 대한 편견을 갖게 했다. 0717 그 사건은 시위 진압 문제에 대한 격렬한 논란을 촉발시켰다. / 영국 최초의 방적 공장이 산업혁명을 촉발시키는 데 일조했다. 0718 민주 정치는 공적으로 위임받은 권력을 사용한다. / 나는 그에게 내가 없는 동안 내 역할을 할 권한을 주었다. 0719 공영 의료 제도의 장점 / 그 마을은 한때 과일과 채소의 집산화된 가공 공장 현장이었다. 0720 차가운 공기가 그의 눈에서 눈물이 흐르게 했다. / 방문객들은 문이 열린 직후 놀이 공원 안으로 줄지어 들어오기 시작했다.

Review Test

A 다음 단어에 해당하는 우리말을 쓰시오.

01 collectivized _____

02 arbitrary _____

03 monarchy _____

04 theoretically _____

05 spark _____

06 nominate _____

07 council _____

08 autonomy _____

09 appoint _____

10 entail _____

B 다음에 해당하는 영어 단어/숙어를 쓰시오.

01 위임, 권한 _____

02 견지, 관점 _____

03 연방의, 연합의 _____

04 충동적인 _____

05 숙고하다 _____

06 위원회 _____

07 개념, 생각 _____

08 애국적인 _____

09 공화주의자 _____

10 부재자 투표 _____

C 다음 괄호 안에서 문맥에 적절한 것을 고르시오.

01 Democracy is the [predominant/preliminary] form of government in the world today.

02 The government maintains a [policy/politeness] of refusing to negotiate with terrorists.

03 Franklin Roosevelt died of natural causes during the fourth term of his [presidency/registration].

04 The sports announcer was unable to hide his [basis/bias] during the broadcast.

05 The [Minister/minority] of Finance should have a clear understanding of how our economy functions.

D 다음 문장에서 주어진 우리말에 해당하는 영어 단어에 밑줄 치시오.

01 후보자   This candidate is favored to win the election.

02 인종 차별   Racial segregation in South Africa ended shortly after the 1994 election.

03 외교의, 외교적인   The territorial dispute strained diplomatic relations between the two nations.

04 난민, 망명자   Some of the nation's citizens are concerned by the rising refugee population.

05 민간인의   Many military personnel leave the armed services in favor of civilian jobs.

| DAY |

Laws

법

📖 Previous Check

- [ ] jury
- [ ] illegal
- [ ] advocate
- [ ] petition
- [ ] defendant
- [ ] prosecution
- [ ] victim
- [ ] accuse
- [ ] violation
- [ ] legitimate
- [ ] sue
- [ ] agitate
- [ ] enact
- [ ] alleged

- [ ] causality
- [ ] enforce
- [ ] abolition
- [ ] convict
- [ ] property right
- [ ] validity
- [ ] restrictive
- [ ] torture
- [ ] amendment
- [ ] consent
- [ ] conflicting
- [ ] legislation
- [ ] contradict
- [ ] regulate

- [ ] assault
- [ ] exclude
- [ ] specify
- [ ] assert
- [ ] disturbance
- [ ] exemplify
- [ ] in favor of
- [ ] patent
- [ ] confidentiality
- [ ] priority
- [ ] constitute
- [ ] conclusive

Laws

0721 ★★★ ☐☐ --

jury
[dʒúəri]

ⁿ 배심원단

- The **jury**'s duty is to decide if an accused person is guilty or not guilty of the charge. EBS 지문 변형
  - **+ Plus** juror ⁿ (한 사람의) 배심원

0722 ★★★ ☐☐ --

illegal
[ilí:gəl]

ᵃ 불법의, 비합법적인

- The state can make pollution **illegal**. EBS 지문 변형
- Most of the internships are exploitative and **illegal**. EBS 지문 변형
  - **+ Plus** = unlawful, illegitimate
    - ↔ legal ᵃ 합법의

0723 ★★★ ☐☐ --

advocate
ᵛ [ǽdvəkèit]
ⁿ [ǽdvəkət]

ᵛ 지지하다, 옹호하다 ⁿ 옹호자, 지지자

- Minorities **advocate** and defend their positions consistently. CDG 지문 변형
- He began his career as an **advocate** of Freud. EBS 지문 변형
  - **+ Plus** advocacy ⁿ 지지, 변호

0724 ★★☆ ☐☐ --

petition
[pətíʃən]

ⁿ 진정서, 탄원서

- The **petition** handed in to the Council offices last Monday was signed by approximately five thousand people. EBS 지문 변형

0725 ★★☆ ☐☐ --

defendant
[diféndənt]

ⁿ 피고

- The judge sentenced the **defendant** to five years in prison.
- The guilty verdict was overturned, and the **defendant** was found not guilty.
  - **+ Plus** = accused (형사 사건) 피의자, 피고
    - ↔ plaintiff ⁿ 원고

0726 ★★☆ ☐☐ --

prosecution
[prɑ̀səkjú:ʃən]

ⁿ 1. 기소, 고발 2. 기소자 측, 검찰 측

- The collected evidences can be used in the **prosecution** of cases in court. EBS 지문 변형
- The **prosecution** was unprepared for the testimony of the witness and asked the judge for a short recess.
  - **+ Plus** prosecute ᵛ 기소하다, 고발하다

▶ 예문 해석

0721 배심원단의 의무는 기소된 사람이 혐의에 대해 유죄인지 무죄인지를 결정하는 것이다. 0722 국가는 오염을 불법화할 수 있다. / 대부분의 인턴직은 착취적이고 불법적이다. 0723 소수 집단은 자신들의 입장을 일관되게 옹호하고 방어한다. / 그는 프로이트의 지지자로서 자신의 경력을 시작했다. 0724 지난 월요일 의회 사무실에 제출된 탄원서는 거의 5천여 명의 사람들에 의해 서명되었다. 0725 판사는 피고에게 징역 5년형을 선고하였다. / 유죄 판결이 뒤집어졌고, 피고가 유죄가 아닌 것으로 드러났다. 0726 수집된 증거들은 법정에서 사건의 기소에 사용될 수 있다. / 검찰측은 증인의 증언이 준비되지 않아서, 판사에게 짧은 휴정을 요청했다.

0727 ★★★ ☐☐

victim
[víktim]

n 피해자, 희생자

- the **victim** of the crime
- If helping others is based on how we connect with the **victim**, doesn't it boil down to helping ourselves? EBS 지문 변형

➕ **Plus** victimize **v** 희생시키다

0728 ★★★ ☐☐

accuse
[əkjúːz]

v 고발하다, 기소하다

- a guy **accused** of a murder EBS 지문 변형
- The witness was **accused** of perjury for lying in a court of law.

➕ **Plus** accusation **n** 혐의, 고발

0729 ★★★ ☐☐

violation
[vàiəléiʃən]

n 위반, 위배

- It would be a **violation** of your sales contract. EBS 지문 변형
- Every **violation** of the law is damaging to the order of society.

➕ **Plus** violate **v** 위반하다, 침해하다
violative **a** 위반하는, 어기는

0730 ★★★ ☐☐

legitimate
[lidʒítəmət]

a 1. 정당한, 타당한 2. 합법적인

- Friendship becomes a refreshing diversion from "real life," with no **legitimate** demands of its own. EBS 지문 변형
- I own a **legitimate** business. EBS 지문 변형

➕ **Plus** legitimacy **n** 합법성, 합리성

0731 ★★☆ ☐☐

sue
[suː]

v 고소하다, 소송을 제기하다

- a company being **sued** for negligence
- They **sued**, charging that the house violated deed restrictions. EBS 지문 변형

➕ **Plus** = prosecute

예문 해석

0727 범죄의 희생자 / 남을 도와주는 것이 피해자와 우리가 어떤 관계인가에 바탕을 둔다면, 그것은 결국 우리 자신을 도와주는 것이 아닌가? 0728 살인죄로 기소된 남자 / 그 증인은 법정에서 거짓말을 한 위증죄로 기소당했다. 0729 그것은 매매 계약을 위반하는 행위가 될 것이다. / 그 법에 대한 모든 위반은 사회 질서에 해가 된다. 0730 친구 관계는 그 자체의 아무런 정당한 요구가 없는 '현실 생활'로부터의 신선한 기분 전환 거리가 된다. / 나는 합법적인 사업체를 소유하고 있다. 0731 과실로 고소당한 회사 / 그들은 소송을 제기하여 그 집이 부동산의 용도 제한 규정을 위반했다고 고발하였다.

0732 ✹✹☆ ☐☐

agitate
[ǽdʒitèit]

Ⓥ 1. 선동하다, (강력히) 주장하다 2. 불안하게 만들다

- a child punished for **agitating** a younger sibling
- Most snakes are not aggressive towards humans and will only attack when threatened or **agitated**.
  ➕ **Plus** agitation Ⓝ 불안, 동요

0733 ✹✹☆ ☐☐

enact
[inǽkt]

Ⓥ 1. 제정하다, 법제화하다 2. 재현하다

- the laws **enacted** by a legislative body EBS 지문 변형
- You can imagine the outcome of falsely **enacting** a dream fight.
  ➕ **Plus** 1. = legalize, legislate

0734 ✹✹☆ ☐☐

alleged
[əlédʒid]

ⓐ (증거 없이) 주장된

- One of the **alleged** victims is suing his employer for compensation.
  ➕ **Plus** allege Ⓥ 혐의를 제기하다, 주장하다
    allegation Ⓝ 혐의, 주장

0735 ✹✹☆ ☐☐

causality
[kɔːzǽləti]

Ⓝ 인과 관계

- It can be difficult to use a set of statistics to prove **causality** without an established control group.

0736 ✹✹☆ ☐☐

enforce
[infɔ́ːrs]

Ⓥ 집행하다, 강요하다

- It's the job of the police to **enforce** the law.
- Instead of **enforcing** uniformity, they promote autonomy.
  EBS 지문 변형
  ➕ **Plus** enforcement Ⓝ (법률의) 시행, 집행

0737 ✹✹✹ ☐☐

abolition
[æbəlíʃən]

Ⓝ 폐지

- the **abolition** of slavery
- Humanitarian groups support the **abolition** of the death penalty in all fifty states of the United States. EBS 지문 변형
  ➕ **Plus** abolish Ⓥ 폐지하다

▶ 예문 해석

0732 어린 동생을 동요하게 해서 벌을 받은 아이 / 대부분의 뱀은 사람에게 공격적이지 않으며 위협받거나 불안해질 때에만 공격을 할 것이다. 0733 입법 기관에 의해 제정되는 법률 / 허위로 꿈속의 싸움을 하는 것의 결과를 상상할 수 있다. 0734 피해자라고 여겨지는 사람들 중 한 명이 그의 고용주에게 보상을 청구하고 있다. 0735 확실한 통제 집단 없이 인과 관계를 증명하기 위해 일련의 통계를 사용하는 것은 어려울 수 있다. 0736 법을 집행하는 것은 경찰의 일이다. / 획일성을 강요하는 대신, 그들은 자율성을 증진시킨다. 0737 노예 제도의 폐지 / 인도주의 집단은 미국의 모든 50개의 주에서 사형 제도의 폐지를 지지한다.

0738 ★★★ ☐☐

convict
[kənvíkt]

V 유죄를 선고하다

- The prosecuting lawyer used the testimony of several experts to **convict** the man accused of murder. EBS 지문 변형
  - **+ Plus** conviction **n** 유죄 선고; 신념

0739 ★★☆ ☐☐

property right

재산권

- laws that govern **property rights**
- The company argued that their competitor's product violates their **property rights**. EBS 지문 변형

0740 ★★★ ☐☐

validity
[vəlídəti]

n 유효함, 타당성

- test the **validity** of the scientist's research results EBS 지문 변형
- The defense lawyers questioned the **validity** of the presented evidence.
  - **+ Plus** valid **a** 유효한, 타당한
    validate **V** 입증하다, 인정하다

0741 ★★☆ ☐☐

restrictive
[ristríktiv]

a 제한하는, 구속하는

- overly **restrictive** copyright laws EBS 지문 변형
- The rules were quite **restrictive** but have been changed recently.
  - **+ Plus** restrict **V** 제한하다

0742 ★★☆ ☐☐

torture
[tɔ́ːrtʃər]

n 고문 **V** 고문하다

- I was liable to be taken back and subjected to all the **tortures** of slavery. EBS 지문 변형
- Confessions extracted by **torture** cannot be accepted as evidence.
  - **+ Plus** torturous **a** 고문의, 고통스러운

▶ 예문 해석

0738 담당 검사는 살인으로 기소된 남자에게 유죄를 선고하기 위해 여러 전문가들의 증언을 사용했다. 0739 재산권을 다루는 법 / 그 회사는 경쟁사의 제품이 그들의 재산권을 침해한다고 주장했다. 0740 과학자들의 연구 결과의 타당성을 시험하다 / 피고 측 변호인들은 제시된 증거의 타당성에 의문을 제기했다. 0741 과도하게 제한하는 저작권법 / 그 규칙들은 상당히 제한적이었으나 최근에 바뀌었다. 0742 나는 돌려보내져서 온갖 노예 고문을 받을 가능성이 있었다. / 고문에 의해 나온 자백은 증거로 받아들여질 수 없다.

Laws

0743 ✦◇◇ ☐☐

amendment
[əméndmənt]

n 수정 조항

- The first Congress approved 10 **amendments** to the U.S. Constitution. EBS 지문 변형
  + Plus amend **v** (법을) 개정하다

Related Words	법		
소송	the process of taking claims to a court of law	litigation
(법정) 선서	a formal promise to tell the truth in a court of law	oath
목격자	someone who has seen something such as a crime happen, and is able to describe it afterwards	eyewitness
범인	the person who is guilty of a crime or doing something wrong	culprit

0744 ✦✦◇ ☐☐

consent
[kənsént]

n 동의, 허락, 인가 **v** 동의하다, 허락하다

- A third party cannot access the funds in this bank account without a letter of **consent**.
- She refused to pay on the grounds that she hadn't **consented**.
  EBS 지문 변형

  + Plus consensus **n** 의견 일치, 합의

0745 ✦✦◇ ☐☐

conflicting
[kənflíktiŋ]

a 서로 싸우는, 상반되는

- sets of **conflicting** claims EBS 지문 변형
- The **conflicting** evidence gathered by the prosecution failed to convict the defendant.
  + Plus conflict **n** 갈등, 충돌 **v** 상충하다

0746 ✦✦✦ ☐☐

legislation
[lèdʒisléiʃən]

n 법률 제정, 입법, 법률

- News stories on the Civil Rights movement led to crucial **legislation**. EBS 지문 변형
- Supporters of such **legislation** like to defend these increases.
  EBS 지문 변형

  + Plus legislate **v** 법률을 제정하다
  legislative **a** 입법의, 입법부의

예문 해석

0743 첫 번째 미국 의회는 미국 헌법에 대한 10가지 수정 조항들을 승인했다. **0744** 제3자는 동의서 없이 이 계좌의 자금에 접근할 수 없다. / 그녀는 자신이 동의한 적이 없다는 이유로 지불을 거절했다. **0745** 상반되는 주장들 / 검찰 측에 의해 모아진 상반되는 증거는 피고에게 유죄를 선고하는 데 실패했다. **0746** 민권 운동에 관한 보도 기사들은 중요한 법률 제정으로 이어졌다. / 그런 입법을 지지하는 사람들은 이런 연장에 대해 옹호하는 것을 좋아한다.

0747 ★★★ ☐☐

contradict
[kɑ̀ntrədíkt]

v 부정하다, 모순되다

- His comments appeared to **contradict** remarks made earlier in the day by the chairman.

  ⊕ Plus contradictory **a** 모순되는

0748 ★★★ ☐☐

regulate
[régjulèit]

v 규제하다, 조절하다

- the governmental efforts to **regulate** crops `EBS 지문 변형`
- The Roman empire was secure and well **regulated**. `EBS 지문 변형`

  ⊕ Plus regulation **n** 규제, 규정, 통제

0749 ★★☆ ☐☐

assault
[əsɔ́ːlt]

n 폭행(죄), 맹공격, 비난

- We have laws to deter robbery, **assault**, and murder. `EBS 지문 변형`
- Mural's removal was an **assault** on the community.

  ⊕ Plus = attack

0750 ★★★ ☐☐

exclude
[iksklúːd]

v 제외하다, 배제하다

- Those prices **exclude** meals during free time, personal expenses, and tips for tour guide and driver. `EBS 지문 변형`

  ⊕ Plus ↔ include **v** 포함하다
  exclusive **a** 독점적인, 전용의

0751 ★★★ ☐☐

specify
[spésəfài]

v (구체적으로) 명시하다, 명확히 말하다

- **specify** what belongs to the mind and what to the body
  `EBS 지문 변형`

- The ownership manual completely **specifies** the contents of the car. `EBS 지문 변형`

  ⊕ Plus specific **a** 구체적인

예문 해석

0747 그의 논평은 의장이 그날 앞서 언급한 발언에 모순되는 것 같았다. 0748 농작물을 규제하려는 정부의 노력 / 로마 제국은 안전하고 규제가 잘 되었다. 0749 우리는 강도, 폭행, 그리고 살인을 막기 위한 법을 갖고 있다. / 벽화의 제거는 지역사회에 대한 공격이었다. 0750 그 가격에는 자유 시간 동안의 식사, 개인 경비, 그리고 관광 가이드와 운전자에 대한 팁은 제외된다. 0751 무엇이 마음에 속한 것이고 무엇이 몸에 속한 것인지를 명확히 말하다 / 소유권 설명서는 그 차의 내용을 완전히 명시한다.

0752 ★★★ ☐☐

assert
[əsə́ːrt]

Ⓥ 주장하다, 확고히 하다
- Parents often **assert** their influence over their children.
- Mankind has tried to **assert** its mastery over nature for thousands of years. EBS 지문 변형
  ➕ **Plus** assertion Ⓝ 주장, (권리 등의) 행사
  assertive Ⓐ 적극적인, 확신에 찬

0753 ★★★ ☐☐

disturbance
[distə́ːrbəns]

Ⓝ 방해, 소란, 장애
- a **disturbance** of the public peace
- Jake speculated that seasickness must be due to some temporary **disturbance** of the inner ear. EBS 지문 변형
  ➕ **Plus** disturb Ⓥ 방해하다

0754 ★☆☆ ☐☐

exemplify
[igzémpləfài]

Ⓥ 전형적인 예가 되다, 예를 들다
- **exemplify** the point
- The city's economic growth is **exemplified** by the many new buildings that are currently under construction.
  ➕ **Plus** example Ⓝ 예, 전형
  exemplary Ⓐ 모범적인, 본보기를 보이기 위한

0755 ★★★ ☐☐

in favor of

~을 찬성하여, ~을 지지하여, ~을 위하여
- The city council voted **in favor of** new immigrant laws.
- We delay doing what's necessary **in favor of** the easier task. EBS 지문 변형
  ➕ **Plus** = in the affirmative
  favor Ⓝ 찬성, 호의

0756 ★★☆ ☐☐

patent
[pǽtnt]

Ⓝ 특허(권) Ⓥ 특허를 받다
- A gene **patent** can be broad. EBS 지문 변형
- Jan Matzeliger **patented** the first successful shoe lasting machine. EBS 지문 변형

▶ 예문 해석

0752 부모들은 종종 자녀에 대한 영향력을 확고히 한다. / 인류는 수천 년 동안 자연에 대한 지배를 확고히 하려고 노력해 왔다. 0753 치안 방해 / Jake는 뱃멀미가 틀림없이 내이(內耳)의 어떤 일시적인 장애 때문이라고 추측했다. 0754 그 점을 예로 들다 / 그 도시의 경제적 성장은 현재 공사 중인 많은 새 건물들이 전형적으로 보여준다. 0755 시의회는 새 이민법에 찬성투표를 했다. / 우리는 더 쉬운 일을 위하여 필요한 일을 하는 것을 미룬다. 0756 유전자 특허는 광범위할 수 있다. / Jan Matzeliger는 구두 골에 맞추어 구두를 만드는 최초의 성공적인 기계의 특허를 받았다.

0757 ★◇◇ □□

confidentiality
[kànfidenʃiǽləti]

ⓝ 비밀(을 지켜야 하는 상황)

- duties of **confidentiality** between doctors and patients

  EBS 지문 변형
- Laws are in place to protect the **confidentiality** between an accused person and his lawyer.

  ➕ **Plus** confidential ⓐ 비밀의, 은밀한
  confidentially 🔲 은밀히, 남몰래

0758 ★★◇ □□

priority
[praiɔ́:rəti]

ⓝ 우선 사항, 우선권

- a list of **priorities** EBS 지문 변형
- The government's top **priority** at the moment is to end the economic recession.

  ➕ **Plus** prior ⓐ 사전의, 우선하는

0759 ★★★ □□

constitute
[kánstətʃù:t]

ⓥ 1. 구성하다 2. ~이 되다, 여겨지다

- For exchanges to **constitute** the structure of a market property rights need to be defined and protected. EBS 지문 변형
- The increase in racial tension **constitutes** a threat to our society.

  ➕ **Plus** constitution ⓝ 헌법; 구조; 설치

0760 ★★★ □□

conclusive
[kənklú:siv]

ⓐ 결정적인

- There is no **conclusive** evidence that the vaccines work.
- Generalizations can hardly serve as **conclusive** foundations of thought. EBS 지문 변형

Related Words	법	
살인	the crime of murder	homicide
절도	the crime of stealing	theft
뇌물 수수	the act of giving bribes	bribery
방화	the crime of deliberately making something burn, especially a building	arson

예문 해석

0757 의사와 환자 간 비밀 유지의 의무 / 피고와 그의 변호사 사이의 비밀을 보장하기 위해 법이 마련되어 있다. 0758 우선 사항 목록 / 정부의 현재 최우선 사항은 경제 불황을 끝내는 것이다. 0759 교역이 시장의 구조를 구성하기 위해서는 재산권이 정의되고 보호되어야 한다. / 인종 간 긴장 증가는 우리 사회에 위협이 된다. 0760 그 백신이 효과가 있다는 결정적인 증거는 없다. / 일반화는 사고의 결정적인 근거로서의 역할을 하기 힘들다.

Review Test

A 다음 단어에 해당하는 우리말을 쓰시오.

01 specify _____

02 constitute _____

03 advocate _____

04 exemplify _____

05 priority _____

06 alleged _____

07 agitate _____

08 conclusive _____

09 enforce _____

10 illegal _____

B 다음에 해당하는 영어 단어/숙어를 쓰시오.

01 특허(권) _____

02 피해자, 희생자 _____

03 위반, 위배 _____

04 재산권 _____

05 정당한; 합법적인 _____

06 인과 관계 _____

07 방해, 소란, 장애 _____

08 유효함, 타당성 _____

09 제외하다, 배제하다 _____

10 진정서, 탄원서 _____

C 다음 괄호 안에서 문맥에 적절한 것을 고르시오.

01 Indeed I think the complexity of the system alone is reason for its [abolition/organization].

02 Our company has been [sued/suited] for copyright infringement.

03 The politician [accused/assessed] of corruption should resign from his office.

04 Each of the [jewel/jury] members carefully considered the evidence before making a decision.

05 The results of the research [counselled/contradicted] what scientists had believed for years.

D 다음 문장에서 주어진 우리말에 해당하는 영어 단어에 밑줄 치시오.

01 고문 The law prohibits the use of torture by law enforcement agencies.

02 피고 Two uniformed police officers escorted the defendant into the courtroom.

03 제한하는, 구속하는 The laws used to be quite restrictive but have been changed recently.

04 주장하나 These types of beliefs, he asserts, are closely connected to languages and texts.

05 결정적인 They are worried that conclusive evidence of the banned programs will turn up at any moment.

| DAY |

20

Economy & Management

경제와 경영

▌Previous Check

- ☐ accumulate
- ☐ loan
- ☐ estimate
- ☐ revenue
- ☐ financing
- ☐ merchant
- ☐ subsidy
- ☐ monetary
- ☐ asset
- ☐ institution
- ☐ deficit
- ☐ transaction
- ☐ sufficient
- ☐ impose

- ☐ insurance
- ☐ warranty
- ☐ sustainable
- ☐ fluctuation
- ☐ allot
- ☐ launch
- ☐ incentive
- ☐ morale
- ☐ demanding
- ☐ equivalent
- ☐ corporate
- ☐ alter
- ☐ bankruptcy
- ☐ pension

- ☐ tariff
- ☐ contract
- ☐ enhance
- ☐ gross
- ☐ negotiate
- ☐ wage
- ☐ authority
- ☐ agenda
- ☐ affiliate
- ☐ adhere to
- ☐ withdraw
- ☐ soar

0761 ★★★ ☐☐ ----------------------------------

accumulate
[əkjúːmjulèit]

☑ 쌓다, 축적하다
- **accumulate** possessions through trade `EBS 지문 변형`
- The plant **accumulates** drinkable water within its leaf for the times of drought. `EBS 지문 변형`
  ➕ **Plus** = collect, pile up
  accumulation ☐ 축적, 누적

0762 ★★★ ☐☐ ----------------------------------

loan
[loun]

☐ 대출(금), 대여 ☑ 빌려주다, 대여하다
- They are loath to cosign **loans** for children's fancy cars. `EBS 지문 변형`
- They will not **loan** money to friends or relatives. `EBS 지문 변형`

0763 ★★★ ☐☐ ----------------------------------

estimate
☑ [éstəmèit]
☐ [éstəmət]

☑ 견적을 내다, 추정하다 ☐ 견적서, 추정치
- demand a detailed **estimate** for the repair
- Some experts **estimate** that oil could be exhausted within 50 years. `EBS 지문 변형`
  ➕ **Plus** estimation ☐ 판단, 평가

0764 ★★☆ ☐☐ ----------------------------------

revenue
[révənjùː]

☐ 수입, 수익
- Sales **revenue** had reached $450 million. `EBS 지문 변형`
- Single-copy sales bring in more **revenue** per magazine. `EBS 지문 변형`
  ➕ **Plus** = profit, earnings, income

Related Words	경제와 경영	
둔화	a reduction in speed or activity	slowdown
쇠퇴, 저하	a sudden decrease in prices, sales, profits, etc.	slump
침체, 부진	a state of inactivity in business or art, etc.	doldrums

예문 해석

0761 무역을 통해 재산을 축적하다 / 그 식물은 가뭄 때를 대비하여 잎 안에 마실 수 있는 물을 모은다. 0762 그들은 아이들의 고급 자동차를 위한 대출 연대 보증을 꺼린다. / 그들은 친구들이나 친척에게 돈을 빌려주지 않을 것이다. 0763 수리를 위한 구체적인 견적서를 요구하다 / 일부 전문가들은 석유가 50년 안에 고갈될 것이라고 추정한다. 0764 매출 수입이 4억 5천만 달러에 달했다. / 낱권 판매가 잡지 한 권당 더 많은 수익을 가져온다.

0765 ✹✹✧ ☐☐

financing
[fáinænsiŋ]

n 재정, 융자

- The government's deficit **financing** causes interest rates to rise.
- He obtained **financing** to produce and market his new product. EBS 지문 변형

  ➕ **Plus** financial **a** 재정의, 재무의

0766 ✹✹✧ ☐☐

merchant
[mə́ːrtʃənt]

n 상인 **a** 상업의, 상인의

- a successful **merchant** EBS 지문 변형
- The town got small privileges as a **merchant** town.

  ➕ **Plus** a wholesale merchant 도매 상인
  a retail merchant 소매 상인

0767 ✹✹✧ ☐☐

subsidy
[sʌ́bsədi]

n 보조금, 장려금

- a government **subsidy** EBS 지문 변형
- Farmers are protesting against farm **subsidy** cuts.

  ➕ **Plus** subsidize **v** 보조금을 주다

0768 ✹✧✧ ☐☐

monetary
[mɑ́nətèri]

a 통화의, 화폐의

- from the point of view of the **monetary** economy EBS 지문 변형
- Many losses caused by natural hazards are impossible to calculate in **monetary** terms. EBS 지문 변형

0769 ✹✹✹ ☐☐

asset
[ǽset]

n 자산, 재산

- Inflation lifts the prices of homes and other **assets**. EBS 지문 변형
- Reputation is your most valuable **asset**. EBS 지문 변형

  ➕ **Plus** = property

0770 ✹✹✹ ☐☐

institution
[ìnstətjúːʃən]

n 기관, 단체, 협회

- a financial **institution**
- appraisers who work for private **institutions** EBS 지문 변형

예문 해석

0765 정부의 적자 재정이 이자율의 상승을 초래한다. / 그는 새 제품을 생산하고 광고하기 위해 융자를 얻었다. 0766 성공한 상인 / 그 도시는 상업 도시로서 작은 특권을 얻었다. 0767 정부 보조금 / 농부들은 농업 보조금 삭감에 반대하여 항의하고 있다. 0768 화폐 경제의 관점에서 / 자연재해로 인한 많은 손실들은 화폐의 관점으로 계산하기 불가능하다. 0769 인플레이션은 주택과 다른 자산들의 가격을 올라가게 만든다. / 명성은 당신의 가장 중요한 자산이다. 0770 금융 기관 / 사설 기관에서 일하는 감정인들

0771 ★★☆ □□

deficit
[défəsit]

🄽 부족, 적자

- Much drinking that people do does not reduce a water **deficit**. EBS 지문 변형
- The huge recent federal **deficits** have pushed the federal debt. EBS 지문 변형
  + **Plus** = shortage

0772 ★★☆ □□

transaction
[trænsǽkʃən]

🄽 거래, 처리

- the **transaction** of business
- This process reduces their identities to mere commercial **transactions**. EBS 지문 변형
  + **Plus** = deal, bargain
       transactional 🄰 거래의, 업무적인

0773 ★★★ □□

sufficient
[səfíʃənt]

🄰 충분한

- the need for a **sufficient** labor pool EBS 지문 변형
- provide **sufficient** energy to maintain its infrastructure
  EBS 지문 변형
  + **Plus** ↔ deficient, insufficient 🄰 부족한

0774 ★★★ □□

impose
[impóuz]

🅅 (세금·의무 등을) 부과하다; 강요하다

- Making services such as public transportation **imposes** a great burden on the local government. EBS 지문 변형
  + **Plus** impose on ~에 부과하다

0775 ★★☆ □□

insurance
[inʃúːərəns]

🄽 보험, 보험금, 보험료

- control **insurance** costs EBS 지문 변형
- The package cost is $1,000, including tax and travel **insurance**. EBS 지문 변형

예문 해석

0771 사람이 많은 물을 마시는 것이 수분 부족을 줄여주지는 않는다. / 최근의 막대한 연방 재정 적자가 연방 정부의 부채를 밀어 올렸다. 0772 업무 처리 / 이 과정은 그들의 정체성을 단순한 상거래로 격하한다. 0773 충분한 노동 인력의 필요성 / 사회 기반 시설을 유지할 충분한 에너지를 제공하다 0774 대중교통과 같은 서비스를 확충하는 것은 지방 정부에 큰 부담을 준다. 0775 보험 비용을 조절하다 / 패키지 비용은 세금과 여행자 보험을 포함해서 1,000달러이다.

0776 ★★☆ □□

warranty
[wɔ́ːrənti]

n 품질 보증서

- a two-year **warranty** period
- the importance of using a **warranty** to sell cars at a good price EBS 지문 변형
  - **Plus** = guarantee

0777 ★★★ □□

sustainable
[səstéinəbl]

a 지속 가능한

- the most **sustainable** forest management system EBS 지문 변형
- The skilled labor force will become the only **sustainable** competitive advantage. EBS 지문 변형
  - **Plus** sustain **v** 지탱하다, 지속시키다, 뒷받침하다

0778 ★★☆ □□

fluctuation
[flʌktʃuéiʃən]

n 변동, 파동; (사람의) 동요

- Wide **fluctuations** in the exchange rate create uncertainty. EBS 지문 변형
- The **fluctuation** range of stock prices is very large.
  - **Plus** fluctuate **v** 변동하다, 등락하다

Related Words   경제와 경영

대기업	a large business organization consisting of several different companies that have joined together	conglomerate
하청을 주다	to pay someone else to do part of a job that you have agreed to do	subcontract
외부 위탁	subcontracting work to another company	outsourcing

0779 ★★★ □□

allot
[əlάt]

v 할당하다, 분배하다

- The **allotted** time for our meeting ran out. EBS 지문 변형
- Justice is the constant and perpetual will to **allot** to every man his due.
  - **Plus** = assign, portion

0780 ★★★ □□

launch
[lɔːntʃ]

v 시작하다, (제품을) 출시하다, 발매하다

- **launch** a research project EBS 지문 변형
- The company **launched** a new version of its smartphone in January.

예문 해석

0776 2년의 품질 보증 기간 / 좋은 가격으로 차를 팔기 위해 품질 보증서를 이용하는 것의 중요성 0777 가장 지속 가능한 삼림 관리 시스템 / 숙련된 노동력은 유일하게 지속 가능한 경쟁의 이점이 될 것이다. 0778 환율의 큰 변동은 불확실성을 조성한다. / 주식 가격의 등락폭이 매우 크다. 0779 할당된 회의 시간이 다 됐다. / 정의란 모든 사람에게 합당한 몫을 나누어 주려는 지속적이고 영구적인 의지이다. 0780 연구 프로젝트를 시작하다 / 그 업체는 1월에 스마트폰의 새 버전을 출시했다.

0781 ✹✹☆ ☐☐

incentive
[inséntiv]

n 인센티브, 보상, 특혜
- The local authority offered **incentives** to foreign investors.
- Good sales achievements must be reinforced with **incentives**. EBS 지문 변형
  ➕ Plus = encouragement, bonus

0782 ✹✹☆ ☐☐

morale
[mərǽl]

n 사기, 의욕
- an examination of the employee **morale** EBS 지문 변형
- Their victory boosted the **morale** of team members. EBS 지문 변형

0783 ✹✹☆ ☐☐

demanding
[dimǽndiŋ]

a 요구가 지나친, 까다로운
- a **demanding** boss
- The next manager he hired turned out to be even more **demanding**. EBS 지문 변형
  ➕ Plus ↔ easygoing a 관대한, 자비심이 많은
  demand n 요구, 수요 v 요구하다

0784 ✹✹☆ ☐☐

equivalent
[ikwívələnt]

a 동등한 n 상당하는 것
- These two words are **equivalent** in meaning. EBS 지문 변형
- 10,000 hours is the **equivalent** of three hours a day, every day, for ten years. EBS 지문 변형

0785 ✹✹✹ ☐☐

corporate
[kɔ́ːrpərət]

a 기업의
- change the **corporate** structure
- The unpredictability separates sports from other **corporate** marketing activities. EBS 지문 변형
  ➕ Plus corporation n 기업, 법인

예문 해석

0781 지방 정부는 해외 투자자들에게 특혜를 제공했다. / 우수 판매량 달성은 인센티브로 강화되어야 한다. 0782 직원들의 근로 의욕 조사 / 그들의 승리는 팀원들의 사기를 진작시켰다. 0783 까다로운 사장 / 그가 고용한 후임 관리자는 훨씬 더 요구가 많은 것으로 드러났다. 0784 이 두 낱말은 같은 뜻이다. / 만 시간은 십 년 동안 매일 하루 세 시간에 상당하는 것이다. 0785 기업의 구조를 변화시키다 / 예측 불가능성이 스포츠를 다른 기업 마케팅 활동과 구분 짓는다.

0786 ★★★ ☐☐

alter
[ɔ́:ltər]

ⅴ 변환하다, 바꾸다

- **alter** the limit
- Human personality has not **altered** throughout recorded history. EBS 지문 변형
- Nothing can **alter** the fact that the poor management is our responsibility.

➕ **Plus** alteration **n** 변화, 개조
alterative **a** (체질 등을) 바꾸는, 변경하는

0787 ★★☆ ☐☐

bankruptcy
[bǽŋkrəpsi]

n 파산

- file for personal **bankruptcy**
- It is said that the airline will go into **bankruptcy**.

➕ **Plus** bankrupt **a** 파산한

0788 ★★★ ☐☐

pension
[penʃən]

n 연금

- Most post offices in the city handle **pensions** of local residents. EBS 지문 변형
- During the 1960s and 1970s, millions of workers retired with **pensions**. EBS 지문 변형

0789 ★★☆ ☐☐

tariff
[tǽrif]

n 관세

- In advanced industrial countries, negotiations between multiple countries worked fairly well to promote substantial reduction of **tariffs**. EBS 지문 변형

➕ **Plus** = customs, duty

0790 ★★★ ☐☐

contract
n [kántrækt]
ⅴ [kəntrǽkt]

n 계약, 계약서 **ⅴ** 1. 수축시키다 2. 계약하다

- make blood vessels **contract** strongly EBS 지문 변형
- We have enclosed a copy of our latest sales catalog and a **contract**.

➕ **Plus** contractor **n** 하청업자, 계약자

예문 해석

0786 한도를 변경하다 / 기록된 역사를 통틀어 인간의 본성은 변하지 않았다. / 그 무엇도 부실 경영이 우리의 책임이라는 사실을 바꿀 수는 없다.
0787 개인 파산을 신청하다 / 그 항공사는 파산할 것이라는 이야기가 있다. 0788 그 도시의 대부분의 우체국이 지역 주민들의 연금을 취급한다. / 1960년대와 1970년대 동안에 수백만 명의 노동자가 연금을 받고 퇴직했다. 0789 선진 산업국들에서는, 다국 간 협상이 꽤 성과가 있어 관세의 상당한 감소를 촉진시켰다. 0790 혈관을 강하게 수축시키다 / 저희는 최신 판매 카탈로그 복사본과 계약서를 동봉했습니다.

0791 ★★★ ☐☐

enhance
[inhǽns]

v 강화하다, 높이다

• effective strategies to **enhance** safety on the road `EBS 지문 변형`
• Antibiotic abuse could **enhance** development of antibiotic resistance. `EBS 지문 변형`

➕ **Plus** = reinforce, boost
enhancement **n** 상승, 향상
enhanced **a** 증대한, 강화한

0792 ★★☆ ☐☐

gross
[grous]

a 총계의; 엄청난

• the worker-consumer's share of **gross** product `EBS 지문 변형`
• Intervening in the conflict would be a **gross** mistake.

0793 ★★★ ☐☐

negotiate
[nigóuʃièit]

v 협상하다

• **negotiate** with a seller over the purchase price `EBS 지문 변형`
• Labor and Management are **negotiating** over pay, benefits and working conditions. `EBS 지문 변형`

➕ **Plus** negotiation **n** 협상

0794 ★★☆ ☐☐

wage
[weidʒ]

n 임금

• They have the rights to negotiate their **wages**. `EBS 지문 변형`
• Education can increase **wages** for some people. `EBS 지문 변형`

➕ **Plus** = pay, earnings, salary

0795 ★★★ ☐☐

authority
[əθɔ́ːrəti]

n 권위, 권한, (pl.) 당국

• If **authorities** have short hair, then long hair is a symbol of resistance to that **authority**. `EBS 지문 변형`
• An officer recommended the military **authorities** to admit him to their training school. `EBS 지문 변형`

➕ **Plus** authorize **v** 인가하다, 권한을 부여하다
authoritative **a** 권위적인, 권위 있는

예문 해석

0791 도로의 안정성을 강화하기 위한 효과적인 전략 / 항생제 남용은 항생 물질에 대한 내성을 키울 수 있다. **0792** 총생산 중 노동자이자 소비자가 받는 몫 / 그 분쟁에 개입하는 것은 엄청난 실수가 될 것이다. **0793** 판매자와 구매 가격을 놓고 협상하다 / 노사는 봉급과 수당, 근무 조건에 관해 협상을 벌이고 있다. **0794** 그들은 자신들의 임금을 협상할 권리가 있다. / 교육은 일부 사람들의 임금을 올릴 수 있다. **0795** 권위를 가진 사람들이 머리가 짧다면, 긴 머리는 그 권위에 대한 반항의 상징이다. / 장교는 그를 그들의 훈련소에 입소시키도록 군 당국에 권고했다.

0796 ★★☆ ☐☐

agenda
[ədʒéndə]

n 의제

- bring the **agenda** to the meeting EBS 지문 변형
- Economic development is not our government's top **agenda**.
  + **Plus** hidden agenda 숨은 의도

0797 ★☆☆ ☐☐

affiliate
v [əfílièit]
n [əfíliət]

v 제휴[연계]하다 **n** 계열사, 지부

- The university is **affiliated** with several institutions.
- The company has an **affiliate** in Paris.
  + **Plus** affiliation **n** 소속, 제휴
  affiliated store 가맹점

0798 ★★★ ☐☐

adhere to

~을 고수하다, ~에 들러붙다

- **adhere to** the tradition EBS 지문 변형
- We must **adhere to** the current issues. EBS 지문 변형
  + **Plus** = stick to, cling to
  adhesive **a** 들러붙는

0799 ★★★ ☐☐

withdraw
[wiðdrɔ́ː]

v 1. 빼내다, 거둬들이다 2. (돈을) 인출하다

- They do not realize that the sugar can later be **withdrawn**.
  EBS 지문 변형
- She **withdrew** hundreds of dollars at a time. EBS 지문 변형
  + **Plus** withdrawal **n** 철수; 인출

0800 ★★☆ ☐☐

soar
[sɔːr]

v 급상승하다

- She was pleased that her writing scores had **soared**. EBS 지문 변형
- Profits have **soared** dramatically in recent months.
  + **Plus** soaring **a** 날아오르는, 급상승하는

예문 해석

0796 의제를 회의에 내놓다 / 경제 발전이 우리 정부의 최우선 의제는 아니다. 0797 그 대학은 몇몇 기관과 연계되어 있다. / 그 회사는 파리에 지부를 두고 있다. 0798 전통을 고수하다 / 우리는 현재 쟁점에 충실해야 한다. 0799 그들은 나중에 설탕을 빼낼 수 있다는 것을 깨닫지 못한다. / 그녀는 한 번에 수백 달러를 인출했다. 0800 그녀는 작문 점수가 급상승해서 기뻤다. / 이윤이 최근 몇 달 새 급격히 증가했다.

Review Test

A 다음 단어에 해당하는 우리말을 쓰시오.

01 sustainable _____

02 revenue _____

03 soar _____

04 estimate _____

05 agenda _____

06 loan _____

07 accumulate _____

08 merchant _____

09 subsidy _____

10 launch _____

B 다음에 해당하는 영어 단어/숙어를 쓰시오.

01 연금 _____

02 협상하다 _____

03 부족, 적자 _____

04 통화의, 화폐의 _____

05 (돈을) 인출하다 _____

06 품질 보증서 _____

07 자산, 재산 _____

08 관세 _____

09 권위, 권한 _____

10 보상, 특혜 _____

C 다음 괄호 안에서 문맥에 적절한 것을 고르시오.

01 The proposals would [impose/import] a burden on the state's finances.

02 The unexpected winning helped to boost the team's [morale/morality].

03 Some economic experts argue governments should not interfere in economic [transports/transactions].

04 Financial [institutions/instructions] facilitate the flow of money through the economy.

05 You can make things clearer by adding images, [disrupting/enhancing] the learning experience.

D 다음 문장에서 주어진 우리말에 해당하는 영어 단어에 밑줄 치시오.

01 할당된 Lunch hours extend beyond the officially allotted time.

02 충분한 Farmers have not had sufficient incentive to install efficient irrigation systems.

03 ~을 고수하다 Successful companies adhere to the principles that produced success in the first place.

04 파산 The oil company was forced to declare bankruptcy after several bad years.

05 계열사 The controversial advertisement will not appear on this network or its affiliates.

영단테✏️

목표를 가지고 스스로 학습하는 영단어 테스트 서비스

영단테

나의 현재 영단어 수준은?
맞춤 도서를 추천 받으세요!

나만의 맞춤 학습

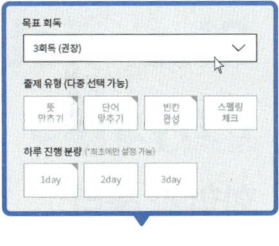

나만의 학습 플랜

언제 어디서나 손.쉽.게 영단어 테스트

01
매일 꾸준히 테스트를
진행하도록 가이드 제시

02
다양한 테스트 설정
옵션 제공

03
나만의 단어장으로
취약 단어 무한 복습 가능

영단테는 이투스북 영어 교재를 이용하는 분이라면
누구나 무료로 이용하실 수 있습니다!

✈ 영단테 접속하기 이투스북 홈페이지(www.etoosbook.com) 접속 후 '학습서비스' 클릭

이투스북

| DAY |

Chemistry & Physics

화학과 물리

Previous Check

- [ ] measure
- [ ] float
- [ ] explosion
- [ ] liquid
- [ ] accelerate
- [ ] gravity
- [ ] adjust
- [ ] mass
- [ ] detach
- [ ] velocity
- [ ] exert
- [ ] hypothesis
- [ ] droplet
- [ ] coincide

- [ ] illumination
- [ ] molecule
- [ ] friction
- [ ] transmit
- [ ] stationary
- [ ] resonate
- [ ] inverse
- [ ] diffuse
- [ ] dilute
- [ ] compound
- [ ] radioactive
- [ ] ignite
- [ ] inhale
- [ ] investigate

- [ ] verify
- [ ] perceptible
- [ ] spontaneously
- [ ] condense
- [ ] corrode
- [ ] constituent
- [ ] dissolve
- [ ] enclosure
- [ ] vaporize
- [ ] screen out
- [ ] solvent
- [ ] convert

Chemistry & Physics

0801 ✱✱✱ ☐☐

measure
[méʒər]

Ⓥ 1. 측정하다 2. 판단[평가]하다
- the best way to **measure** your weight EBS 지문 변형
- It is difficult to **measure** the precise impact of the labor action.
  ➕ Plus measurement Ⓝ 측정, 측량

0802 ✱✱✱ ☐☐

float
[flout]

Ⓥ (물 위에) 뜨다, 떠다니다
- **float** down the Mississippi EBS 지문 변형
- The sand sank but the grain **floated**, enabling her to skim it off the surface and eat it. EBS 지문 변형
  ➕ Plus afloat Ⓐ 물에 뜬

0803 ✱✱✱ ☐☐

explosion
[iksplóuʒən]

Ⓝ 폭발, 폭발적인 증가
- a population **explosion**
- Investigators say that a fuel **explosion** may have caused the crash last night. EBS 지문 변형
  ➕ Plus explode Ⓥ 폭발하다, 터지다
  explosive Ⓐ 폭발성의, 폭발하기 쉬운

0804 ✱✱✱ ☐☐

liquid
[líkwid]

Ⓝ 액체 Ⓐ 액체의, 유동적인
- A **liquid** is like a gas in that its molecules move around or 'flow'. EBS 지문 변형
- It's like trying to play pool with a **liquid** cue. EBS 지문 변형
  ➕ Plus = fluid

0805 ✱✱✱ ☐☐

accelerate
[æksélərèit]

Ⓥ 가속화하다, 촉진하다, 속력이 더해지다
- Solid objects **accelerate** as wholes in the direction of an applied force. EBS 지문 변형
- The key question is whether stress **accelerates** aging.
  ➕ Plus ↔ decelerate Ⓥ 속도를 줄이다, 둔화되다
  acceleration Ⓝ 가속, 촉진
  accelerator Ⓝ 가속 장치

예문 해석

0801 당신의 몸무게를 측정하는 가장 좋은 방법 / 노동 운동의 정확한 영향력을 측정하는 것은 어렵다. 0802 미시시피 강을 흘러내려 가다 / 모래는 가라앉지만 밀알은 물에 떠서, 그녀는 수면으로 떠오른 것만 걸어 내서 먹을 수 있었다. 0803 인구의 폭발적 증가 / 조사원들은 연료 폭발이 지난밤 사고를 일으켰을지도 모른다고 말한다. 0804 액체는 그것의 분자가 움직여 돌아다니는, 즉 '흐른다'는 점에서 기체와 같다. / 그것은 마치 액체의 큐로 당구 경기를 하려는 것과 같다. 0805 고체는 가해지는 힘의 방향으로 전체로서 속력이 더해진다. / 스트레스가 노화를 가속하는지가 핵심 질문이다.

0806 ★★★ ☐☐

gravity
[grǽvəti]

n 중력; 중대성
- escape the pull of **gravity** EBS 지문 변형
- the **gravity** of misunderstandings EBS 지문 변형
- Everyone has heard the story of Isaac Newton's discovery of the law of **gravity**. EBS 지문 변형
  ➕ Plus gravitational a 중력의

0807 ★★★ ☐☐

adjust
[ədʒʌ́st]

v 조정하다, 적응하다
- **adjust** one's body positions EBS 지문 변형
- We **adjust** as best we can—to low incomes, odd neighborhoods, bad weather, and problems in school.
  EBS 지문 변형
  ➕ Plus adjustment n 조정, 적응

0808 ★★★ ☐☐

mass
[mæs]

a 거대한 n 1. 덩어리, 대량 2. 질량
- an all-encompassing **mass** culture EBS 지문 변형
- The new forms of **mass** production made young workers as productive as the elderly. EBS 지문 변형

0809 ★★☆ ☐☐

detach
[ditǽtʃ]

v 분리하다, 떼어내다
- **detach** a leaf from a tree
- Looking through the camera lens made him feel **detached** from the scene. EBS 지문 변형
  ➕ Plus ↔ attach v 붙이다, 첨부하다

0810 ★★☆ ☐☐

velocity
[vəlásəti]

n 속도
- the **velocity** of light
- measure the **velocity** of sound
  ➕ Plus = speed, rapidity

━━ 예문 해석 ━━

0806 중력의 당기는 힘에서 벗어나다 / 오해의 중대성 / 모든 사람들은 Isaac Newton이 중력의 법칙을 발견한 이야기를 들어본 적이 있다.
0807 몸의 자세를 조정하다 / 우리는 낮은 임금, 이상한 이웃, 나쁜 날씨, 학교에서의 문제들에 최선을 다해 적응한다.　0808 모든 것을 아우르는 거대한 문화 / 대량 생산의 새로운 형태는 젊은 근로자들을 중장년층만큼 생산적으로 만들었다.　0809 나무에서 잎을 떼어내다 / 카메라 렌즈를 통해 바라보는 것은 그를 그 풍경에서 분리된 느낌을 갖게 했다.　0810 빛의 속도 / 소리의 속도를 측정하다

Related Words | 물리

전도	the passage of electricity through wires, heat through metal, water through pipes, etc.	conduction
탄력성	the ability of something to stretch and go back to its usual length or size	elasticity
마찰	the natural force that prevents one surface from sliding easily over another surface	friction

---

0811 ✱✱✱ ☐☐

exert
[igzə́:rt]

v (힘·지식 등을) 쓰다, 발휘하다; (압력을) 가하다

- You will need to know how to **exert** your will to control the forces around you. EBS 지문 변형
- An object's weight is the force **exerted** on it by gravity, usually the earth's gravity. EBS 지문 변형

➕ Plus = exercise, wield
exertion n 노력, (영향력의) 행사
exertive a 노력하는

0812 ✱✱✱ ☐☐

hypothesis
[haipáθəsis]

n 가설, 추정

- His **hypothesis** is going to be tested soon. EBS 지문 변형
- Scientists come up with new **hypotheses**. EBS 지문 변형

➕ Plus = assumption, theory
hypothesize v 가설을 세우다

0813 ✱✱✱ ☐☐

droplet
[dráplit]

n 작은 (물)방울, 비말(飛沫)

- form the clear glass **droplets** into different shapes EBS 지문 변형
- **Droplet** infection is caused by infected agents in the air around a person.

0814 ✱✱☆ ☐☐

coincide
[kòuinsáid]

v 동시에 일어나다, 일치하다

- This **coincided** with the emergence of a second way of deriving material benefits. EBS 지문 변형

➕ Plus coincidence n 우연의 일치, 동시 발생

예문 해석

0811 당신은 주변의 힘을 통제할 의지를 발휘하는 방법을 알 필요가 있다. / 물체의 무게는 중력, 통상적으로 지구의 중력에 의해서 물체에 가해진 힘이다. 0812 그의 가설은 머지않아 검증받을 것이다. / 과학자들은 새로운 가설을 생각해 낸다. 0813 투명한 작은 유리 방울을 각기 다른 모양으로 만들다 / 비말 감염은 어떤 사람 주위의 공기 속에 있는 감염원에 의해 야기된다. 0814 이것은 물질적 혜택을 얻는 두 번째 방법의 출현과 동시에 일어났다.

0815 ★☆☆ ☐☐

illumination
[ilùːmənéiʃən]

🔲 빛, 조명

- They continued to reduce the **illumination** in the room.
- These remnants can be read using X-rays and various **illumination** techniques. EBS 지문 변형
  ➕ **Plus** illuminate Ⅴ 밝히다, 비추다

0816 ★★☆ ☐☐

molecule
[máləkjùːl]

🔲 분자

- **molecules** of inanimate matter EBS 지문 변형
- A **molecule** of water consists of two atoms of hydrogen and one atom of oxygen.

0817 ★☆☆ ☐☐

friction
[fríkʃən]

🔲 마찰, 마찰 저항, 갈등

- It turns out that **friction** plays a big part. EBS 지문 변형
- Something is necessary to alleviate the **friction** created by social repression. EBS 지문 변형

0818 ★★★ ☐☐

transmit
[trænsmít]

Ⅴ 전송하다, (열·전기·소리 등을) 전도하다

- **transmit** to subsequent generations EBS 지문 변형
- Blondlot rotated the prism and his colleague read off wavelengths of the **transmitted** beam. EBS 지문 변형
  ➕ **Plus** transmission 🔲 전송, 전달
  transmissive 🄰 보내는, 전하는

0819 ★★☆ ☐☐

stationary
[stéiʃənèri]

🄰 움직이지 않는, 정지된

- **Stationary** cars in traffic jams cause a great deal of pollution.
- The listeners are no longer thought of as a **stationary** group listening in the home or crowded public place. EBS 지문 변형
  ➕ **Plus** = static
  ↔ mobile 🄰 이동하는

━━━ 예문 해석 ▸

0815 그들은 계속해서 그 방 안의 조명을 낮추었다. / 이 남은 부분들은 엑스레이와 다양한 조명 기술을 사용해 읽을 수 있다. 0816 무생물 분자 / 물 분자는 두 개의 수소 원자와 한 개의 산소 원자로 이루어져 있다. 0817 마찰이 큰 역할을 하는 것으로 밝혀졌다. / 사회적 억압이 만드는 갈등을 경감하기 위해 무언가가 필요하다. 0818 다음 세대에 전달하다 / Blondlot은 프리즘을 회전시켰으며, 그의 동료는 전송된 빔의 파장을 읽었다. 0819 교통 정체 속에 움직이지 않는 자동차들은 엄청난 공해를 유발한다. / 청자들은 더 이상 가정이나 사람이 붐비는 공공장소에서 아무것도 하지 않고 듣기만 하는 사람들로 여겨지지 않는다.

0820 ✺✺☆ □□

resonate
[rézənèit]

ⓥ 울려 퍼지다

· As the chimes **resonated** throughout the house, I soundlessly threw back the covers and crept out of bed. EBS 지문 변형
➕ **Plus** resonation ⓝ 반향, 공명

0821 ✺☆☆ □□

inverse
[invə́:rs]

ⓐ 역의, 반대의 ⓝ 정반대

· There is often an **inverse** relationship between the power of the tool and how easy it is to use.
➕ **Plus** inversion ⓝ 도치, 전도
in inverse proportion to ~와 반비례로

0822 ✺☆☆ □□

diffuse
ⓐ [difjú:s]
ⓥ [difjú:z]

ⓐ 분산된, 장황한 ⓥ 퍼뜨리다, 분산[확산]되다

· **diffuse** light
· Water molecules **diffuse** or migrate out of the microorganism at a faster rate than they **diffuse** into it. EBS 지문 변형
➕ **Plus** diffusion ⓝ 보급, 전파

0823 ✺✺☆ □□

dilute
[dilú:t, dai-]

ⓥ 희석하다, 묽게 되다

· The paint can be **diluted** with water to make a lighter shade.
· Yeasts and molds will thrive in the sugar solution, especially when it is **diluted**. EBS 지문 변형
➕ **Plus** dilution ⓝ 희석, 묽게 함

0824 ✺✺✺ □□

compound
ⓝ ⓐ [kámpaund]
ⓥ [kəmpáund]

ⓝ 화합물, 혼합물 ⓐ 혼합의, 합성의 ⓥ 혼합하다, 악화시키다

· the number of electrons that can be lost, gained, or shared by an atom when it forms a **compound** EBS 지문 변형
· The problem has been **compounded** by a partial understanding arising from lack of information.

Related Words	화학	
흘러나오다	to produce from the inside and spread out slowly	exude
활성화하다	to make an electrical system or chemical process start working	activate
증류하다	to make a liquid more pure by heating it	distill

예문 해석

0820 종소리가 집안 전체에 울려 퍼질 때, 나는 조용히 이불을 젖히고 침대 밖으로 빠져나왔다. 0821 도구가 가지고 있는 힘과 도구 사용의 용이성은 종종 반비례 관계에 있다. 0822 분산된 빛 / 물 분자는 미생물 안으로 퍼지는 속도보다 더 빨리 미생물의 외부로 퍼지거나 이동한다. 0823 그 페인트는 옅은 색을 만들기 위해 물로 희석시킬 수 있다. / 이스트와 곰팡이는, 특히 설탕 용액이 희석되었을 때, 그 속에서 잘 자랄 것이다. 0824 원자가 화합물을 형성할 때 그것에 의해 잃거나, 얻어지거나, 공유될 수 있는 전자의 수 / 그 문제는 정보의 부족에서 생긴 불완전한 이해로 인해 악화되었다.

0825 ★★☆ ☐☐

radioactive
[rèidiouǽktiv]

ⓐ 방사능의, 방사성의

- **radioactive** contamination
- All living things absorb a small amount of **radioactive** carbon from the atmosphere. EBS 지문 변형
  ➕ **Plus** radioactivity ⓝ 방사능

0826 ★☆☆ ☐☐

ignite
[ignáit]

ⓥ 불을 붙이다, 점화하다

- **ignite** and spread the flames
- Chips of plutonium can spontaneously **ignite** at temperatures of 150 to 200°C. EBS 지문 변형
  ➕ **Plus** ignitability ⓝ 가연성

0827 ★★★ ☐☐

inhale
[inhéil]

ⓥ 숨을 들이마시다

- If you **inhale** something that you don't want, you make mucus. EBS 지문 변형
- He took a long slow breath, **inhaling** deeply.
  ➕ **Plus** ↔ exhale ⓥ 숨을 내쉬다

0828 ★★★ ☐☐

investigate
[invéstəgèit]

ⓥ 조사하다, 살피다

- If you're thinking about buying a new car, you should check Consumer Reports to **investigate** its reliability. EBS 지문 변형
  ➕ **Plus** investigation ⓝ 수사, 조사

0829 ★★☆ ☐☐

verify
[vérəfài]

ⓥ 확인하다; 입증하다

- **verify** a hypothesis
- I could **verify** the source from which I had that information.
  EBS 지문 변형
  ➕ **Plus** verification ⓝ 확인; 입증

예문 해석

0825 방사능 오염 / 모든 생물체는 대기로부터 소량의 방사성 탄소를 흡수한다. 0826 점화하고 불길을 퍼뜨리다 / 플루토늄 조각은 섭씨 150~200도가 되면 저절로 발화할 수 있다. 0827 만약 원하지 않은 무언가를 들이마시면, (코에서) 점액이 만들어진다. / 그는 깊게 숨을 들이마시며, 길고 느린 호흡을 했다. 0828 새 차를 사려고 생각한다면, 자동차의 신뢰성을 살펴보기 위해 소비자 보고서를 확인해야 한다. 0829 가설을 입증하다 / 나는 그 정보를 얻은 출처를 확인할 수 있었다.

Chemistry & Physics

0830 ★★☆ □□

perceptible
[pərséptəbl]

ⓐ 인지할 수 있는, 지각할 수 있는

• a **perceptible** change in behavior
• If the day is hot, the drop in air temperature under the maples is clearly **perceptible** on your skin. EBS 지문 변형
  ➕ Plus perceptibility ⓝ 지각할 수 있음, 지각

0831 ★★★ □□

spontaneously
[spɑntéiniəsli]

ⓐⓓ 자발적으로, 자연스럽게

• When exposed to air, the substance **spontaneously** burst into flame. EBS 지문 변형
• As soon as the aftershock passed, people **spontaneously** arose and cheered.
  ➕ Plus spontaneous ⓐ 자발적인, 즉흥적인

0832 ★★☆ □□

condense
[kəndéns]

ⓥ 응결되다, 농축되다; 압축하다

• **condense** a paragraph into a single sentence
• When cooled, vapor is **condensed** into liquid water. EBS 지문 변형
  ➕ Plus condensation ⓝ 물방울, 응결
  　　　condensable ⓐ 응축할 수 있는; 요약할 수 있는

0833 ★★☆ □□

corrode
[kəróud]

ⓥ 부식시키다, 부식하다

• **corrode** with rust
• The molten state was so reactive that it **corroded** nearly every container it encountered. EBS 지문 변형
  ➕ Plus corrosion ⓝ 부식

0834 ★★★ □□

constituent
[kənstítʃuənt]

ⓝ 구성 요소, 성분, 구성물 ⓐ 구성하는, 성분을 이루는

• The material contains large amounts of radioactive **constituents**. EBS 지문 변형
• The kingdom began to break up into its **constituent** parts.
  ➕ Plus constitute ⓥ 구성하다, 조직하다
  　　　constitution ⓝ 구성, 조직; 헌법

⎯ 예문 해석 ⎯

0830 인지할 수 있는 행동의 변화 / 더운 날에는, 단풍나무 아래에 있으면 기온이 낮아지는 것이 피부로 분명히 느껴진다. 0831 공기에 노출되었을 때, 그 물질은 저절로 확 타올랐다. / 여진이 지나가자마자, 사람들은 자연스럽게 일어나서 환호했다. 0832 단락을 한 문장으로 압축하다 / 수증기는 냉각되면 액체 상태의 물로 응결된다. 0833 녹이 슬어 부식되다 / 녹은 상태에서는 화학 반응이 잘 일어나서 그것을 담은 거의 모든 용기를 부식시켰다. 0834 그 물질은 다량의 방사성 성분을 포함하고 있다. / 그 왕국은 구성되었던 부분으로 분열되기 시작했다.

0835 ★★✩ □□

dissolve
[dizálv]

Ⓥ 용해되다, 녹다; 용해시키다; (조직 등을) 해산시키다
- Helium is less likely to **dissolve** in the bloodstream. EBS 지문 변형
- Synthetic fertilizers are too quickly **dissolved** and move rapidly through the soil. EBS 지문 변형
➕ **Plus** dissolution Ⓝ 용해; 소멸, 해산

0836 ★★★ □□

enclosure
[inklóuʒər]

Ⓝ 폐쇄 공간, 울타리
- These variables include material properties and configurations, environmental conditions, and **enclosure** effects. EBS 지문 변형
➕ **Plus** enclose Ⓥ (울타리 등으로) 둘러싸다, 동봉하다

0837 ★★✩ □□

vaporize
[véipəràiz]

Ⓥ 증발하다, 기화하다
- Pressure causes the chemical to **vaporize**.
- The benzene **vaporized**, forming a huge cloud of gas. EBS 지문 변형
➕ **Plus** vapor Ⓝ 증기

0838 ★✩✩ □□

screen out

~을 차단하다, ~을 거르다
- It seems that we perceive the world in great detail, but our visual systems **screen out** what is unimportant for us. EBS 지문 변형

0839 ★★★ □□

solvent
[sálvənt]

ⓐ 용해되는; 지불 능력이 있는 Ⓝ 용매
- Lead is more **solvent** in acidic water.
- We have managed to stay **solvent** with contributions from parents and local businesses. EBS 지문 변형
➕ **Plus** ↔ insolvent ⓐ 파산한

0840 ★★✩ □□

convert
[kənvə́ːrt]

Ⓥ 바꾸다, 전환하다, 변환하다
- A minority has **converted** others to its point of view. EBS 지문 변형
- The applied force is **converted** by the liquid into an isotropic one. EBS 지문 변형
➕ **Plus** = change, transform

예문 해석

0835 헬륨은 혈류에서 용해될 가능성이 적다. / 합성 비료는 너무 빠르게 용해되어 급속하게 토양을 통과해 지나간다. 0836 이 변수에는 재료의 특성과 (성분의) 구성, 환경 조건, 그리고 폐쇄 공간 효과가 포함된다. 0837 압력은 화학 물질이 기화되도록 한다. / 벤젠은 기화하여 큰 가스 구름을 형성했다. 0838 우리가 세계를 세세하게 인식하고 있는 것처럼 보이지만, 우리의 시각 체계는 우리에게 중요하지 않은 것은 차단하고 있다. 0839 납은 산성의 물에서 더 잘 용해된다. / 우리는 모회사와 지방 기업들의 지원으로 겨우 상환 능력이 있는 상태로 유지되었다. 0840 소수 집단이 다른 사람들을 자신의 관점으로 바꿔 놓았다. / 가해지는 힘은 그 액체에 의해 등방성의 힘으로 전환된다.

Review Test

A 다음 단어에 해당하는 우리말을 쓰시오.

01 compound _____
02 stationary _____
03 molecule _____
04 ignite _____
05 solvent _____
06 convert _____
07 droplet _____
08 dissolve _____
09 transmit _____
10 spontaneously _____

B 다음에 해당하는 영어 단어/숙어를 쓰시오.

01 방사능의 _____
02 숨을 들이마시다 _____
03 빛, 조명 _____
04 속도 _____
05 폐쇄 공간, 울타리 _____
06 증발하다, 기화하다 _____
07 측정하다 _____
08 부식시키다 _____
09 역의, 반대의 _____
10 뜨다, 떠다니다 _____

C 다음 괄호 안에서 문맥에 적절한 것을 고르시오.

01 Water runs downhill because it is acted on by the force of [gravity/grief].

02 The bass guitar began to thump so loudly that it [resonated/recreated] in my head.

03 Most [litters/liquids] contract by about 10 percent when chilled.

04 That will [attach/detach] the front panel, but be careful not to pull it too far.

05 With an advance [hypocrisy/hypothesis] about what the message will be, we can tune our perceptual system to favor certain impressions and reject others.

D 다음 문장에서 주어진 우리말에 해당하는 영어 단어에 밑줄 치시오.

01 폭발적인 증가　Many big cities have experienced population explosions in the absence of their natural controls.

02 (압력을) 가하다　The company exerted great pressure on Dr. Kelsey to give permission for the drug.

03 적응하다　As soccer players are only accustomed to playing in their own role, they can't easily adjust to another position.

04 확인하다　The inspector needed some time to verify the truth.

05 ~을 차단하다　When that filter mistakenly screens out something essential, then even seasoned masters can make mistakes.

| DAY |

Earth Science & Astronomy

지구과학과 천문학

Previous Check

- [ ] geology
- [ ] eruption
- [ ] volcanic
- [ ] altitude
- [ ] burst
- [ ] erosion
- [ ] weathering
- [ ] molten
- [ ] mudslide
- [ ] atmosphere
- [ ] equatorial
- [ ] geothermal
- [ ] polar
- [ ] axis

- [ ] boundary
- [ ] diverge
- [ ] subside
- [ ] vertical
- [ ] radiation
- [ ] pore
- [ ] astronomer
- [ ] celestial
- [ ] galaxy
- [ ] meteor
- [ ] comet
- [ ] heavenly body
- [ ] asteroid
- [ ] chaos

- [ ] stability
- [ ] scarce
- [ ] immeasurable
- [ ] dispel
- [ ] ensue
- [ ] alignment
- [ ] speck
- [ ] sizeable
- [ ] tug
- [ ] peculiarity
- [ ] inanimate
- [ ] recede

0841 ✹✹✹ ☐☐

geology
[dʒìɑ́lədʒi]

n 지질학

- **Geology** can help explain the history of the Earth.
- He developed an interest in **geology** and became one of the founding members of the Geological Society. EBS 지문 변형
  ➕ **Plus** geography n 지리학

0842 ✹✹✹ ☐☐

eruption
[irʌ́pʃən]

n 분출, (화산의) 폭발

- an unexpected **eruption**
- Natural events such as volcanic **eruptions** and meteorite collisions can cause earthquakes. EBS 지문 변형

0843 ✹✹✹ ☐☐

volcanic
[vɑlkǽnik]

a 화산의, 화산 작용에 의해 만들어진

- a statue carved from **volcanic** rock
- Many islands in the Pacific Ocean were created by **volcanic** activity.
  ➕ **Plus** volcano n 화산

0844 ✹✹✧ ☐☐

altitude
[ǽltətjùːd]

n 고도, 높이; 고지

- There is less of each gas the higher up in **altitude** you go. EBS 지문 변형

- To do this, you should have trained at **altitude**.
  ➕ **Plus** = height, elevation

0845 ✹✹✹ ☐☐

burst
[bəːrst]

n 터뜨림, 파열 v 터뜨리다, 파열시키다

- a **burst** of light
- The tree **burst** into flames after being struck by lightning.
  ➕ **Plus** burst out 버럭 소리를 지르다

0846 ✹✹✹ ☐☐

erosion
[iróuʒən]

n 부식, 침식

- the **erosion** of the Earth
- Tilling soil wrecks the soil and causes chronic **erosion**.
  ➕ **Plus** erosive a 부식성의, 침식적인
  erode v 부식하다, 침식하다

예문 해석

0841 지질학은 지구의 역사를 설명하는 데 도움이 될 수 있다. / 그는 지질학에 관심을 가지게 되어 지질학회의 창립 회원 중 한 명이 되었다. 0842 예상치 못한 폭발 / 화산 폭발과 운석의 충돌 같은 자연적 현상들이 지진을 일으킬 수 있다. 0843 화산암으로 조각한 조각상 / 태평양의 많은 섬들은 화산 작용에 의해 만들어졌다. 0844 여러분이 고도를 더 높이 올라갈수록 각각의 기체가 더 적게 존재한다. / 이것을 하기 위해서, 너는 고지에서 훈련했어야 했다. 0845 빛의 폭발 / 그 나무는 번개를 맞고 나서 확 불타올랐다. 0846 지구의 침식 / 땅을 가는 것은 토양을 망가뜨리며 만성적인 침식을 야기한다.

0847 ★☆☆ ☐☐ --

weathering
[wéðəriŋ]

n 풍화 (작용)

- years of constant **weathering**
- These mountains are no longer rocky due to centuries of **weathering** from the wind.

➕ **Plus** weather **v** 햇빛에 변하다 **n** 날씨, 일기예보

0848 ★★☆ ☐☐ --

molten
[móultən]

a 녹은, 용해된

- a vat of **molten** metal
- Magma is **molten** rock that exists below the Earth's surface.

➕ **Plus** melt **v** 녹다, 녹이다

0849 ★☆☆ ☐☐ --

mudslide
[mʌ́dslàid]

n 이류(泥流), 토사 유출

- seasonal **mudslides**
- Intense rainfall can cause **mudslides**, especially in hilly and mountainous regions.

➕ **Plus** landslide **n** 산사태

0850 ★★★ ☐☐ --

atmosphere
[ǽtməsfìər]

n 1. 대기, 공기 2. 분위기

- Air formed a layer of **atmosphere** above the surface. EBS 지문 변형
- Encourage parents to conduct reading sessions in a warm and positive **atmosphere**. EBS 지문 변형

Related Words 지구과학

지진	a sudden shaking of the Earth's surface that often causes a lot of damage	earthquake
폭발	an occasion when something bursts with a lot of force and a loud noise	explosion
분화구	a round hole in the ground made by something that has fallen on it or by an explosion	crater

---

예문 해석

0847 몇 년간의 지속적인 풍화 작용 / 이 산맥은 몇 세기 동안 바람의 풍화 작용 때문에 더 이상 바위가 많지 않다. 0848 녹은 금속이 담긴 통 / 마그마는 지표 아래에 있는 용해된 바위이다. 0849 계절적인 이류 / 특히 언덕이나 산이 많은 지역에 엄청난 폭우가 이류를 일으킬 수 있다. 0850 공기는 지구 표면 위의 대기층을 형성했다. / 부모에게 따뜻하고 긍정적인 분위기에서 독서 활동을 수행하도록 권장하라.

0851 ✺✺✧ ☐☐

equatorial
[ì:kwətɔ́:riəl]

a 적도의

- **equatorial** ecosystems
- The temperature in **equatorial** regions is hot throughout the entire year.

➕ Plus equator n 적도

0852 ✺✧✧ ☐☐

geothermal
[dʒì:ouθə́:rməl]

a 지열의

- a source of **geothermal** energy
- Geysers and hot springs are two types of **geothermal** features that attract tourists.

➕ Plus geotherm n 지열

0853 ✺✺✧ ☐☐

polar
[póulər]

a 북극[남극]의, 양극의

- the **polar** circles
- Global warming is causing the **polar** ice caps to shrink.

➕ Plus arctic a 북극의
antarctic a 남극의

0854 ✺✺✧ ☐☐

axis
[ǽksis]

n 축

- the planet's **axis** of rotation
- The Earth rotates on its **axis** once every twenty-four hours.

0855 ✺✺✺ ☐☐

boundary
[báundəri]

n 경계(선)

- The spatial **boundary** between adjacent ecosystems is transitional. EBS 지문 변형
- When we accept limiting beliefs, they become our **boundaries**. EBS 지문 변형

◀ 예문 해석 ▶

0851 적도의 생태계 / 적도 지역은 일 년 내내 기온이 높다. 0852 지열 에너지원 / 간헐천과 온천은 관광객들을 끌어모으는 두 가지 형태의 지열에 관련된 특색이다. 0853 극권 / 지구온난화가 극지방의 만년설의 크기를 줄이고 있다. 0854 행성의 자전축 / 지구는 축을 따라 24시간에 한 번씩 자전한다. 0855 인접한 생태계들 간의 공간상의 경계는 과도적이다. / 우리가 제한적인 믿음을 받아들일 때, 그것이 우리의 경계가 된다.

0856 ✳✳✧ ☐☐

diverge
[daivə́:rdʒ]

Ⓥ 갈라지다, 나뉘다; 발산하다

- The parallel lines appear to **diverge**.
- Rays of light **diverge** when reflected by a convex mirror.

➕ **Plus** ↔ converge Ⓥ 모이다, 집중하다
divergence ⓝ 차이; 발산

0857 ✳✳✳ ☐☐

subside
[səbsáid]

Ⓥ 1. 가라앉다, 진정되다 2. (물이) 빠지다

- As he waited for the winds to **subside**, he had his diver descend. EBS 지문 변형
- Students spent hours in school waiting for the water to **subside**.

➕ **Plus** subsidence ⓝ 침하

0858 ✳✳✧ ☐☐

vertical
[və́:rtikəl]

ⓐ 수직의, 세로의 ⓝ 수직, 세로

- Outermost branches have grana in **vertical** stacks. EBS 지문 변형
- The earth's axis of rotation is tilted about 23.4 degrees away from **vertical**. EBS 지문 변형

➕ **Plus** ↔ horizontal ⓐ 수평의, 가로의

0859 ✳✳✳ ☐☐

radiation
[rèidiéiʃən]

ⓝ 방사선

- the harmful effects of **radiation** exposure
- Marie Curie was a pioneer in researching the properties of **radiation**.

➕ **Plus** radiate Ⓥ 내뿜다, 방출하다

0860 ✳✳✧ ☐☐

pore
[pɔ:r]

ⓝ (피부·잎의) 작은 구멍, (암석의) 세공

- Happiness and joy absorbed into every **pore** of my body.
- The source rock must have tiny **pores**. EBS 지문 변형

➕ **Plus** porous ⓐ 작은 구멍이 많은, 다공성의

예문 해석

0856 그 평행선들은 나뉘어서 갈라지는 것처럼 보인다. / 광선을 볼록 거울에 비추면 확산한다. 0857 그는 바람이 잦아들기를 기다리면서 그의 잠수부를 내려가게 했다. / 학생들이 물이 빠지기를 기다리며 학교에서 몇 시간을 보냈다. 0858 가장 바깥쪽 가지들은 수직으로 포개진 그라나를 가진다. / 지구의 자전축이 수직으로부터 약 23.4도 떨어져 기울어져 있다. 0859 방사선 노출의 유해한 영향 / Marie Curie는 방사선의 특성을 연구하는 데 있어서 선구자였다. 0860 행복과 기쁨이 내 몸의 모든 땀구멍으로 흡수되었다. / 근원암은 미세한 구멍을 가지고 있어야 한다.

Earth Science & Astronomy

0861 ★★★ ☐☐

astronomer
[əstrάnəmər]

n 천문학자

- For a long time, **astronomers** did not know that other galaxies existed. EBS 지문 변형
- Galileo is often considered to be one of the most influential **astronomers** in history.

➕ **Plus** astronomy **n** 천문학
　　　 astrology **n** 점성학, 점성술

0862 ★★☆ ☐☐

celestial
[səléstʃəl]

a 하늘의, 천체의

- a **celestial** body
- Venus is the brightest **celestial** object in the sky after the Sun and the Moon.

➕ **Plus** celestially **ad** 거룩하게, 신성하게

0863 ★★★ ☐☐

galaxy
[gǽləksi]

n 은하수, 은하계

- the Milky Way **Galaxy**
- We live in a **galaxy** that contains several hundred thousand million stars and planets. EBS 지문 변형

0864 ★★☆ ☐☐

meteor
[míːtiər]

n 유성, 별똥별

- reports of **meteor** showers
- Humans have observed **meteors** in the sky for centuries.

➕ **Plus** = shooting star
　　　 meteoric **a** 유성의

0865 ★★☆ ☐☐

comet
[kάmit]

n 혜성

- the discovery of a **comet**
- Halley's **Comet** is visible from the Earth once every seventy-five or seventy-six years.

➕ **Plus** cometary **a** 혜성의, 혜성과 같은

예문 해석

0861 오랫동안, 천문학자들은 다른 은하계가 존재한다는 것을 알지 못했다. / Galileo는 종종 역사상 가장 영향력 있는 천문학자 중 한 명으로 여겨진다.　0862 천체 / 금성은 태양과 달 다음으로 하늘에서 가장 밝은 행성이다.　0863 우리 은하 / 우리는 수천억 개의 별과 행성으로 이루어진 은하계 안에서 살고 있다.　0864 유성우에 관한 보고 / 사람들은 몇 세기 동안 하늘에서 별똥별을 관찰해 왔다.　0865 혜성의 발견 / 핼리 혜성은 75~76년에 한 번씩 지구에서 관측 가능하다.

0866 ✺☆☆ ☐☐

heavenly body

천체
- Some **heavenly bodies** cannot be seen by the unaided eye and must be viewed with a telescope.

0867 ✺☆☆ ☐☐

asteroid
[ǽstərɔ̀id]

n 소행성
- the search for potential killer **asteroids** EBS 지문 변형
- What's the chance of an **asteroid** striking our planet? EBS 지문 변형

0868 ✺✺✺ ☐☐

chaos
[kéiɑs]

n 혼돈, 혼란
- the **chaos** of a busy marketplace EBS 지문 변형
- Many scientists speculate that the universe favors **chaos** over equilibrium.
  + **Plus** chaotic **a** 혼란 상태인

0869 ✺✺✺ ☐☐

stability
[stəbíləti]

n 안정, 안정성
- the country's economic **stability**
- The pull of gravity influences the **stability** of the body. EBS 지문 변형
  + **Plus** stable **a** 안정된

0870 ✺✺✺ ☐☐

scarce
[skɛərs]

a 부족한, 드문
- When a **scarce** resource is overprivatized, the result can be a tragedy. EBS 지문 변형
- To make matters worse, teaching resources are **scarce**.
  EBS 지문 변형

  + **Plus** = insufficient
  scarcity **n** 부족, 결핍
  scarcely **ad** 거의 ~ 않다

예문 해석

0866 몇몇 천체는 육안으로는 보이지 않으며 망원경으로 관측해야 한다. 0867 잠재적 살인자 소행성 찾기 / 소행성이 지구에 부딪칠 가능성은 얼마인가? 0868 분주한 시장의 혼란함 / 많은 과학자들은 우주가 평형 상태보다는 혼돈 상태를 더 좋아한다고 추측한다. 0869 그 나라의 경제적 안정 / 중력의 끌어당김이 신체의 안정성에 영향을 미친다. 0870 부족한 자원이 지나치게 사유화되면 그 결과는 비극이 될 수 있다. / 설상가상으로, 교수 자료들이 부족하다.

Earth Science & Astronomy

0871 ★★★ ☐☐

immeasurable
[iméʒərəbl]

ⓐ 측정할 수 없는, 끝없는

• Superheroes perform feats of **immeasurable** strength.
  EBS 지문 변형

• The exact number of stars in the universe is **immeasurable** with today's technology.
  ➕ Plus measure ⓥ 측정하다 ⓝ 치수

0872 ★★☆ ☐☐

dispel
[dispél]

ⓥ 떨쳐 버리다, 없애다

• **dispel** any fears about the darkness EBS 지문 변형
• The warmth from the sunrise **dispelled** the heavy fog.
  ➕ Plus = do away with, eliminate
  dispellable ⓐ 떨쳐 버릴 수 있는

0873 ★☆☆ ☐☐

ensue
[insú:]

ⓥ 뒤따르다, 이어지다

• The space race **ensued** after the Soviet Union launched the first artificial satellite in 1957.
  ➕ Plus = follow

0874 ★★☆ ☐☐

alignment
[əláinmənt]

ⓝ 일직선, 정렬

• the **alignment** of the planets
• The **alignment** of the Sun, Moon and Earth creates a solar eclipse.
  ➕ Plus align ⓥ 일직선으로 하다, 가지런히 만들다

0875 ★☆☆ ☐☐

speck
[spek]

ⓝ 작은 얼룩, 작은 알갱이

• Some stars are a million times brighter than the Sun, yet from Earth they appear to be a mere **speck** of light.
  ➕ Plus specked ⓐ 반점[흠집]이 생긴

◀ 예문 해석 ▶

0871 슈퍼 영웅들은 측정할 수 없는 힘을 부리는 재주를 수행한다. / 우주에 있는 별의 정확한 숫자는 오늘날의 기술로는 측정 불가능하다. 0872 어둠에 대한 모든 공포를 떨쳐 버리다 / 해가 떠오르면서 따뜻해져서 짙은 안개가 걷혔다. 0873 소비에트 연방이 1957년에 최초로 인공위성을 발사한 이후로 우주 개발 경쟁이 이어졌다. 0874 행성들의 정렬 / 태양, 달, 지구가 일직선이 되었을 때 일식이 일어난다. 0875 몇몇 별은 태양보다도 백만 배나 더 밝지만, 지구에서는 그저 작은 불빛의 점으로만 보인다.

0876 ★★★ ☐☐ -

sizeable
[sáizəbl]

ⓐ 꽤 큰, 상당한

- a **sizeable** area
- Jupiter is a **sizeable** planet, having a volume more than one thousand times larger than the Earth.

0877 ★★☆ ☐☐ -

tug
[tʌg]

ⓥ 당기다 **ⓝ** 힘껏 당김; 분투, 노력

- **tug** at the handle 〔EBS 지문 변형〕
- All living things on our planet experience the **tug** of Earth's gravitational force.

0878 ★★☆ ☐☐ -

peculiarity
[pikjùːliǽrəti]

ⓝ 기이한 특징, 이상함

- an observable **peculiarity**
- Binary star systems display many **peculiarities**.
  ➕ Plus peculiar **ⓐ** 이상한, 독특한

0879 ★☆☆ ☐☐ -

inanimate
[inǽnəmət]

ⓐ 무생물의; 죽은

- an **inanimate** object
- Astronauts have brought back **inanimate** rocks from the surface of the Moon.
  ➕ Plus ↔ animate **ⓐ** 살아 있는, 생물인
  inanimation **ⓝ** 생명이 없음; 무기력

0880 ★★★ ☐☐ -

recede
[risíːd]

ⓥ 물러나다, 희미해지다

- the light from a **receding** star
- The Moon's gravity causes the tide to advance and **recede**.
  ➕ Plus = fall back, retreat

Related Words	천문학		
일식·월식	a short period when all or part of the Sun or Moon becomes dark	eclipse
궤도	the path that is taken by an object moving around a larger object in space	orbit
(인공)위성	an object that is sent into space to travel around the Earth in order to receive and send information	satellite

---

예문 해석

0876 꽤 큰 지역 / 목성은 꽤 큰 행성으로, 지구보다 부피가 천 배 이상 더 크다.　0877 손잡이를 잡아당기다 / 우리 행성의 모든 생물들은 지구 중력의 당기는 힘을 경험하고 있다.　0878 관찰 가능한 이상한 특징 / 연성(連星) 구조는 많은 기이한 특징들을 보여 준다.　0879 무생물 / 우주 비행사들은 달의 표면에서 무생물인 암석을 가져왔다.　0880 멀어지는 별에서 나오는 빛 / 달의 중력은 조류가 들어왔다 나가게 한다.

Review Test

Ⓐ 다음 단어에 해당하는 우리말을 쓰시오.

01	recede	_____
02	astronomer	_____
03	asteroid	_____
04	polar	_____
05	comet	_____
06	alignment	_____
07	tug	_____
08	speck	_____
09	vertical	_____
10	altitude	_____

Ⓑ 다음에 해당하는 영어 단어/숙어를 쓰시오.

01	풍화 (작용)	_____
02	대기; 분위기	_____
03	하늘의, 천체의	_____
04	분출, (화산의) 폭발	_____
05	안정, 안정성	_____
06	가라앉다	_____
07	(피부·잎의) 작은 구멍	_____
08	뒤따르다, 이어지다	_____
09	적도의	_____
10	터뜨림, 파열	_____

Ⓒ 다음 괄호 안에서 문맥에 적절한 것을 고르시오.

01 Soil [erosion/errand] is caused by the loss of organic matter and exposure.

02 [Meteor/Metro] showers repeat every year when the Earth passes through the orbit of comets.

03 Scientists are concerned the destruction of the Amazon could lead to [chaos/chore].

04 The president is attempting to [dispel/intensify] the notion that he has neglected the economy.

05 She made a(n) [inconsiderable/sizeable] amount of money by laying aside a certain amount every month.

Ⓓ 다음 문장에서 주어진 우리말에 해당하는 영어 단어에 밑줄 치시오.

01 녹은, 용해된
An immense volume of rocks and molten lava was erupted.

02 갈라지다, 나뉘다
When the aims of the partners begin to diverge, there's trouble.

03 화산의, 화산 작용에 의해 만들어진
Local meteorologists say the earthquake has promoted the volcanic activity.

04 측정할 수 없는
The new medicine has brought about an immeasurable improvement in her life.

05 부족한, 드문
They discussed how to provide medicine with the disaster area where it is scarce.

| DAY |

23

Biology & Genetics

생물학과 유전학

📘 Previous Check

- ☐ species
- ☐ upright
- ☐ evolution
- ☐ adoptive
- ☐ be derived from
- ☐ fertilize
- ☐ breed
- ☐ mutate
- ☐ variation
- ☐ clone
- ☐ tissue
- ☐ halt
- ☐ anatomy
- ☐ mature

- ☐ susceptible to
- ☐ microbe
- ☐ subsequent
- ☐ circulatory
- ☐ persist
- ☐ undermine
- ☐ absorption
- ☐ subtract A from B
- ☐ dictate
- ☐ remnant
- ☐ evaporate
- ☐ intervention
- ☐ equilibrium
- ☐ binocular

- ☐ gene
- ☐ heredity
- ☐ sperm
- ☐ descendant
- ☐ succeeding
- ☐ sibling
- ☐ retina
- ☐ conceive
- ☐ inheritance
- ☐ association
- ☐ soak
- ☐ prerequisite

Biology & Genetics

0881 ✳✳✳ ☐☐ -------------------------------

species
[spíːʃiːz]

ⓝ 종(種)
- common **species** of domestic plants
- Keystone **species** typically influence processes that lead to the formation of a community. EBS 지문 변형

0882 ✳✳✧ ☐☐ -------------------------------

upright
[ʌ́pràit]

ⓐ 직립의, 똑바른; 강직한 ⓐⓓ 똑바로
- The **upright** stride was also very helpful. EBS 지문 변형
- Chimps do not naturally walk **upright**. EBS 지문 변형

0883 ✳✳✳ ☐☐ -------------------------------

evolution
[èvəlúːʃən]

ⓝ 진화, 발전
- the **evolution** of the human race
- Charles Darwin is best known for introducing the theory of **evolution**. EBS 지문 변형
  ➕ Plus evolve ⓥ 발달하다, 진화하다
  　　　　evolutionary ⓐ 진화의, 점진적인

0884 ✳✳✳ ☐☐ -------------------------------

adoptive
[ədáptiv]

ⓐ 입양된; 채택된
- an **adoptive** family
- Young children can inherit behavioral traits from their **adoptive** parents.
  ➕ Plus adopt ⓥ 입양하다; 채택하다
  　　　　adoption ⓝ 입양; 채택

0885 ✳✳✳ ☐☐ -------------------------------

be derived from

~에서 파생되다, ~에서 유래되다
- Maple syrup **is derived from** the sap of maple trees.
- The polar bear's white fur **is derived from** its snowy natural habitat.
  ➕ Plus derive ⓥ 끌어내다, 얻다

　예문 해석

0881 국내에서 흔한 식물 종들 / 핵심종은 보통 군집을 형성시키는 과정에 영향을 미친다. 0882 직립 보행 또한 매우 도움이 되었다. / 침팬지들은 본래 똑바로 걷지 않는다. 0883 인류의 진화 / Charles Darwin은 진화론을 창시한 것으로 가장 잘 알려져 있다. 0884 입양 가족 / 어린아이들은 그들의 양부모로부터 행동적 특성을 물려받을 수 있다. 0885 메이플 시럽은 단풍나무 수액으로부터 나온다. / 북극곰의 하얀 털은 눈이 많은 자연 서식지에서 비롯된다.

0886 ★★☆ ☐☐

fertilize
[fə́ːrtəlàiz]

ⓥ 수정시키다; 비료를 주다
- a **fertilized** embryo
- Unlike mammals, most fish **fertilize** eggs after they have already been laid. EBS 지문 변형

➕ Plus fertile ⓐ 비옥한; 생식력 있는

0887 ★★☆ ☐☐

breed
[briːd]

ⓥ 새끼를 낳다, 사육하다 ⓝ (가축의) 품종
- Animals eat, sleep, seek shelter, and **breed**. EBS 지문 변형
- Spaniels are my favorite **breed** of dog.

➕ Plus breeding ⓝ 사육, 번식

0888 ★★☆ ☐☐

mutate
[mjúːteit]

ⓥ 돌연변이가 되다, 변형되다
- a **mutated** offspring EBS 지문 변형
- Some strains of influenza are known to **mutate** and can become difficult to treat.

➕ Plus mutation ⓝ 돌연변이, 변화
mutant ⓐ 돌연변이의 ⓝ 돌연변이종

0889 ★★★ ☐☐

variation
[vɛ̀əriéiʃən]

ⓝ 변화[차이], 변형
- The **variation** of this gene affects reproductive performance.
- Any **variation** that does exist becomes part of the story itself. EBS 지문 변형

➕ Plus vary ⓥ 서로 다르다, 달라지다
variationally ⓐⓓ 변화하여, 변이로

0890 ★☆☆ ☐☐

clone
[kloun]

ⓝ 1. 복제 2. 복제 생물 ⓥ 복제하다
- In theory, he was a perfect **clone**.
- His team was the first to **clone** a mammal in 1981.

예문 해석

0886 수정된 배아 / 포유류와 달리, 대부분의 물고기는 알을 낳은 후에 수정시킨다. 0887 동물들은 먹고, 자고, 쉼터를 찾고, 새끼를 낳는다. / 스패니얼은 내가 가장 좋아하는 품종의 개이다. 0888 돌연변이 자손 / 몇몇 독감 종류는 변이한 것으로 알려져서 치료하기 어렵게 될 수도 있다. 0889 이 유전자의 변화는 번식 능력에 영향을 미친다. / 존재하는 어떤 변형이든 이야기 자체의 일부가 된다. 0890 이론상으로 그는 완벽한 복제 인간이었다. / 그의 팀은 1981년에 최초로 포유동물을 복제했다.

0891 ✺✩✩ □□ -----

tissue
[tíʃuː]

n (세포들로 이루어진) 조직
• when a fast reaction is needed by muscle **tissue** EBS 지문 변형
• Hair is the second fastest growing **tissue** in the human body.
➕ Plus bloody tissue 혈액 조직

0892 ✺✩✩ □□ -----

halt
[hɔːlt]

n 멈춤, 중단 v 멈추다, 중단시키다
• a sudden **halt**
• An extinction event **halted** the dinosaurs' reign as the dominant form of life on Earth.

0893 ✺✺✩ □□ -----

anatomy
[ənǽtəmi]

n 해부학, (해부학적) 구조
• an expert on human **anatomy**
• The **anatomy** of a chimpanzee is similar to that of a human.
➕ Plus anatomize v 해부하다, 분석하다
anatomic a 해부의, 해부학상의

0894 ✺✺✺ □□ -----

mature
[mətʃúər]

a 1. 성숙한, 다 자란 2. 잘 익은 v 성숙해지다
• A 3-ton **mature** whale is a large animal. EBS 지문 변형
• As children **mature**, they are exposed to different people, actions, and norms. EBS 지문 변형
➕ Plus ↔ immature a 미숙한, 다 자라지 못한
premature a 너무 이른, 조산의

0895 ✺✺✩ □□ -----

susceptible to

～에 민감한, ～에 걸리기 쉬운
• be **susceptible to** communicable diseases EBS 지문 변형
• Cold-blooded animals are extremely **susceptible to** changes in temperature.

> **예문 해석**

0891 근육 조직이 빠른 반응을 요구할 때 / 머리카락은 사람의 몸에서 두 번째로 빨리 자라는 조직이다. 0892 갑작스러운 중단 / 멸종 사건으로 인해 지구상에서 지배적인 생물로서의 공룡의 시대는 막을 내리게 되었다. 0893 인체 해부학 전문가 / 침팬지의 해부학적 구조는 인간의 것과 비슷하다. 0894 중량이 3톤인 다 자란 고래는 거대한 동물이다. / 아이들이 성숙해짐에 따라 그들은 다양한 사람들, 행동 그리고 규범을 접한다. 0895 전염병에 취약하다 / 냉혈 동물은 온도의 변화에 극도로 민감하다.

0896 ✸✸✧ ☐☐

microbe
[máikroub]

🅝 미생물; 세균

- Urban immune systems don't get exposed to enough **microbes**. EBS 지문 변형
- Pasteur was convinced that **microbes** caused diseases in humans.

  ➕ **Plus** microbial 🅐 미생물의; 세균에 의한

0897 ✸✸✸ ☐☐

subsequent
[sʌ́bsikwənt]

🅐 그 다음의

- the effectiveness of **subsequent** treatments
- If a person with a bee allergy is stung, the **subsequent** swelling can be severe.

  ➕ **Plus** subsequently 🅐🅓 그 뒤에, 나중에

0898 ✸✧✧ ☐☐

circulatory
[sə́ːrkjulətɔ̀ːri]

🅐 순환의, 혈액 순환의

- improve **circulatory** health
- The heart is the main organ in the **circulatory** system.

  EBS 지문 변형

  ➕ **Plus** circulate 🅥 순환하다; 유통되다

0899 ✸✸✸ ☐☐

persist
[pərsíst]

🅥 계속하다, 고집하다

- a **persisting** illness
- The cognitive framing of the issue **persists**. EBS 지문 변형
- Evergreen trees have needles that **persist** and remain green throughout the entire year.

  ➕ **Plus** persistence 🅝 고집, 지속됨
  　　　　persistent 🅐 끈질긴, 지속되는

0900 ✸✸✸ ☐☐

undermine
[ʌ̀ndərmáin]

🅥 약화시키다

- The stress **undermines** your ability to make logical connections. EBS 지문 변형
- The smooth operation of markets is **undermined**. EBS 지문 변형

예문 해석

0896 도시에서의 면역 체계는 미생물들에 충분히 노출되지 않는다. / 파스퇴르는 세균이 인간에게 질병을 일으킨다고 확신했다. 0897 차후에 이루어진 치료의 효과 / 만약 벌 알레르기가 있는 사람이 쏘인다면, 이후에 심하게 부을 수 있다. 0898 혈액 순환 건강을 증진시키다 / 심장은 순환 기관의 핵심 장기이다. 0899 고질적인 질병 / 그 문제에 대해 인지적으로 틀을 잡는 것은 계속된다. / 상록수는 지속성이 있고, 연중 녹색을 유지하는 침엽을 가지고 있다. 0900 스트레스는 논리적인 연결을 하는 능력을 약화시킨다. / 시장의 순탄한 가동이 약화된다.

0901 ★☆☆ ☐☐

absorption
[æbsɔ́ːrpʃən]

n 1. 흡수 2. 몰두, 전념
- coordinate the **absorption** of chemicals EBS 지문 변형
- It can be prized as intensely as selfless **absorption**. EBS 지문 변형
  ➕ Plus absorb v 흡수하다, 열중하게 하다

0902 ★★☆ ☐☐

subtract A from B

B에서 A를 빼다
- **subtract** ten percent **from** the total

0903 ★★★ ☐☐

dictate
[díkteit]

v ~에 영향을 주다; 지시하다 n 명령, 규칙
- The availability of food **dictates** the behavior of most animals.
- The survival of the fittest **dictates** that species lacking key traits will become extinct.
  ➕ Plus dictatorial a 독재의, 독재적인

0904 ★★☆ ☐☐

remnant
[rémnənt]

n 남은 부분, 나머지; 유물
- The majority of salt in the salt lake is a **remnant** of dissolved salts that are present in all fresh water. EBS 지문 변형
- Crocodiles appear to be surviving **remnants** of the prehistoric era.

0905 ★★☆ ☐☐

evaporate
[ivǽpərèit]

v 증발하다; 사라지다
- The water has **evaporated** from the leaves and soil.
- The power may **evaporate** when the context changes. EBS 지문 변형
  ➕ Plus evaporation n 증발, (수분의) 발산

0906 ★★★ ☐☐

intervention
[ìntərvénʃən]

n 개입
- free from human **intervention** EBS 지문 변형
- They live a comfortable life with minimal technological **intervention**. EBS 지문 변형
  ➕ Plus intervene v 개입하다, 방해하다

예문 해석

0901 화학물질의 흡수를 조정하다 / 그것은 무아지경의 몰두만큼 매우 귀하게 여겨질 수 있다. 0902 합계에서 10퍼센트를 빼다 0903 음식을 쉽게 구할 수 있다는 것은 대부분의 동물들의 행동에 영향을 미친다. / 적자생존의 법칙은 주요 특징이 부족한 종이 멸종하는 데 영향을 준다. 0904 그 소금 호수에 있는 대부분의 소금은 모든 담수에 있는 용해된 소금의 잔여물이다. / 악어는 선사시대의 살아 있는 유물인 것처럼 보인다. 0905 물이 나뭇잎과 땅에서 증발했다. / 그 힘은 상황이 변하면 사라질 수 있다. 0906 인간의 개입에서 벗어난 / 그들은 최소한의 기술적 개입으로 편안한 삶을 산다.

0907 ★★☆ ☐☐

equilibrium
[ìːkwəlíbriəm]

n 평형 (상태); (마음의) 평정
- a balanced state of **equilibrium** EBS 지문 변형
- An animal population reaches **equilibrium** when it stops growing or shrinking.

0908 ★☆☆ ☐☐

binocular
[bənάkjulər]

a 두 눈으로 보는 n 쌍안경
- a **binocular** microscope
- Animals with **binocular** vision possess greater depth perception than those with one eye.
  ➕ **Plus** monocular a 단안의, 외눈의

0909 ★★★ ☐☐

gene
[dʒiːn]

n 유전자
- **genes** passed down from father to son
- Behavior geneticists have used studies of identical and fraternal twins to estimate how much **genes** matter. EBS 지문 변형
  ➕ **Plus** genetic a 유전의, 유전학의

0910 ★★☆ ☐☐

heredity
[hərédəti]

n 유전(적 특징); 유산, 상속
- What an organism becomes depends on both its **heredity** and environment. EBS 지문 변형
- Both **heredity** and environment play strong roles on one's development.
  ➕ **Plus** hereditary a 유전적인; 세습되는

Related Words	생물학	
난자	a cell produced by a woman or female animal that combines with sperm to make a baby	egg
수정	the process of fertilizing an egg or a female animal or plant	fertilization
배아	an animal or human that has not yet been born, and has just begun to develop	embryo

---

예문 해석

0907 균형 잡힌 평형 상태 / 동물의 개체 수가 더 늘거나 줄지 않을 때 평형 상태에 이른 것이다.　0908 쌍안 현미경 / 두 눈으로 볼 수 있는 동물은 눈이 하나뿐인 동물에 비해 더 깊은 지각력을 가지고 있다.　0909 아버지로부터 아들로 전해지는 유전자 / 행동 유전학자들은 유전자가 얼마나 중요한가를 추정하기 위해 일란성과 이란성 쌍둥이 연구들을 사용해 왔다.　0910 한 유기체가 무엇이 되는가는 그것의 유전적 특징과 환경 모두에 달려 있다. / 유전과 환경은 모두 사람의 발달에 강력한 역할을 한다.

Biology & Genetics

0911 ★◇◇ ☐☐ --

sperm
[spəːrm]

🇳 정자, 정액

- a **sperm** fertilizing an egg
- A human **sperm** cell contains twenty-three chromosomes.

0912 ★★★ ☐☐ --

descendant
[diséndənt]

🇳 자손, 후손

- direct living **descendants**
- Humans and chimpanzees are believed to be **descendants** of a common ancestor.
  - ➕ **Plus** descend 🇻 내려오다, 내려가다

0913 ★★◇ ☐☐ --

succeeding
[səksíːdiŋ]

🇦 계속해서 일어나는, 다음의

- a child **succeeding** their parents
- Over the **succeeding** weeks things went from bad to worse.
  - ➕ **Plus** = following
  - succeed 🇻 성공하다; 뒤를 잇다

0914 ★◇◇ ☐☐ --

sibling
[síbliŋ]

🇳 형제자매

- Some studies show that twins are more likely to exhibit the same level of happiness than other **siblings**. EBS 지문 변형
- The kitten enjoyed the company of its four **siblings**.

0915 ★◇◇ ☐☐ --

retina
[rétənə]

🇳 망막

- the outer layer of the **retina**
- The **retina** is the part of the eye that processes light to create images.
  - ➕ **Plus** cornea 🇳 각막

0916 ★★★ ☐☐ --

conceive
[kənsíːv]

🇻 1. 마음속으로 품다, 상상하다 2. 임신하다

- He **conceived** a brilliant strategy.
- Most animals **conceive** offspring during a specific time of the year.
  - ➕ **Plus** misconceive 🇻 오해하다
  - preconceive 🇻 예상하다

예문 해석

0911 난자를 수정시키는 정자 / 인간의 정자 세포는 23개의 염색체를 가지고 있다. 0912 직계존속 / 사람과 침팬지는 공통 조상의 후손인 것으로 여겨진다. 0913 부모를 잇는 자녀 / 이어지는 몇 주 동안, 일이 갈수록 더 악화되었다. 0914 몇몇 연구는 쌍둥이들이 다른 형제자매들보다 동일한 수준의 행복을 보일 가능성이 더 많다는 것을 보여 준다. / 그 새끼 고양이는 네 마리의 형제자매와 같이 있는 것을 좋아했다. 0915 망막의 외층 / 망막은 눈에서 빛을 처리하여 이미지를 만들어 내는 부분이다. 0916 그는 기발한 전략을 상상해냈다. / 대부분의 동물들은 연중 특정 기간에만 새끼를 가진다.

0917 ★★★ ☐☐

inheritance
[inhérətəns]

n 유산, 상속, 유전

- genetic **inheritance**
- Lucy and Jeff pay for Jeff's father's expense for vacation in order to leave their sons' **inheritance** intact. EBS 지문 변형

➕ **Plus** inherit v 상속하다, 물려받다

0918 ★★★ ☐☐

association
[əsòusiéiʃən]

n 1. 관계, 연계, 연상, 연관성 2. 협회, 단체

- Rescuers reported close childhood **associations** with more people. EBS 지문 변형
- Trade magazines are often published by professional **associations**. EBS 지문 변형

➕ **Plus** associate v 연상하다, 연관 짓다

0919 ★★☆ ☐☐

soak
[souk]

v 담그다, 적시다, 스며들다

- **soak** in a pool of water
- Water **soaks** into the ground quickly if the soil is soft.

➕ **Plus** = wet, drench

0920 ★★☆ ☐☐

prerequisite
[prìːrékwəzit]

n 전제 조건

- a **prerequisite** for success
- Liquid water is considered to be a **prerequisite** for life to exist.

Related Words	유전학	
염색체	a structure that looks like a very small piece of string and that exists in the central part of all living cells	chromosome
우성의	(of genes) always producing a particular characteristics in a person, plant, or animal	dominant
열성의	(of genes) only appearing in a child if both parents supply the controlling gene	recessive

예문 해석

0917 유전적으로 물려받은 것 / Lucy와 Jeff는 아들들의 유산을 손대지 않고 내버려 두기 위해 Jeff의 아버지의 휴가 비용을 지불한다. 0918 구조자들은 더 많은 사람들과 어린 시절에 친밀한 관계를 맺었음을 보고했다. / 업계 잡지는 흔히 전문가 협회에 의해 출판된다. 0919 물 웅덩이에 담그다 / 흙이 부드러우면 물이 땅속으로 빠르게 스며든다. 0920 성공의 전제 조건 / 액체 상태의 물은 생명이 존재하기 위한 전제 조건으로 여겨진다.

A 다음 단어에 해당하는 우리말을 쓰시오.

01 absorption _____
02 mutate _____
03 fertilize _____
04 subsequent _____
05 species _____
06 remnant _____
07 heredity _____
08 tissue _____
09 be derived from _____
10 breed _____

B 다음에 해당하는 영어 단어/숙어를 쓰시오.

01 연계, 연상; 협회 _____
02 개입 _____
03 평정, 평형 (상태) _____
04 직립의, 똑바로 _____
05 자손, 후손 _____
06 미생물; 세균 _____
07 ~에 민감한 _____
08 순환의 _____
09 망막 _____
10 B에서 A를 빼다 _____

C 다음 괄호 안에서 문맥에 적절한 것을 고르시오.

01 Politicians have [undermined/underlain] the healthcare system, resulting in bad hygiene.

02 [Soar/Soak] a towel in cold water and place it on the burn.

03 He [collided/conceived] the idea of transforming the old power station into an arts center.

04 The researchers found that these growth in human body changes resulted from [gene/generosity] activation.

05 Effective oral and written communication abilities are a [prerequisite/presentation] for all management positions.

D 다음 문장에서 주어진 우리말에 해당하는 영어 단어에 밑줄 치시오.

01 종(種) Conservation activists intervene to save endangered species from extinction.

02 증발하다 It turns out that all liquids can evaporate at room temperature and normal air pressure.

03 계속하다, 고집하다 Doubts about the defendant's story have persisted for some time now.

04 차이, 변형 The businesses showed a dramatic variation in how they treated their staff.

05 입양된; 채택된 Raising a child as adoptive parents is no less noble than being birth parents.

| DAY |

24

Medicine & Healthcare

의학과 의료

📖 Previous Check

- ☐ diagnose
- ☐ affliction
- ☐ pregnancy
- ☐ fatal
- ☐ antibody
- ☐ sore
- ☐ diabetes
- ☐ insomnia
- ☐ paralyze
- ☐ chronic
- ☐ infection
- ☐ epidemic
- ☐ flavor(flavour)
- ☐ medication

- ☐ prescribe
- ☐ metabolize
- ☐ subtle
- ☐ carbohydrate
- ☐ stem from
- ☐ dietary
- ☐ supplement
- ☐ nutrient
- ☐ toxic
- ☐ dose
- ☐ transplant
- ☐ hygiene
- ☐ pharmaceutical
- ☐ alleviate

- ☐ anesthetic
- ☐ deficiency
- ☐ artery
- ☐ pneumonia
- ☐ nausea
- ☐ swell
- ☐ perspiration
- ☐ soothing
- ☐ blood vessel
- ☐ gland
- ☐ complication
- ☐ immune system

0921 ★★★ □□

diagnose
[dáiəgnòus, -nòuz]

v 진단하다

- The patient was **diagnosed** with terminal cancer. EBS 지문 변형
- Doctors use computers to help them **diagnose** all kinds of diseases.
  Plus diagnosis **n** 진단

0922 ★★☆ □□

affliction
[əflíkʃən]

n 고통; 고통의 원인

- The patient suffers from a rare and devastating **affliction** that will eventually rob him of his ability to walk.
  Plus afflict **v** 괴롭히다

0923 ★★★ □□

pregnancy
[préɡnənsi]

n 임신; 임신 기간

- the woman's second **pregnancy**
- Expecting mothers should increase their intake of vitamins throughout their entire **pregnancy**.
  Plus pregnant **a** 임신한

0924 ★★★ □□

fatal
[féitl]

a 치명적인

- a **fatal** blood disorder
- Although rubella is a fairly minor disease, it can be **fatal** to a developing fetus. EBS 지문 변형
  Plus = deadly, lethal

0925 ★★☆ □□

antibody
[ǽntibàdi]

n 항체

- be measured by influenza **antibody** titers EBS 지문 변형
- The immune system preserves the body's integrity by developing **antibodies**. EBS 지문 변형
  Plus antibiotic **n** 항생제

예문 해석

0921 그 환자는 말기 암 진단을 받았다. / 의사들은 모든 종류의 질병을 진단하는 데 도움이 되는 컴퓨터를 사용한다. 0922 그 환자는 궁극적으로 자신에게서 걷는 능력을 앗아갈 희귀하고 파괴적인 고통을 겪고 있다. 0923 그 여자의 두 번째 임신 / 산모들은 임신 기간 내내 비타민 섭취를 늘려야 한다. 0924 치명적인 혈류 장애 / 풍진은 꽤 심각하지 않은 질병임에도 불구하고, 성장하는 태아에게는 치명적일 수 있다. 0925 인플루엔자 항체 역가(力價)를 통해 측정되다 / 면역 체계는 항체를 생성함으로써 신체의 완전한 상태를 보존한다.

0926 ★★☆ □□

sore
[sɔːr]

a 아픈, 따가운

- treat **sore** throats EBS 지문 변형
- Mr. Becker went to the medical clinic to receive a consultation for his **sore** back.

0927 ★★★ □□

diabetes
[dàiəbíːtis]

n 당뇨병

- This finding finally linked **diabetes** to the pancreas. EBS 지문 변형
- More than 1 in 5 non-Hispanic blacks had total **diabetes**.
  EBS 지문 변형

0928 ★★☆ □□

insomnia
[insámniə]

n 불면증

- suffer from **insomnia**
- Some believe **insomnia** is caused by worries about daily life.
  ➕ Plus = sleeplessness

0929 ★★★ □□

paralyze
[pǽrəlàiz]

v 마비시키다, 쓸모없게 만들다

- a person **paralyzed** from the waist down EBS 지문 변형
- Serious injuries to the spinal cord can leave one **paralyzed** for the rest of their life.

Related Words	의학과 의료	
빈혈	a medical condition in which there are too few red cells in your blood	anemia
천식	a medical condition that causes difficulties in breathing	asthma
뇌졸중	a sudden problem in your brain that changes the flow of blood and makes you unable to move part of your body	stroke

0930 ★★★ □□

chronic
[kránik]

a 만성적인, 만성 질환을 앓고 있는

- **Chronic** stress in the workplace can be a risk factor for the development of heart disease. EBS 지문 변형

예문 해석

0926 아픈 목을 치료하다 / Becker 씨는 아픈 등 때문에 상담을 받으러 병원에 갔다. 0927 이 연구 결과는 마침내 당뇨병을 췌장과 관련지었다. / 히스패닉이 아닌 흑인 5명 중 1명이 넘는 수가 전체 당뇨병을 앓고 있었다. 0928 불면증으로 고통받다 / 어떤 이들은 불면증이 일상생활에 대한 걱정에 의해 야기된다고 믿는다. 0929 허리 아래가 마비된 사람 / 척수의 심각한 부상은 여생 동안 사람을 마비된 상태로 남겨 놓을 수 있다. 0930 직장에서의 만성적인 스트레스는 심장병 발생의 위험 요인이 될 수 있다.

0931 ★★★ ☐☐

infection
[infékʃən]

n 감염, 전염병

- The **infection** associated with burns can lead to extreme disability and death. EBS 지문 변형
- Transmission of culture is quite like transmission of an **infection**. EBS 지문 변형
  ➕ **Plus** infect v 감염시키다
  infectious a 전염되는, 전염성의

0932 ★★★ ☐☐

epidemic
[èpədémik]

n 유행병 a 유행성의

- A rapid **epidemic** spread through the jungles of the Brazilian Amazon. EBS 지문 변형
- Non-communicable diseases are reaching **epidemic** proportions.
  ➕ **Plus** pandemic n 전국[세계]적인 유행병

0933 ★★☆ ☐☐

flavor(flavour)
[fléivər]

n 풍미, 맛 v 풍미를 더하다, 맛을 내다

- The pursuit of **flavor** is one path to a good life. EBS 지문 변형
- As spices, they **flavor** our foods and beverages. EBS 지문 변형
  ➕ **Plus** flavored a 맛을 낸, 풍미를 곁들인

0934 ★★★ ☐☐

medication
[mèdəkéiʃən]

n 약, 약물 치료

- **medications** that provide long-term allergy relief EBS 지문 변형
- The new **medication** is available at pharmacies nationwide.
  ➕ **Plus** medicinal a 약효가 있는
  medicate v 약을 투여하다

0935 ★★★ ☐☐

prescribe
[priskráib]

v 처방하다; 지시하다

- **prescribe** a common antibiotic
- The doctor **prescribed** powerful sleeping pills to the patient with chronic insomnia.
  ➕ **Plus** prescription n 처방전, 처방
  prescription drug 의사의 처방전이 필요한 약

예문 해석

0931 화상과 관련된 감염은 심각한 장애와 사망으로 이어질 수 있다. / 문화의 전파는 전염병의 전파와 꽤 비슷하다. 0932 급성 감염병이 브라질의 아마존 정글 전역에 퍼졌다. / 비전염병이 유행병 수준에 이르고 있다. 0933 맛을 추구하는 것은 좋은 인생으로 가는 하나의 길이다. / 향신료로서, 그것들은 우리의 음식과 음료에 풍미를 더한다. 0934 장기적으로 알레르기를 완화시켜 주는 약 / 그 신약은 전국의 약국에서 구할 수 있다. 0935 흔한 항생제를 처방하다 / 그 의사는 만성적인 불면증을 가진 환자에게 강력한 수면제를 처방했다.

0936 ★★☆ ☐☐

metabolize
[mətǽbəlàiz]

v 대사 작용을 하다, 신진대사를 시키다

- When some bacteria **metabolize**, they create a foul odor.
- Seawater contains about seventy times more salt than the human body can safely **metabolize**. EBS 지문 변형

➕ **Plus** metabolism **n** 신진대사, 대사

0937 ★★★ ☐☐

subtle
[sʌ́tl]

a 미묘한, 감지하기 힘든

- Medical professionals must be able to recognize **subtle** signs. EBS 지문 변형
- The pressures toward conformity are **subtle** but irresistible.
  EBS 지문 변형

➕ **Plus** subtly **ad** 미묘하게

0938 ★★☆ ☐☐

carbohydrate
[kɑ̀ːrbouháidreit]

n 탄수화물, 탄수화물 식품

- They are advised to eat foods that are high in fiber and complex **carbohydrates**. EBS 지문 변형
- When I ate fewer **carbohydrates**, my appetite decreased.

0939 ★★☆ ☐☐

stem from

~에서 생겨나다, ~에서 기인하다

- customs that **stem from** the past
- Mr. Porter's health problems mostly **stem from** his unhealthy eating habits.
  ➕ **Plus** = be derived from

0940 ★★☆ ☐☐

dietary
[dáiətèri]

a 음식물의, 식이요법의

- recommend **dietary** guidelines
- A **dietary** specialist can recommend a meal plan to those seeking to lose weight.
  ➕ **Plus** diet **n** 식사; 식습관; 다이어트

◀ 예문 해석 ▶

0936 일부 박테리아가 대사 작용을 할 때 악취가 난다. / 바닷물은 인체가 안전하게 대사 작용을 할 수 있는 것보다 70배 정도 더 많은 소금을 포함하고 있다. **0937** 의료 전문가들은 미묘한 징후를 인지할 수 있어야 한다. / 순응을 하도록 하는 압력은 미묘하지만 저항할 수 없다. **0938** 그들은 섬유소와 복합 탄수화물이 많은 음식을 먹도록 권고 받는다. / 탄수화물 식품을 더 적게 먹었을 때, 내 식욕이 떨어졌다. **0939** 과거로부터 생겨난 관습들 / Porter 씨의 건강 문제는 대부분 건강에 좋지 않은 그의 식습관에서 기인한다. **0940** 식이요법의 지침을 제시하다 / 식이요법 전문가는 체중을 줄이고자 하는 사람들에게 식단을 추천할 수 있다.

Medicine & Healthcare

0941 ★★☆ ☐☐ ----------------

supplement
n [sÁpləmənt]
v [sÁpləmènt]

n 보충(제), 추가물 v 보충하다, 보완하다

• Goldenseal is a top-selling herbal **supplement** marketed to aid digestion. EBS 지문 변형
• Leaflets **supplemented** the underground graffiti. EBS 지문 변형
➕ **Plus** supplementary a 보충의, 추가의

0942 ★★★ ☐☐ ----------------

nutrient
[njú:triənt]

n 영양소, 영양분 a 영양이 되는

• essential **nutrients**
• A combination of different foods is required to get all of the **nutrients** we need.
➕ **Plus** nutritional a 영양의

0943 ★★★ ☐☐ ----------------

toxic
[táksik]

a 유독성의, 중독의

• **toxic** waste materials
• If your factory is dumping **toxic** wastes, then you should stop it immediately. EBS 지문 변형
➕ **Plus** = poisonous
↔ harmless a 무해한

0944 ★★☆ ☐☐ ----------------

dose
[dous]

n (약의) 복용량

• You need to take one **dose** of this medicine two times a day.
• Those children need lower **doses** of insulin. EBS 지문 변형
➕ **Plus** = dosage
overdose n (약의) 과다 복용

0945 ★★★ ☐☐ ----------------

transplant
v [trænsplǽnt]
n [trǽnsplænt]

v 이식하다, 옮겨 심다 n 이식

• Organs have been successfully **transplanted** from donors.
• A liver **transplant** may be necessary as a last resort.

예문 해석

0941 goldenseal은 소화를 돕는 것으로 시장 거래되는 아주 많이 팔리는 약초 보조 식품이다. / 전단지들이 지하의 그래피티를 보완했다. 0942 필수 영양소 / 우리가 필요로 하는 모든 영양소를 얻기 위해서는 서로 다른 음식의 조합이 필요하다. 0943 유독성 폐기물 / 귀하의 공장이 유독성 폐기물을 방출하고 있다면 귀하는 당장 그것을 중단해야 합니다. 0944 당신은 하루에 두 번 이 약을 1회 복용량씩 복용해야 한다. / 그런 아이들은 더 적은 양의 인슐린을 필요로 한다. 0945 장기들은 기증자들로부터 성공적으로 이식되었다. / 마지막 수단으로 간 이식이 필요할지도 모른다.

0946 ●●◌ ☐☐

hygiene
[háidʒiːn]

n 위생
- good **hygiene** habits for children
- Some illnesses can be prevented simply by practicing proper personal **hygiene**.
  + **Plus** = sanitation, cleanliness

0947 ●◌◌ ☐☐

pharmaceutical
[fɑ̀ːrməsúːtikəl]

a 약학의, 제약의 n 의약품
- **Pharmaceutical** companies make their tablets and capsules in all shapes, sizes, and colors. EBS 지문 변형
- Over-the-counter **pharmaceuticals** are available in a variety of locations. EBS 지문 변형
  + **Plus** pharmaceutics n 약학, 조제학

0948 ●●● ☐☐

alleviate
[əlíːvièit]

v 완화하다, 경감시키다
- exercises to **alleviate** stress
- This medicine **alleviates** symptoms of the common cold without any negative side effects.
  + **Plus** alleviative a 완화하는, 누그러뜨리는

0949 ●◌◌ ☐☐

anesthetic
[æ̀nəsθétik]

n 마취제 a 마취의, 무감각한
- a powerful **anesthetic** used by surgeons
- The use of **anesthetics** allowed doctors to experiment with operations that had never before been possible. EBS 지문 변형

0950 ●●● ☐☐

deficiency
[difíʃənsi]

n 결핍, 부족, 결함
- several **deficiencies** in his solution EBS 지문 변형
- Vitamin **deficiency** can lead to many disorders. EBS 지문 변형
  + **Plus** deficient a 부족한, 불충분한

▶ 예문 해석

0946 아이들을 위한 좋은 위생 습관 / 어떤 질병들은 적절한 개인 위생을 실천함으로써 간단하게 예방할 수 있다. 0947 제약 회사들은 자신들의 알약과 캡슐을 온갖 모양, 크기, 색깔로 만든다. / 처방전 없이 살 수 있는 의약품은 다양한 장소에서 구할 수 있다. 0948 스트레스를 줄여 주는 운동 / 이 약은 어떠한 부작용도 없이 일반 감기 증상을 완화한다. 0949 외과 의사들이 사용하는 강력한 마취제 / 마취제의 사용은 의사들이 예전에는 가능한 적이 없었던 수술을 시행하게 해주었다. 0950 그의 해결책의 몇 가지 결함 / 비타민 결핍은 많은 질환을 초래할 수 있다.

0951 ✹✹✧ ☐☐ ----

artery
[ɑ́ːrtəri]

ⓝ 동맥

- the main **artery** in the leg
- Immediate medical attention is required in the event of a ruptured **artery**.

➕ **Plus** vein ⓝ 정맥

0952 ✹✹✧ ☐☐ ----

pneumonia
[njuːmóunjə]

ⓝ 폐렴

- early settlers who died of **pneumonia**
- The child was rushed to the hospital after she began exhibiting symptoms of **pneumonia**.

➕ **Plus** acute[chronic] pneumonia 급성[만성] 폐렴

Related Words	의학과 의료	
급성의	becoming severe very quickly but not lasting very long	acute
악성의	out of control and likely to cause death	malignant
잠복성의	present but hidden, and not yet active, developed, or obvious	latent

0953 ✹✹✧ ☐☐ ----

nausea
[nɔ́ːziə]

ⓝ 메스꺼움

- a constant feeling of **nausea**
- This drug was designed to relieve **nausea** in the early stages of pregnancy. EBS 지문 변형

➕ **Plus** = sickness

0954 ✹✹✹ ☐☐ ----

swell
[swel]

ⓥ 부풀다, 팽창하다

- Ms. Park's ankle began to **swell** shortly after she slipped and fell.
- The bee sting has **swelled** part of my arm.

〔 예문 해석 〕

0951 다리에 있는 대동맥 / 동맥이 파열된 경우에는 즉각적인 의료적 치료가 요구된다. 0952 폐렴으로 죽은 초기 정착자들 / 그 아이는 폐렴 증상을 보이기 시작한 후 병원으로 급히 실려 갔다. 0953 지속적으로 메스꺼운 느낌 / 이 약은 임신 초기 단계에서 메스꺼움을 진정시키도록 고안되었다. 0954 Park 씨의 발목은 미끄러져 넘어진 직후 부어오르기 시작했다. / 벌침은 내 팔의 일부를 부어오르게 했다.

0955 ★★☆ ☐☐

perspiration
[pɔ̀:rspəréiʃən]

🅝 땀; 노력

• Foot odor is caused by excessive **perspiration** in the foot.

EBS 지문 변형

• Genius is 1 percent inspiration and 99 percent **perspiration**.

EBS 지문 변형

➕ Plus = sweat

0956 ★★☆ ☐☐

soothing
[sú:ðiŋ]

🅐 달래는, 위로하는, 진정시키는

• Rosemary has long been used as an ingredient in **soothing** lotions. EBS 지문 변형

➕ Plus soothe 🆅 달래다, 진정시키다

0957 ★★★ ☐☐

blood vessel

혈관

• the rupture of a **blood vessel**
• There are three types of **blood vessels** in the body.

➕ Plus capillary 🅝 모세 혈관

0958 ★☆☆ ☐☐

gland
[glænd]

🅝 (분비)선, 샘

• sweat **glands** in the palms of the hand EBS 지문 변형
• Avoid exercise if you have the flu, have a fever, feel exhausted, have a breathing problem, or have swollen **glands**. EBS 지문 변형

0959 ★★☆ ☐☐

complication
[kàmpləkéiʃən]

🅝 1. 〈의학〉 합병증 2. 까다로운 문제

• severe **complications** resulting from an untreated disease
• The 85-year-old woman in my neighborhood broke her hip and had other medical **complications**. EBS 지문 변형

➕ Plus 2. = problem, obstacle

0960 ★★☆ ☐☐

immune system

면역 체계

• the relation between our emotional life and our **immune system** EBS 지문 변형
• Kids with warmer mothers are likely to have better functioning **immune systems**. EBS 지문 변형

◀ 예문 해석 ▶

0955 발 냄새는 발의 과도한 땀에 의해 발생한다. / 천재는 1퍼센트의 영감과 99퍼센트의 땀[노력]으로 이루어진다. 0956 로즈마리는 오랫동안 진정용 로션의 성분으로 사용되어 왔다. 0957 혈관의 파열 / 몸에는 세 가지 종류의 혈관이 있다. 0958 손바닥의 땀샘 / 독감에 걸렸거나 열이 나거나 너무 피곤하거나 호흡에 문제가 있거나 내분비선이 부었다면 운동하는 것을 피하라. 0959 치료되지 않은 질병으로부터 초래된 심각한 합병증 / 이웃의 85세의 할머니는 엉덩이를 다치고 다른 의학적 합병증도 가지고 계셨다. 0960 우리의 정서적인 삶과 면역 체계와의 관계 / 더 따뜻한 어머니를 가진 아이들은 더 잘 기능하는 면역 체계를 가질 가능성이 있다.

Review Test

A 다음 단어에 해당하는 우리말을 쓰시오.

01 metabolize _____
02 epidemic _____
03 stem from _____
04 prescribe _____
05 dietary _____
06 antibody _____
07 paralyze _____
08 supplement _____
09 pregnancy _____
10 carbohydrate _____

B 다음에 해당하는 영어 단어/숙어를 쓰시오.

01 혈관 _____
02 (약의) 복용량 _____
03 당뇨병 _____
04 약, 약물 치료 _____
05 불면증 _____
06 진단하다 _____
07 유독성의 _____
08 미묘한, 감지하기 힘든 _____
09 부풀다, 팽창하다 _____
10 만성적인 _____

C 다음 괄호 안에서 문맥에 적절한 것을 고르시오.

01 Medication can help [aggravate/alleviate] the pain of childbirth.

02 The dentist emphasized the importance of practicing oral [hygiene/hypnosis].

03 This tea has a [soothing/stirring] effect that makes it easier to fall asleep.

04 The balding man considered getting a hair [transform/transplant] to improve his appearance.

05 The front of the runner's shirt was soaking wet from [perspiration/persistence].

D 다음 문장에서 주어진 우리말에 해당하는 영어 단어에 밑줄 치시오.

01 약학의, 제약의 The pharmaceutical firm is developing a new drug to fight cancer.

02 감염 The virus caused a serious infection that took several weeks to treat.

03 메스꺼움 Some people experience dizziness and nausea while traveling on a boat.

04 동맥 Pressure was applied to the wound to reduce the bleeding from the severed artery.

05 치명적인 Scientists are seeking a cure to prevent more people of dying from the fatal disease.

| DAY |

25

Ecosystem

생태계

📖 Previous Check

- ☐ ecosystem
- ☐ creature
- ☐ colony
- ☐ wildlife
- ☐ vegetation
- ☐ refinement
- ☐ counterpart
- ☐ resilience
- ☐ habitat
- ☐ infestation
- ☐ natural selection
- ☐ decompose
- ☐ extinct
- ☐ harbor

- ☐ penetrate
- ☐ incompatible
- ☐ endangered
- ☐ vanish
- ☐ natural enemy
- ☐ adapt
- ☐ propagation
- ☐ population
- ☐ widespread
- ☐ infrequent
- ☐ intact
- ☐ marsh
- ☐ precipitation
- ☐ arid

- ☐ Antarctica
- ☐ antifreeze
- ☐ dense
- ☐ cavity
- ☐ invade
- ☐ domain
- ☐ periphery
- ☐ submerge
- ☐ specimen
- ☐ dampen
- ☐ coarse
- ☐ jeopardize

0961 ✱✱✱ ☐☐

ecosystem
[íːkousìstəm]

n 생태계

- In natural environments known as **ecosystems**, marvelous natural events take place from time to time. EBS 지문 변형
  - ➕ Plus ecology n 생태(계), 생태학
    ecological a 생태계의, 생태학의

0962 ✱✱✱ ☐☐

creature
[kríːtʃər]

n 생물, 생명(체)

- respect for all living **creatures**
- Almost every sea **creature** has become either rare or extinct. EBS 지문 변형
  - ➕ Plus create v 창조하다
    creation n 창조, 창작

0963 ✱✱☆ ☐☐

colony
[káləni]

n 1. 식민지 2. (동·식물의) 군집, 군락

- Individuals had always gone to the **colonies** for profit or to settle. EBS 지문 변형
- A dying queenless **colony** will try to spread its genes. EBS 지문 변형
  - ➕ Plus colonial a 식민지의, 식민지 시대의

0964 ✱✱✱ ☐☐

wildlife
[wáildlàif]

n 야생 동식물

- revive threatened **wildlife** EBS 지문 변형
- The wetlands are home to a large variety of **wildlife**.

0965 ✱✱☆ ☐☐

vegetation
[vèdʒətéiʃən]

n 초목, 식물

- The mountain is covered with green **vegetation**.
- Many species of antelope and gazelle graze the **vegetation** and migrate to new pastures. EBS 지문 변형
  - ➕ Plus vegetarian n 채식주의자

예문 해석

0961 생태계로 알려진 자연환경에서, 놀라운 자연 현상이 이따금씩 일어난다. 0962 모든 살아 있는 생물체들에 대한 존중 / 거의 모든 바다 생물이 보기 어려워지거나 멸종되었다. 0963 사람들은 언제나 이익을 위해 혹은 정착하기 위해 식민지로 갔다. / 여왕벌이 없는 소멸되어가는 군체는 유전자를 퍼뜨리려 한다. 0964 멸종 위기에 처한 야생 동물을 되살리다 / 습지는 매우 다양한 야생 생물의 서식지이다. 0965 산은 녹색 초목으로 뒤덮여 있다. / 많은 종류의 영양, 가젤들은 초목을 뜯고 새로운 목초지로 이동한다.

0966 ★★☆ ☐☐ ---

refinement
[rifáinmənt]

🄝 (작은 변화를 통한) 개선; 정제
- the **refinement** of the landscape ecology discipline EBS 지문 변형
- An important part involves the **refinement** of industrial rubber.

➕ **Plus** = enhancement
refine ⓥ 정련하다, 정제하다, 세련되게 하다

0967 ★★★ ☐☐ ---

counterpart
[káuntərpɑ̀ːrt]

🄝 상대, 대응 관계에 있는 것
- the lead actress and her male **counterpart**
- Most decaffeinated beverages look and taste the same as their caffeinated **counterparts**. EBS 지문 변형

➕ **Plus** = opposite number

0968 ★★☆ ☐☐ ---

resilience
[rizíljəns]

🄝 회복력, 원상태로 회복하는 능력; 탄력
- depend on the **resilience** of Earth's basic systems EBS 지문 변형
- **Resilience** helps maintain the sustainability of ecosystems. EBS 지문 변형

➕ **Plus** resilient ⓐ 회복력 있는; 탄력 있는

0969 ★★★ ☐☐ ---

habitat
[hǽbitæt]

🄝 서식지
- the effects of **habitat** reduction EBS 지문 변형
- Great horned owls share the golden eagle's **habitat**. EBS 지문 변형

0970 ★☆☆ ☐☐ ---

infestation
[ìnfestéiʃən]

🄝 침략; 만연; (기생충 등의) 체내 침입
- be prone to **infestation**
- George relies on Mother Nature to prevent a flea **infestation** at his home. EBS 지문 변형

➕ **Plus** infest ⓥ (곤충이나 쥐 같은 동물이) 들끓다

예문 해석

0966 경관 생태학 분야의 개선 / 한 가지 중요한 부분은 산업용 고무의 정제를 포함한다. 0967 주연 여배우와 그녀의 남자 상대역 / 대부분의 카페인 제거 음료들은 카페인이 함유된 상대 음료와 모양과 맛에 있어서 똑같다. 0968 지구의 기본적인 시스템의 회복력에 의존하다 / 회복력은 생태계의 지속 가능성을 유지하도록 돕는다. 0969 서식지 감소의 결과들 / 수리부엉이들은 검독수리의 서식지를 공유한다. 0970 침입하기 쉽다 / George는 집에 벼룩이 들끓는 것을 막기 위해 자연의 섭리에 의존한다.

Ecosystem

0971 ✹✹✧ ☐☐

natural selection

자연 선택, 자연 도태
- Darwin's principles of **natural selection**
- the process of **natural selection**
- **Natural selection** is one of the basic concepts behind the theory of evolution.

0972 ✹✹✧ ☐☐

decompose
[dìːkəmpóuz]

Ⓥ 분해하다; 부패하다
- Berry bushes grow on the fallen tree and insects **decompose** the wood. EBS 지문 변형
- Due to the heat, the meat started to **decompose**.
  - ➕ **Plus** = break down, decay
    - decomposition Ⓝ 분해; 부패

Related Words	생태계	
육식 동물	an animal that eats meat	carnivore
초식 동물	an animal that only eats plants	herbivore
잡식 동물	an animal that eats both meat and plants	omnivore

0973 ✹✹✹ ☐☐

extinct
[ikstíŋkt]

Ⓐ 멸종된, 사라진
- Red squirrels have become **extinct** in most of England. EBS 지문 변형
- Chronic tardiness would become **extinct**.
  - ➕ **Plus** extinction Ⓝ 멸종

0974 ✹✹✧ ☐☐

harbor
[háːrbər]

Ⓝ 항구, 피난처 Ⓥ 품다, 숨겨 주다
- It is strangely still on the **harbor** and in the markets. EBS 지문 변형
- Natural ecosystems may **harbor** tomorrow's drugs against cancer or malaria. EBS 지문 변형

예문 해석

0971 Darwin의 자연 도태의 원리 / 자연 선택의 과정 / 자연 선택은 진화론의 배경이 되는 기본 개념 중의 하나이다. 0972 산딸기 덤불이 쓰러진 나무 위에서 자라며 벌레가 목재를 분해한다. / 열 때문에 고기가 부패하기 시작했다. 0973 붉은다람쥐는 대부분의 잉글랜드 지역에서 멸종했다. / 만성 지각은 사라질 것이다. 0974 항구와 시장이 이상하게도 고요하다. / 자연 생태계는 암이나 말라리아를 치료하는 미래의 약을 품고 있을 수도 있다.

0975 ★★★ ☐☐

penetrate
[pénətrèit]

Ⅴ 침투하다, 관통하다
- Light only **penetrates** the surface a foot or so. EBS 지문 변형
- **penetrate** the heavy curtain of habit EBS 지문 변형
  ➕ Plus penetration ⋂ 침투, 침입, 관통

0976 ★★☆ ☐☐

incompatible
[ìnkəmpǽtəbl]

ⓐ 양립할 수 없는, 모순된
- **incompatible** colors
- These two objectives are mutually **incompatible**.
  ➕ Plus ↔ compatible ⓐ 양립할 수 있는

0977 ★★★ ☐☐

endangered
[indéindʒərd]

ⓐ 멸종 위기에 처한, 소멸 위기에 처한
- **Endangered** pandas and rhinos make the headlines. EBS 지문 변형
- New tools create the possibility for retaining language speakers of **endangered** languages. EBS 지문 변형
  ➕ Plus endanger Ⅴ 위험에 빠뜨리다, 위태롭게 하다

0978 ★★☆ ☐☐

vanish
[vǽniʃ]

Ⅴ 사라지다, 없어지다
- The bird **vanished** from sight.
- Dinosaurs **vanished** from the face of the Earth millions of years ago.
  ➕ Plus = perish, cease to exist, disappear
  vanishment ⋂ 소멸

0979 ★★☆ ☐☐

natural enemy

천적
- Birds are the **natural enemies** of many insect pests.
- As the toads had no **natural enemies**, they thrived. EBS 지문 변형

◀ 예문 해석 ▶

0975 빛은 오직 표면 1피트 정도를 침투한다. / 습관이라는 무거운 커튼을 관통하다 0976 부조화를 이루는 색깔들 / 이 두 가지 목적은 서로 양립할 수 없다. 0977 멸종 위기에 처한 판다와 코뿔소는 대서특필된다. / 새로운 도구는 소멸 위기에 처한 언어 사용자들을 유지할 가능성을 만들고 있다. 0978 그 새가 시야에서 사라졌다. / 공룡은 수백만 년 전에 지구상에서 사라졌다. 0979 새는 많은 해충들의 천적이다. / 두꺼비는 천적이 없기 때문에 번성했다.

0980 ✳✳✳ ☐☐

adapt
[ədǽpt]

ⓥ 1. 맞추다, 조정하다 2. 적응하다

- **adapt** to a new environment EBS 지문 변형
- Many species have failed to **adapt** to changing conditions.
  EBS 지문 변형

➕ **Plus** = accommodate
adaptive ⓐ 조정의; 적응할 수 있는
adaptation ⓝ 각색; 적응

0981 ✳☆☆ ☐☐

propagation
[pràpəgéiʃən]

ⓝ 1. 번식, 증식 2. (사상 등의) 선전, 전파

- the **propagation** of new thoughts
- As capers are difficult to grow from seeds, **propagation** is much easier and more reliable from cuttings. EBS 지문 변형
  ➕ **Plus** propagate ⓥ 전파하다; 번식시키다

0982 ✳✳✳ ☐☐

population
[pàpjuléiʃən]

ⓝ 1. 인구, 주민 2. 개체군, 개체 수

- geometric **population** growth
- Many species of fish have adapted well to floods, so their **populations** increase as a result of flooding. EBS 지문 변형
  ➕ **Plus** populate ⓥ 살다, 거주하다

0983 ✳✳✳ ☐☐

widespread
[wáidspréd]

ⓐ 널리 퍼진, 광범위한

- Galapagos sharks are very **widespread** in the tropics.
- Africa's wildlife inside National Parks is on a **widespread** decline.
  ➕ **Plus** = pervasive, far-reaching

0984 ✳✳☆ ☐☐

infrequent
[infrí:kwənt]

ⓐ 아주 드문, 희귀한

- **infrequent** oases in the desert
- Significant numbers of foxes are killed each year by gamekeepers and road kills are not **infrequent**. EBS 지문 변형
  ➕ **Plus** ↔ frequent ⓐ 잦은, 빈번한
  infrequently ⓐⓓ 드물게, 어쩌다가

📘 예문 해석

0980 새로운 환경에 적응하다 / 많은 종들이 변화하는 조건에 적응하는 데 실패했다. 0981 새로운 사상의 전파 / 케이퍼는 파종하여 기르기가 어렵기 때문에, 꺾꽂이로 번식시키는 것이 훨씬 더 쉽고 확실하다. 0982 기하급수적인 인구 증가 / 많은 종의 물고기는 홍수에 잘 적응해 왔기 때문에, 그들의 개체 수는 홍수의 결과로 증가하게 된다. 0983 갈라파고스 상어는 열대 지방에 많이 퍼져 있다. / 국립공원 내의 아프리카 야생 동물이 광범위하게 줄어들고 있다. 0984 그 사막에 있는 아주 드문 오아시스들 / 상당수의 여우가 매년 사냥터지기에 의해 죽고 자동차에 치여 죽는 일이 드물지 않다.

0985 ★★☆ □□ --

intact
[intǽkt]

ⓐ 전혀 손대지 않은, 고스란히 보존된

· Most of the cargo was left **intact** after the explosion.
· Many of Romania's ecological systems remain **intact**.
　➕ Plus ＝ undamaged, unbroken

0986 ★☆☆ □□ --

marsh
[mɑ:rʃ]

ⓝ 늪, 습지

· A wide range of habitats are favored by the species, including farmland, woodlands, **marshes** and moors. EBS 지문 변형
　➕ Plus ＝ wetland
　　marshy ⓐ 습지의, 축축한 땅의

0987 ★☆☆ □□ --

precipitation
[prisìpətéiʃən]

ⓝ 강수, 강수량

· a region with a great deal of **precipitation**
　➕ Plus precipitate ⓥ 촉발시키다, 몰아넣다

0988 ★☆☆ □□ --

arid
[ǽrid]

ⓐ 1. (땅 등이) 건조한, 메마른　2. 무미건조한, 지루한

· an **arid** speech about duty and responsibility
· Water from the Great Lakes is pumped to **arid** regions.
　➕ Plus aridly ⓐⓓ 습기가 없이; 무미건조하게

0989 ★★☆ □□ --

Antarctica
[æntɑ́:rktikə]

ⓝ 남극 대륙

· the glaciers of **Antarctica** EBS 지문 변형
· In **Antarctica**, winter begins in June and lasts for three months.
　➕ Plus the Arctic ⓝ 북극

0990 ★☆☆ □□ --

antifreeze
[ǽntifrì:z]

ⓝ 부동액 (어는 것을 방지해 주는 용액)

· The majority of plants produce a natural **antifreeze** substance. EBS 지문 변형
· The ammonia functions like an **antifreeze**.
　➕ Plus freeze ⓥ 얼다, 얼리다

◥ 예문 해석 ◣

0985 대부분의 화물이 폭발 후에 손상되지 않고 남아 있었다. / 루마니아의 생태계 중 상당 부분은 자연 상태 그대로 남아 있다.　0986 농지, 삼림 지대, 늪, 그리고 황무지를 포함하는 광범위한 서식지는 그 종에 의해 선호된다.　0987 강수량이 많은 지역　0988 의무와 책임에 관한 무미건조한 연설 / 그레이트호에서 얻은 물은 건조한 지역으로 공급된다.　0989 남극 대륙의 빙하 / 남극 대륙에서는 겨울이 6월에 시작되어 석 달 동안 이어진다.　0990 대다수의 식물들은 천연 부동액 물질을 만들어 낸다. / 암모니아는 부동액과 같은 기능을 한다.

0991 ★★★ ☐☐

dense
[dens]

ⓐ 1. 빽빽한, 밀집한 2. 〈물리〉 밀도가 높은

- **dense** bones
- Much of the woodland has a **dense** population of maple trees.
  - ➕ **Plus** densely ⓐⓓ 조밀하게, 밀집하여

0992 ★★☆ ☐☐

cavity
[kǽvəti]

ⓝ 1. 구멍, 움푹한 곳 2. 충치의 구멍

- Some birds nest in tree **cavities**.
- I had two **cavities** filled at the dentist's.
  - ➕ **Plus** = crater, dent, pit

0993 ★★★ ☐☐

invade
[invéid]

ⓥ (넓적을) 침범하다

- Every summer the town is **invaded** by tourists.
- Some male mice do not attack other males that **invade** their territory. EBS 지문 변형
  - ➕ **Plus** = intrude on
    - invasion ⓝ 침입

0994 ★★★ ☐☐

domain
[douméin]

ⓝ 영역, 역, 범위

- The **domain** of kin recognition in chimpanzees appears extremely limited.
- The apparent "mess" of the bacterial **domain** is understandable. EBS 지문 변형
  - ➕ **Plus** = territory, sphere, realm

0995 ★☆☆ ☐☐

periphery
[pərífəri]

ⓝ 주변, 주변부

- roam the **periphery** of a pod EBS 지문 변형
- The invisible electronic fence runs along the **periphery** of the yard.
  - ➕ **Plus** peripheral ⓐ 주변적인, 지엽적인

예문 해석

0991 밀도가 높은 뼈 / 숲의 상당 부분에 걸쳐 단풍나무가 빽빽이 들어서 있다. 0992 어떤 새들은 나무 구멍에 집을 짓는다. / 나는 치과에서 때운 충치가 두 개 있다. 0993 여름마다 그 마을은 관광객들에게 침범 당한다. / 일부 수컷 쥐는 자신의 영역을 침범하는 다른 수컷을 공격하지 않는다. 0994 침팬지의 동족 인식의 영역은 극히 제한된 것처럼 보인다. / 세균역이 '혼란'스러워 보이는 것은 이해할 만하다. 0995 콩깍지 주변을 훑다 / 눈에 보이지 않는 전자 울타리가 마당 주변부에서 가동되고 있다.

0996 ★★★ ☐☐

submerge
[səbmə́:rdʒ]

v 잠수하다, 물속에 잠기다
- **submerge** under the water
- At the close of the Ice Age the region was **submerged** beneath a lake of meltwater. **EBS** 지문 변형

⊕ Plus submergence **n** 잠수, 침수

0997 ★★☆ ☐☐

specimen
[spésəmən]

n 1. 견본, 샘플 2. 표본
- a magnificent **specimen** of a gingko tree
- The first **specimen** of the fish was caught in the Pacific.

⊕ Plus = sample, type, model

0998 ★★☆ ☐☐

dampen
[dǽmpən]

v 축축하게 하다, 적시다; 기를 꺾다
- The shower barely **dampened** the ground.
- We wouldn't let the bad weather **dampen** our excitement.

⊕ Plus = moisten, wet

0999 ★★☆ ☐☐

coarse
[kɔːrs]

a 1. 거친, 조악한 2. (알갱이·올 등이) 굵은
- Kiwis' feathers resemble **coarse** hairs. **EBS** 지문 변형
- The **coarse** sand was hot and rough under her feet.

⊕ Plus = crude, unpolished

1000 ★★☆ ☐☐

jeopardize
[dʒépərdàiz]

v 위태롭게 하다, 위험에 빠뜨리다
- **jeopardize** one's survival **EBS** 지문 변형
- Differences of opinion **jeopardized** the friendship between Gary and Robert. **EBS** 지문 변형

⊕ Plus = endanger, threaten, imperil
jeopardy **n** 위험

예문 해석

0996 물속으로 잠수하다 / 빙하기 끝에 그 지역은 녹은 물로 된 호수 아래로 잠겼다. 0997 은행나무의 멋진 표본 / 그 물고기의 최초 표본은 태평양에서 잡혔다. 0998 소나기는 땅을 거의 적시지 못했다. / 우리는 좋지 않은 날씨가 우리의 즐거움을 가라앉히게 놔두지 않을 것이다. 0999 키위새의 털은 거친 머리털과 비슷하다. / 굵은 모래는 그녀의 발아래서 뜨겁고 거칠었다. 1000 생존을 위태롭게 하다 / Gary와 Robert 간의 의견 차이는 그들의 우정을 위태롭게 했다.

Review Test

A 다음 단어에 해당하는 우리말을 쓰시오.

01 wildlife _____

02 infestation _____

03 dampen _____

04 refinement _____

05 propagation _____

06 decompose _____

07 submerge _____

08 precipitation _____

09 extinct _____

10 periphery _____

B 다음에 해당하는 영어 단어/숙어를 쓰시오.

01 초목, 식물 _____

02 사라지다 _____

03 (영역을) 침범하다 _____

04 조정하다; 적응하다 _____

05 아주 드문, 희귀한 _____

06 식민지; 군집 _____

07 개체 수 _____

08 거친, 조악한 _____

09 양립할 수 없는 _____

10 천적 _____

C 다음 괄호 안에서 문맥에 적절한 것을 고르시오.

01 That crowded part of the city has a [dense/loose] population of immigrants.

02 The amount of forest [habit/habitat] and the species it supports is diminishing.

03 Some trees and plants that provide shade can significantly reduce the heat that [shades/penetrates] your home.

04 In the hot and [arid/humid] habitat, the pig is maximally dependent upon the cooling effect of its own excrement.

05 The Javan rhino is one of the rarest and most critically [endangered/dangerous] mammals anywhere in the world.

D 다음 문장에서 주어진 우리말에 해당하는 영어 단어에 밑줄 치시오.

01 생태계   Some species seem to have a stronger influence than others on their ecosystem.

02 생물, 생명체   The waters supported an array of creatures that are no longer present on Earth.

03 회복력   Ecosystem resilience refers to the ability of an ecosystem to return to normal functioning after a disturbance, such as a fire or flood.

04 널리 퍼진   The role of grandparents as partial caregivers for grandchildren is widespread in Korea.

05 대응 관계에 있는 것   Mobile flowers are visited more often by pollinating insects than their more static counterparts.

| DAY |

26

Geography
지리

📘 Previous Check

- ☐ crater
- ☐ barren
- ☐ debris
- ☐ fertility
- ☐ excavate
- ☐ archaeologist
- ☐ spill
- ☐ municipal
- ☐ distribution
- ☐ realm
- ☐ coastal
- ☐ prosper
- ☐ abandon
- ☐ humid

- ☐ hollow
- ☐ imprint
- ☐ disperse
- ☐ catastrophe
- ☐ shelter
- ☐ construct
- ☐ graze
- ☐ cultivate
- ☐ enrichment
- ☐ avalanche
- ☐ territory
- ☐ famine
- ☐ advent
- ☐ slope

- ☐ glacial
- ☐ plantation
- ☐ drought
- ☐ isolate
- ☐ constraint
- ☐ barrier
- ☐ elevation
- ☐ deforestation
- ☐ latitude
- ☐ ridge
- ☐ terrain
- ☐ magnificent

1001 ✹✹✧ ☐☐

crater
[kréitər]

n 분화구, 큰 구멍
- How big is the **crater** in the mountain?
- The airplane made a deep **crater** in the ground when it crashed.
  + Plus = cavity, hole
    cratered a 분화구가[구멍이] 많은

1002 ✹✹✹ ☐☐

barren
[bǽrən]

a 메마른, 황폐한
- the **barren** landscapes EBS 지문 변형
- The reason for famines in Africa is not too many people living on **barren** land. EBS 지문 변형
  + Plus = sterile, infertile

1003 ✹✧✧ ☐☐

debris
[dəbríː]

n 잔해, 쓰레기
- Only a pile of **debris** was left as evidence of what was once a peaceful place. EBS 지문 변형
  + Plus = ruins, wreckage

1004 ✹✹✧ ☐☐

fertility
[fəːrtíləti]

n 비옥; 다산
- Fertilizers tend to increase soil **fertility**. EBS 지문 변형
- Declining **fertility** is a wake-up call. EBS 지문 변형
  + Plus fertile a 비옥한, 생식력 있는

1005 ✹✹✧ ☐☐

excavate
[ékskəvèit]

v 발굴하다, 출토하다
- **excavate** the tombs
- It is the first site to be **excavated** in this area.
  + Plus excavation n 발굴

예문 해석

1001 그 산에 있는 분화구의 크기는 얼마나 되는가? / 비행기가 추락해서 땅에 깊고 큰 구멍이 생겼다. 1002 황폐한 풍경 / 아프리카의 기근의 이유가 메마른 땅에 사는 너무 많은 사람들 때문은 아니다. 1003 잔해 더미만이 한때 평화로운 곳이었던 것의 증거로 남아 있었다. 1004 비료는 토양의 비옥도를 증가시키는 데 이바지하게 된다. / 출산의 감소는 경각심을 일으키는 것이다. 1005 무덤을 발굴하다 / 그곳은 이 지역에서 발굴된 첫 번째 장소이다.

1006 ✦✦✦ ☐☐

archaeologist
[ὰːrkiάlədʒist]

🄝 고고학자

- The **archaeologists** found a house built around 300 BC.
- **Archaeologists** enable us to understand how human life changed over time. EBS 지문 변형
  ➕ **Plus** archaeology 🄝 고고학
  archaeological 🄰 고고학의

1007 ✦✦✦ ☐☐

spill
[spil]

🅅 쏟다, 흘리다 🄝 엎지름, 유출

- They found the falls **spilling** out in various layers of rock.
  EBS 지문 변형
- The oil **spill** has caused devastating impacts on the coastline.

1008 ✦✦✧ ☐☐

municipal
[mjuːnísəpəl]

🄰 도시의, 지방 자치의, 국내의

- a **municipal** council
- In the United States, paper products are the single largest component of **municipal** waste. EBS 지문 변형
  ➕ **Plus** municipality 🄝 지방 자치제

1009 ✦✦✦ ☐☐

distribution
[dìstrəbjúːʃən]

🄝 분포, 분배

- the **distribution** of the population of the main livestock groups EBS 지문 변형
- He demanded changes in the **distribution** of wealth and income.
  ➕ **Plus** distribute 🅅 분배하다

1010 ✦✦✦ ☐☐

realm
[relm]

🄝 영역, 범위; 왕국

- new discoveries in the **realm** of medicine
- What Greeks achieved in the purely intellectual **realm** is more exceptional. EBS 지문 변형
  ➕ **Plus** = field

◢ 예문 해석 ◣

1006 그 고고학자들은 기원전 300년경에 지어진 집을 발견했다. / 고고학자들은 시간이 지나면서 인류의 생활이 어떻게 변했는지를 우리가 이해할 수 있도록 해준다. 1007 그들은 폭포가 여러 층의 바위에서 쏟아져 나오는 것을 보았다. / 기름 유출은 해안 지대에 파괴적인 영향을 초래했다. 1008 시 의회 / 미국에서는, 종이 제품들이 국내에서 배출되는 쓰레기 중 가장 큰 비중을 차지하는 요소이다. 1009 주요 가축 떼의 개체 수의 분포 / 그는 부와 수입의 분배에 있어서의 변화를 요구했다. 1010 의학 분야에서의 새로운 발견들 / 순수하게 지적인 영역에서 그리스 사람들이 이룬 것은 보다 뛰어난 것이다.

1011 ★★☆ ☐☐

coastal
[kóustəl]

🅰 연안의, 해안의
- relatively shallow **coastal** areas EBS 지문 변형
- Loons spend much of their year in **coastal** areas and bays.
  EBS 지문 변형

➕ **Plus** coastal plain 해안 평야

1012 ★★★ ☐☐

prosper
[práspər]

🆅 번영하다, 번창하다
- new opportunities to grow and **prosper** EBS 지문 변형
- He hopes his business will **prosper**.
  ➕ **Plus** prosperity 🅽 번영, 번창
     prosperous 🅰 번영하는, 번창하는

1013 ★★★ ☐☐

abandon
[əbǽndən]

🆅 버리다, 포기[단념]하다
- Taxes grew so high that many landowners **abandoned** their farms. EBS 지문 변형
- They had to **abandon** their attempt to condition the raccoon. EBS 지문 변형
  ➕ **Plus** = give up, forsake, relinquish

1014 ★★★ ☐☐

humid
[hjú:mid]

🅰 습한
- These plants need **humid** conditions to grow well.
- They used agricultural techniques more suited for the **humid** climate of the eastern states. EBS 지문 변형
  ➕ **Plus** humidity 🅽 습기
     humidify 🆅 축이다, 적시다

1015 ★★★ ☐☐

hollow
[hálou]

🅰 속이 빈, 움푹 꺼진 🅽 움푹 꺼진 곳
- A **hollow** bat "pings" like a bell. EBS 지문 변형
- Our uncle's house is in the **hollow**, surrounded by hills.
  ➕ **Plus** 🅽 = valley, hole

예문 해석

1011 비교적 얕은 연안 지역 / 아비새는 해안 지역과 만(灣)에서 한 해의 대부분을 보낸다. 1012 성장하고 번영할 수 있는 새로운 기회들 / 그는 그의 사업이 번창하기를 희망한다. 1013 세금이 너무 높아져서 많은 땅주인들이 자신들의 농장을 버렸다. / 그들은 너구리를 길들이려는 그들의 시도를 단념해야 했다. 1014 이 식물들이 잘 자라려면 습한 환경이 필요하다. / 그들은 동부 주들의 습한 기후에 더 적합한 농업 기법을 사용했다. 1015 속이 빈 배트는 종처럼 '핑 소리를 낸다'. / 우리 삼촌 집은 언덕으로 둘러싸인 움푹 꺼진 곳[골짜기]에 있다.

1016 ★★★ ☐☐

imprint
n [ímprint]
v [imprínt]

n 흔적, 자국 **v** 새기다, 각인시키다

- They were too scarce to leave their **imprint** in the fossil record. EBS 지문 변형
- Thomas Jefferson **imprinted** a mark on the scientific community.
  ➕ Plus bear an imprint 흔적을 띠다

1017 ★★★ ☐☐

disperse
[dispə́:rs]

v 흩어지다, 해산시키다

- **disperse** the enemy
- The crowd **dispersed** peacefully after prayers. EBS 지문 변형
  ➕ Plus dispersal **n** 해산, 분산
  dispersive **a** 흩어지는, 분산적인

1018 ★★☆ ☐☐

catastrophe
[kətǽstrəfi]

n 재앙, 참사

- a tremendous **catastrophe**
- The sea is facing ecological **catastrophe** as a result of pollution.
  ➕ Plus = disaster, calamity
  catastrophic **a** 재앙의, 비극의

1019 ★★★ ☐☐

shelter
[ʃéltər]

n 주거지, 피신처, 보호소 **v** 보호하다, 거처를 제공하다

- a night **shelter** for the homeless
- She hasn't volunteered at an animal **shelter** yet. EBS 지문 변형

1020 ★★★ ☐☐

construct
[kənstrʌ́kt]

v 건설하다, 구성하다

- They began **constructing** this new building in 1847. EBS 지문 변형
  ➕ Plus construction **n** 건설, 건축물
  constructive **a** 건설적인
  reconstruct **v** 재건하다, 복원하다

예문 해석

1016 그것들은 너무 희귀해서 화석 기록에 흔적을 남기지 않았다. / Thomas Jefferson은 과학계에 큰 영향을 남겼다. **1017** 적을 분산시키다 / 군중은 기도가 끝난 후에 평화롭게 흩어졌다. **1018** 엄청난 참사 / 그 바다는 오염의 결과로 생태계 재앙에 직면하고 있다. **1019** 노숙자들을 위한 야간 쉼터 / 그녀는 동물 보호소에서 봉사를 해본 적이 없다. **1020** 그들은 1847년에 이 새 건물을 건설하기 시작했다.

1021 ✹✹✩ ☐☐

graze
[greiz]

Ⓥ 방목하다, 풀을 뜯다

- There were cows **grazing** beside the river. EBS 지문 변형
- The land is used by local people to **graze** their animals.
  ➕ Plus grazing Ⓝ 방목; 목초지 Ⓐ 목초지의

1022 ✹✹✹ ☐☐

cultivate
[kʌ́ltəvèit]

Ⓥ 경작하다, 재배하다, 기르다

- the conversion of forest into **cultivated** terraces EBS 지문 변형
- The travelers' tree is now **cultivated** throughout the world's tropics. EBS 지문 변형
  ➕ Plus cultivation Ⓝ 경작, 재배

1023 ✹✹✩ ☐☐

enrichment
[inrítʃmənt]

Ⓝ 비옥화, 풍부하게 함

- This **enrichment** process of the nutrients does not restore a food's natural integrity. EBS 지문 변형
  ➕ Plus enrich Ⓥ 풍요롭게 하다

1024 ✹✹✩ ☐☐

avalanche
[ǽvəlæntʃ]

Ⓝ (눈·산)사태; 쇄도

- The mountain town was buried in the **avalanche**.
- The structures of our world and the conditions of certainty have yielded to an **avalanche** of change. EBS 지문 변형
  ➕ Plus = snow-slide, landslip, landslide

1025 ✹✹✹ ☐☐

territory
[térətɔ̀ːri]

Ⓝ 영토, 지역

- an immense **territory**
- Most of the people of the **territory** are Inuit, descendants of the Native Americans. EBS 지문 변형
  ➕ Plus territorial waters 영해, 영해 수역

예문 해석

1021 강가에는 풀을 뜯고 있는 소들이 있었다. / 그 땅은 지역 주민들이 동물들을 방목하는 데 쓰이고 있다. 1022 숲을 경작되는 계단식 농경지로 개조함 / 여인초는 현재 전 세계 열대 지역에 걸쳐 재배되고 있다. 1023 이러한 영양소의 강화 과정은 어떤 음식의 천연의 완전성을 회복하지는 못한다. 1024 산에 있는 그 마을은 산사태로 묻혔다. / 우리 세계의 구조들과 확실성의 환경이 많은 변화에 무너졌다. 1025 광대한 영토 / 그 영토의 대부분의 사람들은 아메리카 원주민들의 후손인 이누이트 족이다.

1026 ✦✦✦ ☐☐

famine
[fǽmin]

n 기근

- centuries of **famine** EBS 지문 변형
- A number of serious **famines** have been moderated or averted by these efforts.
  + **Plus** = scarcity, dearth

1027 ✦✦✦ ☐☐

advent
[ǽdvent]

n 출현, 도래

- the **advent** of new technology EBS 지문 변형
- The **advent** of the Internet has changed everything.
  + **Plus** = emergence, appearance

1028 ✦✧✧ ☐☐

slope
[sloup]

v 경사지다, 기울어지다 n (산)비탈, 경사면, 기울기

- Mountains tend to **slope** up towards a point. EBS 지문 변형
- The small town is built on a steep **slope**.

1029 ✦✦✧ ☐☐

glacial
[gléiʃəl]

a 빙하의

- the **glacial** period EBS 지문 변형
- This valley was formed by **glacial** erosion.
  + **Plus** glacier n 빙하

1030 ✦✦✧ ☐☐

plantation
[plæntéiʃən]

n (대규모) 농장

- a little town surrounded by coffee **plantations**
- Cotton is grown in vast monocultural **plantations**. EBS 지문 변형

1031 ✦✦✧ ☐☐

drought
[draut]

n 가뭄

- **Droughts** and famines have killed about two million people here.
- The reservoir dried up completely during the **drought**.
  EBS 지문 변형

예문 해석

1026 수 세기 동안의 기근 / 많은 심각한 기근들이 이러한 노력들로 완화되거나 방지되어 왔다. 1027 신기술의 출현 / 인터넷의 출현은 모든 것을 바꾸었다. 1028 산은 한 지점을 향해 비탈져 올라가는 경향이 있다. / 그 작은 마을은 가파른 경사면에 지어졌다. 1029 빙하기 / 이 계곡은 빙하의 침식으로 형성되었다. 1030 커피 농장에 둘러싸인 작은 마을 / 목화는 광대한 단일 재배 농장에서 재배된다. 1031 가뭄과 기근으로 여기에서 약 2백만 명이 사망했다. / 저수지는 가뭄 중에 완전히 말라버렸다.

1032 ★★★ ☐☐

isolate
[áisəlèit]

Ⓥ 격리하다, 고립시키다

- The town was **isolated** by the floods.
- No longer is any region **isolated**, with its impact on the ocean limited to a few miles offshore. EBS 지문 변형
  ➕ **Plus** isolated ⓐ 분리된, 고립된
  isolation ⓝ 고립, 외로운 상태

1033 ★★☆ ☐☐

constraint
[kənstréint]

ⓝ 제약

- the **constraints** of climate, soil, and terrain EBS 지문 변형
- The natural environment places **constraints** on our social and economic choices.
  ➕ **Plus** = restriction, limitation

Related Words	지리	
온대 지역	those parts of the Earth's surface lying between the Arctic Circle and the Tropic of Cancer	temperate zone
한대 지역	the areas of the globe surrounding the poles also known as frigid zones	polar zone
열대 지역	those parts of the Earth's surface lying between the Tropic of Cancer and the Tropic of Capricorn	tropical zone

1034 ★★☆ ☐☐

barrier
[bǽriər]

ⓝ 울타리, 장벽, 장애

- Security **barriers** went up to block the parking area.
- The oil and gas encounter a **barrier** in the form of impermeable rock. EBS 지문 변형

1035 ★★☆ ☐☐

elevation
[èləvéiʃən]

ⓝ 1. 상승, 증가 2. 해발 높이, 고도

- a sudden **elevation** in blood pressure
- The city is at an **elevation** of 2,000 meters. EBS 지문 변형
  ➕ **Plus** elevate Ⓥ 올리다, 높이다

예문 해석

1032 그 마을은 홍수로 고립되었다. / 더 이상 어떤 지역도 바다에 미치는 영향이 해안에서 몇 마일로 제한된 채로 고립되어 있지는 않다.
1033 기후, 토양, 지형의 제약 / 자연 환경은 우리의 사회적, 경제적 선택을 제약한다. 1034 주차 구역을 차단하기 위해 안전 울타리가 세워졌다. /
석유와 가스 투과할 수 없는 암석 형태의 장벽에 부딪힌다. 1035 혈압의 갑작스런 상승 / 그 도시는 해발 2천 미터 높이에 있다.

1036 ★★☆ ☐☐

deforestation
[diːfɔ̀ːristéiʃən]

ⓝ 삼림 벌채, 파괴
- the ecological crisis of **deforestation**
- Much of the silt was the result of **deforestation** and soil erosion in the highlands. EBS 지문 변형
- ➕ **Plus** ↔ afforestation ⓝ 숲 가꾸기

1037 ★★☆ ☐☐

latitude
[lǽtətjùːd]

ⓝ 1. 위도 2. 자유
- Dark pigmentation is harmful in high **latitudes** like Europe and Siberia. EBS 지문 변형
- Journalists have considerable **latitude** in criticizing public figures.
- ➕ **Plus** longitude ⓝ 경도

1038 ★☆☆ ☐☐

ridge
[ridʒ]

ⓝ 산등성이, 길쭉하게 솟은 부분
- thick **ridges** above the eyebrows EBS 지문 변형
- We made our way carefully along the **ridge**.
- ➕ **Plus** ridgy ⓐ 융기한, 등이 있는

1039 ★★☆ ☐☐

terrain
[təréin]

ⓝ 지형, 지대
- glacial **terrain**
- We hiked through a variety of **terrains**.
- ➕ **Plus** all-terrain ⓐ 어떤 지형에도 적응하는

1040 ★★☆ ☐☐

magnificent
[mægnífisnt]

ⓐ 훌륭한, 장엄한
- a **magnificent** view
- It is truly **magnificent** spending time accomplishing the most that you can. EBS 지문 변형
- ➕ **Plus** magnificence ⓝ 훌륭함, 장엄

예문 해석

1036 삼림 파괴라는 생태계적 위기 / 그 퇴적물의 많은 부분은 산악 지대의 삼림 벌채와 토양 침식의 결과였다. 1037 짙은 색소 형성은 유럽과 시베리아 같은 고위도 지방에서는 해롭다. / 기자들에게는 유명 인사를 비판할 자유가 상당히 많다. 1038 눈썹 위 두꺼운 돌출부 / 우리는 산등성이를 따라 조심스럽게 나아갔다. 1039 빙하 지형 / 우리는 다양한 지형을 도보로 여행했다. 1040 장관 / 당신이 할 수 있는 최대한을 성취하는 데 시간을 보내는 것은 참으로 훌륭하다.

Ⓐ 다음 단어에 해당하는 우리말을 쓰시오.

01	imprint	_____
02	terrain	_____
03	famine	_____
04	crater	_____
05	elevation	_____
06	municipal	_____
07	abandon	_____
08	ridge	_____
09	constraint	_____
10	debris	_____

Ⓑ 다음에 해당하는 영어 단어/숙어를 쓰시오.

01	연안의, 해안의	_____
02	방목하다, 풀을 뜯다	_____
03	영토, 지역	_____
04	빙하의	_____
05	삼림 벌채	_____
06	쏟다, 흘리다	_____
07	가뭄	_____
08	움푹 꺼진	_____
09	발굴하다, 출토하다	_____
10	번영하다, 번창하다	_____

Ⓒ 다음 괄호 안에서 문맥에 적절한 것을 고르시오.

01 Few creatures can thrive on these [barren/fruitful] mountaintops.

02 The government put the [avalanche/periphery] risk at five, the highest level.

03 They are only skyscrapers [constructed/conspired] entirely of concrete and glass.

04 Storing sugar in an airtight container will retard the absorption of moisture even in [dry/humid] conditions.

05 Clothes document personal history for us the same way that fossils chart time for [anthropologists/archaeologists].

Ⓓ 다음 문장에서 주어진 우리말에 해당하는 영어 단어에 밑줄 치시오.

01 비옥함   The cause of Rome's collapse lies in the declining fertility of its soil and the decrease in its agricultural yields.

02 주거지   Much of their food, shelter, and clothing was produced on the family farm.

03 고립시키다   When he wants to work, he isolates himself in his office and doesn't talk to anyone.

04 경작하다   The native people began to cultivate corn thousands of years ago.

05 위도   In a biological context, it has long been clear that the number of animals and plant species per unit area decreases with latitude.

| DAY |

27

Animals & Plants

동물과 식물

Previous Check

- ☐ organism
- ☐ inhabitant
- ☐ predator
- ☐ instinct
- ☐ reserve
- ☐ prey
- ☐ in captivity
- ☐ expedition
- ☐ calf
- ☐ imitate
- ☐ meadow
- ☐ reproduce
- ☐ coloration
- ☐ conspicuous

- ☐ invertebrate
- ☐ pastureland
- ☐ caterpillar
- ☐ larva
- ☐ beak
- ☐ overwinter
- ☐ dormant
- ☐ restore
- ☐ burrow
- ☐ migrate
- ☐ spawn
- ☐ hatch
- ☐ pollinate
- ☐ petal

- ☐ pollen
- ☐ germinate
- ☐ seedling
- ☐ hover
- ☐ botanical
- ☐ perennial
- ☐ ingrained
- ☐ stalk
- ☐ sturdy
- ☐ sprout
- ☐ shrub
- ☐ fungus

1041 ★★★ ☐☐

organism
[ɔ́ːrgənìzm]

n 유기체, 생물
- Not all **organisms** are able to find sufficient food to survive. EBS 지문 변형
- Scientists classify living **organisms** by genus and species. EBS 지문 변형

1042 ★★☆ ☐☐

inhabitant
[inhǽbətənt]

n 서식 동물; 거주자, 주민
- Most of the **inhabitants** are camouflaged. EBS 지문 변형
- Connected homes are about comfort and convenience for their **inhabitants**. EBS 지문 변형
  ➕ Plus = resident, occupant, dweller

1043 ★★★ ☐☐

predator
[prédətər]

n 1. 포식자, 포식 동물 2. 약탈자
- Top **predators** determine their ecosystem structure by their eating habits. EBS 지문 변형
- The animals don't have to worry about finding food, shelter, or safety from **predators** in the zoo. EBS 지문 변형
  ➕ Plus predatory a 포식성의, 약한 사람들을 이용해 먹는

1044 ★★★ ☐☐

instinct
[ínstiŋkt]

n 본능, 직감
- an innate **instinct**
- We have the same basic needs, along with the **instinct** for survival. EBS 지문 변형
  ➕ Plus instinctive a 본능적인

1045 ★★★ ☐☐

reserve
[rizə́ːrv]

n (동식물 등의) 보호 구역 v 예약하다; 남겨 두다
- decide which remaining habitats are most critical to set aside for wildlife **reserves** EBS 지문 변형
- I'd like to **reserve** a table for two for seven o'clock.
  ➕ Plus reservation n 예약

예문 해석

1041 모든 유기체가 생존하기에 충분한 먹이를 구할 수 있는 것은 아니다. / 과학자들은 생물을 속(屬)과 종(種)으로 분류한다. 1042 서식 동물 대부분은 위장한다. / 홈네트워크 서비스는 거주자의 안락과 편리함에 대한 것이다. 1043 최상위 포식자는 자신들의 식습관으로 생태계 구조를 결정한다. / 동물원에서 동물들은 음식을 구하는 것, 살 곳, 혹은 포식 동물로부터의 안전에 대해 걱정할 필요가 없다. 1044 타고난 본능 / 우리는 생존 본능과 더불어 동일한 기본적 욕구를 갖고 있다. 1045 남아 있는 어느 서식지가 야생 동물 보호 구역으로 남겨 두기에 가장 중요한지를 결정하다 / 7시에 두 사람이 식사할 자리를 예약하고 싶습니다.

1046 ★★★ ☐☐

prey
[prei]

🇳 1. 먹이, 사냥감 2. 희생자, 피해자
- Predators are often another organism's **prey**. EBS 지문 변형
- Hagfish's normal diet seems to consist mainly of small **prey** like worms. EBS 지문 변형

1047 ★★☆ ☐☐

in captivity

사로잡혀서, 포로가 되어
- The very last passenger pigeon died **in captivity** in 1914. EBS 지문 변형
- Animals were probably first kept **in captivity** for use in sacrificial rites. EBS 지문 변형
➕ Plus **captivity** 🇳 감금, 억류

1048 ★★★ ☐☐

expedition
[èkspədíʃən]

🇳 탐험, 원정(대), 여행
- The **expedition**'s purpose is to carry out an archaeological survey.
- The government suggested hunting **expeditions** to kill North Atlantic harp seals. EBS 지문 변형

1049 ★☆☆ ☐☐

calf
[kæf]

🇳 송아지, (코끼리·고래 등의) 새끼
- A **calf** is a young cow.
- This cow's price is higher than a normal price because it's expecting a **calf**.
➕ Plus **cattle** 🇳 (집합적으로) 소
  cow 🇳 암소, 젖소

1050 ★★★ ☐☐

imitate
[ímitèit]

🇻 모방하다, 흉내 내다
- vegetarian products which **imitate** meat
- In children's play, they often **imitate** people who are entirely different from them. EBS 지문 변형
➕ Plus = copy, simulate
  imitation 🇳 모조품, 흉내 내기

예문 해석

1046 포식자들은 종종 또 다른 생물의 먹이가 된다. / 먹장어가 일상으로 먹는 음식은 주로 벌레와 같이 크기가 작은 먹이로 이루어진 것처럼 보인다. **1047** 맨 마지막 나그네비둘기는 1914년에 사로잡힌 상태에서 죽었다. / 동물은 아마도 처음에는 제물로 바치는 의식에 사용할 목적으로 가두어 길러졌을 것이다. **1048** 그 탐험의 목적은 고고학 조사를 수행하는 것이다. / 정부는 북대서양 하프 바다표범을 죽이는 사냥 원정대를 제안했다. **1049** 송아지는 어린 소이다. / 이 소는 지금 새끼를 배고 있어서 평소 가격보다 더 비싸다. **1050** 육류를 모방한 채식주의 제품들 / 놀이에서, 아이들은 흔히 그들 자신과 완전히 다른 사람들을 흉내 낸다.

Related Words | 동물

양서류	animals that can live both on land and in water	amphibian
가금류	domesticated birds kept for eggs or meat	poultry
파충류	a type of cold-blooded animal that gives birth to young animals as eggs	reptile
설치류	small mammals which have sharp front teeth like rats, mice, and squirrels	rodent

---

1051 ✦✦✧ ☐☐

meadow
[médou]

🄝 목초지, 초원

- **Meadows** are the habitat for grasshoppers and crickets. EBS 지문 변형
- Wildebeests were grazing grass in the **meadow**.
  ➕ **Plus** = grassland, pasture

1052 ✦✦✦ ☐☐

reproduce
[rìːprədjúːs]

🅥 1. 재생하다 2. 복제하다 3. 번식하다, 생식하다

- Since the 1980s, zoos have strived to **reproduce** the natural habitats of their animals. EBS 지문 변형
- Certain bacteria can **reproduce** in as little as 20 minutes. EBS 지문 변형
  ➕ **Plus** reproduction 🄝 생식, 번식
  reproductive 🄐 생식의, 번식의

1053 ✦✧✧ ☐☐

coloration
[kʌ̀ləréiʃən]

🄝 (동물의) 천연색

- protective **coloration**
- The change in **coloration** serves to attract females and repel males. EBS 지문 변형

1054 ✦✦✧ ☐☐

conspicuous
[kənspíkjuəs]

🄐 눈에 띄는, 뚜렷한

- Tigers' stripes help them blend in with tall grasses, but zebras are really **conspicuous**. EBS 지문 변형
  ➕ **Plus** ↔ inconspicuous 🄐 눈에 잘 띄지 않는

예문 해석

1051 목초지는 메뚜기와 귀뚜라미의 서식지이다. / 영양들이 초원에서 풀을 뜯고 있었다. 1052 1980년대 이래로 동물원들은 동물들의 자연 서식지를 재현해 주려고 노력해 왔다. / 특정 박테리아는 20분 만에 번식할 수 있다. 1053 보호색 / 천연색의 변화는 암컷을 끌어들이고 수컷을 쫓아낸다. 1054 호랑이들의 줄무늬는 키 큰 풀들에 섞여 드는 데 도움이 되지만, 얼룩말은 매우 눈에 띈다.

1055 ★☆☆ ☐☐

invertebrate
[invɔ́:rtəbrət]

🔟 무척추동물 ⓐ 척추가 없는

- Worms are an example of **invertebrate** animals.
  ➕ **Plus** ↔ vertebrate 🔟 척추동물 ⓐ 척추가 있는

1056 ★★☆ ☐☐

pastureland
[pǽstʃərlənd]

🔟 목초지, 방목장

- The area between the mountains is mostly **pastureland**.
- Entire forests have been cleared for **pastureland**, for which ecologists blamed government policy.
  ➕ **Plus** = grazing land

1057 ★★☆ ☐☐

caterpillar
[kǽtərpìlər]

🔟 애벌레

- A **caterpillar** turns into a butterfly.
- The ants come out of the ground and attack the **caterpillar**.

1058 ★★☆ ☐☐

larva
[lá:rvə]

🔟 유충, 애벌레

- The **larva** of a butterfly is called a caterpillar.
- The **larva** hatches from an egg and eats leaves almost constantly.
  ➕ **Plus** (pl.) larvae

1059 ★☆☆ ☐☐

beak
[bi:k]

🔟 부리; (매부리) 코

- At the front, is a long, curved **beak**. EBS 지문 변형
- The bird held the fish in its **beak** as it flew away.
  ➕ **Plus** = bill

1060 ★☆☆ ☐☐

overwinter
[òuvərwíntər]

🔻 겨울을 나다, 월동하다

- The geese will **overwinter** in a warmer climate.
- The **overwintering** plant has started making the adjustments in order to survive ice formation. EBS 지문 변형

예문 해석

1055 벌레는 무척추동물의 한 예이다. 1056 산 사이의 지역은 대부분 목초지이다. / 숲 전체가 방목장 조성을 위해 개간되자, 생태학자들은 정부의 정책을 비난하고 나섰다. 1057 애벌레는 나비가 된다. / 그 개미들은 땅에서 나와 애벌레를 공격한다. 1058 나비의 유충은 애벌레라고 불린다. / 애벌레는 알에서 부화해서 거의 끊임없이 나뭇잎을 먹는다. 1059 앞에는 길고 굽은 부리가 있다. / 그 새는 부리로 물고기를 잡고 날아갔다. 1060 그 거위들은 더 따뜻한 기후에서 겨울을 보낼 것이다. / 겨울을 나는 식물은 결빙(結氷)에서 살아남기 위해 적응하기 시작했다.

Animals & Plants

1061 ✹✹✧ ☐☐

dormant
[dɔ́ːrmənt]

ⓐ 잠자는, 휴면 중인
- a **dormant** volcano
- The seeds of many wild plants remain **dormant** for months until winter is over. EBS 지문 변형
  - ➕ **Plus** dormancy ⓝ 휴면, 휴지, 정지

1062 ✹✹✹ ☐☐

restore
[ristɔ́ːr]

ⓥ 복원하다, 회복시키다
- **restore** natural habitat and protect endangered species EBS 지문 변형
- The use of natural resources without **restoring** them will eventually lead to their destruction.
  - ➕ **Plus** restorer ⓝ (예술 작품 등의) 복원 전문가
  - restoration ⓝ 복원, 회복

1063 ✹✹✧ ☐☐

burrow
[bə́ːrou]

ⓥ 굴을 파다, 깊이 파고들다 ⓝ 굴, 은신처
- Mother turtles **burrow** into the sand to lay their eggs.
- Earthworms are so strong that some of the **burrows** they make are permanent. EBS 지문 변형

1064 ✹✹✹ ☐☐

migrate
[máigreit]

ⓥ 이주하다, 이동하다
- Swallows **migrate** south in winter.
- He **migrates** from New York to Florida each winter.
  - ➕ **Plus** emigrate ⓥ 이민을 가다, 이주하다
  - immigrate ⓥ 이민을 오다

1065 ✹✧✧ ☐☐

spawn
[spɔːn]

ⓥ 알을 낳다; (결과를) 낳다 ⓝ (어류·양서류 등의) 알 (덩어리)
- Some fish **spawn** just once in a lifetime. EBS 지문 변형
- Evolution has **spawned** many new species and even major new forms of life. EBS 지문 변형

예문 해석

1061 휴화산 / 많은 야생 식물들의 씨앗들은 겨울이 끝날 때까지 여러 달 동안 휴면 상태로 남아 있다. 1062 자연 서식지를 복원하고 멸종 위기에 처한 종(種)을 보호하다 / 천연자원을 복구하지 않고 그것들을 이용하는 것은 결국 그것들의 파괴를 초래할 것이다. 1063 어미 거북들은 알을 낳기 위해 모래 속으로 굴을 파고 들어간다. / 지렁이들은 매우 힘이 강해서 그것들이 만든 몇몇 굴은 영구적이다. 1064 제비는 겨울에 남쪽으로 이동한다. / 그는 매년 겨울 뉴욕에서 플로리다로 이주한다. 1065 어떤 물고기들은 일생에 단 한 번 알을 낳는다. / 진화는 많은 새로운 종들과 심지어 새로운 형태의 주요 생물들을 낳았다.

1066 ★★★ ☐☐

hatch
[hætʃ]

🟦 1. 부화하다 2. 생각해 내다, 꾸미다

- There can be a month-long gap before new bees **hatch**. EBS 지문 변형
- With nothing to lose, he must have **hatched** an escape plan.

1067 ★★☆ ☐☐

pollinate
[pálənèit]

🟦 수분하다

- As pretty as the orchids they **pollinate**. EBS 지문 변형
- Bees and bee-**pollinated** flowering plants depend on each other. EBS 지문 변형

  ➕ Plus pollination 🟦 수분 (작용)
  pollinator 🟦 꽃가루 매개자

Related Words	식물	
엽록소	the green-colored substance in plants	chlorophyl(l)
광합성	the production by a green plant of special substances like sugar that it uses as food, caused by the action of sunlight on chlorophyl(l)	photosynthesis
삼투 (현상)	the process by which a liquid passes through a thin piece of solid substance such as the roots of a plant	osmosis

1068 ★☆☆ ☐☐

petal
[pétəl]

🟦 꽃잎

- Flowers use striking colors, scents, elaborately shaped **petals**, and nectar to attract pollinators. EBS 지문 변형

1069 ★★☆ ☐☐

pollen
[pálən]

🟦 꽃가루, 화분

- I am allergic to **pollen**.
- Bees gather **pollen** and nectar from flowers to use as food for their offspring.

1070 ★★☆ ☐☐

germinate
[dʒə́ːrmənèit]

🟦 싹트다, 시작되다

- Some seeds are very difficult to **germinate**.
- The idea of setting up his own company began to **germinate** in his mind.

  ➕ Plus = bud, sprout
  germination 🟦 발아

예문 해석

1066 새로운 벌들이 부화하기 전까지는 한 달간의 공백이 생길 수 있다. / 잃을 것이 없는 그는 틀림없이 탈출 계획을 꾸몄을 것이다. 1067 난초벌은 자신들이 수분하는 난초만큼 예쁘다. / 벌과 벌이 수분하여 꽃을 피우는 식물은 서로 의존한다. 1068 꽃들은 꽃가루 매개자들을 유인하기 위해 두드러진 색, 향기, 정교한 모양의 꽃잎, 그리고 꿀을 사용한다. 1069 나는 꽃가루 알레르기가 있다. / 벌들은 새끼를 위한 음식으로 사용하기 위해 꽃에서 꽃가루와 꿀을 모은다. 1070 어떤 씨앗들은 싹트기 매우 어렵다. / 자신의 회사를 세우겠다는 생각이 그의 마음속에서 싹트기 시작했다.

1071 ★★☆ □□

seedling
[síːdliŋ]

n 묘목, 어린 식물
- plant a **seedling**
- **Seedlings** that sprout from the newly opened cones thrive in sundrenched clearings. EBS 지문 변형

1072 ★★☆ □□

hover
[hʌ́vər]

v 1. 공중을 맴돌다 2. 배회하다, 서성이다
- A hawk **hovered** over the hill.
- Nervous mothers **hover** over their children.
- ➕ Plus 2. = linger

1073 ★★☆ □□

botanical
[bətǽnikəl]

a 식물의, 식물에서 채취한
- The tropical rainforests contain more than half of the Earth's **botanical** species. EBS 지문 변형
- ➕ Plus botanic a 식물의, 식물학의
  botany n 식물학

1074 ★★☆ □□

perennial
[pəréniəl]

a 1. 영원한, 지속되는 2. 다년생의 n 다년생 식물
- Flooding is a **perennial** problem for people living by the river.
- Dahlias are **perennial** flowers that were originally native to Mexico and Guatemala.
- ➕ Plus annual a 연간의 n 일년생 식물
  biennial a 2년에 한 번씩의 n 2년생 식물

1075 ★☆☆ □□

ingrained
[ingréind]

a 1. 깊이 배어든, 뿌리 깊은, 타고난 2. 물이 든
- Zoo life is utterly ill-suited to animal's most deeply **ingrained** survival instincts. EBS 지문 변형
- ➕ Plus ingrain v (습관·생각 등을) 스며들게 하다

예문 해석

1071 묘목을 심다 / 새로 열린 열매에서 싹을 틔운 묘목들이 햇빛이 많이 내리쬐는 빈터에서 잘 자란다. 1072 매 한 마리가 언덕 위를 맴돌았다. / 예민한 엄마들은 자신의 아이들 주변을 맴돈다. 1073 열대 우림에는 지구상의 식물 종 가운데 절반 이상이 있다. 1074 홍수는 강가에 사는 사람들에게 계속 반복되는 문제이다. / 달리아 꽃은 본래 멕시코와 과테말라가 원산지였던 다년생 꽃이다. 1075 동물원 생활은 동물들의 가장 깊이 타고난 생존 본능과 완전히 어울리지 않는 것이다.

1076 ★☆☆ ☐☐

stalk
[stɔːk]

🄝 식물의 줄기

- Due to their greater range of motion, flowers with long, thin **stalks** attract more insects. EBS 지문 변형
- ➕ **Plus** = stem, cane

1077 ★★☆ ☐☐

sturdy
[stə́ːrdi]

🄐 1. 튼튼한, 억센 2. 확고한

- Trees develop **sturdy** branches only at the outer edges of their crowns. EBS 지문 변형
- He felt secure gripping the **sturdy** board. EBS 지문 변형

1078 ★★☆ ☐☐

sprout
[spraut]

🄝 눈, 싹 🄥 싹트다, 발생하다

- seeds **sprouting** in the spring
- It only takes a few days for beans to **sprout**.
- ➕ **Plus** 🄥 = germinate, spring

1079 ★☆☆ ☐☐

shrub
[ʃrʌb]

🄝 관목

- Carefully planted trees and **shrubs** in the right locations can reduce the intensity of the sun. EBS 지문 변형
- ➕ **Plus** = bush

1080 ★☆☆ ☐☐

fungus
[fʌ́ŋgəs]

🄝 균류, 곰팡이

- The Agriculture Ministry will return all shipments that are confirmed infected with the **fungus**.
- ➕ **Plus** (*pl.*) fungi

Related Words	동물	
족제비	a small thin animal with brown fur, short legs, and a long tail	weasel
순록	a deer with large horns called antlers that lives in northern areas of Europe, Asia, and America	reindeer
미국너구리	a small animal with a black and white face and a long tail that lives mainly in North and Central America	ra(c)coon

◀ 예문 해석 ▶

1076 보다 큰 동작 범위 때문에, 길고 얇은 식물 줄기를 가진 꽃들이 더 많은 곤충들을 끌어들인다. 1077 나무들은 꼭대기의 외부 가장자리에서만 튼튼한 가지를 뻗는다. / 그는 단단한 보드를 붙잡으며 안심했다. 1078 봄에 싹트는 씨앗들 / 콩이 싹트는 데 며칠밖에 걸리지 않는다. 1079 적절한 위치에 신중히 심어진 나무와 관목은 태양의 강도를 줄일 수 있다. 1080 농림부는 곰팡이에 감염된 것으로 확인된 선적분을 전부 반송할 것이다.

Review Test

A 다음 단어에 해당하는 우리말을 쓰시오.

01 spawn _____
02 calf _____
03 perennial _____
04 expedition _____
05 meadow _____
06 seedling _____
07 pollinate _____
08 in captivity _____
09 reserve _____
10 invertebrate _____

B 다음에 해당하는 영어 단어/숙어를 쓰시오.

01 (동물의) 천연색 _____
02 굴, 은신처 _____
03 먹이, 사냥감 _____
04 꽃잎 _____
05 복원하다 _____
06 식물의 _____
07 유기체 _____
08 깊이 배어든 _____
09 억센, 튼튼한 _____
10 부리 _____

C 다음 괄호 안에서 문맥에 적절한 것을 고르시오.

01 She can [imitate/imply] the calls of many different birds.

02 There were a number of [conspicuous/correspondent] changes to the building.

03 Trees and plants go [active/dormant] during the winter months, while animals hibernate.

04 The young Magellanic Penguin [conceive/hatch] and swell to a size larger than their parents.

05 In early human history, life was short, and in order to [reproduce/eliminate] the human group many children had to be born.

D 다음 문장에서 주어진 우리말에 해당하는 영어 단어에 밑줄 치시오.

01 다년생의   It may be tempting to choose perennial species for your garden by looks alone.

02 싹트다   The gardener uses a special method to germinate seeds.

03 본능   She seemed to know by instinct that something was wrong.

04 포식 동물   The population of rabbits is controlled by natural predators.

05 이동하다   The whales migrate between their feeding ground in the north and their breeding ground in the Caribbean.

01	02	03	04	05	06	07	08	09	10	11	12	13	14	15

| DAY |

28

Environment & Natural Resources

환경과 천연자원

📖 Previous Check

- ☐ biodegradable
- ☐ pollute
- ☐ by-product
- ☐ combustion
- ☐ conservation
- ☐ abundance
- ☐ litter
- ☐ ripen
- ☐ substantial
- ☐ degradation
- ☐ pesticide
- ☐ alternative
- ☐ hazardous
- ☐ dwindle

- ☐ noxious
- ☐ devastating
- ☐ projected
- ☐ downside
- ☐ destructive
- ☐ sewage
- ☐ deplete
- ☐ elimination
- ☐ petroleum
- ☐ viable
- ☐ incremental
- ☐ drainage
- ☐ irrigate
- ☐ emit

- ☐ discharge
- ☐ contaminate
- ☐ recyclable
- ☐ earth-friendly
- ☐ disposable
- ☐ landfill
- ☐ replant
- ☐ sustain
- ☐ unleash
- ☐ exploit
- ☐ sustenance
- ☐ counteract

Environment & Natural Resources

1081 ✶☆☆ ☐☐ --

biodegradable
[bàioʊdigréidəbl]

ⓐ 자연 분해성의 (박테리아에 의해 분해되어 환경에 해가 되지 않는)
- Paper is **biodegradable** and recyclable. EBS 지문 변형
- a natural and totally **biodegradable** plastic

➕ Plus biodegradation ⓝ 생물적 분해
biodegradability ⓝ 생분해성 (박테리아 활동에 의하여 분해될 수 있는 물질의 특성)

1082 ✶✶✶ ☐☐ --

pollute
[pəlúːt]

ⓥ 오염시키다, 더럽히다
- a highly **polluted** area around an industrial plant EBS 지문 변형
- Synthetic fertilizers used for lawn care are **polluting** the water supply. EBS 지문 변형

➕ Plus = contaminate
pollution ⓝ 오염, 공해, 환경 파괴
pollutant ⓝ 오염 물질

1083 ✶✶☆ ☐☐ --

by-product
[baiprɑ́dəkt]

ⓝ 부산물
- The raw material for the tyre is a **by-product** of petrol refining.
- Most plastic is manufactured using oil **by-products** and natural gas. EBS 지문 변형

1084 ✶✶☆ ☐☐ --

combustion
[kəmbʌ́stʃən]

ⓝ 연소
- Fly ash is a by-product of coal **combustion**.
- The car companies focus on increasing the efficiency of the internal **combustion** engine. EBS 지문 변형

➕ Plus combust ⓥ 연소하다

1085 ✶✶✶ ☐☐ --

conservation
[kɑ̀nsəːrvéiʃən]

ⓝ 보호, 보존
- a coherent policy on **conservation** EBS 지문 변형
- Methods of water and soil **conservation** are well-known. EBS 지문 변형

➕ Plus conserve ⓥ 아끼다, 보호하다
conservative ⓐ 보수적인

▶ 예문 해석

1081 종이는 자연 분해적이고 재생 가능하다. / 천연의 그리고 완전히 자연 분해적인 플라스틱 1082 산업 공장 주변의 매우 오염된 지역 / 잔디밭 관리를 위해 사용되는 합성 비료가 상수도를 오염시키고 있다. 1083 타이어의 원재료는 휘발유 정제의 부산물이다. / 대부분의 플라스틱은 석유의 부산물과 천연가스를 이용하여 제조된다. 1084 비산회(飛散灰)는 석탄 연소의 부산물이다. / 그 자동차 회사들은 내연 기관의 효율성 증대에 집중한다. 1085 보존에 대한 일관된 정책 / 물과 토양의 보존 방법은 잘 알려져 있다.

1086 ★★★ ☐☐

abundance
[əbʌ́ndəns]

n 풍부함

- an **abundance** of material supplies
- The wise old leader undertook to teach the prince the basics of success, **abundance**, and prosperity. EBS 지문 변형
  - **Plus** = plenty, affluence
    - abundant **a** 풍부한

1087 ★★☆ ☐☐

litter
[lítər]

n 쓰레기 **v** (쓰레기를) 버리다, 어지럽히다

- picking up **litter** EBS 지문 변형
- in order that your mind is not **littered** with irrelevancies
  EBS 지문 변형

1088 ★★★ ☐☐

ripen
[ráipən]

v 익다, 숙성하다

- I am waiting for the apples to **ripen**.
- When a plant **ripens**, the rachis weakens and one by one the seeds fall to the ground. EBS 지문 변형
  - **Plus** = mature
    - ripe **a** 익은

1089 ★★★ ☐☐

substantial
[səbstǽnʃəl]

a 상당한, 실재하는

- **substantial** amounts of new land EBS 지문 변형
- The projects have a **substantial** effect on the environment.
  EBS 지문 변형
  - **Plus** substance **n** 물질; 실체, 본질
    - substantially **ad** 상당히; 대체로

1090 ★★☆ ☐☐

degradation
[dègrədéiʃən]

n 악화, 저하; (지층·암석의) 침식

- a response to increasing environmental **degradation** EBS 지문 변형
- Students will measure mountain **degradation** processes.
  - **Plus** degrade **v** 비하하다; 저하시키다

예문 해석

1086 풍부한 물자 보급 / 그 지혜로운 나이 든 지도자는 성공, 풍요, 번영의 기본에 대해 그 왕자에게 가르칠 임무를 부여받았다.   1087 쓰레기를 줍는 것 / 너의 마음이 무관한 것들에 의해 어지럽혀지지 않도록   1088 나는 사과가 익기를 기다리고 있다. / 식물이 성숙하면, 꽃대는 약해져서 씨앗이 하나씩 땅으로 떨어진다.   1089 상당량의 새로운 토지 / 그 프로젝트들은 환경에 상당한 영향을 미친다.   1090 증가하는 환경 악화에 대한 반응 / 학생들은 산의 침식 과정을 측정할 것이다.

1091 ★★☆ ☐☐

pesticide
[péstisàid]

n 살충제, 농약
- Certification significantly reduced the use of **pesticides**. EBS 지문 변형
- Some individuals express concern about exposure to **pesticides**. EBS 지문 변형

1092 ★★★ ☐☐

alternative
[ɔːltə́ːrnətiv, æl-]

a 대체의, 대안적인 n 양자택일, 대안
- problems with **alternative** fuels produced from crops EBS 지문 변형
- He suggested other possible **alternatives** to satisfy all the needs.
  + Plus alternate a 번갈아 하는 v 번갈아 하다

1093 ★★☆ ☐☐

hazardous
[hǽzərdəs]

a 위험한
- Gendered presumptions gave women but not men protection from **hazardous** work. EBS 지문 변형
- These are **hazardous** chemicals that can cause death if inhaled.
  + Plus hazard n 위험

1094 ★★★ ☐☐

dwindle
[dwíndl]

v (점점) 줄어들다
- The elephant population is **dwindling**.
- Our energy **dwindled** as the meeting dragged on.
  + Plus = diminish, decrease
  dwindling a (점차) 줄어드는

1095 ★★☆ ☐☐

noxious
[nákʃəs]

a 유독한, 유해한
- **noxious** bacteria
- Mixing bleach and ammonia can cause **noxious** fumes that can seriously harm you.

1096 ★★★ ☐☐

devastating
[dévəstèitiŋ]

a 파괴적인, 압도적인
- The most **devastating** attack on biodiversity comes from deforestation. EBS 지문 변형
  + Plus devastate v 완전히 파괴하다

예문 해석

1091 인증이 살충제의 사용을 상당히 감소시켰다. / 일부 사람들은 농약에 노출되는 것에 우려를 표한다. 1092 농작물로부터 생산되는 대체 연료의 문제점들 / 그는 모든 요구를 충족시킬 다른 가능한 대안들을 제안했다. 1093 성 차이로 인한 추정 때문에 여성들은 위험한 일로부터 보호받았으나 남성들은 위험한 일로부터 보호받지 못했다. / 이것은 들이마실 경우 사망에 이를 수도 있는 위험한 화학 물질이다. 1094 코끼리의 개체 수가 점점 감소하고 있다. / 회의가 길어질수록 우리의 에너지도 소진되었다. 1095 유해한 박테리아 / 표백제와 암모니아를 섞으면 당신에게 심각한 해를 끼칠 수 있는 유독 가스가 발생할 수 있다. 1096 생물다양성에 대한 가장 파괴적인 공격은 산림벌채에서 비롯된다.

1097 ✹✩✩ ☐☐

projected
[prədʒéktid]

ⓐ 예상된
- a **projected** winner
- Gas reserves are easily large enough to meet the **projected** increase in global demand. ᴱᴮˢ 지문 변형
  ➕ **Plus** projection ⓝ 예상

1098 ✹✹✩ ☐☐

downside
[dáunsàid]

ⓝ 1. 하강, 악화 2. 부정적인 면
- on the **downside**
- "Yuk effect" refers to the **downside** of positive change.
  ᴱᴮˢ 지문 변형
  ➕ **Plus** ↔ upside ⓝ 1. 상승 2. 긍정적인 면

1099 ✹✹✹ ☐☐

destructive
[distrʌ́ktiv]

ⓐ 파괴적인
- Forest fires are an immensely **destructive** force. ᴱᴮˢ 지문 변형
- Problems in one field can spread to another, creating a **destructive** cycle of dependence. ᴱᴮˢ 지문 변형
  ➕ **Plus** destroy ⓥ 파괴하다
  destruction ⓝ 파괴, 파멸

Related Words	환경	
사막화	the process by which useful land, especially farm land, changes into desert	desertification
간척	the activity of making land that is under water or is in poor condition suitable for farming or building on	reclamation
소각	the process of burning something completely in a special container	incineration

1100 ✹✹✩ ☐☐

sewage
[súːidʒ]

ⓝ 하수, 오물
- **sewage** disposal
- The factory secretly dumped millions of gallons of raw **sewage** into the river.

◢ 예문 해석 ◣

1097 예상된 승리자 / 가스 매장량은 아마 예상되는 전 세계적인 수요의 증가를 충족시킬 수 있을 만큼 풍부할 것이다. **1098** 하락세로 / 'Yuk effect'는 긍정적인 변화의 부정적인 측면을 가리키는 말이다. **1099** 숲의 화재는 엄청나게 파괴적인 힘이다. / 한 분야에서의 문제점이 다른 분야로 퍼질 수 있고, 의존성의 파괴적인 순환을 만들어 낼 수 있다. **1100** 하수 처리 / 그 공장은 비밀리에 수백만 갤런의 처리되지 않은 오물을 강에다 버렸다.

1101 ✹✹✹ ☐☐

deplete
[diplíːt]

🔲 격감시키다, 고갈시키다

- **deplete** the body of vitamins EBS 지문 변형
- Predicting when fossil fuels will be **depleted** is virtually impossible. EBS 지문 변형

➕ Plus depletion 🔲 고갈, 소모
depletive 🅰 고갈시키는
deplete A of B A에게서 B를 고갈시키다[소모시키다]

1102 ✹✹✹ ☐☐

elimination
[ilìmənéiʃən]

🔲 제거, 배제, 배출

- The country is committed to the **elimination** of these substances from the water environment. EBS 지문 변형
- The treatment promotes the **elimination** of toxins.

➕ Plus eliminate 🔲 제거하다, 배출하다

1103 ✹☆☆ ☐☐

petroleum
[pətróuliəm]

🔲 석유

- be derived from **petroleum** EBS 지문 변형
- Increased demand for **petroleum** products has caused prices to soar.

1104 ✹✹☆ ☐☐

viable
[váiəbl]

🅰 실행 가능한, 성공할 수 있는

- a **viable** solution to the problem EBS 지문 변형
- He could not suggest a **viable** alternative.

➕ Plus = workable, feasible

1105 ✹☆☆ ☐☐

incremental
[ínkrəmentəl]

🅰 증가하는, 증대의

- our ability to add production capacity at relatively low **incremental** cost
- Most of the **incremental** output in these regions will be exported to North America, Europe, and Asia. EBS 지문 변형

➕ Plus increment 🔲 임금 인상; 증가

◤ 예문 해석 ◢

1101 신체에서 비타민을 고갈시키다 / 언제 화석 연료가 고갈될 것인지 예측하는 것은 사실상 불가능하다. 1102 그 나라는 물 환경으로부터 이러한 물질을 제거하는 데 전념하고 있다. / 그 처치법은 독소의 배출을 촉진한다. 1103 석유에서 나오다 / 석유 제품에 대한 수요가 증가하여 가격이 급등했다. 1104 그 문제에 대한 실행 가능한 해결책 / 그는 실행 가능한 대안을 제시하지 못했다. 1105 비교적 적은 비용 증가만으로 생산 능력을 늘릴 수 있는 우리의 능력 / 이 지역의 추가적인 생산량의 대부분은 북미, 유럽, 그리고 아시아로 수출될 것이다.

1106 ✴✴○ ☐☐

drainage
[dréinidʒ]

n 1. 배수, 배수 시설 2. 하수, 오수
- **drainage** ways
- The **drainage** system has collapsed because of too much rain.
  ➕ Plus drain **v** 물을 빼내다

1107 ✴✴✴ ☐☐

irrigate
[írəgèit]

v 관개하다, 물을 대다
- **irrigate** land
- Surrounding areas were **irrigated** with a modest amount of water from the rivers. **EBS 지문 변형**
  ➕ Plus irrigation **n** 관개, 물을 끌어들임

1108 ✴✴✴ ☐☐

emit
[imít]

v (빛·열·소리 등을) 내다, 방출하다
- odors **emitted** from non-food sources **EBS 지문 변형**
- Paper production **emits** air pollution. **EBS 지문 변형**
  ➕ Plus emission **n** 배출; 배기가스

1109 ✴✴○ ☐☐

discharge
[distʃáːrdʒ]

v 방출하다, 석방하다, 해고하다 **n** 방출, 배출, 해방
- Industrial plants **discharged** highly toxic materials into rivers.
- We have to eradicate the illegal **discharge** of liquid waste.

1110 ✴✴✴ ☐☐

contaminate
[kəntǽmənèit]

v 오염시키다
- Toxic wastes have **contaminated** the river in our neighborhood. **EBS 지문 변형**
  ➕ Plus contamination **n** 오염
  contaminant **n** 오염 물질

예문 해석

1106 배수로 / 비가 너무 많이 와서 배수 시설이 망가졌다. 1107 토지를 관개하다 / 주변 지역은 강에서 나오는 약간의 물로 관개되었다.
1108 음식이 아닌 근원지에서 나오는 냄새 / 종이 생산은 오염 물질을 방출한다. 1109 산업 공장들은 매우 유독한 물질을 강으로 방류했다. / 우리는 불법 폐수 방출을 근절해야 한다. 1110 독성 폐기물은 우리 인근 지역의 강을 오염시켰다.

1111 ✳✳✳ ☐☐

recyclable
[ri:sáikləbl]

ⓐ 재활용[재생]할 수 있는

- Glass products are completely **recyclable**.
- Every grade 4 student knows that water is the perfect **recyclable**.

➕ **Plus** recycle ⓥ 재활용하다

1112 ✳☆☆ ☐☐

earth-friendly
[ə́:rθfrèndli]

ⓐ 환경 친화적인

- development of **earth-friendly** products `EBS 지문 변형`
- Thirty-five million Americans are regularly seeking out **earth-friendly** products. `EBS 지문 변형`

➕ **Plus** = eco-friendly

1113 ✳✳✳ ☐☐

disposable
[dispóuzəbl]

ⓐ 일회용의; 이용 가능한 ⓝ 일회용품

- For parties, **disposable** paper table covers are preferred as they require no cleaning. `EBS 지문 변형`
- Don't buy **disposables**, and compost all organic material.

➕ **Plus** = expendable

1114 ✳✳☆ ☐☐

landfill
[lǽndfìl]

ⓝ 쓰레기 매립지

- the environmental costs of **landfills**
- Unless you make greener choices, many of disposable items will still be in **landfills**. `EBS 지문 변형`

1115 ✳✳☆ ☐☐

replant
[ri:plǽnt]

ⓥ 옮겨 심다, 이식하다

- the economic efficiency of **replanting** trees `EBS 지문 변형`
- They have **replanted** many areas with rare and unusual plants.

➕ **Plus** replantation ⓝ 이식; 이식된 식물

예문 해석

1111 유리 제품은 100퍼센트 재활용 가능하다. / 모든 4학년 학생들은 물이 완전히 재생 가능하다는 것을 알고 있다. 1112 친환경 제품의 개발 / 3천 5백만 명의 미국인들은 자주 환경 친화적인 상품을 찾고 있다. 1113 파티용으로, 세탁할 필요가 없어서 일회용 종이 식탁보가 선호된다. / 일회용품을 사지 말고, 모든 유기 재료를 퇴비로 만들어라. 1114 쓰레기 매립지의 환경 비용 / 환경을 고려하지 않고 선택한다면, 쓰레기 매립지는 여전히 일회용 물건들로 넘쳐날 것이다. 1115 나무를 옮겨 심는 것의 경제적 효율성 / 그들은 많은 지역에 희귀하고 독특한 식물들을 옮겨 심었다.

1116 ★★★ ☐☐ -----

sustain
[səstéin]

ⓥ 지속시키다, 견디다

- Without micronutrients such as vitamins and minerals, a body would be unable to **sustain** life. EBS 지문 변형
  - **⊕ Plus** sustainability **ⓝ** 지속 가능성
    sustainable **ⓐ** 지속 가능한

1117 ★★☆ ☐☐ -----

unleash
[ʌnlíːʃ]

ⓥ 촉발시키다, 불러일으키다; ~을 풀어놓다

- Lawrence Barrett was capable of **unleashing** a burst of passion for dramatic effect. EBS 지문 변형
- The editorial **unleashed** a torrent of angry responses.
  - **⊕ Plus** = trigger, spark

1118 ★★☆ ☐☐ -----

exploit
[ikspl5it]

ⓥ (부당하게) 이용하다, 활용하다, 착취하다

- The poor are likely to **exploit** their natural environment.
  EBS 지문 변형
- Flowers **exploit** entire civilizations to spread their seeds.
  EBS 지문 변형
  - **⊕ Plus** exploitation **ⓝ** 이용, 착취

1119 ★★☆ ☐☐ -----

sustenance
[sʌ́stənəns]

ⓝ 지속, 유지, 자양물

- The village depends on the sea for **sustenance**.
- Almost all of these people have no **sustenance** and stimulation coming in from the outside. EBS 지문 변형

1120 ★★★ ☐☐ -----

counteract
[kàuntərǽkt]

ⓥ 대응하다

- **counteract** negative opinion
- Relaxation will **counteract** the physiological effects of stress. EBS 지문 변형
  - **⊕ Plus** counteraction **ⓝ** 중화 작용, 반작용
    counteractive **ⓐ** 반작용의

예문 해석

1116 비타민과 미네랄 같은 미량 영양소 없이는, 신체는 생명을 유지할 수 없을 것이다. 1117 Lawrence Barrett은 극적인 효과를 위해서 폭발적인 격한 감정을 터뜨려 낼 수 있었다. / 그 사설은 성난 반응을 엄청나게 불러일으켰다. 1118 가난한 사람들은 자연환경을 부당하게 이용할 가능성이 크다. / 꽃은 자신들의 씨를 퍼뜨리기 위해 전체 문명을 활용한다. 1119 그 마을은 생계유지를 위해 바다에 의존한다. / 이 사람들 중 거의 대부분은 외부로부터의 어떤 자양물이나 자극을 받지 못하고 있다. 1120 부정적인 의견에 대응하다 / 휴식은 스트레스의 생리학적인 영향에 대응할 것이다.

A 다음 단어에 해당하는 우리말을 쓰시오.

01 degradation _____
02 unleash _____
03 drainage _____
04 counteract _____
05 pollute _____
06 projected _____
07 downside _____
08 sewage _____
09 replant _____
10 combustion _____

B 다음에 해당하는 영어 단어/숙어를 쓰시오.

01 방출하다; 방출, 배출 _____
02 부산물 _____
03 일회용의 _____
04 석유 _____
05 환경 친화적인 _____
06 위험한 _____
07 격감시키다 _____
08 관개하다, 물을 대다 _____
09 (빛·열·소리 등을) 내다 _____
10 (부당하게) 이용하다 _____

C 다음 괄호 안에서 문맥에 적절한 것을 고르시오.

01 Elections are essential for the [elimination/sustenance] of democracy.

02 Fire appears to be a [destructive/positive] disturbance to a landscape.

03 Changing the computer system would entail [substantial/substantive] periods of retraining.

04 These plants, which you can usually buy at a florist shop or even in a supermarket, are very pretty when the fruits start to [decay/ripen].

05 By eating two scrambled eggs for breakfast, she was able to [submit/ sustain] her mental clarity and energy through early afternoon.

D 다음 문장에서 주어진 우리말에 해당하는 영어 단어에 밑줄 치시오.

01 풍부함   What the team had in abundance was a fighting spirit.

02 보호, 보존   I have been to India three times with my family for the purpose of wildlife conservation.

03 자연 분해성의   Avoid disposable plastic and non-recycled paper products altogether; they're not biodegradable.

04 오염시키다   Emissions from factories and cars contaminated the air.

05 파괴적인   For at least a century, psychologists have assumed that terrible events must have a powerful, devastating, and enduring impact on those who experience them.

| DAY |

Industry & Technology

산업과 기술

📑 Previous Check

- [ ] infrastructure
- [ ] raw material
- [ ] component
- [ ] supervise
- [ ] yield
- [ ] warehouse
- [ ] lease
- [ ] maintain
- [ ] cluster
- [ ] facilitate
- [ ] entrepreneur
- [ ] extraction
- [ ] expenditure
- [ ] high-end

- [ ] leap
- [ ] prosperous
- [ ] exceed
- [ ] afford
- [ ] greed
- [ ] materialism
- [ ] utilize
- [ ] merge
- [ ] commodity
- [ ] landmark
- [ ] empower
- [ ] labor force
- [ ] loaded with
- [ ] make up for

- [ ] resolve
- [ ] consolidate
- [ ] deteriorate
- [ ] manufacture
- [ ] monopoly
- [ ] weave
- [ ] retail
- [ ] shrink
- [ ] harness
- [ ] committed to
- [ ] defect
- [ ] surpass

1121 ✹✹✧ ☐☐ ----

infrastructure
[ínfrəstrÀktʃər]

n 사회 기반 시설, 인프라

- The transportation **infrastructure** may shape where we travel today. EBS 지문 변형
- the social and economic **infrastructure** of a country

1122 ✹✹✹ ☐☐ ----

raw material

(제품의) 원료, 원자재

- provide the enterprises with **raw materials** EBS 지문 변형
- Wood pulp is the **raw material** from which paper is made.
  - **➕ Plus** = base material
    - raw **a** 가공되지 않은, 원자재의

1123 ✹✹✧ ☐☐ ----

component
[kəmpóunənt]

n 부품, 요소, 성분

- demand that all hardware **components** should be made by IBM EBS 지문 변형
- distill these scientific studies into their most effective **components** EBS 지문 변형

1124 ✹✹✹ ☐☐ ----

supervise
[súːpərvàiz]

v 감독하다, 감시하다

- He is in charge of **supervising** the construction workers in the field.
- During their meeting, his **supervising** professor asked him a question. EBS 지문 변형
  - **➕ Plus** = oversee, monitor
    - supervision **n** 감시, 감독
    - supervisor **n** 감독관, 관리자

1125 ✹✹✹ ☐☐ ----

yield
[jiːld]

v (수익·결과 등을) 내다 **n** 생산물, 수확물

- **yield** the same results EBS 지문 변형
- The decrease in agricultural **yields** was brought on by global warming. EBS 지문 변형
  - **➕ Plus** **v** = produce, generate
    - **n** = output, crop

예문 해석

1121 교통 기반 시설은 오늘날 우리가 여행하는 곳을 정할 수 있다. / 한 나라의 사회적 및 경제적 기반 시설 1122 기업들에 원자재를 공급하다 / 목재 펄프는 종이가 만들어지는 원자재이다. 1123 모든 하드웨어 부품들은 IBM에서 만들어져야 한다고 요구하다 / 이러한 과학적 연구들의 정수를 빼내 가장 효과적인 구성 요소로 만들다 1124 그는 공사 현장에 있는 인부들을 감독하는 책임이 있다. / 그들의 만남에서, 그의 지도교수가 그에게 질문을 했다. 1125 같은 결과를 산출하다 / 지구온난화는 농업 생산량의 감소를 가져왔다.

1126 ❋☆☆ ☐☐

warehouse
[wɛ́ərhàus]

n 창고

- Companies have giant **warehouses** stocked with material goods. EBS 지문 변형
- When the **warehouse** burned down, we lost most of our merchandise.

1127 ❋❋☆ ☐☐

lease
[liːs]

n 임대, 임차

- A **lease** is a right to use the property or something such as a car from someone for a period of time.
  ➕ Plus = rent, rental

1128 ❋❋❋ ☐☐

maintain
[meintéin]

v 유지하다, 지속하다, 주장하다

- **maintain** its infrastructure and the welfare of citizens EBS 지문 변형
- It is important to **maintain** a constant temperature inside the greenhouse.
  ➕ Plus = keep up, preserve
  maintenance **n** 유지, 보수

1129 ❋☆☆ ☐☐

cluster
[klʌ́stər]

n (같은 종류의 물건 또는 사람의) 무리

- build a **cluster** of knowledge-based industries
- A small **cluster** of people had gathered at the scene of the accident.
  ➕ Plus clustered **a** 무리를 이룬

1130 ❋❋❋ ☐☐

facilitate
[fəsílətèit]

v 가능하게 하다, 용이하게 하다

- infrastructure that **facilitates** production and transportation
- The marketing company's office design **facilitates** teamwork by project groups.
  ➕ Plus facility **n** 시설, 기능

> **예문 해석**
>
> **1126** 회사들은 물적 재화를 비축한 거대한 창고를 가지고 있다. / 창고가 불타 버렸을 때 우리는 상품의 대부분을 잃었다. **1127** 임대는 일정 기간의 시간 동안 다른 사람으로부터 부동산이나 차와 같은 어떤 것을 사용하는 권리이다. **1128** 사회 기반 시설과 시민들의 복지를 유지하다 / 온실 안에서 일정한 온도를 유지하는 것은 중요하다. **1129** 일련의 지식 기반 산업을 세우다 / 적은 사람들의 무리가 사고 현장에 모였다. **1130** 생산과 수송을 용이하게 하는 사회 기반 시설 / 그 마케팅 회사의 사무실 디자인은 프로젝트 그룹들에 의한 팀워크를 가능하게 한다.

1131 ✹✹☆ ☐☐

entrepreneur
[à:ntrəprənə́:r]

n (특히 모험적인) 기업가, 사업가

- He was an astute businessman and an **entrepreneur**. EBS 지문 변형
- **Entrepreneurs** succeed by providing customers with businesses and services. EBS 지문 변형
  ➕ Plus enterprise n 기업, 회사

Related Words	산업	
본사	the administrative center of an enterprise	headquarters
자회사	a company that is owned or controlled by another larger company	subsidiary
제휴하다	to bring or receive into close connection as a member or branch	affiliate
합병	the joining together of two or more companies to form a larger one	merger

1132 ✹✹✹ ☐☐

extraction
[ikstrǽkʃən]

n 추출, 채취, 뽑아냄; 혈통

- optimize the **extraction** of more energy EBS 지문 변형
- Mineral mining involves the **extraction** of minerals.
  ➕ Plus extract v 추출하다, 뽑아내다

1133 ✹✹✹ ☐☐

expenditure
[ikspénditʃər]

n 지출, 비용

- 40 percent of federal **expenditures** were financed by borrowing. EBS 지문 변형
- It often comprises the largest element of tourist **expenditure**. EBS 지문 변형

1134 ✹✹☆ ☐☐

high-end
[háiénd]

a 최고 수준의, 최첨단의

- PUMA is a major German multinational company that produces **high-end** sports wear.
  ➕ Plus = state-of-the-art, cutting-edge
  ↔ low-end a 값싼, 저가의

1135 ✹✹✹ ☐☐

leap
[li:p]

n 도약 v 뛰다, 뛰어오르다

- a great **leap** of technology EBS 지문 변형
- When the alarm went off, she **leaped** out of bed.

◀ 예문 해석 ▶

1131 그는 통찰력이 있는 사업가였고 기업가였다. / 기업가들은 사업과 서비스를 고객들에게 제공함으로써 성공한다. 1132 더 많은 에너지를 가장 효과적으로 추출하다 / 광물 채굴은 광물 채취를 포함한다. 1133 연방 정부 지출의 40퍼센트가 대출로 자금이 충당되었다. / 그것은 관광 비용에서 흔히 가장 큰 요소를 구성한다. 1134 PUMA는 최고 수준의 스포츠 의류를 생산하는 독일 기반의 주요 다국적 기업이다. 1135 기술의 엄청난 도약 / 알람이 울렸을 때, 그녀는 침대 밖으로 뛰쳐나왔다.

1136 ★★★ ☐☐

prosperous
[prάspərəs]

ⓐ 번영[번창]하는, 성공한

- In the **prosperous** 1960s, many individuals were seeking a challenge. EBS 지문 변형
- A new **prosperous** middle class layer has emerged.
  ➕ **Plus** = flourishing
  prosper ⓥ 번영하다, 번창하다

1137 ★★★ ☐☐

exceed
[iksíːd]

ⓥ 초과하다

- **exceed** the needs of financial institutions
- His performance **exceeded** all expectations.
  ➕ **Plus** = transcend, surpass
  excessive ⓐ 지나친, 과도한
  excess ⓝ 지나침, 과잉

Related Words	산업	
판매 수익	the difference between the selling price of a product and the cost of producing and marketing it	profit margin
주식; 재고	a share in a company; the items available for sale in a store	stock
배당금	a part of a company's profit that is divided among the people	dividend

1138 ★★★ ☐☐

afford
[əfɔ́ːrd]

ⓥ ~을 감당할 여유가 되다

- We couldn't **afford** to buy a new rug.
- People acquire insurance to protect against catastrophic losses that they cannot **afford**. EBS 지문 변형
  ➕ **Plus** affordable ⓐ 줄 수 있는, (가격이) 알맞은

1139 ★★★ ☐☐

greed
[griːd]

ⓝ 탐욕, 욕심

- the competitor motivated by pride or **greed** EBS 지문 변형
- Purchase for need and not for **greed**.
  ➕ **Plus** greedy ⓐ 탐욕스러운

예문 해석

1136 번영하는 1960년대에 많은 사람들이 도전을 추구하고 있었다. / 새롭게 성공한 중산층이 나타났다. 1137 금융 기관의 필요를 초과하다 / 그의 공연은 모든 기대를 뛰어넘었다. 1138 우리는 새로운 깔개를 살 여유가 없었다. / 사람들은 자신들이 감당할 수 없는 재난에 의한 손실을 막기 위해 보험을 든다. 1139 자만심이나 탐욕으로 자극을 받은 경쟁자 / 욕심이 아니라 필요를 위해 구매하라.

1140 ✳✳☼ ☐☐

materialism
[mətíəriəlízm]

🅝 물질주의

- **Materialism** is commonly cited as having a harmful effect on family life.

  ➕ **Plus** materialize 🆅 구체화되다, 실현되다

1141 ✳✳✳ ☐☐

utilize
[júːtəlàiz]

🆅 이용하다, 활용하다

- Land that is **utilized** for most cow herds is not suitable for growing crops. [EBS 지문 변형]
- Sound engineers **utilize** a range of techniques to enhance the quality of the recordings.

  ➕ **Plus** utility 🅝 유용성

1142 ✳✳☼ ☐☐

merge
[məːrdʒ]

🆅 통합하다, 합병하다

- **Merging** opposites can yield breakthrough discoveries. [EBS 지문 변형]
- The utility companies are **merging** with other companies.

  ➕ **Plus** = unite

1143 ✳✳☼ ☐☐

commodity
[kəmάdəti]

🅝 상품, 물품, 원자재

- Americans regard time as a **commodity** that can be saved, spent, and wasted. [EBS 지문 변형]
- Do not focus on the endless purchase of Africa's **commodities**. [EBS 지문 변형]

1144 ✳✳☼ ☐☐

landmark
[lǽndmàːrk]

🅝 1. 주요 지형지물 2. 획기적 사건

- be praised for his **landmark** study
- Today's modern **landmarks** reflect the values of commercialism. [EBS 지문 변형]

  ➕ **Plus** = milestone

예문 해석

1140 물질주의는 가족 생활에 해로운 영향을 끼치는 것으로 흔히 언급된다. 1141 대부분의 소 떼를 위해 사용되는 땅은 농작물 재배에 적합하지 않다. / 음향 엔지니어들은 녹음의 질을 향상시키기 위해 다양한 기술을 활용한다. 1142 정반대의 것들을 통합하면 획기적인 발견을 할 수 있다. / 공익기업들이 다른 기업들과 합병하고 있다. 1143 미국인들은 시간을 저축하고, 사용하고, 낭비될 수 있는 상품으로 간주한다. / 아프리카의 원자재의 끊임없는 구입에 초점을 맞추지 마라. 1144 그의 획기적인 연구로 칭찬받다 / 오늘날의 현대적인 랜드마크들은 상업주의의 가치를 반영한다.

1145 ✦✦✧ ☐☐ --------------------------------------

empower
[impáuər]

V ~에게 권한을 주다

- legally **empowered** authorities `EBS 지문 변형`
- Executives should **empower** employees to perform with confidence. `EBS 지문 변형`
  - ➕ **Plus** = authorize
    empowerment **n** 권한 부여, 위임

1146 ✦✦✦ ☐☐ --------------------------------------

labor force

노동력

- The **labor force** participation rate for men aged 55 – 61 dropped about 15 percent. `EBS 지문 변형`
  - ➕ **Plus** = work force

1147 ✦✧✧ ☐☐ --------------------------------------

loaded with

~이 실린

- Vehicles **loaded with** hazardous materials should be driven slowly.
  - ➕ **Plus** load **n** 짐, 화물 **V** 싣다, 실리다

1148 ✦✦✦ ☐☐ --------------------------------------

make up for

~을 벌충하다, ~을 보상하다

- **make up for** inequality `EBS 지문 변형`
- We have to work even on holidays to **make up for** the loss.
  - ➕ **Plus** = compensate for

1149 ✦✦✦ ☐☐ --------------------------------------

resolve
[rizálv]

V 1. 해결하다, 풀다 2. 결심하다, 결의하다

- The labor dispute was **resolved** at the last minute.
- Both sides met in order to try to **resolve** their differences.
  - ➕ **Plus** resolution **n** 결의안, 해결
    resolute **a** 단호한, 확고한

1150 ✦✦✧ ☐☐ --------------------------------------

consolidate
[kənsálədèit]

V 1. 합병하다 2. 굳히다, 강화하다

- **consolidate** two companies into one
- With an innovative marketing strategy, they **consolidated** their leading position in Asia.
  - ➕ **Plus** consolidation **n** 합병, 통합, 강화

◀ 예문 해석 ▶

1145 법적으로 권한이 주어진 권위자들 / 경영진은 직원들에게 자신감을 갖고 업무를 수행할 수 있도록 권한을 주어야 한다. 1146 55세에서 61세의 남성 노동력 참여 비율은 약 15퍼센트 떨어졌다. 1147 위험물을 실은 차량은 서행해야만 한다. 1148 불평등을 보완한다 / 손실을 메우려면 우리는 휴일에도 일해야 한다. 1149 노사 분규가 막판에 타결되었다. / 의견 차이를 해결하려고 노력하기 위해 양측이 만났다. 1150 두 회사를 하나로 합병하다 / 혁신적인 마케팅 전략을 통해 그들은 아시아에서 주도적인 위치를 다졌다.

1151 ★★★ ☐☐ --

deteriorate
[ditíəriərèit]

Ⅴ 악화되다, 더 나빠지다

- We should not allow the economic conditions to **deteriorate**.
  ➕ Plus deteriorative **ⓐ** 악화하는 경향이 있는

1152 ★★★ ☐☐ --

manufacture
[mænjufǽktʃər]

Ⅴ 제조하다, 생산하다

- All these machines they **manufacture** have hundreds of different parts. **EBS 지문 변형**
- Make sure your product can be **manufactured** and distributed at a lower cost.
  ➕ Plus = fabricate

1153 ★★☆ ☐☐ --

monopoly
[mənápəli]

ⓝ 독점

- hold a **monopoly** on defense **EBS 지문 변형**
- No matter what, it is impossible to break up all **monopolies**.
  ➕ Plus monopolize **Ⅴ** 독점하다

1154 ★★☆ ☐☐ --

weave
[wi:v]

Ⅴ (옷감을) 짜다, 엮다

- **weave** the long-term memory into knowledge
- Some yield a **woven** textile for every purpose. **EBS 지문 변형**
  ➕ Plus weave – wove – woven

1155 ★★☆ ☐☐ --

retail
[rí:teil]

ⓐ 소매의 **ⓝ** 소매

- **retail** stocks **EBS 지문 변형**
- People prefer to shop at department stores more frequently than any other types of **retail** outlet. **EBS 지문 변형**
  ➕ Plus ↔ wholesale **ⓐ** 도매의 **ⓝ** 도매

예문 해석

1151 우리는 경제 상황이 악화되지 않도록 해야 한다. **1152** 그들이 생산하는 이 모든 기계들에는 수백 가지의 다른 부품들이 있다. / 반드시 당신의 제품이 더 저렴한 가격으로 제조되고 유통되도록 하십시오. **1153** 국방에 독점권을 가지다 / 무엇이든 간에, 독점을 모두 깨뜨리는 것은 불가능하다. **1154** 장기 기억을 지식으로 엮다 / 몇몇은 온갖 용도로 쓸 수 있는 직조 직물을 생산한다. **1155** 소매업종 주식들 / 사람들은 다른 어떤 형태의 소매점보다 더 자주 백화점에서 쇼핑하는 것을 선호한다.

1156 ✦✦☆ ☐☐

shrink
[ʃriŋk]

Ⓥ 줄어들다, 축소되다, 움츠리다
- **shrink** in likelihood EBS 지문 변형
- The populations in rural areas continue to **shrink** while those of large cities continue to rise.
  ➕ **Plus** shrinkage ⓝ 축소

1157 ✦✦☆ ☐☐

harness
[háːrnis]

Ⓥ (견인줄을) 매다; 활용하다
- Cattle were **harnessed** to plows and wagons. EBS 지문 변형
- A goal is to **harness** young people's creative capacities.
  EBS 지문 변형

1158 ✦✦✦ ☐☐

committed to

~에 전념하는, ~에 헌신하는
- be **committed to** revitalizing their local economies EBS 지문 변형
- Successful entrepreneurs are **committed to** their businesses.
  ➕ **Plus** = devoted to, dedicated to

1159 ✦✦☆ ☐☐

defect
[díːfekt]

ⓝ 결함, 흠
- a genetic **defect**
- There is a manufacturing **defect** in the design. EBS 지문 변형
  ➕ **Plus** defective ⓐ 결함이 있는

1160 ✦✦✦ ☐☐

surpass
[sərpǽs]

Ⓥ 능가하다, 넘어서다
- The Czech Republic **surpassed** Singapore both in the number of tourists and locals. EBS 지문 변형
- The average life expectancy is expected to **surpass** 90 by 2030. EBS 지문 변형
  ➕ **Plus** = excel, exceed, outdo

예문 해석

1156 가능성이 줄어들다 / 대도시의 인구가 계속 증가하는 반면, 시골 지역의 인구는 계속 줄어든다. 1157 소들은 쟁기와 마차의 견인줄에 매어졌다. / 한 가지 목표는 젊은이들의 창의적인 능력을 활용하는 것이다. 1158 지역 경제를 재활성화시키는 데 전념하다 / 성공하는 사업가들은 자신의 사업에 전념한다. 1159 유전적 결함 / 디자인에 제조상의 결함이 있다. 1160 체코 공화국이 관광객 수와 지역주민 수 둘 다에서 싱가포르를 능가했다. / 평균 기대 수명은 2030년에 90세를 넘을 것으로 예상된다.

Review Test

A 다음 단어에 해당하는 우리말을 쓰시오.

01 warehouse _____
02 empower _____
03 expenditure _____
04 consolidate _____
05 weave _____
06 lease _____
07 landmark _____
08 manufacture _____
09 leap _____
10 make up for _____

B 다음에 해당하는 영어 단어/숙어를 쓰시오.

01 유지하다 _____
02 추출, 채취 _____
03 감독하다 _____
04 사회 기반 시설 _____
05 독점 _____
06 (수익·결과를) 내다; 생산물 _____
07 상품, 물품, 원자재 _____
08 용이하게 하다 _____
09 활용하다 _____
10 소매의 _____

C 다음 괄호 안에서 문맥에 적절한 것을 고르시오.

01 If their arguments are successful, they can easily [surpass/surround] the targets.

02 If they were successful, it supposedly meant they would have a [miserable/ prosperous] life together.

03 Both countries have agreed to [bother/resolve] the issue through negotiation.

04 He was a ruthless businessman, motivated by naked ambition and [generosity/greed].

05 If a contractor builds a house using cheap materials, the house will [deteriorate/improve] and fall apart quickly.

D 다음 문장에서 주어진 우리말에 해당하는 영어 단어에 밑줄 치시오.

01 ~을 감당할 여유가 되다　He could easily afford the printing costs.

02 줄어들다　The vast forests of West Africa have shrunk.

03 원자재　African countries supply raw materials for Asian countries.

04 부품, 요소, 성분　If any one of these components fails, the whole system fails.

05 노동 인력　The skills of the labor force are going to be the key competitive weapon in the twenty-first century.

| DAY |

Information Technology & Artificial Intelligence

정보 통신 기술과 인공 지능

▌Previous Check

- ☐ swift
- ☐ advance
- ☐ communicative
- ☐ analyze
- ☐ encode
- ☐ scheme
- ☐ searchability
- ☐ mobility
- ☐ license
- ☐ annual
- ☐ manual
- ☐ keep track of
- ☐ configuration
- ☐ navigate

- ☐ look up
- ☐ jam-up
- ☐ precedence
- ☐ often-cited
- ☐ falsify
- ☐ ubiquitous
- ☐ ruthlessly
- ☐ prevailing
- ☐ medium
- ☐ dexterity
- ☐ methodical
- ☐ obsolete
- ☐ assemble
- ☐ virtual

- ☐ reanimate
- ☐ unwarranted
- ☐ misleading
- ☐ modification
- ☐ wipe out
- ☐ unravel
- ☐ abound
- ☐ intercept
- ☐ infringe
- ☐ misspell
- ☐ leisurely
- ☐ demonstration

1161 ★★★ ☐☐ -

swift
[swíft]

ⓐ 신속한, 빠른
- **swift** methods of communication
- A high speed network enables our students to have **swift** access to the Internet.
  - ➕Plus swiftly ⓐⓓ 신속히, 빨리

1162 ★★★ ☐☐ -

advance
[ədvǽns]

ⓝ 전진, 발전 ⓥ 나아가다, 증진되다
- economic impacts of technological **advance** EBS 지문 변형
- New **advances** in manufacturing methods have made computers cheap and affordable.
  - ➕Plus advancement ⓝ 발전, 진보
  - advanced ⓐ 선진의, 상급의

1163 ★★☆ ☐☐ -

communicative
[kəmjúːnəkèitiv]

ⓐ 의사소통 상의; 터놓고 이야기하는
- We seem willing to accept a range of **communicative** choices. EBS 지문 변형
- I think your plan to stay open and **communicative** is vital.
  - ➕Plus communication ⓝ 의사소통, 연락

1164 ★★★ ☐☐ -

analyze
[ǽnəlàiz]

ⓥ 분석하다, 검토하다
- **analyze** the research results
- It's no wonder that humans use all their five senses to **analyze** food quality. EBS 지문 변형
  - ➕Plus analysis ⓝ 분석

1165 ★★☆ ☐☐ -

encode
[inkóud]

ⓥ 암호화하다, 부호화하다
- an **encoded** message EBS 지문 변형
- Our patients' personal information is **encoded** to protect their privacy.
  - ➕Plus ↔ decode ⓥ 해독하다
  - encoding ⓝ 부호화

◀ 예문 해석 ▶

1161 신속한 의사소통 방법 / 고속 네트워크로 인해 학생들은 인터넷에 신속히 접근할 수 있게 되었다. 1162 기술적 진보의 경제적 영향 / 생산 방법의 새로운 진전은 컴퓨터를 저렴하고 적당한 가격이 되게 했다. 1163 우리는 의사소통 상의 선택지를 흔쾌히 받아들이는 것 같다. / 나는 개방 적이고 터놓은 자세를 유지하려는 네 계획이 매우 중요하다고 생각한다. 1164 연구 결과를 분석하다 / 인간이 음식의 질을 분석하기 위해 오감 모 두를 사용하는 것은 놀랄 일이 아니다. 1165 암호화된 메시지 / 환자들의 개인 정보는 사생활 보호를 위해 암호화된다.

1166 ✴✴✪ ☐☐ --

scheme
[skiːm]

ⓝ 체계, 제도, (운영) 계획, 책략
- make use of various fault detection **schemes** EBS 지문 변형
- The placing of these products on the market is subject to a prior licensing **scheme**. EBS 지문 변형

1167 ✴✪✪ ⓘ☐ --

searchability
[səːrtʃəbíləti]

ⓝ 검색력, 검색 가능성
- A database's **searchability** is its most important characteristic.
- E-books may offer a level of **searchability** completely beyond what could be accomplished with more traditional printed text. EBS 지문 변형

➕ Plus searchable ⓐ 검색이 가능한
search ⓥ 찾아보다 ⓝ 찾기, 검색

1168 ✴✴✴ ☐☐ --

mobility
[moʊbíləti]

ⓝ 이동성, 유동성
- students who have some sensory or **mobility** impairment EBS 지문 변형
- Development itself may create the conditions for a growing social **mobility**.

➕ Plus mobilize ⓥ 동원하다
mobile ⓐ 이동하는, 이동식의

1169 ✴✴✪ ☐☐ --

license
[láisəns]

ⓝ (사용) 허가, 승낙; 면허증 ⓥ 허가하다
- a **license** agreement
- Due to the **license** problems, the new software will not be released until next month.

1170 ✴✴✴ ☐☐ --

annual
[ǽnjuəl]

ⓐ 연례의, 해마다의
- She donates roughly half her **annual** earnings to charities. EBS 지문 변형
- You should make a fair evaluation of her **annual** report. EBS 지문 변형

➕ Plus annually ⓐ 해마다

예문 해석

1166 다양한 고장 감지 체계를 이용하다 / 이 제품들을 시장에 내놓으려면 사전 허가 제도를 거쳐야 한다. 1167 데이터베이스의 검색력은 그것의 가장 중요한 특징이다. / 전자책은 전통적인 인쇄 도서와 비교할 수 없을 만큼의 검색 수준을 제공한다. 1168 어떤 감각 장애나 이동성 장애가 있는 학생 / 발전 자체가 사회적 유동성이 증가하는 조건을 만들 수 있다. 1169 사용 허가 계약 / 사용 허가 문제로 인해, 새 소프트웨어는 다음 달까지는 출시되지 않을 것이다. 1170 그녀는 연 수입의 대략 반 가량을 자선 단체에 기부한다. / 당신은 그녀의 연례 보고서에 대해 공정한 평가를 해야 한다.

Information Technology & Artificial Intelligence

1171 ✦✦✦ ☐☐

manual
[mǽnjuəl]

ⓝ 설명서　ⓐ 손으로 하는, 육체노동의

- Users should consult the product **manual** to learn more about the camera.
- The machines are still operated by a **manual** switch.

➕ **Plus** manually 　ⓐⓓ 손으로, 수공으로

1172 ✦✦✦ ☐☐

keep track of

~을 기록하다, ~을 놓치지 않도록 하다

- **keep track of** current events
- People can **keep track of** their savings by using online banking features.

1173 ✦✧✧ ☐☐

configuration
[kənfìgjuréiʃən]

ⓝ 1. 배열, 배치　2. (컴퓨터) 환경 설정

- a seating **configuration**
- Our computer network has a **configuration** that prevents outside users from accessing important files.

➕ **Plus** configurative 　ⓐ 상대적으로 배치하는

1174 ✦✦✦ ☐☐

navigate
[nǽvəgèit]

ⓥ 1. 길을 찾다, 항해하다　2. (인터넷·웹사이트를) 돌아다니다

- He wasn't comfortable with Stanley trying to **navigate** that all by himself. EBS 지문 변형
- I've become more adept at **navigating** the rapids of the Net.

EBS 지문 변형

1175 ✦✦✦ ☐☐

look up

(정보를) 찾아보다

- **look up** words in a dictionary EBS 지문 변형
- These days people can **look up** topics on the Internet from the comfort of their own home.

예문 해석

1171 사용자들은 카메라에 대해 더 많이 알고 싶으면 제품 설명서를 참조해야 한다. / 그 기계들은 아직도 수동 스위치로 작동된다.　1172 시사를 따라잡다 / 사람들은 온라인 뱅킹의 특징을 활용하여 자신의 예금을 지속적으로 파악할 수 있다.　1173 좌석 배열 / 우리 컴퓨터의 네트워크는 외부의 사용자가 중요한 파일에 접근하는 것을 막도록 설정되어 있다.　1174 그는 Stanley가 혼자서 그 길을 찾으려 하는 것이 불편했다. / 나는 인터넷의 (정보가 빠르게 흐르는) 급류를 돌아다니는 데 더 능숙해졌다.　1175 사전에서 단어를 찾다 / 요즘 사람들은 그냥 집에서 편하게 인터넷에서 어떤 주제든 찾아볼 수 있다.

1176 ★☆☆ □□

jam-up
[dʒǽmʌ̀p]

n 고장; 정체, 혼잡 v 혼잡하게 하다, 고장 나다
- make the fax machine **jam-up**
- This new paper is causing the printer to **jam-up** frequently.

1177 ★★★ □□

precedence
[présədəns]

n 앞섬, 선행
- arrange in order of **precedence**
- For some shoppers, affordability takes **precedence** over reliability.
  + **Plus** precede v 앞서다, 선행하다

1178 ★☆☆ □□

often-cited
[ɔ́ːfənsáitid]

a 자주 인용되는
- an **often-cited** argument
- The nation's obesity rate is an **often-cited** statistic that indicates how technology is harming our society.

1179 ★★☆ □□

falsify
[fɔ́ːlsəfài]

v 위조하다, 조작하다
- **falsify** medical records
- The scientist received harsh criticism for **falsifying** his research data.
  + **Plus** falsification n 위조, 변조
  falsifiable a 속일 수 있는, 위조할 수 있는

1180 ★★☆ □□

ubiquitous
[juːbíkwətəs]

a 어디에나 있는
- the **ubiquitous** movie star, Tom Hanks
- About fifteen years ago was long before cell phones were **ubiquitous**. EBS 지문 변형
  + **Plus** = universal, everywhere

예문 해석

1176 팩스 기기를 고장 나게 하다 / 이 새 종이는 프린터를 자주 고장 나게 하고 있다. 1177 앞선 순서로 정렬하다 / 몇몇 소비자들에게는 물건의 신뢰성보다 가격이 더 우선한다. 1178 자주 인용되는 주장 / 국가의 비만율은 기술이 사회에 끼치는 해악을 보여 주기 위해 자주 인용되는 통계 자료이다. 1179 의료 기록을 조작하다 / 그 과학자는 연구 기록을 조작한 것으로 혹독한 비난을 받았다. 1180 흔히 볼 수 있는 영화배우인 Tom Hanks / 약 15년 전은 휴대 전화가 어디에나 있기 훨씬 전이었다.

1181 ✹✹☆ ☐☐ --

ruthlessly
[rúːθlisli]

ad 무자비하게, 잔인하게

- **ruthlessly** hunt its prey
- The corporation's aggressive business tactics **ruthlessly** put its competitor out of business.
  ➕ Plus ruthless **a** 무자비한, 인정사정없는

1182 ✹✹✹ ☐☐ --

prevailing
[privéiliŋ]

a 우세한, 일반적인, 유행하는

- the **prevailing** wind direction
- Some artists are not influenced by the **prevailing** ideas taught in art schools. EBS 지문 변형
  ➕ Plus prevail **v** 만연하다
  prevalence **n** 널리 퍼짐, 유행

1183 ✹✹✹ ☐☐ --

medium
[míːdiəm]

n 매체, 수단 **a** 중간의

- the established **medium** of recording EBS 지문 변형
- The Internet has become an important **medium** for distributing the news.

1184 ✹☆☆ ☐☐ --

dexterity
[dekstérəti]

n 재주; 기민함

- It is common for people to lose their manual **dexterity** with age. EBS 지문 변형
- This test measures a person's **dexterity** by his or her performance on a series of simple exercises.
  ➕ Plus dexterous **a** 솜씨 좋은

1185 ✹☆☆ ☐☐ --

methodical
[məθádikəl]

a 체계적인, 꼼꼼한

- a **methodical** way of sorting data
- The engineers will test the design for faults in a **methodical** fashion.
  ➕ Plus method **n** 방법
  methodically **ad** 체계적으로, 계통적으로

예문 해석

1181 무자비하게 먹잇감을 사냥하다 / 그 회사의 공격적인 사업 전술은 가차 없이 경쟁사가 더 이상 사업을 할 수 없게 만들었다. 1182 우세한 바람의 방향 / 어떤 예술가들은 예술학교에서 배운 일반적인 개념에 영향을 받지 않는다. 1183 확립된 기록의 수단 / 인터넷은 뉴스를 배급하는 중요한 매체가 되었다. 1184 사람들이 나이가 들면서 손놀림의 기민함을 잃게 되는 것은 흔한 일이다. / 이 시험은 몇 개의 간단한 문제에 대한 수행을 통해서 어떤 사람의 솜씨를 측정한다. 1185 데이터를 분류하는 체계적인 방법 / 그 엔지니어들은 체계적인 방법으로 그 설계에 결점이 없는지 검사할 것이다.

1186 ★★☆ ☐☐ ----------

obsolete
[ɑ̀bsəlíːt]

ⓐ 구식의, 쓸모없게 된

- **obsolete** components
- Floppy disk drives have become **obsolete** and are no longer used. EBS 지문 변형
  ➕ Plus = out of date, old-fashioned

1187 ★★★ ☐☐ ----------

assemble
[əsémbl]

ⓥ 집합하다, 모으다, 조립하다

- Project teams **assemble**, learn, contribute, and then disband. EBS 지문 변형
- They must learn how to quickly **assemble** expertise. EBS 지문 변형
  ➕ Plus assembly ⓝ 집합, 조립

1188 ★★☆ ☐☐ ----------

virtual
[vɔ́ːrtʃuəl]

ⓐ 1. (컴퓨터를 이용한) 가상의 2. 사실상의

- the **virtual** communities that have formed on the Internet EBS 지문 변형

- **Virtual** reality lets us navigate a three-dimensional, computer-generated environment.
  ➕ Plus virtually ⓐd 사실상

1189 ★★☆ ☐☐ ----------

reanimate
[riːǽnəmèit]

ⓥ 되살리다, 소생시키다

- **reanimate** a forgotten debate
- The newspaper will **reanimate** its abandoned printing press to increase its circulation.
  ➕ Plus = revive

1190 ★★☆ ☐☐ ----------

unwarranted
[ʌ̀nwɔ́ːrəntid]

ⓐ 보증되지 않은, 부당한

- face **unwarranted** criticism
- Most of the comments made by bloggers were **unwarranted** and quickly deleted.
  ➕ Plus = unreasonable, unjust
  unwarrantedly ⓐd 보증되지 않고

◀ 예문 해석 ▶

1186 쓸모없어진 부품 / 플로피 디스크 드라이브는 쓸모없어져서 더 이상 사용되지 않는다. 1187 프로젝트 팀들은 집합하고, 배우고, 기여하고, 그리고 해산한다. / 그들은 전문적 지식을 빠르게 모아 정리하는 법을 배워야 한다. 1188 인터넷상에 형성된 가상 사회 / 가상 현실은 컴퓨터가 만들어 낸 3차원 환경을 우리가 경험할 수 있게 한다. 1189 잊힌 논쟁을 되살리다 / 그 신문은 발행 부수를 늘리기 위해 버려진 인쇄기를 되살릴 것이다. 1190 부당한 비난에 직면하다 / 블로거들이 남긴 대부분의 댓글은 부적절한 것이라서 빠르게 삭제되었다.

1191 ✹✹✹ ☐☐

misleading
[mislíːdiŋ]

ⓐ 오해의 소지가 있는, 오도하는

- The use of the term *virtual* is **misleading**. EBS 지문 변형
- The information available through networks is frequently **misleading**. EBS 지문 변형
  ➕ Plus mislead **ⓥ** 오도하다, 현혹시키다

1192 ✹✹✹ ☐☐

modification
[màdəfikéiʃən]

ⓝ 수정, 변경

- a **modification** to the contract
- This basic principle of customization allowed a constant stream of increasing **modifications** to be introduced. EBS 지문 변형

1193 ✹✹✩ ☐☐

wipe out

없애 버리다, 쓸어버리나

- Extraordinary spending **wiped out** their bank accounts. EBS 지문 변형
- All of the files on the computer were **wiped out** when the hard drive crashed.
  ➕ Plus = sweep

1194 ✹✩✩ ☐☐

unravel
[ʌnrǽvl]

ⓥ 풀다, 흐트러지기 시작하다

- **unravel** a mystery EBS 지문 변형
- Genetic researchers are trying to **unravel** the secrets locked within human DNA.

1195 ✹✹✹ ☐☐

abound
[əbáund]

ⓥ 풍부하다, 많이 있다

- It is a modern luxury **abounding** with information. EBS 지문 변형
- Plastic trash and debris **abound** in the ocean and litter our beaches.
  ➕ Plus abundant **ⓐ** 풍부한, 많은
  abundance **ⓝ** 풍부, 많음

예문 해석

1191 '가상의'라는 용어의 사용은 오해의 소지가 있다. / 네트워크를 통해 이용할 수 있는 정보는 흔히 (우리를) 오도한다. 1192 계약의 수정 / 맞춤 제작의 이런 기본적 원리에 따라 끊임없이 이어지는 증가하는 변형이 도입될 수 있었다. 1193 과도한 지출이 그들의 은행 계좌를 고갈시켰다. / 컴퓨터의 모든 파일은 하드 드라이브가 망가지면서 없어져 버렸다. 1194 미스터리를 풀다 / 유전학 연구원들은 인간의 DNA에 담겨 있는 비밀을 풀려고 노력하고 있다. 1195 그것은 정보가 풍부한 현대의 사치품이다. / 플라스틱 쓰레기와 잔해가 바다에 많이 있고 해변에 흩어져 있다.

1196 ✱✱✱ ☐☐

intercept
[ìntərsépt]

Ⓥ 가로막다, 가로채다

- **intercept** information
- It is illegal to **intercept** radio messages.
  - **+ Plus** = obstruct, interrupt
    interceptive Ⓐ 방해하는, 가로막는

1197 ✱☆☆ ☐☐

infringe
[infríndʒ]

Ⓥ 침해하다, 위반하다

- **infringe** on a person's privacy
- The National Human Rights Commission said that compulsory identity cards would **infringe** on civil liberties.
  - **+ Plus** = invade, violate
    infringement Ⓝ 위반, 침해

1198 ✱☆☆ ☐☐

misspell
[misspél]

Ⓥ 철자를 잘못 쓰다

- The author **misspelled** several words in his book.
- The software will issue a warning if the user **misspells** a word. EBS 지문 변형
  - **+ Plus** misspelling Ⓝ 틀린 철자, 철자 오기

1199 ✱☆☆ ☐☐

leisurely
[líːʒərli]

Ⓐ 여유로운, 한가한

- at a **leisurely** pace EBS 지문 변형
- She'd like to retire to the country and lead a **leisurely** life.
  - **+ Plus** leisure Ⓝ 여가

1200 ✱✱✱ ☐☐

demonstration
[dèmənstréiʃən]

Ⓝ 1. 시위 2. 설명, 시연

- anti-nuclear **demonstration** EBS 지문 변형
- a **demonstration** of color mixing with paint EBS 지문 변형
- A nutritionist was involved in a community food **demonstration** project. EBS 지문 변형
  - **+ Plus** demonstrate Ⓥ 입증하다, 보여 주다
    demonstrative Ⓐ 숨기지 않는, 드러내는

예문 해석

1196 정보를 차단하다 / 무선 메시지를 가로채는 것은 불법이다. 1197 누군가의 사생활을 침해하다 / 국가 인권 위원회는 의무적인 신분증 사용이 시민의 권리를 침해하게 될 것이라고 말했다. 1198 그 저자는 자신의 책에 있는 몇몇 단어의 철자를 잘못 썼다. / 그 소프트웨어는 만약 사용자가 단어의 철자를 잘못 쓰면 경고를 할 것이다. 1199 여유로운 속도로 / 그녀는 시골로 은퇴해서 한가로이 살고 싶어 한다. 1200 반핵 시위 / 물감으로 색이 섞이는 것에 대한 설명 / 한 영양학자가 지역 사회의 음식 시연 프로젝트에 참여하고 있었다.

Review Test

A 다음 단어에 해당하는 우리말을 쓰시오.

01 communicative _____

02 unravel _____

03 virtual _____

04 ruthlessly _____

05 jam-up _____

06 license _____

07 wipe out _____

08 leisurely _____

09 annual _____

10 demonstration _____

B 다음에 해당하는 영어 단어/숙어를 쓰시오.

01 어디에나 있는 _____

02 이동성, 유동성 _____

03 위조하다, 조작하다 _____

04 보증되지 않은 _____

05 (정보를) 찾아보다 _____

06 가로막다, 가로채다 _____

07 철자를 잘못 쓰다 _____

08 매체, 수단 _____

09 수정, 변경 _____

10 우세한, 일반적인 _____

C 다음 괄호 안에서 문맥에 적절한 것을 고르시오.

01 Not able to [navigate/aviate] mountain roads, Joe couldn't get there.

02 These countries are also calling for [swift/tardy] action to stabilize high oil prices.

03 A lot of evidence has been [assembled/scattered] effectively pointing to her innocence.

04 With technological changes many traditional skills have become [obsolete/up-to-date].

05 The two parties [encode/erase] confidential data in a form that is not directly readable by the other party.

D 다음 문장에서 주어진 우리말에 해당하는 영어 단어에 밑줄 치시오.

01 분석하다, 검토하다 The data was recorded and analyzed by computer.

02 체계적인, 꼼꼼한 They are going to undertake a fairly rigorous and methodical approach.

03 증진되다 This research has done much to advance our understanding of language learning.

04 앞섬, 선행 Have as much fun as possible at college, but don't let it take precedence over work.

05 재주; 기민함 Young children lack the dexterity to brush their teeth effectively.

워드마스터
학습 APP

Let's upgrade!

워드마스터가
워드마스터했다.

새로워진
워드마스터 학습앱으로
워드마스터다운
공부하세요.

여러분이 알던 <워드마스터 앱>은 잊어도 됩니다.

워드마스터 다운 강력한 기능!

1
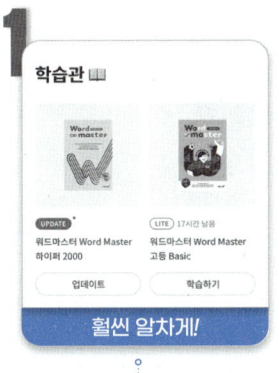

훨씬 알차게!

2

훨씬 알맞게!

3

훨씬 효율적으로!

쓰던 앱 그대로 인증

STEP 1
워드마스터 학습앱 실행

STEP 2
마이룸 클릭

STEP 3
구 워드마스터앱 구매 인증 클릭

구 워드마스터앱 구매 인증

가볍고, 편리한
자투리 시간 활용 만점 모바일 APP 서비스
구글 플레이스토어, 애플 앱스토어에서 지금 바로 다운로드 가능합니다.

이투스북

Review Test
ANSWERS

A
01 노력; 노력하다　02 펼쳐지다, 펼치다　03 힐끗 보기; 힐끗 보다　04 (몸을) 떨다; 전율
05 조각조각 찢다　06 부정확한　07 외치다, 소리치다　08 근무 중인, 당번인
09 저항하는　10 단언하다, 확인하다

B
01 cope with　02 limb　03 blur　04 plunge
05 stray　06 adversity　07 accommodation　08 stutter
09 feast　10 overlook

C
01 pleaded　그는 손이 발이 되도록 빌었으나, 그녀는 마음을 바꾸려고 하지 않았다.
02 objectionable 개인적으로 나는 모욕적으로 사용되는 네 글자 단어들이 모두 불쾌하다고 생각한다.
03 awkward　많은 사람들은 안전유리가 서투른 실수의 결과물이었다는 것에 대해 놀랄지도 모른다.
04 displaced　발전(發電)을 위한 석유는 특히 원자력 발전의 증가로 대체되었다.
05 applause　관중들은 놀라운 찬사를 보낼 수 있는 이 음악의 거장을 인정하여 귀청이 터질 듯한 박수로 화답했다.

D
01 The news reporter said that the city suspended bus service due to the severe storm, but nobody knew when the city would restart the service.
그 뉴스 기자는 극심한 태풍으로 인해 시 당국이 버스 운행을 중단시켰다고 보도했지만, 언제 시 당국이 운행을 재개할지는 아무도 몰랐다.

02 He disregarded his father's advice and left school.
그는 아버지의 충고를 무시하고 학교를 그만두었다.

03 I spent some agonizing nights weighing the pros and cons of the issue.
나는 그 문제의 이해득실을 저울질하면서 고통스러운 며칠 밤을 보냈다.

04 His breath smelled of liquor and his manners were awful.
그가 숨 쉬는데 술 냄새가 났고 매너도 형편없었다.

05 Her paintings capture the subtle hues of the countryside in autumn.
그녀의 그림들은 가을철 시골 지역의 미묘한 색조를 포착하고 있다.

A
01 허세 부리는, 가식적인　02 계획, 결단력, 주도권　03 윤리적인, 도덕상의　04 깜짝 놀라게 하다
05 아주 멋진, 화려한　06 불필요한, 여분의　07 신뢰할 수 있는　08 밀다, 밀치다; 요지
09 희미한; 기절하다　10 선언하다, 발음하다

B
01 inference　02 self-conscious　03 confront　04 deliberate
05 ridicule　06 imminent　07 conspiracy　08 expand
09 conceal　10 irrationality

C
01 disastrous　기후 변화는 지구에 끔찍한 영향을 미칠 수 있다.
02 ingenious　그녀는 업무를 더 빨리 처리하는 방법을 찾는 데 있어서 독창적이었다.
03 dissent　만약 유대감이 너무 강하여 사소한 반대의 가능성조차 적어진다면, 집단과 기관의 다양성을 해칠 것이다.

04 tremendous 때때로, 업무 방식에 있어서의 작은 변화가 예상치 못하게 결과에 엄청난 발전을 가져올 수도 있다.

05 provocative Parkinson 박사는 초기 사회주의자였으며, 〈무혈 혁명〉과 같은 제목의 도발적인 소논문을 많이 쓴 저자였다.

D

01 Their house is <u>adjacent</u> to a wooded park.
그들의 집은 숲이 우거진 공원에 인접해 있다.

02 The same <u>disastrous</u> policies are being inflicted on people here.
똑같은 비참한 정책들이 이곳의 사람들에게 가해지고 있다.

03 We use <u>generosity</u> as a means of controlling people or bringing them under our sphere of influence.
우리는 사람들을 통제하거나 그들을 우리의 영향력 아래에 두기 위한 수단으로 너그러움을 이용한다.

04 She frantically threw a delightful little casserole together and <u>astonished</u> the dinner guests.
그녀는 매력적인 작은 캐서롤을 매우 서둘러 준비해 저녁 식사 손님들을 깜짝 놀라게 만들었다.

05 Within certain cultures and legal systems, people may be <u>offended</u> by the application of property concepts to the human body and parts.
특정 문화와 법체계 안에서, 사람들은 신체와 그 각 부분에 재산 개념을 적용하는 것으로 인해 감정이 상할지도 모른다.

Review Test

A

01 열광적인, 열심인 　**02** 감사하는 　**03** 발견하다, 감지하다 　**04** 업적, 성취
05 통찰력 있는 　**06** 중단; 중단하다 　**07** 추측하다; 투기하다 　**08** 일탈
09 유발하다 　**10** ~을 설명하다; ~을 차지하다

B

01 tolerance 　**02** reluctant 　**03** impair 　**04** stance
05 discretion 　**06** spoil 　**07** inquisitive 　**08** content
09 foster 　**10** setback

C

01 perceived 　갑작스런 움직임은 동물들에게 위협으로 인지될 수 있다.
02 distracts 　휴대 전화의 사용은 운전이라는 주요 업무에서 운전자들의 주의를 다른 곳으로 돌린다.
03 sensitive 　정치가들은 다양한 유권자 그룹의 관심사에 민감하다.
04 fulfilled 　그녀는 마침내 세계 여행이라는 일생의 꿈을 이루었다.
05 reinforce 　지속적인 노력을 칭찬하는 것은 완제품을 강화시키고 향상시킬 것이다.

D

01 Our expectations can <u>overwhelm</u> us when we establish long-term goals.
장기적인 목표를 세우게 되면 우리의 기대치에 우리가 압도당할 수 있다.

02 She tried hard not to <u>fall behind</u> in the competition.
그녀는 경쟁에서 뒤처지지 않기 위해 열심히 노력했다.

03 Jane has an <u>innate</u> ability to sense when someone feels unhappy.
Jane은 누군가 행복하지 않다고 느낄 때 그것을 감지하는 타고난 능력이 있다.

04 I understood this land was an area of <u>outstanding</u> natural beauty.
나는 이 땅이 뛰어난 자연미를 지닌 지역이라고 이해했다.

05 As children reach <u>adolescence</u>, they begin to establish social outlets which may be distant from the lives of their parents.
아이들이 청소년기에 도달하면, 그들은 부모님의 삶과는 멀지도 모를 사회적 배출구를 수립하기 시작한다.

DAY 04 ▶ Review Test

A
01 외부의 　　　**02** 중간의, 적당한; 절제하다 **03** 뒤로 미루다, 연기하다 **04** 내포된, 내재적인
05 알아내다, 이해하다 **06** 열정, 열광 　　**07** 명상하다 **08** 불쾌한, 고약한
09 ~을 저지하다 **10** 바치다, 헌신하다

B
01 pessimism **02** trivial **03** reflection **04** courageous
05 inherent **06** integrity **07** clutter **08** misconception
09 esteem **10** discipline

C
01 obstacle 자질의 부족은 직업을 얻는 데 주요한 장애물이 될 수 있다.
02 formulating 그녀는 좋은 아이디어가 많지만 그것들을 표현하는 데 어려움을 겪고 있다.
03 annoyances 우리 대다수는 매일의 삶에서 사소한 짜증을 떨쳐 버릴 수가 없다.
04 pursue 어떤 사람들은 수년간의 좌절과 실패 후에도 계속해서 완강하게 목표를 추구한다.
05 attain 출판된 책을 갖고 있는 것은 어떤 다른 방법으로도 얻기 어려운 어느 정도의 신뢰를 제공한다.

D
01 <u>Marvelous</u> natural events take place from time to time.
믿기 어려운 자연 현상들이 때때로 일어난다.

02 I don't get <u>prompt</u> feedback no matter how good the result is.
나는 아무리 결과가 좋을지라도 즉각적인 피드백을 받지 않는다.

03 I think that I will have to support your dreams and creative <u>aspirations</u>.
나는 너의 꿈과 창의적인 열망을 지원해야 할 것이라고 생각한다.

04 Jamie will <u>give in</u> the chocolate in the freezer and have it.
Jamie는 냉동실에 있는 초콜릿에 항복하고 그것을 먹을 것이다.

05 After infants learn to walk and talk, they <u>assume</u> some tasks and responsibilities.
유아들이 걷고 말하는 것을 배운 후에, 그들은 어떤 일이나 책임을 떠맡게 된다.

DAY 05 ▶ Review Test

A
01 존경심을 보이는 **02** 일치하다, 상응하다 **03** 너그러운, 용서하는 **04** 상호 간의
05 말다툼; 다투다 **06** 교제, 우정 **07** 상호 간의 **08** 정서, 감정
09 뽐내다, 자만심을 가지다 **10** 이해되다

B
01 dispute **02** encounter **03** popularity **04** acquaintance
05 hypocritical **06** candid **07** altruism **08** open up
09 interpersonal **10** take the initiative

01 accord   그 잡지의 인용은 실제 이야기와 일치하지 않는다.
02 bonds   친밀한 유대감은 우리가 서로에 대해 책임감을 갖게 만든다.
03 courtesy   극장에서 휴대 전화를 꺼 두는 것은 일반적인 예의이다.
04 empathy   공감의 능력과 다른 동물들에 대해 감정을 느낄 수 있는 능력이 영장류에게서 관찰되었다.
05 assimilate   이민자들이 그 국가의 주류 사회에 동화되는 것은 매우 어려운 일이다.

D

01 Conflict is a sign that an organization is alive.
갈등은 그 조직이 살아 있다는 표시이다.

02 The fact that you take care of me doesn't give you the right to humiliate me.
네가 나를 돌본다는 사실이 나에게 굴욕을 줄 권리를 네게 주지 않는다.

03 When I saw the garden, I had a feeling of familiarity.
나는 그 정원을 보자 낯익은 느낌이 들었다.

04 We live in an international community with increasing interdependence between individuals and between nations.
우리는 개인들과 국가들 간에 상호 의존성이 점차 높아지는 국제 사회에 살고 있다.

05 They have intimate connections with banks in all kinds of daily ways.
그들은 온갖 종류의 일상생활에서 은행과 친밀한 관계를 가지고 있다.

DAY 06   Review Test

A
01 중심의, 초점의   02 공존하는, 동시(발생)의   03 방치, 소홀; 방치하다   04 고여 있는, 침체된
05 ~에 반대하는   06 주인, 임대주   07 천; 구조   08 특권; 특권을 주다
09 만져서 알 수 있게, 명백히   10 ~하기 쉽다

B
01 seizure   02 struggle   03 congestion   04 attribute
05 patriarchal   06 populous   07 proportion   08 confine
09 charity   10 conscience

C
01 plight   우리 사회의 대부분이 가난한 사람들의 역경을 인지하지 못하고 있다.
02 attachment   애완동물에 대한 감정적인 애착이 생기는 것은 꽤 쉬울 수 있다.
03 attributes   누군가의 단점 대신 그 사람의 긍정적인 자질에 초점을 두는 것이 가장 좋다.
04 coordination   지방 주민들은 중앙 정부와 지방 정부 사이의 조화를 달성하기 위해 고군분투한 정당에게 투표할 것이다.
05 impoverished   그 빈곤한 국가가 자연재해를 입은 후 식량과 의료품들이 보내어졌다.

D
01 Nobody in the office thinks Sandy stands a chance of being promoted.
그 사무실에 있는 누구도 Sandy가 승진할 가능성이 있다고 생각하지 않는다.

02 The mansion at the end of the street belongs to an affluent businessman.
길 끝에 있는 대저택은 부유한 사업가의 소유이다.

03 The new board will comprise twelve members, including four worker directors.
새 위원회는 네 명의 근로자 감독을 포함하여 열두 명으로 구성될 것이다.

04 The president acknowledged the rampant corruption present in all levels of the government.
대통령은 만연한 부패가 정부 각계각층에 존재한다는 것을 인식했다.

05 This new theory uses a <u>combination</u> of religion and science to explain the origins of the universe.
이 새로운 이론은 우주의 기원을 설명하기 위해 종교와 과학의 결합을 사용하고 있다.

DAY 07 Review Test

A
01 지정하다, 지명하다 **02** 지원하다; 적용하다 **03** 은퇴, 퇴직 **04** 저명한, 탁월한
05 직업상의 **06** 수모, 모욕, 치욕 **07** 괴로워하는 **08** 고정관념
09 인원, 직원들 **10** ~을 맡아서, ~을 담당하여

B
01 reputation **02** consideration **03** inexperienced **04** resident
05 compile **06** requirement **07** substitution **08** alienated
09 subsidiary **10** ultimate

C
01 humble 그는 그가 성취한 것에 대해 매우 겸손하다.
02 resigned 두 남자 모두 모든 잘못을 부인했음에도 자신들의 지위에서 사임했다.
03 prospective 정말로 고용주들이 알 필요가 있는 것은 장래의 직원이 사고하고 학습할 수 있는 일반적인 능력이다.
04 certification 실업자들은 그들의 취업 기회를 높이기 위해 자격증을 딸 수 있는 학교로 돌아가는 것을 택한다.
05 on-site 사립 단체를 위해 일하는 감정인들은 보통 대부분의 시간을 사무실 안에서 보내고 필요할 때만 현장에 방문한다.

D
01 One of the fashionable concepts of high-tech companies, <u>multitasking</u>, is more a myth than a reality.
첨단 회사가 가진 현대적인 개념 중 하나인 다중 작업은 현실이기보다 신화에 가깝다.

02 My high school band is set to <u>embark on</u> a UK arena tour this year.
우리 고등학교 밴드는 올해 영국 공연 투어를 착수할 예정이다.

03 Dr. Bingham <u>undertook</u> the task of proofreading an English textbook for high school students.
Bingham 박사는 고등학생용 영어 교과서를 교정하는 일을 맡았다.

04 The United States has both an opportunity and an <u>obligation</u> to help defeat AIDS.
미국은 에이즈를 물리치도록 돕는 기회와 의무를 모두 갖고 있다.

05 Taking a risk helps people to build confidence and <u>self-esteem</u>, and to take pleasure in feeling stronger.
위험을 무릅쓰는 것은 사람들이 자신감과 자존감을 형성하고 더 강인해졌다고 느끼는 데서 오는 기쁨을 누릴 수 있도록 도와준다.

DAY 08 Review Test

A
01 양극화되다 **02** 철저한, 과감한 **03** 자극, 자극제 **04** ~에 관련하여
05 우려; 체포 **06** 촉발하다, 유발하다; 방아쇠, 계기 **07** 시행하다

08 이의, 반대   **09** 억제하다, 방해하다   **10** 침범[침입]하다, 강요하다

B
01 justify   **02** attainment   **03** unemployment   **04** phase
05 starvation   **06** hostility   **07** marginalize   **08** bribe
09 underlying   **10** overload

C
01 position   우리 조는 도보 여행자들에게 도움을 줄 수 있는 위치에 있어서 그들을 안전하게 이끌었다.
02 bizarre   뉴스는 특이한 취미를 가진 주민에 대한 이야기를 다루었다.
03 demonstrate   비디오 프레젠테이션 후에, 우리 동료들 중 한 사람이 신제품의 유효성에 대해 보여 줄 것입니다.
04 hinder   우리 조직은 새로운 법이 경제 발전을 저해할 것이라고 믿기 때문에 그 법에 대해 강력히 반대한다.
05 defense   독일의 공격에 대한 프랑스 정부의 방어 전략은 그것의 국경선을 따라 일련의 방어 시설을 건설하는 것이었다.

D
01 The writer accused of plagiarism had to obtain legal representation for the lawsuit.
표절로 고소당한 그 작가는 소송을 대비하여 법적 대리인을 구해야만 했다.

02 Those who fail to wear proper attire during winter months should run the risk of catching a cold.
겨울 동안 적절한 옷을 갖춰 입지 못한 사람들은 감기에 걸릴 위험을 무릅써야 한다.

03 Researchers have found a direct correlation between smoking and lung cancer.
연구자들은 흡연과 폐암 사이의 직접적인 연관성을 발견해왔다.

04 It is advisable to carefully weigh the pros and cons of this case before making a final decision.
최종 결정을 내리기 전에 이번 사건에 대한 찬반양론의 득실을 신중히 따지는 것이 바람직하다.

05 Potential homeowners should learn the nuts and bolts of buying a house before starting the process.
주택 보유 예정자는 절차를 시작하기 전에 주택 구입에 대한 기본적인 사항들을 배워야 한다.

DAY 09   Review Test

A
01 실황 방송; 논평   **02** 언론의 관심; 홍보   **03** 옆모습; 개요; 프로필
04 기부하다, 기여하다; 기고하다   **05** 전례가 없는   **06** ~을 방해하다
07 (신문 등을) 구독하다   **08** 두드러지게, 현저히   **09** 중단하다   **10** 매일

B
01 coverage   **02** admit   **03** overreport   **04** strip
05 plot   **06** restrain   **07** billboard   **08** informative
09 sequence   **10** boycott

C
01 revealed   그의 얼굴에 비친 표정은 그가 어떻게 느꼈는지를 드러냈다.
02 rationalize   그녀는 그 아이의 아버지를 비난함으로써 손자의 이상한 행동을 합리화시키려 했다.
03 attracted   기업들은 천연자원과 자본 외에도 세계 시장의 엄청난 규모 때문에 국제 비즈니스에 매력을 느낀다.
04 reminder   가족을 위해 콜라 한 팩을 사 들고 들어가겠다고 약속하고 집에 돌아가는 사람에게, 그 슬로건은 그 약속을 쉽게 떠올릴 수 있게 한다.
05 restraining   Cathy는 경멸하듯이 이를 갈고서, 자신을 억누르고 맞받아 고함치지 않았다.

D

01 This natural soap does not <u>overly</u> sell beauty, fragrance or economy.
이 천연 비누는 아름다움, 향기 또는 절약을 지나치게 팔지 않는다.

02 We've established <u>linkages</u> between the groups and many institutions.
우리는 그 그룹들과 많은 단체 사이에 연관성을 만들었다.

03 Amy and Drew <u>obviously</u> trusted the gas supplier to keep them safe.
Amy와 Drew는 가스 공급회사가 그들을 안전하게 해준다는 것을 확실히 신뢰했다.

04 Although raised as a slave, she was freed by her owners following the book's <u>publication</u>.
노예로 자랐지만, 그녀는 책의 출판 이후에 주인으로부터 해방되었다.

05 The active hot ingredient in peppers, a substance called capsaicin, can stimulate the <u>circulation</u> and raise body temperature.
후추 속에 있는 캡사이신이라고 불리는 효과가 있는 매운 성분은 혈액 순환을 돕고 체온을 상승시킬 수 있다.

DAY **10** ▶ **Review Test**

A

01 야만인	**02** 제물로 바치는, 희생의	**03** 집단의, 공동의	**04** 이국적인
05 공동의, 공동 사회의	**06** 사료; (식량 등을) 찾아다니다		**07** 전설적인
08 야만적인, 미개한	**09** 원주민의, 토착의	**10** 겹치는 부분; 중복되다	

B

01 consensus	**02** conventional	**03** minority	**04** thriving
05 ethnic	**06** anthropology	**07** tardy	**08** incomparable
09 heritage	**10** indigenous		

C

01 admission　그녀의 부상은 병원 입원을 요할 만큼 충분히 심각했다.
02 tolerant　우리는 다른 사람들이 상황을 다르게 보는 것을 인지하고, 우리는 그들의 관점을 용인한다.
03 pervade　사랑과 죽음은 그의 작품 곳곳에 퍼져 있는 두 가지 주제이다.
04 clan　대부분의 경우, 각 의식은 특정 씨족의 일원들에 의해 주관된다.
05 venture　필리핀에서는, 시골의 가난한 사람들이 경작을 위한 공간을 만들기 위해 숲을 개간하려고 경사진 산악 지대로 위험을 무릅쓰고 간다.

D

01 All of the neighbors were a little in <u>awe</u> of my mother.
이웃의 모든 사람들은 나의 어머니에 대해 약간의 경외심을 가졌다.

02 Doorways, gates, and windows are carved with <u>elaborate</u> designs.
출입구, 대문, 그리고 창문들이 정교한 문양으로 조각되어 있다.

03 The older I grow, the stranger and less <u>explicable</u> the world appears to me.
내가 나이가 들수록, 더 이상하고 설명하기 어려운 세상이 나에게 나타난다.

04 We want figures who <u>embody</u> our feelings and represent a new political response.
우리는 우리의 감정을 구현하고 새로운 정치적 대응을 대변할 인물들을 원한다.

05 Throughout history our <u>perspective</u> toward evolution has changed many times.
역사적으로 진화에 대한 우리의 관점은 여러 번 바뀌어 왔다.

A
01 상처 입기 쉬운　02 강력히 촉구하다; 충동　03 (고통 등을) 입히다　04 공격적인
05 직관, 직감　06 강박 관념에 사로잡힌　07 연민, 동정심　08 아마도
09 치료가 되는　10 헛되이

B
01 drive　02 extrinsic　03 rage　04 repress
05 concerned　06 recall　07 solitary　08 straightforward
09 commitment　10 rational

C
01 consistency　그 예술 프로그램은 일관성과 정확성을 위해 완전히 새로워졌다.
02 introspective　George는 천성적으로 내성적이고 혼자 있는 것을 즐긴다.
03 skeptical　모든 사람들은 확신했지만, 그녀는 여전히 회의적이었다.
04 induce　그들은 자신들의 일이 많은 사람들의 삶을 개선시킬 수 있는 사회 변화를 유도하기를 희망했다.
05 surge　최근에 인기가 치솟았음에도 불구하고, 경매장들은 이득이 없었다.

D
01 Dehydration will lead to seizures, <u>unconsciousness</u>, and brain damage.
탈수는 발작, 의식 불명, 뇌 손상을 가져올 것이다.

02 For the future they <u>envision</u> a performing arts center with a library and video archive.
미래를 위해 그들은 도서관과 동영상 보관소를 갖춘 행위 예술 센터를 구상한다.

03 We must help our patients to find an <u>outlet</u> for their repressed desires.
우리는 환자들이 억압된 욕망의 분출구를 찾도록 도와야 한다.

04 The unique style of Henry Rousseau's work has been <u>recognized</u> worldwide.
Henry Rousseau 작품의 독특한 스타일은 전 세계적으로 인정받아 왔다.

05 To calm yourself down is a necessary and <u>invaluable</u> skill.
스스로를 차분하게 하는 것은 필수적이고 더없이 소중한 기술이다.

A
01 억누르다; 보류하다　02 판단하다, 측정하다; 기준　03 대학생; 학부의　04 할당하다; 임명하다
05 엄한, 혹독한　06 지배하다, 억누르다　07 상호 보완적인　08 학문의, 학교의
09 범위, 구역　10 가능성; 잠재적인

B
01 mentor　02 reference　03 remedial　04 adolescent
05 well-rounded　06 curriculum　07 norm　08 rear
09 at the expense of　10 prestigious

C
01 endowed　당신은 부와 건강, 그리고 날카로운 지성을 부여받았다.
02 nurture　부모는 자녀를 양육하고 키울 수 있는 최선의 방법을 알고 싶어 한다.
03 deliberately　대부분의 경우에 그것은 의도적으로가 아니라 몰라서 행해진다.
04 affection　그녀는 그 나라와 국민에 대한 깊은 애정을 키웠다.
05 explore　나는 여기에서 기꺼이 일할 기회를 가지면서 미래에 회사 내에서 다른 기회를 탐구하기를 희망한다.

D

01 Success motivates people to continuously <u>strive</u> for greater achievements.
성공은 사람들로 하여금 더욱 위대한 업적을 위해 계속 노력하도록 동기를 부여한다.

02 There is little <u>coherent</u> policy on conservation easements and acquisitions.
보호 지역권과 매입에 관한 일관적인 정책이 거의 없다.

03 Unlike the demands of teachers concerning scholastic efforts, football brings immediate <u>rewards</u> of recognition and status.
학문적 노력과 관련된 교사들의 요구와는 달리, 축구는 인정과 지위에 대한 즉각적인 보상을 가져온다.

04 Some studies examined the relationship between the <u>diversity</u> of the school campus and student learning outcomes.
몇몇 연구에서 학교 캠퍼스의 다양성과 학생들의 학습 결과 사이의 관계를 실험했다.

05 Only man has the <u>capacity</u> to consciously alter his behavior, to improve and overcome the weight of routine and habit.
오직 사람만이 의식적으로 그의 행동을 바꾸고, 일상의 무게와 습관을 향상시키고 극복할 수 있는 능력을 가지고 있다.

DAY 13 ▶ Review Test

A
01 의심할 바 없는 **02** 숭배; 숭배하다 **03** 제단 **04** 수도원
05 잔인한, 나쁜 **06** 의식; 의식의 **07** 인본주의 **08** 사원, 신전
09 영구적인, 불변의 **10** 입장을 취하다

B
01 doctrine **02** proposition **03** virtue **04** empirical
05 analogy **06** spiritual **07** demoralize **08** abortion
09 contemplate **10** prophet

C
01 motivated 무엇이 그를 그렇게 폭력적으로 행동하도록 동기를 부여했는지 아무도 모른다.
02 solitude 그는 하루의 중압감이 시작되기 전에 호젓한 자신의 시간을 즐겼다.
03 oppressive 햇빛은 완전히 차단되었고, 방은 숨막힐 듯이 답답한 냄새가 났다.
04 intellectual 대학 교수들의 딸로서, 그녀는 지적인 사람들과 어울리는 데 익숙하다.
05 profane Daly 추기경은 교회가 신성 모독적이거나 세속적인 목적으로 사용되어서는 안 된다고 말했다.

D

01 Both <u>secular</u> and religious institutions can apply for the funds.
비종교 기관과 종교 기관 모두 그 기금을 신청할 수 있다.

02 He feels that wealthy people view him with <u>contempt</u> because he is poor.
그는 그가 가난하기 때문에 부유한 사람들이 자신을 경멸의 눈초리로 본다고 느낀다.

03 Some of the people who followed the <u>sacred</u> mission safely came back to their own country.
선교에 종사했던 몇몇 사람들이 무사히 본국으로 돌아왔다.

04 It's not possible to <u>deduce</u> moral conclusions from first principles.
처음의 원리들로부터 도덕적 결론을 추론하는 것은 가능하지 않다.

05 Instead of looking at the situation as a whole, the <u>conscious</u> mind tends to focus on the most obvious elements.
상황을 전체적으로 보는 대신에, 의식적인 마음은 가장 명확한 요소에 집중하려는 경향이 있다.

A 01 병력, 군대   02 중세의   03 계급; 위상   04 계발, 계몽
     05 흐릿하게 모습을 드러내다   06 자유롭게 하다   07 제국주의
     08 정권; 제도   09 몰락, 붕괴   10 대학살

B 01 description   02 overtake   03 subordinate   04 brutal
     05 remains   06 ancestor   07 inscribe   08 groundbreaking
     09 revolution   10 milestone

C 01 prehistoric   선사 시대에는 사람들이 동굴에서 살았다.
     02 proclaimed   목숨에 대한 두려움 때문에, 그 장군들은 충성을 선언했다.
     03 tendency   많은 사람들은 실수를 고치기보다는 반복하려는 기이한 경향을 보인다.
     04 alliances   이런 연합을 형성하는 데 한 가지 분명한 이점은 자금을 공동 출자하는 능력이다.
     05 ruin   어떤 인디언 전설은 왕자와 결혼하기를 거절하고 파멸 직전인 아버지의 왕국을 위해 전쟁에 나
       간 한 아름다운 공주에 대해 이야기한다.

D 01 She died last year after a valiant battle with cancer.
     암과의 용맹한 투병 생활 끝에 그녀는 작년에 사망했다.

     02 As they sat to eat, all eyes were on their noble guest.
     그들이 먹으려고 앉자마자, 모든 눈길이 그들의 귀족 손님에게로 쏠렸다.

     03 The costs of conquering new territories exceeded the rewards.
     새로운 영역을 정복하는 비용은 그 보상을 초과했다.

     04 The dating of artifacts helps us understand the growth of early societies.
     유물의 연대는 우리가 초창기 사회의 발달을 이해하는 데 도움을 준다.

     05 The ability to make a film is akin to operating a printing press in an earlier era.
     영화를 만드는 능력은 마치 더 이전 시대에 인쇄기를 돌리는 것과 같다.

A 01 조각상   02 즉흥 연주, 즉흥적 행위   03 눈에 보이지 않음   04 화려한, 멋진
     05 왜곡, 찌그러짐   06 걸작, 명작   07 뒤틀린, 일그러진   08 구성하다; 작곡하다
     09 국고, 금고   10 최신의

B 01 craftsman   02 naive   03 counterfeit   04 replica
     05 compliment   06 imaginative   07 aesthetic   08 geometrical
     09 convey   10 note

C 01 immediacy   우리의 목표는 긴급 전화에 대한 즉각적인 대응이다.
     02 propel   나는 남은 나의 마지막 힘을 사용해 위로 올라갔다.
     03 inspiration   Edison은 천재는 1퍼센트의 영감과 99퍼센트의 노력으로 이루어진다고 말했다.
     04 marble   그러한 오염 물질들은 철과 대리석 구조물을 훼손하고 약화시키는 것으로 악명이 높다.
     05 adorn   모든 사람은 특정 방식으로 몸을 꾸미고, 그렇게 함으로써 자신들이 누구인지를 나타낸다.

D 01 I think there is no <u>inborn</u> talent for music ability.
나는 음악 능력에 있어서 타고난 재능은 없다고 생각한다.

02 She distributed gifts in a bountiful and <u>gracious</u> manner.
그녀는 너그럽고 자상하게 선물들을 나누어 주었다.

03 We <u>criticize</u> a group's cultural preferences rather than openly express hostility toward the group.
우리는 한 그룹에 대해 공공연하게 적대감을 표현하기보다는 그 그룹의 문화적 선호도를 비평하고 있다.

04 The <u>contemporary</u> child must travel much further than the offspring of primitive man to acquire the world view of his elders.
현대의 아이는 어른들의 세계관을 얻기 위해 원시 시대에 살던 아이보다 훨씬 더 멀리 여행해야 한다.

05 Although artists borrow procedures, forms, and <u>repertoires</u>, they can make no impact merely by copying what has already been done.
비록 예술가들이 절차, 형태, 그리고 공연 목록을 차용하더라도, 단지 이미 행해진 것을 베끼는 것만으로는 영향을 줄 수 없다.

DAY 16 ▶ Review Test

A 01 재구성하다, 재건하다 02 불러일으키다 03 두 개의 언어를 사용하는
04 번역하다 05 전제 06 정교한, 고상한
07 애매한, 분명치 않은 08 구, 어구 09 평범한, 흔한 10 정의하다, 규정하다

B 01 exaggerate 02 consistent 03 clarify 04 fluency
05 eloquent 06 controversial 07 relevance 08 revise
09 omit 10 narrative

C 01 articulate 그 아기는 또렷한 단어와 어구를 만들기 시작하고 있다.
02 narratives 눈을 뗄 수 없는 이미지와 강력한 서술이 특정 이슈를 뉴스거리로 만든다.
03 derive 한 씨는 다른 사람들을 도와주는 것에서 기쁨을 얻는 행복한 사람들 중 한 명이다.
04 literal 그는 농담을 문자 그대로 받아들여서 그 안에 숨겨진 유머를 보는 것을 어렵게 만들었다.
05 vague 때때로 사람들은 의사소통에서 주장을 피력하기 위해 애매모호하고 분명하지 않은 말을 의도적으로 사용한다.

D 01 "Social science" is commonly used as an umbrella <u>term</u>.
'사회 과학'은 보통 포괄적 용어로 사용된다.

02 The biology of vision cannot explain the way that we actually <u>interpret</u> the appearance of the world.
시각에 대한 생물학은 우리가 실제로 세상의 모습을 이해하는 방법을 설명할 수 없다.

03 We can make a <u>plausible</u> case for saying that we're free to choose anything we want whenever we want to.
우리는 우리가 원할 때면 언제든지 원하는 것을 무엇이든 선택할 자유가 있다는 말을 하는 데 있어 타당한 주장을 펼칠 수 있다.

04 Your <u>affirmation</u> succeeds best when it is specific and when it does not produce a mental conflict or argument.

당신의 확언은 그것이 구체적이고 정신적 갈등이나 논쟁을 일으키지 않을 때 가장 성공한다.

05 Musical training influences <u>linguistic</u> abilities in 8-year-old children.
음악적 훈련이 8살 된 아이들의 언어 능력에 영향을 끼친다.

DAY 17 ▶ Review Test

A
01 소중히 여기다   **02** 필연적인, 불가피한   **03** 구두로, 입을 통해서   **04** 일화
05 중요성; 의미   **06** 기이한, 비범한   **07** 관중, 구경꾼   **08** 시
09 비유의, 은유의   **10** 원고; 필사본

B
01 anonymous   **02** feature   **03** delicacy   **04** acclaim
05 context   **06** abruptly   **07** embed   **08** linger
09 adept   **10** prolific

C
01 Dramatic   극 연출은 역사상 중요한 순간들의 특징을 묘사할 수 있을지도 모른다.
02 distinguished 그는 맨체스터, 컬럼비아, 그리고 옥스퍼드를 졸업한 저명한 학자였다.
03 literary   이는 단편 소설로 알려진 문학의 형식에서 특히 분명하게 나타날 수 있다.
04 everlasting   밸런타인데이 선물은 전형적으로 주는 사람의 영원한 사랑과 헌신을 표현한다.
05 detailed   그 아동용 이야기책은 상세하고, 일관성 있으며, 원래는 제시되지 않았던 방식으로 꾸며져 있다.

D
01 The contrast could not have been made more <u>explicit</u>.
대조는 더 이상 분명하게 이루어질 수는 없었다.

02 We may well read it from beginning to end, but it will not exist as a <u>chronological</u> entity in our minds.
우리가 그것을 처음부터 끝까지 읽는 것은 당연하지만, 그것이 우리 마음속에 연대순으로 된 실체로서 존재하지는 않을 것이다.

03 With luck, yours will be a well-constructed document with a <u>comprehensive</u> description of the task in hand.
운이 좋게도, 너의 것은 현재 진행 중인 업무에 대한 포괄적인 설명이 담겨 있는 잘 구성된 문서일 것이다.

04 All these items give <u>clues</u> about who you are and the kind of interests you have.
이 모든 것들은 당신이 어떤 사람인지 그리고 어떤 종류의 관심을 가지고 있는지에 대한 단서를 제공한다.

05 He is writing a play <u>depicting</u> the life of the artist.
그는 그 예술가의 삶을 묘사하는 희곡을 쓰고 있다.

DAY 18 ▶ Review Test

A
01 집산화된   **02** 임의적인, 독단적인   **03** 군주 정치, 군주제   **04** 이론상
05 촉발시키다; 불꽃   **06** 지명하다; 임명하다   **07** 의회, 심의회   **08** 자치권, 자주성
09 지정하다, 임명하다   **10** 수반하다, 포함하다

B
01 mandate 02 standpoint 03 federal 04 impulsive
05 ponder 06 committee 07 notion 08 patriotic
09 republican 10 absentee ballot

C
01 predominant 민주주의는 오늘날 전 세계에서 지배적인 정부 형태이다.
02 policy 정부는 테러리스트들과의 협상을 거부하는 정책을 유지하고 있다.
03 presidency Franklin Roosevelt는 자신의 네 번째 대통령 임기 중에 자연사했다.
04 bias 그 스포츠 아나운서는 방송 중 그의 편견을 감출 수가 없었다.
05 Minister 재정부 장관은 우리 경제가 어떻게 기능하는지에 대한 명확한 이해를 갖고 있어야 한다.

D
01 This candidate is favored to win the election.
이 후보는 선거에서 승리할 것이 유력하다.

02 Racial segregation in South Africa ended shortly after the 1994 election.
남아프리카 공화국에서의 인종 차별은 1994년 선거 직후에 끝났다.

03 The territorial dispute strained diplomatic relations between the two nations.
영토 분쟁은 두 나라 간의 외교 관계를 긴장시켰다.

04 Some of the nation's citizens are concerned by the rising refugee population.
그 나라 시민들의 일부는 난민 인구가 증가하는 것에 대해 우려한다.

05 Many military personnel leave the armed services in favor of civilian jobs.
많은 군인들이 민간 직업을 선호하여 군 복무를 그만두고 있다.

DAY 19 **Review Test**

A
01 명시하다 02 구성하다; 여겨지다 03 지지하다; 지지자 04 전형적인 예가 되다
05 우선 사항, 우선권 06 (증거 없이) 주장된 07 선동하다, (강력히) 주장하다
08 결정적인 09 집행하다, 강요하다 10 불법의

B
01 patent 02 victim 03 violation 04 property right
05 legitimate 06 causality 07 disturbance 08 validity
09 exclude 10 petition

C
01 abolition 정말로 그 제도의 복잡성만으로도 그것의 폐지의 이유가 된다고 생각한다.
02 sued 우리 회사는 저작권 침해로 인해 고소당한 적이 있다.
03 accused 부패로 기소된 그 정치인은 공직에서 사퇴해야 한다.
04 jury 각각의 배심원들은 의사 결정을 하기 전에 증거를 신중히 숙고했다.
05 contradicted 그 조사 결과는 수년 동안 과학자들이 믿어 온 것과 모순되었다.

D
01 The law prohibits the use of torture by law enforcement agencies.
그 법은 사법 당국에 의한 고문 사용을 금지한다.

02 Two uniformed police officers escorted the defendant into the courtroom.
제복을 갖춰 입은 두 명의 경찰관이 법정 안으로 피고를 호위했다.

03 The laws used to be quite restrictive but have been changed recently.
그 법률들은 꽤 구속적이었지만 최근에 바뀌었다.

04 These types of beliefs, he <u>asserts</u>, are closely connected to languages and texts.
이런 유형의 믿음들은 언어와 구절들에 밀접히 연결되어 있다고 그는 주장한다.

05 They are worried that <u>conclusive</u> evidence of the banned programs will turn up at any moment.
그들은 금지된 프로그램의 결정적인 증거가 어느 때라도 나타날 것을 걱정한다.

DAY 20 ▶ Review Test

A
01 지속 가능한　**02** 수입, 수익　**03** 급상승하다　**04** 견적을 내다; 견적서
05 의제　**06** 대출; 빌려주다　**07** 쌓다, 축적하다　**08** 상인; 상업의
09 보조금, 장려금　**10** 시작하다, (제품을) 출시하다

B
01 pension　**02** negotiate　**03** deficit　**04** monetary
05 withdraw　**06** warranty　**07** asset　**08** tariff
09 authority　**10** incentive

C
01 impose　그 제안들은 주(州)의 재정에 부담을 지울 것이다.
02 morale　예측하지 못한 승리가 팀의 사기를 북돋우는 데 도움을 줄 수 있다.
03 transactions　몇몇 경제 전문가들은 정부가 경제 거래에 개입하지 말아야 한다고 주장한다.
04 institutions　금융 기관들은 경제를 통해 통화의 흐름을 용이하게 한다.
05 enhancing　여러분은 이미지를 덧붙여서 상황을 더 분명히 하여 학습 경험을 향상할 수 있다.

D
01 Lunch hours extend beyond the officially <u>allotted</u> time.
점심시간은 공식적으로 할당된 시간을 넘기도 한다.

02 Farmers have not had <u>sufficient</u> incentive to install efficient irrigation systems.
농부들은 효율적인 관개 시설을 설치하기 위한 충분한 장려금을 받지 못했다.

03 Successful companies <u>adhere to</u> the principles that produced success in the first place.
성공한 회사들은 처음 성공을 만들어 냈던 원칙을 고집한다.

04 The oil company was forced to declare <u>bankruptcy</u> after several bad years.
그 정유 회사는 좋지 않은 여러 해를 보낸 후에 파산 신고를 해야만 했다.

05 The controversial advertisement will not appear on this network or its <u>affiliates</u>.
논란이 될 수 있는 광고는 이 네트워크나 계열사에서 보이지 않게 될 것이다.

DAY 21 ▶ Review Test

A
01 혼합물; 혼합의　**02** 움직이지 않는, 정지된　**03** 분자　**04** 불을 붙이다, 점화하다
05 용해되는; 용매　**06** 전환하다, 변환하다　**07** 작은 (물)방울　**08** 녹다, 용해시키다
09 전송하다, 전도하다　**10** 자발적으로, 자연스럽게

B
01 radioactive　**02** inhale　**03** illumination　**04** velocity
05 enclosure　**06** vaporize　**07** measure　**08** corrode

09 inverse   **10** float

C
01 gravity   물은 중력의 힘에 영향을 받기 때문에 아래로 흐른다.
02 resonated   베이스 기타가 너무 시끄럽게 쿵쿵거리기 시작해서 내 머리가 울릴 정도였다.
03 liquids   대부분의 액체는 냉각되면 10퍼센트 가량 수축된다.
04 detach   그것이 전면 판을 떼어낼 것이지만, 너무 멀리 잡아당기지 않도록 조심하라.
05 hypothesis   메시지가 무엇일지에 관한 사전 가설이 있으면, 우리는 특정한 인상에 호의를 보이고 다른 것들은 거부하도록 우리의 지각 체계를 조율할 수 있다.

D
01 Many big cities have experienced population <u>explosions</u> in the absence of their natural controls.
많은 대도시들은 자연적 통제가 없어서 인구가 폭발적으로 증가하는 것을 경험했다.

02 The company <u>exerted</u> great pressure on Dr. Kelsey to give permission for the drug.
그 회사는 Kelsey 박사에게 그 약을 승인하도록 엄청난 압박을 가했다.

03 As soccer players are only accustomed to playing in their own role, they can't easily <u>adjust</u> to another position.
축구 선수들은 오직 자신들의 역할로 경기하는 것에만 익숙해서 다른 포지션에 쉽게 적응할 수 없다.

04 The inspector needed some time to <u>verify</u> the truth.
수사관은 사실을 확인하기 위해 약간의 시간이 필요했다.

05 When that filter mistakenly <u>screens out</u> something essential, then even seasoned masters can make mistakes.
그 필터가 잘못되어 중요한 무언가를 차단한다면, 경험이 많은 고수들도 실수를 할 수 있다.

DAY 22 ▶ **Review Test**

A
01 물러나다, 희미해지다   **02** 천문학자   **03** 소행성   **04** 북극[남극]의, 양극의
05 혜성   **06** 일직선, 정렬   **07** 당기다; 힘껏 당김   **08** 작은 얼룩, 작은 알갱이
09 수직(의), 세로(의)   **10** 고도, 높이; 고지

B
01 weathering   **02** atmosphere   **03** celestial   **04** eruption
05 stability   **06** subside   **07** pore   **08** ensue
09 equatorial   **10** burst

C
01 erosion   토양 침식은 유기물의 손실과 노출이 원인이다.
02 Meteor   유성우는 매년 지구가 혜성의 궤도를 통과할 때 반복된다.
03 chaos   과학자들은 아마존의 파괴가 혼란으로 이어질 수 있다고 걱정한다.
04 dispel   그 대통령은 자신이 경제를 방치했다는 생각을 없애기 위해서 애쓰고 있다.
05 sizeable   그녀는 매월 일정액을 저축하여 상당한 금액의 돈을 만들었다.

D
01 An immense volume of rocks and <u>molten</u> lava was erupted.
엄청난 양의 암석과 녹은 용암이 분출되었다.

02 When the aims of the partners begin to <u>diverge</u>, there's trouble.
동업자들의 목적들이 나눠지기 시작할 때, 문제가 발생한다.

03 Local meteorologists say the earthquake has promoted the <u>volcanic</u> activity.
지역 기상학자들은 지진이 화산 활동을 촉진시켰다고 말한다.

04 The new medicine has brought about an <u>immeasurable</u> improvement in her life.
그 신약은 그녀의 삶에 헤아릴 수 없는 개선을 가져왔다.

05 They discussed how to provide medicine with the disaster area where it is <u>scarce</u>.
그들은 의약품이 부족한 재난 지역에 의약품을 공급할 방법을 논의했다.

DAY 23 ▶ Review Test

A
01 흡수; 몰두   **02** 돌연변이가 되다   **03** 수정시키다; 비료를 주다   **04** 그 다음의
05 종(種)   **06** 남은 부분, 나머지   **07** 유전; 상속
08 (세포들로 이루어진) 조직   **09** ~에서 파생되다   **10** 새끼를 낳다; 품종

B
01 association   **02** intervention   **03** equilibrium   **04** upright
05 descendant   **06** microbe   **07** susceptible to   **08** circulatory
09 retina   **10** subtract A from B

C
01 undermined   정치인들은 의료 보험 제도를 약화시켰고, 나쁜 위생 상태를 초래했다.
02 Soak   차가운 물에 수건을 적시고 화상을 당한 자리에 올려놓아라.
03 conceived   그는 오래된 발전소를 아트 센터로 바꾸겠다는 생각을 가지고 있었다.
04 gene   연구원들은 인간의 신체에서 이러한 성장의 변화가 유전자 활동에서 비롯된다는 것을 발견했다.
05 prerequisite   효율적인 구두 및 문서를 통한 의사소통 능력은 모든 관리직들이 갖춰야 할 전제 조건이다.

D
01 Conservation activists intervene to save endangered <u>species</u> from extinction.
자연보호 운동가들은 멸종 위기에 처한 종들이 멸종되지 않도록 하기 위해 개입한다.

02 It turns out that all liquids can <u>evaporate</u> at room temperature and normal air pressure.
모든 액체는 실온과 정상 기압에서 증발할 수 있다는 것이 밝혀졌다.

03 Doubts about the defendant's story have <u>persisted</u> for some time now.
그 피고의 이야기에 대한 의심은 한동안 지속되었다.

04 The businesses showed a dramatic <u>variation</u> in how they treated their staff.
그 사업체들은 그들의 직원들을 어떻게 다루는가에서 극적인 차이를 보였다.

05 Raising a child as <u>adoptive</u> parents is no less noble than being birth parents.
양부모로서 아이를 기르는 것은 친부모가 되는 것만큼 숭고한 일이다.

DAY 24 ▶ Review Test

A
01 대사 작용을 하다   **02** 유행병; 유행성의   **03** ~에서 생겨나다   **04** 처방하다; 지시하다
05 음식물의, 식이요법의   **06** 항체   **07** 마비시키다
08 보충, 추가(물); 보충하다   **09** 임신; 임신 기간   **10** 탄수화물

B	01 blood vessel	02 dose	03 diabetes	04 medication
	05 insomnia	06 diagnose	07 toxic	08 subtle
	09 swell	10 chronic		

C 01 alleviate   약물은 출산의 고통을 완화시키는 데 도움을 줄 수 있다.
02 hygiene   그 치과 의사는 구강 위생을 실천하는 것의 중요성을 강조했다.
03 soothing   이 차는 더 쉽게 잠들 수 있도록 진정시켜 주는 효과가 있다.
04 transplant   머리가 벗겨지기 시작한 그 남자는 그의 외모를 개선하기 위해 모발 이식을 고려했다.
05 perspiration   그 주자의 셔츠 앞면은 땀으로 흠뻑 젖어 있었다.

D 01 The pharmaceutical firm is developing a new drug to fight cancer.
그 제약 회사는 암에 대항하는 신약을 개발 중이다.

02 The virus caused a serious infection that took several weeks to treat.
그 바이러스는 치료하는 데 몇 주가 걸리는 심각한 감염을 일으켰다.

03 Some people experience dizziness and nausea while traveling on a boat.
어떤 사람들은 배를 타고 여행하는 동안 현기증과 메스꺼움을 경험한다.

04 Pressure was applied to the wound to reduce the bleeding from the severed artery.
절단된 동맥에서 나오는 출혈을 줄이기 위해 상처가 압박되었다.

05 Scientists are seeking a cure to prevent more people of dying from the fatal disease.
과학자들은 치명적인 질병으로 더 많은 사람들이 사망하지 않게 해줄 치료법을 찾는 중이다.

DAY 25   Review Test

A	01 야생 동식물	02 침략; 만연	03 축축하게 하다, 적시다	04 개선, 정제
	05 번식; 선전	06 분해하다; 부패하다	07 잠수하다, 물속에 잠기다	08 강수, 강수량
	09 멸종된, 사라진	10 주변, 주변부		

B	01 vegetation	02 vanish	03 invade	04 adapt
	05 infrequent	06 colony	07 population	08 coarse
	09 incompatible	10 natural enemy		

C 01 dense   그 도시의 붐비는 지역은 이민자들의 인구로 밀집되어 있다.
02 habitat   숲 서식지와 그 서식지가 지탱해 주는 종의 양이 줄어들고 있다.
03 penetrates   그늘을 제공해 주는 몇몇 나무와 식물은 당신의 집을 관통하는 열기를 현저히 줄여 줄 수 있다.
04 arid   뜨겁고 건조한 서식지에서, 돼지는 자신의 배설물을 이용한 냉각 효과에 최대한 의존한다.
05 endangered   자바 코뿔소는 세계 각지에서 가장 희귀하고 가장 심각한 위기에 처한 포유동물 중 하나이다.

D 01 Some species seem to have a stronger influence than others on their ecosystem.
몇몇 종은 다른 종보다 생태계에 더 강력한 영향을 미치는 듯하다.

02 The waters supported an array of creatures that are no longer present on Earth.
물은 지구에 더 이상 존재하지 않는 여러 가지 생물들을 존재하게 했다.

03 Ecosystem resilience refers to the ability of an ecosystem to return to normal functioning after a disturbance, such as a fire or flood.

생태계 회복력은 화재나 홍수 같은 소동 후에 정상적 기능으로 돌아가는 생태계의 능력을 의미한다.

04 The role of grandparents as partial caregivers for grandchildren is <u>widespread</u> in Korea.
부분적으로 손자를 돌봐 주는 사람으로서 조부모의 역할이 한국에 널리 퍼져 있다.

05 Mobile flowers are visited more often by pollinating insects than their more static <u>counterparts</u>.
정적인 꽃보다 움직임이 있는 꽃에 더욱 자주 수분(受粉)하는 곤충들이 모여든다.

DAY **26** **Review Test**

A
01 흔적, 자국, 새기다   **02** 지형, 지대   **03** 기근   **04** 분화구, 큰 구멍
05 상승, 증가   **06** 도시의, 지방 자치의   **07** 버리다, 포기하다   **10** 잔해, 쓰레기
08 산등성이, 길쭉하게 솟은 부분   **09** 제약   **10** 잔해, 쓰레기

B
01 coastal   **02** graze   **03** territory   **04** glacial
05 deforestation   **06** spill   **07** drought   **08** hollow
09 excavate   **10** prosper

C
01 barren   이렇게 메마른 산꼭대기에서 번성할 수 있는 생물체는 거의 없다.
02 avalanche   정부는 산사태 위험 등급을 최고 등급인 5단계로 분류했다.
03 constructed   그것들은 전적으로 콘크리트와 유리로 만들어진 고층 건물일 뿐이다.
04 humid   밀폐된 용기에 설탕을 저장하는 것은 습한 상황에서도 수분의 흡수를 늦출 것이다.
05 archaeologists   화석이 고고학자에게 시간을 도식화해주는 것과 같은 방식으로 옷은 우리들에게 개인의 이력을 증명해준다.

D
01 The cause of Rome's collapse lies in the declining <u>fertility</u> of its soil and the decrease in its agricultural yields.
로마 멸망의 이유는 토양의 비옥함이 줄어들어 농작물의 산출이 감소한 데 있다.

02 Much of their food, <u>shelter</u>, and clothing was produced on the family farm.
그들의 식량, 주거지 그리고 의복의 대부분은 가족 농장에서 생산되었다.

03 When he wants to work, he <u>isolates</u> himself in his office and doesn't talk to anyone.
일하고 싶을 때 그는 사무실에서 스스로를 고립시키고 아무와도 이야기하지 않는다.

04 The native people began to <u>cultivate</u> corn thousands of years ago.
원주민들은 수천 년 전부터 옥수수를 경작하기 시작했다.

05 In a biological context, it has long been clear that the number of animals and plant species per unit area decreases with <u>latitude</u>.
생물학적인 맥락에서, 단위 지역당 동물과 식물 종의 수는 위도에 따라 감소한다는 것이 오랫동안 명확했다.

A
01 알을 낳다　02 송아지　03 영원한; 다년생의　04 탐험, 원정
05 초원, 목초지　06 묘목　07 수분하다　08 사로잡혀서
09 (동식물 등의) 보호 구역; 예약하다; 남겨 두다　10 무척추동물; 척추가 없는

B
01 coloration　02 burrow　03 prey　04 petal
05 restore　06 botanical　07 organism　08 ingrained
09 sturdy　10 beak

C
01 imitate　그녀는 다른 많은 새들의 소리를 흉내 낼 수 있다.
02 conspicuous　그 건물에는 많은 눈에 띄는 변화들이 있었다.
03 dormant　동물들이 겨울잠을 자는 동안 나무와 식물들은 겨울 동안 휴면기에 들어간다.
04 hatch　어린 마젤란 펭귄은 부화해서 부모보다 더 크게 성장한다.
05 reproduce　초기 인간 역사에서 수명은 짧았고, 인간 집단을 번식시키기 위해 많은 아이들이 태어나야 했다.

D
01 It may be tempting to choose underlined perennial species for your garden by looks alone.
외형만으로 정원을 위한 다년생 종을 선택하는 것이 구미가 당길 수 있다.

02 The gardener uses a special method to germinate seeds.
그 정원사는 씨앗을 싹틔우기 위해 특별한 방법을 사용한다.

03 She seemed to know by instinct that something was wrong.
그녀는 본능적으로 무언가 잘못되었다는 것을 아는 것 같았다.

04 The population of rabbits is controlled by natural predators.
토끼의 개체 수는 천적에 의해서 결정된다.

05 The whales migrate between their feeding ground in the north and their breeding ground in the Caribbean.
고래들은 먹이의 터전인 북쪽과 번식의 터전인 카리브 해 사이를 이동한다.

A
01 악화, 저하　02 촉발시키다, 불러일으키다　03 배수, 배수 시설
04 대응하다　05 오염시키다　06 예상된　07 하강, 악화
08 하수, 오물　09 옮겨 심다, 이식하다　10 연소

B
01 discharge　02 by-product　03 disposable　04 petroleum
05 earth-friendly　06 hazardous　07 deplete　08 irrigate
09 emit　10 exploit

C
01 sustenance　선거는 민주주의를 유지하는 데 있어 필수적이다.
02 destructive　화재는 경관에 파괴적인 폐해가 되는 듯하다.
03 substantial　컴퓨터 시스템을 바꾸는 것은 상당한 기간의 재훈련을 수반할 것이다.
04 ripen　이 식물은 대개 꽃 가게나 심지어는 슈퍼마켓에서도 살 수 있는데, 그 열매가 익기 시작할 때 매우 예쁘다.

05 sustain   아침 식사로 스크램블드 에그를 두 개 먹음으로써, 그녀는 이른 오후까지도 맑은 정신과 에너지를 유지할 수 있었다.

D

01 What the team had in <u>abundance</u> was a fighting spirit.
그 팀이 풍부하게 소유했던 것은 투지였다.

02 I have been to India three times with my family for the purpose of wildlife <u>conservation</u>.
나는 야생 생물 보호를 위해 가족과 함께 세 차례 인도에 갔었다.

03 Avoid disposable plastic and non-recycled paper products altogether; they're not <u>biodegradable</u>.
일회용 플라스틱과 재활용이 불가능한 종이 제품을 모두 피하라. 왜냐하면 그것들은 자연 분해적이지 않기 때문이다.

04 Emissions from factories and cars <u>contaminated</u> the air.
공장과 차량에서 배출되는 배기가스가 대기를 오염시켰다.

05 For at least a century, psychologists have assumed that terrible events must have a powerful, <u>devastating</u>, and enduring impact on those who experience them.
최소 한 세기 동안, 심리학자들은 끔찍한 사건들이 그것들을 경험한 사람들에게 강력하고 파괴적이며 지속적인 영향을 미치는 것이 틀림없다고 추정해 왔다.

DAY 29 ▶ Review Test

A

01 창고	**02** ~에게 권한을 주다	**03** 지출, 비용	**04** 합병하다
05 직조하다, 엮다	**06** 임대, 임차	**07** 주요 지형지물	**08** 제조하다
09 도약; 뛰어오르다	**10** ~을 보상하다		

B

01 maintain	**02** extraction	**03** supervise	**04** infrastructure
05 monopoly	**06** yield	**07** commodity	**08** facilitate
09 utilize, harness	**10** retail		

C

01 surpass   만약 그들의 주장이 성공한다면, 그들은 쉽게 목표를 초과할 것이다.
02 prosperous   만약 그들이 성공한다면, 그것은 아마도 그들이 함께 생활이 번성할 것임을 의미할 것이다.
03 resolve   양국은 협상을 통해 문제를 풀어나가기로 합의했다.
04 greed   그는 노골적인 야심과 탐욕에 의해 동기를 부여받는 인정사정없는 경영자였다.
05 deteriorate   만약 건축업자가 값싼 자재를 사용하여 집을 짓는다면, 그 집은 상태가 나빠지고 곧 무너질 것이다.

D

01 He could easily <u>afford</u> the printing costs.
그는 인쇄 비용을 쉽게 충당할 수 있었다.

02 The vast forests of West Africa have <u>shrunk</u>.
서아프리카에 있는 광대한 숲은 줄어들었다.

03 African countries supply <u>raw materials</u> for Asian countries.
아프리카 국가들은 아시아 국가들에 원자재를 공급한다.

04 If any one of these <u>components</u> fail, the whole system fails.
이 부품들 중 어느 하나라도 고장 나면, 전체 장치가 고장 난다.

05 The skills of the <u>labor force</u> are going to be the key competitive weapon in the twenty-first century.

노동 인력이 보유한 기술은 21세기에 주요 경쟁 무기가 될 것이다.

DAY **30** ▶ Review Test

A
01 의사소통 상의 **02** 풀다, 흐트러지기 시작하다
03 (컴퓨터를 이용한) 가상의; 사실상의 **04** 무자비하게, 잔인하게 **05** 고장; 정체; 고장 나다
06 승낙, 허가; 허가하다 **07** 없애 버리다 **08** 한가한, 여유로운 **09** 연례의, 해마다의
10 시위; 설명, 시연

B
01 ubiquitous **02** mobility **03** falsify **04** unwarranted
05 look up **06** intercept **07** misspell **08** medium
09 modification **10** prevailing

C
01 navigate 산악 도로를 찾을 수 없어서 Joe는 그곳에 도착할 수 없었다.
02 swift 이 나라들도 역시 높은 유가를 안정시키기 위한 신속한 조치를 필요로 하고 있다.
03 assembled 그녀의 무죄를 효과적으로 나타내는 많은 증거들이 모아졌다.
04 obsolete 과학 기술 변화로 인해 많은 전통적인 기술들이 쓸모가 없어졌다.
05 encode 그 두 당사자는 기밀 자료를 다른 상대방이 직접 읽을 수 없는 형태로 암호화한다.

D
01 The data was recorded and <u>analyzed</u> by computer.
그 자료는 컴퓨터에 의해 기록되고 분석되었다.

02 They are going to undertake a fairly rigorous and <u>methodical</u> approach.
그들은 상당히 엄격하고 체계적인 접근을 착수할 예정이다.

03 This research has done much to <u>advance</u> our understanding of language learning.
이 연구는 언어 학습에 대한 우리의 이해를 증진시키는 데 많은 도움이 되었다.

04 Have as much fun as possible at college, but don't let it take <u>precedence</u> over work.
대학에서 최대한 즐겁게 지내도 되지만, 그것이 학업보다 우선하게 하지는 마라.

05 Young children lack the <u>dexterity</u> to brush their teeth effectively.
어린 아이들은 이를 효과적으로 닦는 재주가 부족하다.

INDEX

A

Memo

Memo

Memo

수능·내신 영어의 모든 것을 마스터하세요!

MASTER
Series

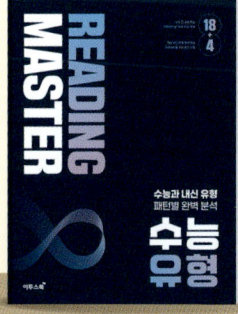

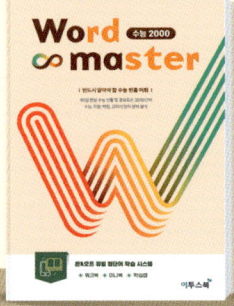

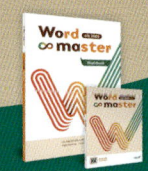

Let's upgrade!

워드마스터가
워드마스터했다.

새로워진
워드마스터 학습앱으로
워드마스터다운
공부하세요.

여러분이 알던 <워드마스터 앱>은 잊어도 됩니다.

워드마스터 다운 강력한 기능!

1

훨씬 알차게!

2

훨씬 알맞게!

3

훨씬 효율적으로!

쓰던 앱 그대로 인증

STEP 1
워드마스터 학습앱 실행

STEP 2
마이룸 클릭

STEP 3
구 워드마스터앱 구매 인증 클릭

가볍고, 편리한
자투리 시간 활용 만점 모바일 APP 서비스
구글 플레이스토어, 애플 앱스토어에서 지금 바로 다운로드 가능합니다.

이투스북